琉球冲绳交替考

——钓鱼岛归属寻源之一

黄天 著

LIUQIU CHONGSHENG JIAOTI KAO

人民出版社

01　明孝宗成化二十三年（一四八七）敕谕琉球国中山王。（日本冲绳县立博物馆·美术馆所藏）

02　明清皇帝册封琉球新王时所颁赐的玉冠。早期作皮弁，后改用黑缅，并绣上十二行金线，再缀以五色水晶、珊瑚、碧玉、琉璃，横插金簪，左右延引出棕色的颚纽。（日本那霸市博物馆藏，首里城有复制品陈列）

03　康熙元年册封琉球王时所赐的王印。印文为"琉球国王之印"，用九迭篆镌刻，左方是满文。

04　清朱鹤年（一七六〇至一八三〇年）绘《奉使琉球图卷》，描绘由福州至琉球的往返图景，
　　共二十题，此为《福州登舟》。（日本冲绳县立博物馆·美术馆所藏）

05　《奉使琉球图卷》之《午夜过沟》。画面翻起黑浪，即《使琉球录》所述的"黑水沟"。（日
　　本冲绳县立博物馆·美术馆所藏）

06 《奉使琉球图卷》之《姑米开帆》。册封使船渡过"黑水沟"后，即可见久米岛，有据天
　　气情况，或会靠泊该岛避风，然后开帆往那霸。（日本冲绳县立博物馆·美术馆所藏）

07 《奉使琉球图卷》之《入境登岸》。"入境"是进入那霸港。（日本冲绳县立博物馆·美术
　　馆所藏）

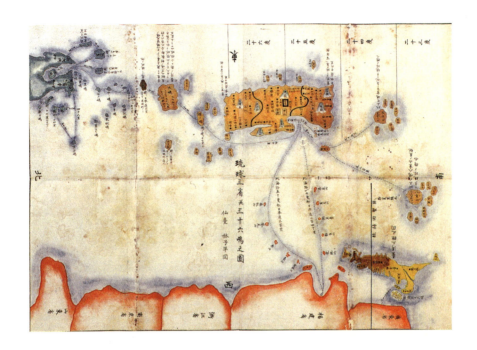

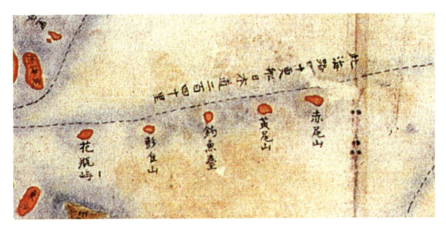

08 日本江户时代仙台林子平绘制的《琉球三省并三十六岛之图》。图中标示航往琉球国所经
    过的"花瓶屿、彭佳山、钓鱼台、黄尾山、赤尾山",皆着红色,别于琉球三十六岛的褐
    黄色。(详见本书第一章)

09　《册封使行列绘卷》（作者不详）描绘册封正、副使乘坐肩舆前往首里城册封琉球王。（日本冲绳县立博物馆·美术馆所藏）

10　末代琉球王尚泰的侍从秘书喜舍场朝贤在其著书中描述："自归入清国版图后，获得保护声援"（右图）；又谈到一旦绝贡中国，便是"忘却累世厚恩，无信无义"（左图）。（详见本书第六章）

11　首里城的"守礼之邦"门，仿中国三间牌楼式。原门毁于战火，图为第二次世界大战后
　　复原的大门。（笔者摄）

12　穿过"守礼之邦"门，便可来到"欢会门"，这也是战后复原。（笔者摄）

13　首里城正殿，当年建造时参考了北京紫禁城太和殿的式样。二十世纪九十年代复原。（笔者摄）

14　首里城墙，按原样复原。（笔者摄）

15　笔者于二〇一四年一月二十一日由那霸乘船往久米岛，体验册封使当年飘洋渡海的情景，印证了《使录》所记的"海水沧黑色"。（笔者摄）

16　从久米岛远眺黑海沟，小图为笔者在久米岛考察留影。

目 录
Contents

代　序
——钓鱼岛之争还看琉球

中日钓鱼岛之争四十余年，时而波平，时而浪卷，近年更加波涛汹涌，激荡人心！倘不能妥善处理，钓鱼岛会否变为火药岛？不无忧虞。正因为如此，钓鱼岛问题，牵动着亿万人心，亟盼早日得见波平浪止。

常说钓鱼岛自古以来就是中国固有的领土，何以日本也坚称钓鱼岛是他们的呢？并取名为"尖阁诸岛"，他们所持理据何在？为求真确，纵然是日本的持论，也要客观对待，使用学术的研究方法来论证其理据是否站得住脚，以昭公允，取信世人。

日本争夺钓鱼岛，所持理据有源于琉球国（冲绳县）的远岛之说；更大的论据就是钓鱼岛是无主地、无人岛，是日本"首先实力管辖，因而领有之"。

诚然，钓鱼岛与琉球王国在历史上确有非比寻常的关系，因为现存世上最早记载钓鱼屿（钓鱼台）的文献是《顺风相送》和《明陈侃使琉球录》，这是日本也承认的。此两书详记由福建航往琉球国必经钓鱼屿。其后，由明入清的册封琉球使归而撰著《使录》不下十种，每每述及钓鱼台及其岛屿。这些岛屿究竟是否琉球国的远岛呢？如果不隶属于琉球，则日本在争夺钓鱼岛时，其中源于琉球国远岛之说便不能成立。实情是否如此？所以钓鱼岛之争还看琉球是有其因由，也是十分切要的！

翻开明清两朝的《使琉球录》和中琉两国有关史书的记载，可以惊见中琉两国五百多年的和睦善邻关系，是值得讴歌的人类国交史的动人篇章！

中国历朝的君主，尤其是汉族的皇帝，在取得天下之后，建立起封建王朝，对待周边邻国以儒学教化，不求武力征服，怀柔通好，舍霸道而取王道，以德服"夷"。只要来朝接受中华帝国册封，便成为华夷体制之一员。而中华帝国的天子，对前来朝贡的藩属，赏赐倍于贡物，甚至多达十倍，以显示天朝大国的怀远施仁，既优且渥，更免征往来货物税收，令每次来朝均能得益。因此各藩皆乐于来朝，既可蒙受天朝庇护，又可以从封贡贸易中获取巨利。而最令周边邻国放心的是"华夷分治"。也就是说，天朝除了册封之外，不会掠夺土地资源，不干涉关与国的内政，由藩属王国自治。而众多朝贡国之中，数琉球国最为恭顺。

虽云琉球最恭顺，也要说明、清两朝历代皇帝对琉球国是特别眷顾而远优于其他藩国。如明洪武帝为助琉球摆脱贫困落后，诏令闽三十六姓二百多口移民琉球，落户安家助其发展，教以造船、航海之术，使琉球国于短时间内跃升为海商小王国，经济大为改善。此举跟后来西方殖民主义者的所作所为，有着云泥之别。在采购琉球的舶来品方面，其价每优于各藩。清朝对遇上海难的琉球船民，抚恤极为仁厚：船破或修或重造，皆由官款拨支，及归国回航，更付每人一月口粮，其仁道精神，可谓高于当世。

两国和睦相交，谨守宗藩之礼，琉球王薨逝，世子不敢僭称，奏请天朝，待册封使渡海来琉，宣旨袭封，始膺王爵。

康熙五十八年（一七一九），册封副使徐葆光为撰著《中山传信录》，绘制《琉球三十六岛图》，向尚敬王求助，尚敬王命紫金大夫程顺则绘出三十六岛大图，然徐葆光仍嫌地图不够详尽，续向琉人、舟师查询，再与琉官反复审定，绘制成《琉球三十六岛图》。此《三十六岛图》无疑是中琉官员共同审定的划界图，具一定权威性，也有其国际法效力。在这幅标示琉球王国版图的《三十六岛图》中，完全看不到钓鱼岛及其列屿黄尾屿、赤尾屿等的海岛名。据此可证琉球王国并不领有钓鱼岛。

后来，日本仙台的兵学者林子平，参据徐葆光的《琉球三十六岛图》，于一七八五年绘成《琉球三省并三十六岛之图》，亦间接承认钓鱼岛并非由琉球所持有。日本历史学家井上清教授亦认同此观点。

上述徐葆光和林子平的舆图，早为史家所熟知。另一方面，在日本吞灭琉球之际，从琉球官员的陈述中，又可以看到重要的证言。

光绪五年（一八七九），琉球国的国戚兼特使向德宏在天津乞师求援，向李鸿章提到"敝国所辖三十六岛"中亦无钓鱼岛之名。同时，驻日公使何如璋奉李鸿章命，访查琉球王后嗣，获回复详答宫古、八重两诸岛的情势，也无片言只字提及钓鱼岛。

根据以上史料，足证琉球国从未领有钓鱼岛，此亦无可争辩之事实。

众所周知，琉球本是西太平洋上一独立王国，至一八七九年才被日本吞灭，强编为冲绳县，归入日本版图。其后，清廷屡接琉球乞援，恳请出师助琉球复国。惜大清已今非昔比，无力跨海远征，唯有从外交途径跟日本交涉，宁让出开放贸易市场，换取日本放过琉球，释王复国。但日本坚拒，提出"二分琉球案"，愿以宫古、八重诸岛分让给中国，以阻清廷干涉。李鸿章则声言并无分占琉球领土野心，所得宫古、八重也会归还琉球，助其复国，以遂兴灭继绝之旨。当时"二分琉球案"外，还有"三分琉球案"，是将琉球北五岛交日本，琉球本岛（冲绳岛）还琉球复国，宫古、八重割交中国（李鸿章仍表明送还琉球）。日本拒认有"三分案"，硬指是驻日公使何如璋捏造，何有口难辩，蒙上不白之冤逾百载。笔者几经考证，终将此冤案破解（见本书第九章）。

清与日的琉球谈判，终因"二分案"与"三分案"之异而告破裂，但中国作为琉球的宗主国，始终不认同日本吞并琉球，只因甲午战争中国战败再无力向日本交涉，争取琉球复国。一八七九年，日本吞并琉球后，野心加大，手也伸得更远，一度要剑指台湾，但先作试探，以钓鱼岛作踏脚石，自话自说那是无人岛，拟以"首先实力管辖因而领有之"。其后，他们在甲午战争中得胜，清廷被迫割让台湾，于是日本便可以不必偷偷摸摸地窃取钓鱼岛，干脆一穿三地夺取了琉球、钓鱼岛、台湾。

亡国后的琉球，成为日本的冲绳县，其国民也要跟随日本军国主义者的指挥棒出战，卷入战火，平白牺牲。迨第二次世界大战末期，盟军反击，美军狂攻抢占冲绳岛，令全岛遭受炮火洗礼，惨成炼狱。仅此一役，琉球人（冲绳县民）已是四死其一，死亡人数高达十二万二千多人。

战后，美国代表盟军进驻冲绳，但组成的政府不名"冲绳"，而是用上"琉球政府"之名。其实，第二次世界大战后，很多曾亡国或受殖民统治的国家、地区，纷纷起而独立，琉球也有独立的机会，但主要是美国为应付冷战的防共需要，没有协助琉球独立，更将冲绳变为他们在亚洲的一大军事基地。美国首先通过他们一手主导的旧金山和会来规定联合国将冲绳岛交托他们来管治。后来，因为遇上冲绳的激烈反美运动，加上美国又在策略上加强与日本结盟，便擅自将冲绳交回日本，甚至不顾中国的反对，把钓鱼岛列屿也一并送了给日本，别有用心地制造中日矛盾。

琉球再回到日本手中，日本又恢复冲绳县的编制。但冲绳县的美军基地问题并没有因此而解决。长期以来，美军演练带来的安全问题；军纪不良带来性犯罪问题，加上日美的秘密协议在非常时期，美军可在岛上部署核弹，使冲绳县人不胜烦扰，活在惊惧而没有安全感的土地上。所以反美军基地的抗争从没停止过，成为日本历任政府施政上的一大难题。

《琉球冲绳交替考》就是论证琉球并无领有钓鱼岛，否定日本所谓钓鱼岛源于琉球国远岛之说，而在论证过程中，重温中琉两国五百年的仁与义，其中不乏感人事迹。至于日本争夺钓鱼岛的另一理据，是以殖民主义者惯用的"首先实力管辖因而领有之"的说法，是否公允？能否站得住脚？稍后出版的姊妹篇——《钓鱼岛主权论考》，再作详细辨析。

第一章

明清册封使琉球
著录频谈钓鱼屿

琉球国，今天已不复存在！它已于一八七九年被日本吞灭，改编为日本最南端的一个县——冲绳。

中国有琉球的记叙，最早见于《隋书》的《东夷列传流求国》："流求国，居海岛之中，当建安郡东，水行五日而至。"[1]

建安郡，即现在福建省建瓯市。若从福建沿海顺风向东北开航，五天可至，颇合里程。时隋炀帝亦思入海寻访异俗，于大业三年（六〇七），令羽骑尉朱宽出洋，在海师何蛮的引领下，得抵流求国，掠一人而还。翌年，再令朱宽前去抚慰，流求未允。其后，派陈棱率兵往征，虏男女数千人而回。[2]

《隋书》著录的"流求国"，是否就是"琉球"？争论颇多，史学界分成琉球说和台湾说。近年，加入出土文物作佐证，似已倾向于琉球说。

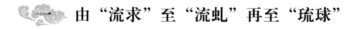 ## 一 由"流求"至"流虬"再至"琉球"

《隋书》作"流求国"，唐、宋以后的史书皆以此名记之。但明万历年的册封使夏子阳，在其《使琉球录》中则加入了陈棱和何蛮出海，遥看波涛间有陆地如虬在海中蟠旋蜿蜒，因以"流虬"名之。夏子阳是想解释"流

求"名之由来，但祖本《隋书》无此记载，差不多一千年之后，夏子阳加此记述，令人有蛇足之感。后来，琉球的史书《中山世鉴》和《球阳》，均据夏子阳的著述，补入"流虬"之说。

"流求"之名，自隋以后虽一直沿用，但也有一些史志写成"琉球"，如唐杜佑的《通典》、元马端临的《文献通考》和元汪大渊的《岛夷志略》。迨元世祖招谕，将"流求"书作"琉求"。但元亡后，朱元璋遣使播谕，以"琉球"称之，复于洪武十六年（一三八三），赐察度王"琉球国王之印"。从此，"琉球"此汉字名便由明洪武帝钦定。[3]

琉球国亦有称为"大琉球"。有大当有小，"小琉球"即今天的台湾。众必奇之，因台湾面积三万六千平方公里，琉球的冲绳本岛才一千二百平方公里不到，何以会称大。首先是洪武年间，琉球已为进贡国，当时常会在国名之前加"大"字，如"大明"、"大日本"，于是琉球也有"大琉球"之称。而近处福建外洋的台湾，反以"小琉球"称之，完全与面积大小无关。

一　明太祖遣使招谕琉球

公元一三六八年，朱元璋经过东缚张士诚，西平陈友谅，南服闽越，北清幽燕，灭元建明，定都南京，即向四邻谕告，改新朝之号曰明。

琉球远处东海之外，故迟至洪武五年（一三七二），才遣行人杨载，赍诏出海，谕告琉球王国。当时，琉球有三王据立，分称中山、山南、山北。中山王察度，乐于归顺，即遣弟泰期，奉表随杨载入朝，贡方物。太祖大喜，即赐《大统历》及文绮等。其后，中山王频频遣使来朝。山南王承察度也不敢怠慢，亦遣使朝贡。洪武十六年（一三八三），中山王与山南王派使同来贡，帝赐二王镀金银印。其后，山北王怕尼芝也遣使入朝。太祖礼赐如二王。此后，三王屡遣使奉贡，而以中山王最勤[4]。其后王死，即禀请天朝赐封，从而展开中琉的封贡关系。

这封贡关系，就是琉球国向明朝归顺，按时来朝，贡方物，成为藩属，并请天朝遣使来册封，以增加认受性。如琉球王薨逝，世子不能马上即位，盖因"侯服有度，不能僭称"，须派使到中国，请天朝册封。在天使（天朝钦派的册封使）还未抵琉举行册封大典前，世子不能称王，只能以监国身份来施政。[5]

这样的册封使，自一三七二年杨载开始[6]，历明入清，直至同治五年（一八六六）赵新出使止，共二十四任（参见表一）。这些册封使完成使命归国，须向皇帝述职复命，他们往往为此而撰写《使琉球录》之类的报告书。现存《使录》，当以明嘉靖十三年（一五三四）陈侃写的《使琉球录》为最早。在他之前的十一任册封使，可能也有《使录》等的著述，但因为礼部曾遭回禄，档案化为灰烬，一切湮灭无存。

陈侃和副使高澄受命后，拟于出使前查找文献资料来作参考，才获悉礼部旧案已遭火毁。同时，又是事隔五十多年后的册封，问询无人，于是下决心将此次册封的经过，写成《使录》，以助后来者。陈侃的《使录》，在当时来说无疑是琉球的新国情资料，故大受好评。后来的册封使回国后，也不敢交白卷，均有撰刊《使录》（仅林鸿年、高人鉴有缺），似已形成一种传统。现存的《使录》专著，继武陈侃的有：

郭汝霖、李际春《重编使琉球录》

萧崇业、谢杰《使琉球录》

夏子阳、王士祯《使琉球录》

胡靖（从客）《杜天使册封琉球真记奇观》

张学礼《使琉球纪·中山纪略》

汪楫《使琉球杂录·中山沿革志》

徐葆光《中山传信录》

周煌《琉球国志略》

李鼎元《使琉球记》

齐鲲、费锡章《续琉球国志略》

赵新《续琉球国志略》

这些《使录》，记述了扬帆出航的情况，有很多更描述到钓鱼屿和中外方界，值得珍视注意。而且在崇祯以前，琉球本国的第一本史书《中山世鉴》还未刊刻，陈侃、郭李、萧谢、夏王而至胡靖之等的《使录》，便成为琉球国史补白之作，极具参考价值而为琉球学者引用。

三 陈侃《使录》记钓鱼屿及琉球界地古米山

陈侃生于弘治二年（一四八九），浙江鄞县人。嘉靖五年（一五二六）中进士，后任事中。嘉靖十一年（一五三二），被钦命为册封琉球正使，与副使高澄持节，为尚清王册封。及还，尚清王馈金，陈侃却赠。嘉靖十四年（一五三五），琉球贡使来朝，仍持所赠黄金四十两拜谢，帝乃敕令陈侃等受赠[7]。其廉洁可知耳。后来，琉球国为表陈侃的廉洁，特于那霸建"却金亭"。[8]

嘉靖十四年，陈侃撰成《使琉球录》。这是现存最早的《使录》，其内因记叙了使船出海，经过钓鱼岛入琉球界地古米山而至琉球国，极具文献价值，兹引录如下：

> （五月）至八日，出海口，方一望汪洋矣。风顺而微，波涛亦不汹涌，舟不动而移，与夷舟相为先后……九日，隐隐见一小山，乃小琉球也。十日，南风甚迅，舟行如飞，然顺流而下，亦不甚动。过平嘉山，过钓鱼屿，过黄毛屿，过赤屿，目不暇接，一昼夜兼三日之程，夷舟帆小，不能及，相失在后。十一日夕，见古米山，乃属琉球者，夷人鼓舞于舟，喜达于家。

明清的册封琉球使，皆由福建出发。开洋不久，即见"小琉球"（即台湾，考证已见上文）。"平嘉山"虽未见于其他《使录》，但学者都明白是"彭佳山"，亦即"彭佳屿"，是基隆以北的一个小岛。当过了彭佳屿，接着就过钓鱼屿，再过黄毛屿（即黄尾屿）、赤屿（即赤尾屿）。这些岛屿的先后排列和今天无异，可证近五百年前记录之准确。"十一日夕，见古米山，乃属琉球者。"也就是说，十一日晚上，看到古米山。这古米山，又写作"姑米山"（今日本称为"久米岛"），是属于琉球国的，同船的夷人（琉球人），"鼓舞于舟，喜达于家"。这段记叙，清楚说明琉球人见到古米山（久米岛），知已抵家门，因为这里是隶属琉球境，所以高兴得在舟上手舞足蹈。同时，可以理解到在见到古米山之前："过钓鱼屿，再过黄毛屿、赤屿"这一系列的岛屿，都不是琉球国的岛屿，而是册封使往来琉球国的航标地，也是中国的捕鱼场和停泊所。

陈侃的《使琉球录》起着两项重大的意义：一是作为向皇帝复命的报告书，等同政府的文案，标示出钓鱼岛的地名；二是十分清楚描述出古米山（久米岛）是琉球的边界岛。

四 向达校注的《两种海道针经》和有力的《注释》

其实钓鱼屿（岛）不单是册封使往来琉球的航标地，也是渔船、商贸船往来琉球、日本的重要航标岛屿，有助于辨认航向，不致偏离航道。为免在大洋中迷失方向，明代的舟子、航船皆有针谱和罗经针簿一类的指南书，甚至有一些是不作外传的秘本。

前辈学者向达先生在英国牛津大学的鲍德林图书馆（Bodleian Library），看到旧抄本的海道针经《顺风相送》，是书于一六三九年由坎德伯里主教赠给牛津大学校长劳德主教（Arch. Laud）。一六三九年为明崇祯十二年。向达先生据此考订此书可能成于十六世纪[9]。但荷兰的学者戴文达（J. L. Duyvendak）和英国李若瑟博士（Dr. Joseph Needham）则考为一四三〇年；近年，有更多的学者将成书时间推前至永乐年间（一四〇三至一四二三年），亦即中国航海的黄金时期——郑和年代。

《顺风相送》的《福建往琉球》条中，详述所取针路和沿途所经之岛屿，兹引如下：

> 太武（金门岛上的太武山）放洋，用甲寅针七更船取乌丘（福建湄州岛东）。用甲寅并甲卯针正南东墙（在乌丘及南日岛北）开洋。用乙辰取小琉球头（台湾南部西海岸之琉球屿）。又用乙辰取木山（福建海上东引附近）。北风东涌（马祖岛东北海上，今作东引）开洋，用甲卯取彭家山（基隆东北，又名彭佳山）。用甲卯及单卯取钓鱼屿。南风东涌放洋，用乙辰针取小琉球头，至彭家、花瓶屿在内。正南风梅花（在闽江口之长乐）开洋，用乙辰取小琉球。用单乙取钓鱼屿南边。用卯针取赤坎屿（即钓鱼岛东部之赤尾屿）。

用艮针取枯美山（即今之久米岛）。南风用单辰四更，看好风单甲十一更取古巴山、即马齿山（即那霸对面的庆良间群岛），是麻山赤屿。用甲卯针取琉球国为妙。[10]

这里提及的"钓鱼屿"，在书后的地名索引中，向达先生加解释："钓鱼屿在台湾基隆东北海中，为我台湾省附属岛屿，今名鱼钓岛，亦名钓鱼岛。"

《顺风相送》倘是永乐年间撰成，便是世界上最早记述"钓鱼屿"的文字资料，而且有针路可据，方位明确。钓鱼屿作为航标的连点，起着指示交通航向的作用，是很多国家都会作为航标来使用的海岛，所以不存在后来有"新发现"之说；更不能说"没有领有过"、"无人居住而没有使用过"，这一点在本书姊妹编《钓鱼岛主权论考》中会有更详细的分析。

在大帆船年代，从南洋、福建前往琉球、日本，取道钓鱼岛列屿是所有舟师船家皆知之事。向达先生又从牛津大学的鲍德林图书馆找到另一本成书于康熙末年（即十八世纪初）的《指南正法》，其《福州往琉球针》的记述是这样的：

梅花开船，用乙辰七更取圭笼长（即基隆）。用辰巽三更取花矸屿（即花瓶屿）。单卯六更取钓鱼台北边过。用单卯四更取黄尾屿北边。甲卯十更取枯美山（今久米岛）。看风沉南北用甲寅，临时机变。用乙卯七更取马齿北边过。用甲卯寅取濠霸（今那霸）港，即琉球也。[11]

向达先生在此引文后加上《注释》，极具参考作用，谨录如下：

据此书及《顺风相送》所纪自福建至琉球针路，由闽江口长乐之梅花所放洋，取西偏南以及正西、西微偏北方向至琉球之冲绳群岛，入那霸即濠霸、豪霸。黄尾屿为我国台湾省所属岛屿，枯美即今久米岛，马齿即庆良间列岛，俱在那霸西，船至此距琉球国都不过五十海里矣。

向达先生是我国研究中外交通史的大家，他校注《两种海道针经》和执笔写成以上的《钓鱼屿地名索引》和《注释》，是上世纪的一九五九年，当时中日还没有发生钓鱼岛的争议，向达先生在《注释》中已指出"黄尾屿为我国台湾省所属岛屿"。黄尾屿在钓鱼岛的东北方，更靠近久米岛、冲绳岛。既然黄尾屿已是中国台湾省所属岛屿，更靠近台湾省的钓鱼岛当然也是台湾省的属岛，至于没有谈到更东的赤尾屿，原因是原文没有提到赤尾屿。同时，《注释》中所说的枯美山和马齿，其方位和里程都十分确实。而《钓鱼屿地名索引》就更加明确指出钓鱼屿"在台湾基隆东北海中，为我台湾省附属岛屿"。

这是向达先生对钓鱼岛列屿主权的宣示，其时是一九六一年，足以粉碎日本常常说自从一九六八年在钓鱼岛附近海域发现了蕴藏大量石油，中国才开始宣示钓鱼岛列屿的主权。只可惜在一九六六年，向达先生已告病逝，否则他定能有更深邃的研究成果。

五 《使录》频谈钓鱼屿、过沟问界

继陈侃之后，嘉靖四十年（一五六一），又有郭汝霖和李际春出任正副册封使，他们亦撰了《重编使琉球录》，中有：

越嘉靖四十年……闰五月初一日，过钓鱼屿。初三日，至赤屿焉。赤屿者，界琉球地方山也。再一日之风，即可望古米山矣。

赤屿（赤尾屿）和古米山（久米岛）之间，水深达到二三千米，正是这条海洋深沟，令钓鱼列屿和琉球列屿分隔开来，可说是以沟为界，亦天然之国界。赤屿和琉球隔沟相望，故有："赤屿者，界琉球地方山也"之句。古人常将高出海面的岛称作山，故会山、岛混称，如三神山又呼作三岛。

万历七年（一五七九），出任正、副使的萧崇业、谢杰，回国后亦著有《使琉球录》，并在卷首绘出《琉球过海图》，描画出由福建梅花头至琉球那霸沿途所经岛屿。又详附针路和更数，录如下：

梅花头，正南风，东沙山，用单辰针六更船；又用辰巽针二更船，小琉球头；乙卯针四更船，彭家山；单卯针十一更船，取钓鱼屿；又用乙卯针四更船，取黄尾屿；又用单卯针五更船，取赤屿；用单卯针五更船，取姑米山；又乙卯针六更船，取马齿山，直到琉球，大吉。

万历三十四年（一六〇六），夏子阳和王士祯的航船稍遇风浪，幸仍能顺利抵境。他们的著作《使琉球录》也有提及钓鱼屿：

二十四日黎明，开洋……二十六日，过平佳山，花瓶屿。二十七日午后，过钓鱼屿。次日，过黄尾屿。是夜，风急浪狂，舵牙连折。连日所过水皆深黑色，宛如浊沟积水，或又如靛色。忆前《使录补遗》称：去由沧水入黑水，信哉言矣……三十日，过土那奇山，复有一小夷舟来迓……午后，望见琉球山，殊为欣慰。次日，始达那霸港。

而移輿我舟相爲先後出後出艙觀之四顧廓然茫
無山際惟天光與水光相接耳雲物變幻無窮
日月出沒可駭誠一奇觀也雖若可樂終不能
釋然於懷九日隱隱見一小山乃小琉球也十
過平嘉山甚迅舟行如飛然順流而下亦不甚動
接一晝夜兼三日之程夷舟帆小不能及相失
在後十一日夕見古米山乃屬琉球者夷人鼓
舞于舟喜達于家夜行徹曉風轉而東進于退
尺失其故牽文竟一日始至其山有夷人駕小

01

用甲卯針取釣魚嶼南邊過船
用乙辰針取小琉球頭又用卯針
用乙卯取赤嶼門並赤嶼南邊過船
用甲卯針取釣魚嶼南過
用甲寅針取赤坎嶼
用甲卯及甲寅針收入琉球爲妙
明萬曆二史取自赤山大單民四史取西而山平港口
用單乙針取小琉球頭用乙辰針取花瓶嶼
二史單乙針並乙辰及乙卯釣魚嶼南邊過
一史取赤嶼並取古米山
即到琉球港口
一史取馬齒山並用甲卯及甲寅針收入琉球
五是以東港爲妙

02

03

01　明陈侃《使琉球录》是最早述及钓鱼屿的《使录》。

02　成书于明永乐年间的《顺风相送》，其中《福建往琉球》条中述及钓鱼屿，是现存世上最早谈及"钓鱼岛"的文献。（现藏英国牛津大学鲍德林图书馆）

03　明萧崇业《使琉球录》内附刊的《琉球航海图》。

崇祯六年（一六三三），杜三策和杨抡出任明朝最后的册封使，归来后，由从客胡靖著成《杜天使册封琉球真记奇观》，记述简略，远逊于其他《使录》。及至清康熙二十二年（一六八三），册封使汪楫和林麟焻归而作《使琉球杂录》，内述钓鱼屿和中外之界：

> 及二十四日天明，见山，则彭佳山也，不知诸山何时飞越。辰刻过彭佳山，酉刻遂过钓鱼屿，船如凌空而行时复欹侧……二十五日见山，应先黄尾而后赤屿，不知何以遂至赤屿，未见黄尾屿也。薄暮过郊或作沟，风涛大作，投生猪、羊各一，泼五斗米粥，焚纸船，鸣钲击鼓，诸军皆甲露刃，俯舷作御敌状，久之始息。问郊之义何取？曰中外之界也！界于何办（辨）？曰悬揣耳。然顷者恰当其处，非臆度也。[12]

汪楫等的使船，遇好风相送，仅三昼夜，即抵琉球，连向导也惊叹："无论其他，即舟入港口，寻常亦须数日，安有神速至此者？"所以飞快得连一些岛屿也不知何时越过，也未见黄尾屿，就来到赤屿，便即过沟。这里的"过沟"，又作"过郊"，一度被日本质疑"郊"何以通"沟"。前辈吴天颖作考证，请教了中国社会科学院语言研究所方言研究室主任张振兴研究员，解释闽南方言"郊"和"沟"均读"kan"。而汪楫使船的船工，大抵都是福建人，在场的人记录船工的对话时，书"沟"或作"郊"，盖同音之故也。[13]

正是"沟、郊"同音，把"沟"写作"郊"，才会令汪楫等不明所以，乃追问"郊之义何取？"倘若没有同音错字这回事，翰林院出身的汪楫，难道看不懂"过沟"之义吗？也因为他"问郊之义何取？"才有"中外之界也"的回答。汪楫开始省悟，但对着汪洋大海，又如何辨别中外之界（"界于何辨"）？回答是一种揣测，但刚才过沟（郊），"风涛大作"，就是界之所在，（用这样去理解），就不算是臆度了。

这里说的"过沟"，以下的《使录》还会有更多关于"过黑海沟"、"过沟祭海神"等的描述，所以有需要将钓鱼岛列屿和琉球群岛之间的海沟地形稍作介绍。

钓鱼岛列屿位于中国东海大陆架上。从地质构造研究，广东、福建两省的海底陆架，向东延伸，至巴士海峡以北，其中高耸露出水面的大岛，便是我们熟悉的台湾，它与福建之间相隔的海面，也就是台湾海峡。台湾北面的海底陆架再向东北迤展，接连高出水面的有：花瓶屿、彭佳屿、钓鱼岛列屿（包括北小岛、南小岛、黄尾屿、赤尾屿等）。经过勘测，台湾海峡以至东海沿岸一带的水深，都不超过二百公尺；同样钓鱼岛列屿，直至最末端的赤尾屿，水深也在两百公尺以内，足以支持台湾本岛和钓鱼岛列屿是处于同一个东海大陆架之说，同属一个地质单元。反过来，赤尾屿和姑米山（久米岛）之间，却陡深下陷，横亘着一条深达一千至二千七百公尺的海沟。由于水极渊深，故呈黑色，古人便称之为黑水沟，今或称为"琉球海沟"。中国东海的大陆架延伸至钓鱼岛列屿的赤尾屿，便是边缘之地，与属于琉球的久米岛遥隔海沟相对。这条海沟，从地质构造而言，是断层分隔，不属相连；从中琉海疆的分界来说，无疑是天然分界线。而隶属琉球极西南之地的与那国、石垣、宫古等岛，分布在钓鱼岛的南面、台湾基隆的东南海面，但相连的大洋，水深并非如台湾与钓鱼岛列屿般的两百公尺，而是深陷至一千公尺以下，同样出现一条深海沟，又是天公所给的海界。

太平洋在东亚有一股北赤道海流，同呈深黑色，所以更多人称之为"黑潮"。它从菲律宾东岸北上至巴士海峡，过台湾岛而分流，右方的主流续北上，穿过台湾和与那国岛之间的海域，然后向东北流过钓鱼岛列屿，再北上至琉球海沟。至于左方的支流，经由台湾的西面，穿越台澎海峡，然后挨着钓鱼岛屿的北侧向北流。古代的海船，由福建扬帆出洋，就是借助黑潮的支流北上，但当航至黑水沟（琉球海沟），遇上强大的黑潮主流，流速高达每小时四海里，而且水深自然浪高，波涛汹涌，海船如要前往琉球，便要横渡此凶险的黑水沟。当年的航海技术仍未能克服这些自然现象，唯有向海拜祭，求神庇佑，以保平安。可能过沟深刻难忘，明清的《使录》，便多有记述。

六　徐葆光的《中山传信录》及《三十六岛图》

汪楫使琉球之后三十年，琉球世子尚敬又来请封。其时，勤政好学的康熙帝尚在其位。早年，康熙已有《大清一统志》。其后，他接触到由传教士传来的西学，特别对西方的天文、数学、测绘大感兴趣，更破格任用传教士参加测量大清帝国疆域，绘制成《皇舆全览图》，将朝鲜半岛也收纳其中。康熙帝是很想了解东海之外的琉球国，所以在钦点海宝为正使、徐葆光为副使之余，更加派在蒙养斋受过西方测绘训练的八品官平安和监生丰盛额，同赴琉球，主持测绘之事。[14]

康熙五十八年（一七一九），册封琉球正、副使海宝和徐葆光率团启航。此行由五月二十二日至翌年二月二十六日，居琉约八个月，徐葆光在册封典礼完毕后，热情地搜访资料，考察典章制度、踏查山川地貌，问询民俗风习。复蒙琉球王出示《中山世鉴》，并得到紫金大夫等的协助，徐葆光在归国两年后，终于编撰成六卷本的《中山传信录》，堪称最早而又最完备的琉球史志，成为清代研究琉球史贡献最大的一本著作，影响深远。连日本江户时期的著名学者林子平，也参考了徐著而绘成《三国通览图说》。下面摘引徐葆光在自序中述说编纂此书的经过：

> 计在中山凡八阅月。封宴之暇，先致语国王求示《中山世鉴》及山川图籍，又时与其大夫之通文字译词者遍游山海间，远近形势，皆在目中。考其制度礼仪，观风问俗，下至一物异状，必询名以得其实，见闻互证，与之往复，去疑存信，因并海行针道、封宴诸仪图状，并列编为六卷。虽未敢自谓一无舛漏，以云《传信》，或庶及焉。

《中山传信录》卷一绘有《针路图》，是中琉航海针路的指南。书中又绘有《琉球三十六岛图》和《琉球地图》，前所未有地详细描绘了琉球国的属岛和国界与及山川地理。其中绘画《三十六岛图》是经过反复审定的。徐葆光为该图作了说明：

> 今从国王所请示地图。王命紫金大夫程顺则为图，径丈有奇，东西南北方位略定，然但注三十六岛土名而已。其水程之远近，土产之硗瘠，有司受事之定判，则俱未详焉。葆光周咨博采，绘联凑合；又与中山人士反复互定。今虽略见眉准，恐舛漏尚多，加详审定，请俟后之君子。

这是中山国王尚敬应徐葆光之请，令紫金大夫、大学者程顺则亲自绘了一丈见方的琉球图，供徐参考。但徐葆光嫌地图不够详尽，所以再向琉人、甚至舟师查询，反复审定，再由他带去的测绘员协助，绘出《三十六岛图》。这无疑是中琉双方官员共同审定的划界图，具国际法律效力。徐葆光的《三十六岛之歌》是最好的诠释：

琉球属岛三十六，画海为界如分疆；

众星罗列皆内拱，中山大宅居中央。

今来三月遍咨访，海滨踏尽犹彷徨。

……

州屿虽能举一二，更船远近犹迷方。

主人输诚出图籍，题为六六何周详。[15]

《琉球三十六岛图》将琉球洋分为东四岛、正西三岛、西北五岛、东北八岛、南七岛、西南九岛。现将三十六岛名列如下：

东四岛：姑达佳、津奇奴、巴麻、伊计；

正西三岛：马齿二山（东马齿山、西马齿山）、姑米山；

西北五岛：度那奇山、安根岷山、椅山、叶壁山、硫黄山；

东北八岛：由论、永良部、度姑、由吕、乌奇奴、佳奇吕麻、大岛、奇界；

南七岛：太平山、伊奇麻、伊良保、姑李麻、达喇麻、面那、乌噶弥；（以上皆属太平山，国人称之皆曰太平山。）

西南九岛：八重山、乌巴麻、巴度麻、由那姑呢、姑弥、达奇度奴、姑吕世麻、阿喇姑斯古、巴梯吕麻。（以上八岛，俱属八重山，国人称之皆曰八重山，此琉球极西南属界也。）

徐葆光在西南九岛的图说中列出八重山的岛名，然后下结语，确定此八重山是琉球的极西南界地。"八重山"，日本今天称作"八重山诸岛"，包括西表岛、与那国岛，接近台湾。而徐葆光绘制的《琉球三十六岛图》，并列

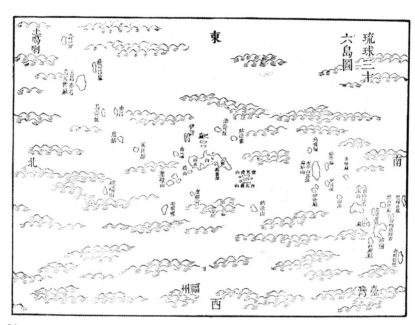

04

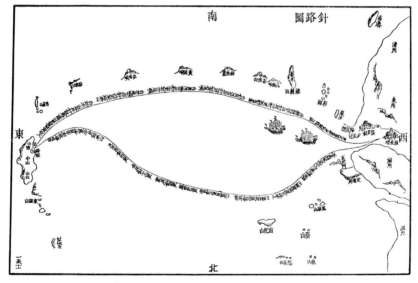

05

06

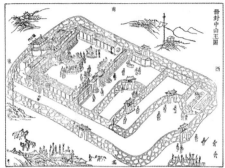

07

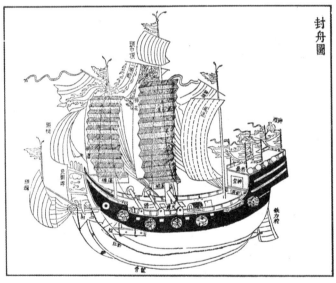

08

04　清徐葆光《中山传信录》的《琉球三十六岛图》。（引自《中山传信录》）

05　清徐葆光《中山传信录》的《针路图》，亦有标示钓鱼台。（引自《中山传信录》）

06　清徐葆光《中山传信录》的《天使馆图》。（引自《中山传信录》）

07　清徐葆光《中山传信录》的《册封中山王图》。（引自《中山传信录》）

08　清徐葆光《中山传信录》的《封舟图》。（引自《中山传信录》）

上岛名，但不见钓鱼岛列屿（黄尾屿、赤尾屿的岛名也不见），来到接近台湾的"八重山"，更明确标明"此琉球极西南属界"，"极"是最尽之意，即到此为止。可证钓鱼岛列屿并不属于琉球国。同时，"此琉球极西南属界也"句，意即极西南之海界，完全切合"画海为界如分疆"的诗句。

徐葆光在《中山传信录》中，描述他们出使往琉球，费七昼八夜始进那霸港。好寻根究底的徐葆光，向船工伙长和琉球的接封陪臣查询，得出针路的指引"用卯针太多"，令使船偏离了航线，靠向琉球国的西北，往往去了叶壁山。徐葆光重看陈侃、郭汝霖、萧崇业、张学礼、汪楫等的记述，都有此误，乃指出琉球人所用的针路，"皆本于《指南广义》"，但此书的错失在"用卯针太多，每有落北之患"。[16]

《指南广义》是琉球著名学者程顺则所撰，虽有"用卯针太多"之失，但仍然是一本很好的针经，所以徐葆光也摘录了《指南广义》中由福州至那霸这一段针路。他在"取姑米山用单卯针"这一句话中，在"取姑米山"下面做了双行夹注："琉球西南方界上镇山"[17]。这句夹注，曾引起争议，认为不是原著者程顺则的夹注，似是徐葆光所加居多。但尽管是徐葆光所加，也丝毫没有影响到这句夹注的权威性。因为徐葆光趁出使琉球，即立志撰写一部超越前人的中山王国史书，所以连测绘员也带上（测绘员的派出，可能是康熙帝的旨意，但徐葆光的执行和投入研究，令成效更加显著。而这项任务，正使海宝未见热衷。）经过考核踏查，见闻互证，复与中山国的士大夫"反复互定"，著成可资信实的《中山传信录》。正是此书有"世之所传，信而有证"的价值。后来，耶稣会士宋君荣（Antonius Gaubil）来到北京，将此书译成法文，在巴黎刊出，时距中文版面世仅三十年，成为法国对东方认识的早期参考读物。另一方面，日本从长崎进口了《中山传信录》，广获好评，日本纷纷翻刻刊行，因而也成为江户时代日本学者研究琉球的必读史书^[18]。因此，徐葆光的夹注"琉球西南方界上镇山"，不是随意所加，而是经过与琉球国的大夫互定，确认出"姑米山"就是"琉球西南方界上镇山"，是中琉双方官员划界的又一项明证，其权威性可知。徐葆光在《琉球三十六岛图》已提示八重山是琉球"极西南属界"，又有"画海为界如分疆"的诗句，更加上这里点出"姑米山"是西南方界上镇山，在在显示出徐葆光是要通过撰写加描绘来显示琉球国的疆域，否则何以再三标示以什么为界？

夹注中"琉球西南方界上镇山"的"镇山"作何解？最直接的解释是：一地方的主山称为镇山。杨仲揆先生注释是："所谓镇山，在我国内地亦称关山……寓有镇邪标界两层意义。"^[19]

吴天颖前辈先引日本井上清教授的话："所谓镇，是国境和村境之镇，是镇守的镇……进入琉球的边境，就是久米岛（姑米山）。它是镇琉球国境的岛屿，所以用'界上镇山'之语来说明之。"接着吴天颖考出永乐年间，满剌加国王、日本源道义、印尼加里曼丹国王，均曾先后请明朝封其山为"镇国之山"。所以推想徐葆光是经过谘问查访，得知姑米山也受封为琉球"西南方界上"的镇山^[20]。据此可知姑米山同时亦是中琉海疆上的分水岭。

徐葆光在回程的《后海行日记》亦有记述"过沟"的情形：

> 二月十六日癸丑巳刻，封舟自琉球那霸开洋……过马齿、安根、度那奇等山，海水沧黑色。日入，见姑米山二点……二十日丁巳，日出，转艮寅东北顺风……船共行二十六更半。是日海水见绿色，夜过沟，祭海神，转巽巳风……

回程时，先经姑米山，过黑水沟，所以"海水沧黑色"。在晚上"过沟，祭海神"，和汪楫"过郊（沟）"，"投生猪、羊"等祭海神，已成为福建至琉球这段海程的重要祭祀仪式。过了沟，海水便见绿色，可望中土而还。

七 过沟祭海求平安

乾隆二十一年（一七五六），应琉球请封，派全魁、周煌为正副使，前往琉球。归国后，周煌作《琉球国志略》，内容和针路图大多取材自徐葆光的《中山传信录》。其最大特点，是以志书体裁来表述，同时，以琉球再不是三国分立，且康熙元年，已赐"琉球国王之印"，因此书名不作"中山"来续，而以《琉球国志略》名之。书内也有触及钓鱼岛，特别是黑水沟：

> （六月）初十日早潮，出五虎门……十一日上午，坤未风……至日入，行船四更，见钓鱼台……十二日……是夜过沟祭海；十三日，丁卯风，甲卯针，行船二更，见姑米山。

"过沟祭海"，祈求平安，已成为各使船（其他船只相信也无例外）都遵奉的祭典。周煌并有对黑水沟更详细的描述：

> （琉球）环岛皆海也。海面西距黑水沟，与闽海界。福建开洋至琉球，必经沧水过黑水，古称沧溟，（溟与冥通，幽元之意），又曰东溟。

这里更加清楚道明琉球西距黑水沟，与福建海域（中国东海）分界。黑水（沟）古称沧溟，有幽深黑暗之意，又因位处东面，故有东溟之说。

嘉庆五年（一八〇〇），赵文楷、李鼎元被委为册封琉球的正、副使。

李鼎元归而作《使琉球记》，其内记述云：

> （五月）初七日……午刻，开洋……初九日庚寅，晴。卯刻，见彭家山，山列三峰，东高而西下。计自开洋，行船十六更矣。由山北过船。辰刻，转丁未风，用单乙针，行十更船。申正，见钓鱼台，三峰离立如笔架，皆石骨……入夜，星影横斜，月色破碎，海面尽作火燄，浮沉出没，木华《海赋》所谓"阴火潜然"者也。舟人禀祭黑水。按汪舟次《杂录》："过黑水沟，杀生羊、豕以祭，且威以兵。"今开洋已三日，莫知沟所。琉球伙长云：伊等往来不知有黑沟，但望见钓鱼台，即酬神以祭海。随令投生羊、豕，焚帛，奠酒以祭，无所用兵。

赵、李二使，误听毫无识见的琉球伙长，见钓鱼台即祭海。也不知是否因提前了拜祭，致后来过了赤尾屿后，雷雨齐来，乃慌忙"跪祷于天后"，恳请"神能转风，当吁请于皇上加封神之父母"。不久，果能转风，化险为夷。

齐鲲和费锡章于嘉庆十五年（一八一〇）出使琉球，再没有像赵文楷、李鼎元等人那么疏失，于过沟时祭神。齐鲲在其《续琉球国志略》忆述："（闰五月）十三日午刻，见赤屿，又行船四更五，过沟祭海。"

道光十八年（一八三八）和同治五年（一八六六），是最后两任册封使的东航。他们的著述也有提及钓鱼岛。如道光十八年的册封使林鸿年、高人鉴的著述称："初六末刻取钓鱼山，申刻取久场岛……初七黎明取久米赤岛。"这是首次将黄尾屿写成琉球名（有说是日本名）久场岛。后来也是最后一任册封使赵新，在其《续琉球国志略》中，也沿袭了林鸿年所使用的一些琉球岛名。但另一方面，赵新在回朝奏报时，十分明确地指出姑米山就在琉球外洋的边界：

> 臣等奉命差往琉球，于到闽日遵照旧章，迎天后、尚书、拿公各形象在
> 船保护诏敕，于五年六月十九日，舟抵球界之姑米山外洋。[21]

上述林鸿年和赵新等尽管偶然用上了琉球的岛名，也不等于就会改变它们的归属。若有人据此以为理据，则未免太简单、孤陋了。

八 赵李二使与琉球王尚温的真挚情谊

被称为天使的册封使，赍旨渡海宣诏，威严十足，琉球举国上下，接待唯恐不恭，三日一小宴、七日一大宴地款客，敬为国宾。册封使虽贵为天朝钦差大臣，但都没有颐指气使，或以大国之威，来欺压小国臣民，反而能够体恤其国小艰困，给予关爱之情。如嘉庆十三年（一八〇八），齐鲲以立冬后有顺风相送，决定提早回棹，不待冬至始归，以减省琉球国接待之开支。回国后，齐鲲呈上奏章：

> 臣等仰体皇上怀柔至意，恪遵圣训，一切概从减损。因思随行员弁兵丁
> 匠役人数较多，少住一日，即该国省一日供应……本年立冬后东北风大盛，
> 臣等商议定于十月初起身……[22]

当时，随行的匠役多为福州人，与琉球馆的人有欠账未清，因随封舟到琉球，急欲追讨。齐鲲即明令禁止，回奏云："平日交易，多有旧账未清，

同治五年謝　恩疏

琉球國中山王臣尚泰謹

奏爲恭謝

天恩事竊臣泰彈丸小國僻處海隅仰沐

皇上鴻慈允臣嗣封藩服於同治五年

欽差正使詹事府右贊善趙新副使內閣中書舍人于光

　甲持

節齋捧

詔勅幣帛隨帶員役人等駕船二隻於本年六月二十二

　日按臨敝國臣泰率領臣庶於迎恩亭恭請

09

临回时，私向夷人索讨旧欠。经臣等出示晓谕，以随封索欠，有失天朝体恤之意，一概不许取讨。球人感颂皇仁，欢声载道。"[23]

　　而在嘉庆五年（一八〇〇），赵文楷和李鼎元在启航前，深知封舟不应载货，但船户带货售卖，亦琉球所冀，乃顺从之。但赵文楷与李鼎元通晓人情世故，以"琉球穷国，尽买则财不足，不买又恐得罪"[24]，便令船户禁带贵货，出结定价。抵琉球后，册封事毕，赵、李二使与从客访风问俗，以文会友，甚得国王尚温敬重。及李鼎元母寿辰，"惟恐人知，故不举祝礼"，但国王得悉，亲书大红缎寿屏序文十二幅申贺。李鼎元惊问，"长史跪禀曰：'国王感激两位天使诸物不受，故密遣小底辈问于内使，得知寿期；又密问家世，得其详。国王因令杨文凤撰文，亲笔楷书，以致诚敬。'……余初犹不怿，然既已书之于屏，势无却礼，固再拜受之。"[25]

　　二使告归，江干话别，国王躬送，袖出一札。原来国王不通汉语，故以书札代言。遂令通事诵之。词曰：

　　（尚）温启：窃温僻处海隅，全无知识，荷蒙皇上天恩，准袭世职，感激难名！又蒙天使远来……于福州登州（舟）时，即将贵货裁减，并令出结定价，惟恐累及贫国。并承捐除七宴……惟是小邦别无可敬，端赖七宴，稍尽微情。今既捐除，更无尽情之处。屡具宴金，又皆却还，心益滋愧……副使大人（李鼎元）更为小邦广声教，辑《球雅》，国之略晓文字者，皆得就教尊前，执经问业，父师之恩，尤深感戴……又再却金不受。在天使洁忠自矢，不愧名臣……凡此，皆天使仰体皇上之心为心，事事先为体恤，不特温感入肺腑，即通国臣民亦谓天使体恤下情，从未有如两位大人者。无奈言语不通，通事传词又不能备述，故特具柬代言，稍舒积悃，幸恕不恭。读毕，国王依依若欲下泪。因遣通事谢曰："凡所言皆使者分内事，过蒙奖誉，转滋愧悚！

惟愿国王励精图治,福祚绵长!"复行一跪三叩对拜礼。国王率百官跪送节。再与国王揖别。登舆,由浮梁登舟,国王归于却金亭前,候安节毕。余与介山拱而揖岸曰:"节安,公归矣!"国王起,率众官惆怅而去。[26]

明清两朝天子,对琉球国怀远施仁,册封使忠诚执节,不假天威欺压小国,事事体恤,令国王与臣民感激万千!因而对中国誓死追随,不忍离弃。详见下文。

九 小 结

有关钓鱼岛列屿的地名和方位,通过细阅明、清二朝册封琉球使臣的著述和向达校注的《两种海道针经》,可以得出如下确证:

一、钓鱼屿、黄尾屿、赤尾屿等钓鱼岛列屿是由中国所发现、所命名、所记录,而且到目前为止,还没有其他国家能提出更早的文献来。

二、古米山(又名姑米山,今名久米岛)属琉球,隔着黑水沟(琉球海沟)与赤尾屿相望;一五三四年陈侃著的《使琉球录》是现存最早记录钓鱼岛的官方文献,其重要程度早为琉球国所珍视,连琉球的亲日派大学者羽地朝秀(向象贤)于一六五〇年撰写的第一部琉球史书《中山世鉴》,在《嘉靖甲午使事纪曰》条下,也全文照录了陈侃《使琉球录》有关沿途航程的记事,对黑水沟彼岸的"古米山乃属琉球者",并没有提出异议。[27]

三、徐葆光著《中山传信录》,书内绘制的《琉球三十六岛图》,是与琉球国王指派的紫金大夫程顺则一同勘查审定的,地图和说明都确认"八重山是琉球极西南界属"。而钓鱼岛列屿并不包括在三十六岛内,绝不属于琉球国的海岛。

《中山传信录》刊出六十五年后的乾隆五十年、日本天明五年
（一七八五），日本江户学者林子平绘出《三国通览图说》，其中琉球国部分，
是参照徐葆光的《琉球三十六岛图》绘制的。他在宫古及八重山两群岛旁加
注："以上七岛乃宫古岛，支配权由琉球持有"；"以上八岛乃八重山，支配权
由琉球持有"。但在钓鱼岛列屿则顺序写出"钓鱼台、黄尾山、赤尾山"，并
未加注，更兼所着颜色，与中国领土同。可见宫古、八重山属琉球，钓鱼岛
列屿属中国，绝不含糊，这些中日史书，皆可为证。

四、钓鱼岛（钓鱼屿）和彭佳屿、黄尾屿、赤尾屿等记录的列屿一样，
是作为中国的海岛，在明、清两朝起着海上航标的作用，同时，也是中国历
代渔民的捕鱼场、避风港，并非所谓的无主地。（本书姊妹篇《钓鱼岛主权
论考》再作详细论证）

五、日本常借故说中国是在一九六八年钓鱼岛海域发现蕴藏石油才提出
主权归属，是试图借此推翻中国的主权地位。

笔者再三细阅向达先生校注的《两种海道针经》，发现在其《钓鱼屿地
名索引》及其《注释》中所作的说明，无疑是对钓鱼岛宣示主权的有力证言（见
上文）。该书出版于一九六一年九月，从其《序言》的年款来看，可知向达
先生完稿于一九五九年二月前，绝对是在一九六八年发现石油之前发表的，
所以再不能说是因为发现石油之后，中国才提出拥有钓鱼岛的主权。

十 增补：渡沧溟登姑米山亲历记

初稿书成，笔者取假数天，飞赴冲绳，踏访史迹，搜寻资料，得悉那霸

港有客商船开往久米岛（即姑米山）。因思《使录》常说"过姑米山"，且为琉球外洋之边界，具访游价值，况从海路渡沧溟，正可体验当年封舟破浪航行的情景。其时正大寒后一天，是当年封舟归帆常用之季风时节。

那霸港距久米岛（姑米山）约九十公里。也许商贸平淡，所以每日仅得两班船开往久米岛，且是六百五十吨搭载货物的客商船，航程约四小时。

二〇一四年一月二十一日清晨八时在阴雨下登船。是日气温约摄氏十三度，但船上的广播已说天气欠佳，海面有约五米浪，所以取消中途停靠的两个岛，改为直航往久米岛。我想：直航更好，可不用四个小时。结果八时半起锚，抵久米岛是十二时四十分。

船甫离港口，迎来的是汪洋大海。放眼前方，但见千波万浪。甲板上的露天座椅，虽两侧绷扎着胶幕，但难敌寒风刺骨，二十多位乘客，全部躲入舱内，或瑟缩椅上打瞌睡；或眯着眼睛看电视，大抵都是往来的常客。我则只顾打开照相机，向窗外"咔嚓咔嚓"的拍。此时，船已进大洋，海水玄黑深溟，正如徐葆光从那霸开洋，"过马齿、安根岻、度那奇等山，海水沧黑色。"此际，狂风怒号，浪涛拍舟，虽不至于"浪从船上过"[28]，但船舷甲板已是海水漫流。窗外飕飕风声，船底略略作响，船在怒涛中艰苦前进。左摇右颠四个小时，终可看到一个大岛，横亘大洋之上，这就是陈侃所述的"见古米山，乃属琉球者。夷人鼓舞于舟，喜达于家。"我虽未如夷人般鼓舞，但内心也是相当兴奋的。近岸处，海的颜色转呈碧蓝，但浅滩暗藏礁石，乾隆帝的册封使周煌过沟祭海，来到姑米山触了礁，"龙骨触礁而折，底穿入水……一礁石透入船腹，不动，亦不沉"，结果捧着诏敕、节、印弃船，转乘小船登上姑米山，然后由姑米山的地方官通知那霸，王世子"拨国中海舶迎载"。[29]

久米岛面积约六十三平方公里，比香港岛略小，惟人口仅得八千左右。

琉球冲绳交替考

钓鱼岛归属寻源之一

船靠码头，是一块起卸地，但见两台计程车在候客，即登车往博物馆。馆在山上，展品不多，笔者主要是想探知可有烽火台遗址。

据博物馆的资料所示，可知原有四个烽火台，皆已毁，仅得 SONAMI 烽火台残存一些遗迹。该烽火台原高四十米，用土石堆成，二十多年前毁烂，只存高二点五米、直径七米的土石台。昔日这些烽火台主要是瞭望中国往还的船只，尤其是册封使的封舟（又名冠船）。当看到封舟进境时，即点燃烽火，通知渡名喜岛，渡名喜岛又以烽火向座间味岛、渡嘉敷岛通报，直至冲绳本岛，以准备迎接封舟上的天使。

笔者选择前往北面的具志川烽火台，虽然烽火台已不存，但不远处有"具志川城迹"，在该处可眺望黑水沟。该处遗迹尚存城墙及石阶，背城面海，颇为险要。是日寒风劲猛，登高远望，真如李鼎元在《使琉球记》中所言："视海面深黑，天水遥接，岂即所谓'黑沟'邪？"[30] 而黑浪翻滚，拍打崖岸，卷起雪白浪花，隆隆有声，好不壮观。但封舟过此，便要劏猪杀羊祭海矣！

因风高浪急，渡轮常会停航，回程遂改乘小型客机，三十分钟便返回那霸。

表一　明清派遣册封琉球使一览表

编次	出使年	册封使	官职	著　作	册封国王
一	洪武五年（一三七二）	（杨载）	行人	—	察度
二	永乐二年（一四〇四）	时中	行人	—	武宁
三	永乐十四年（一四一六）	陈季若	行人	—	他鲁每
四	洪熙一年（一四二五）	柴山阮渐	内官	—	尚巴志
五	正统八年（一四四三）	俞忭刘逊	给事中行人	—	尚忠
六	正统十二年（一四四七）	陈傅万祥	给事中行人	—	尚思达
七	景泰三年（一四五二）	陈谟董守宏	左给事中行人	—	尚金福
八	景泰七年（一四五六）	李秉彝刘俭	给事中行人	—	尚泰久
九	天顺七年（一四六三）	潘荣蔡哲	吏科右给事中行人司行人	—	尚德
一〇	成化八年（一四七二）	官荣韩文	兵科给事中行人司行人	—	尚圆
一一	成化十五年（一四七九）	董旻张祥	兵科给事中行人司右司副	—	尚真
一二	嘉靖十三年（一五三四）	陈侃高澄	吏科左给事中行人司行人	使琉球录操舟记	尚清
一三	嘉靖四十一年（一五六二）	郭汝霖李际春	刑科右给事中行人司行人	重编使琉球录	尚元

琉球冲绳交替考·钓鱼岛归属寻源之一

编次	出使年	册封使	官职	著　作	册封国王
一四	万历七年（一五七九）	萧崇业 谢杰	户科左给事中 行人司行人	使琉球录 日东交市记、撮要补遗、虔台倭纂	尚永
一五	万历三十四年（一六〇六）	夏子阳 王士祯	兵科右给事中 行人司行人	使琉球录	尚宁
一六	崇祯六年（一六三三）	杜三策 杨抡	户科左给事中 行人司行人	(从客胡靖著)杜天使册封琉球真记奇观	尚丰
一七	康熙二年（一六六三）	张学礼 王垓	兵科副理官 行人司行人	使琉球记、中山纪略	尚质
一八	康熙二十二年（一六八三）	汪楫 林麟	翰林院检讨 内阁中书舍人	使琉球杂录、中山沿革志	尚贞
一九	康熙五十八年（一七一九）	海宝 徐葆光	翰林院检讨 翰林院编修	中山传信录、海舶集	尚敬
二〇	乾隆二十一年（一七五六）	全魁 周煌	翰林院侍讲 翰林院编修	从客王梦楼诗集 琉球国志略	尚穆
二一	嘉庆五年（一八〇〇）	赵文楷 李鼎元	翰林院修撰 内阁中书舍人	槎上存稿、石柏山房诗存、使琉球记、师竹斋集	尚温
二二	嘉庆十三年（一八〇八）	齐鲲 费锡章	翰林院编修 工科给事中	续琉球国志略 琉球记事一百韵	尚灏
二三	道光十八年（一八三八）	林鸿年 高人鉴	翰林院修撰 翰林院编修	—	尚育
二四	同治五年（一八六六）	赵新 于光甲	翰林院检讨 内阁中书舍人	续琉球国志略	尚泰

第一章　明清册封使琉球　著录频谈钓鱼屿

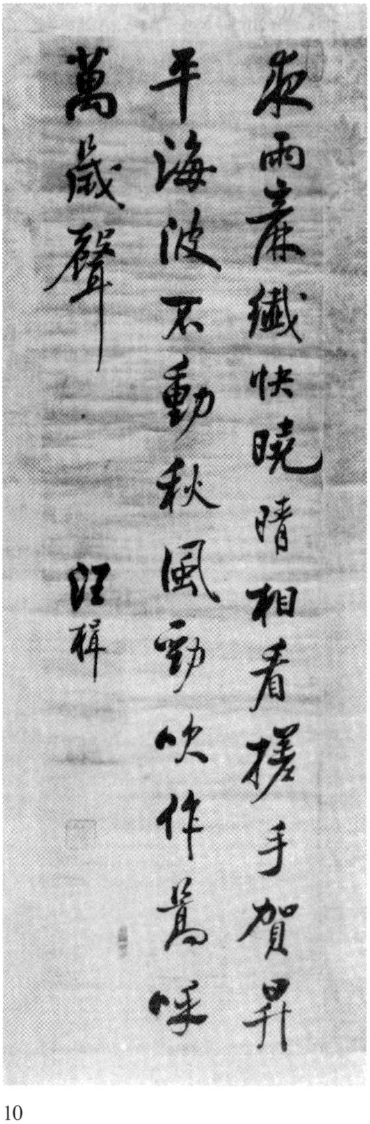

來雨兼纖快曉晴相看攜手賀昇
平海波不動秋風動吹作萬呼
萬歲聲
汪祥

10

至游而上海門船往賜哦詩
道未甚都懷蓬瓜留空室
一林孤菴早索天
玉巖林鱗焰
劉度坦上人

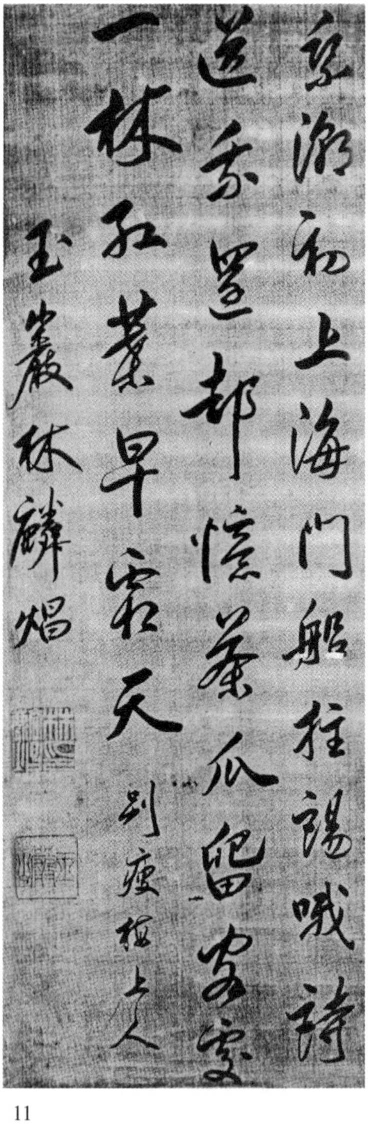

11

玉琯涼初應金壺夾漸闌滄池流稍
潔仙掌露方溥雁殷風鬟邐樝影月
中寒爽氣長空淨高吟覺思寬靈
匹三烁會仙期七夕過查來人況海
橋渡鵲填河帝縷升銀閣天機罷玉
梭誰言七襄詠重入玉絃歌

徐葆光

12

騎龍重過玉溪頭紅葉還
春碧水流省得壺中見天
地壺中天地不曾秋

涪陵周煌

13

清代册封使在琉球留下的墨迹：

10　汪楫

11　林麟焻

12　徐葆光

13　周煌

14

15

迂叟平日
讀書尚師
聖人上友
羣賢窺仁
義之原探

如牡丹花之
富貴者也蓮
花之君子者
也牡丹蓮花
之愛宜乎衆
矣
　林鴻年

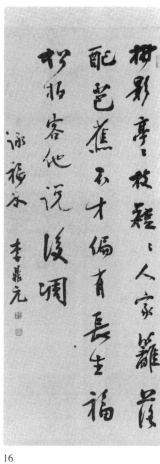

16

17

清代册封使在琉球留下的墨迹：

14　赵文楷

15　林鸿年

16　李鼎元

17　齐鲲

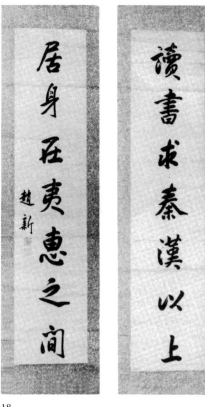

居身臣夷惠之间
趙新

讀書求秦漢以上

18

半橋楊柳護魚兒

一尉薇等来鳳子

19

20   21   22

清代册封使在琉球留下的墨迹：

18 赵新

19 于光甲

20 周煌

21 徐葆光

22 齐鲲

23

24

25

26

注释

1 参见《二十四史》七《隋书》卷八十一《东夷列传·流求国》，北京中华书局，一九九七年，页四六五。

2 同注1。《隋书》说："虏男女数千人"，应是夸大之词。

3 参见冲绳大百科事典刊行事务局编《冲绳大百科事典》下卷，冲绳タイムス社，一九八三年，页八五一至八五二。

4 参见《明史》卷三百二十三《列传第二百十一》，北京中华书局，一九八四年，页八三六一至八三六二。

5 参见本书附篇《从琉球国向明清请封、奉正朔比较中日的管治权威》。

6 有一些史家不将杨载列入册封使，只视为播谕使。但杨载赍诏谕告，察度王即归顺称臣，亦通过了册封的仪式，所以笔者将杨载列入册封使计算。

7 同注4引书，页八三六七。

8 参见李鼎元著《使琉球记》六月二十六日条：偕介山游奥山，由却金亭登舟——《徐录》载："前明陈册使给事侃归时却金，故国人造亭以表之。"

9 参见向达校注《两种海道针经》，北京中华书局，一九六一年，页四。

10 同注9引书，页九五至九六，引文括号的地名解释亦据向达先生的《地名索引》补入。

11 同注9引书，页一六八。

12 参见吴天颖著《甲午战前钓鱼列屿归属考》，北京社会科学文献出版社，一九九四年，页五七，附汪楫《使琉球杂录》清钞本影印件，该钞本现藏北京图书馆善本阅览室。该《使录》钞本，版本颇多，且有异文，今采用此北图善本作引文。

13 同注12引书，页五九。

14 参见张存武著《从使琉球录到琉球国史》，收入《第二届中琉历史关系论文集》，台湾中琉文化经济协会出版，一九九〇年，页三五九。

15 同注 12 引书，页四八。

16 参见徐葆光著《中山传信录》的《前海行日记》。

17 同注 12 引书，页四七收录的日本明和三年（一七六六）的《中山传信录》刻本卷一的《针路图》书页影印。

18 参见高良仓吉、田名真之编《图说琉球王国》，东京河出书房新社出版，一九九六年，页二三。

19 参见杨仲揆著《中国·琉球·钓鱼台》，香港友联研究所，一九七二年，页一三八。

20 同注 12 引书，页五〇至五一。

21 同注 12 引书，页六〇引中国第一历史博物馆军机处录副奏折外交类一〇六六号卷。

22 参见陈龙贵、周维强主编《顺风相送——院藏清代海洋史料特展》，台北国立故宫博物院，二〇一三年，页一四六载《册封正使齐鲲、副使费锡章奏折》图照。

23 同注 22。

24 参见李鼎元著《使琉球记》的《闰四月初八日》条。

25 参见李鼎元著《使琉球记》的《十月十一日》条。

26 参见李鼎元著《使琉球记》的《十月十五日》条。

27 参见《中山世鉴》，收录在横山重编《琉球史料丛书》第五卷，东京美术出版，一九七二年。

28 "若冬至前后，则风势日劲、浪从船上过矣。"见周煌著《琉球国志略》中《海》的条目。

29 参见周煌著《琉球国志略》卷五。

30 参见李鼎元著《使琉球记》的《十月二十五日》条。其时，他和赵文楷与琉球王拜别后，登舟从那霸开洋，刚过姑米山，写下此景致。

第二章

朝贡贸易获厚待

海商王国话琉球

和世界其他国家一样，琉球民族和琉球王国的诞生，也都充满神话故事。如说天地初开，一男一女化生于大荒，自成夫妇，生三男二女。一男为君王之始而谓天孙氏；二男为按司之始；三男为苍生之始。又说天孙氏历二十五代，凡一万七千八百年[1]。这些神话故事再难取信于人，现代的学者都会从出土文物、文化人类学等角度来进行研究、分析，务实地作出科学校证。

一 从出土文物看琉球的诞生

通过对出土人骨化石的研究，可知在旧石器时代琉球诸岛已有人居住。最早的人骨化石首推出土自那霸市的"山下洞人"（约六岁女童），距今约三万二千年。一九七〇年，在冲绳本岛南部发掘出的"港川人"，整个人体骨架保存几乎完好，距今约一万八千年。

另一方面，亦有一些陶器出土，其纹饰和日本"绳文时代"的陶器颇相似，被视为"绳文文化圈"的一部分。但到了后期，冲绳陶器的风格已异于日本。显然是琉球孤悬海隅，以远古的交通工具，要想渡过大洋绝非易事，从而发展出自己的生活文化。琉球人在岛上采集山菜野果为生，亦在海滨捕鱼拾贝来果腹。随着大量的贝壳同时出土，史学家遂称此时期为"贝冢时代"。早期因为有这些鱼贝菜果得以解决基本生活，而四面环海，琉球人就像与世隔绝般，一代一代地平静生活。但也有不可思议之处，就是近年从冲绳遗迹中，出土了中国由战国时代至唐朝所铸造的"货币"，如明刀钱、五铢钱和开元通宝等。这些钱币是如何流传到冲绳岛来的呢？各方学者仍在努力追查答案。

从人类进化学来分析，捕鱼狩猎采集的生活并不安稳，当人们懂得栽种粮食和饲养家畜，食粮才能得到保证，所以大家逐渐都爱上农家的生活。但农作物和家畜，容易招引其他人来抢夺。为保护这些农产，人们便搭起栏栅，防止被侵入；又联同四邻，共同建寨防护。联户增多，形成部落，琉球人开始在小山丘上垒石构筑，建成高大的城堡，再围以石垣，一座座大大小小的城堡拔地而起。琉球的城堡，不独稳固，且极具特色，是以史学家称此时期为"城寨时代"（约十二世纪至十四世纪）。

部落建筑了城寨，大有割据一方之势，其城主称为"按司"。后来，按司互相攻伐兼并，经过一番统废合分，最终剩下三国鼎立，割据对峙。

二 三山一统现第一尚王朝和第二尚王朝

三国分据的局面，大约形成于十四世纪初。当时，北面的国头地域，修筑了今归仁城，号称"北山"（也写作"山北"）；中部以中头作域界，营造了浦添城及首里城，号为"中山"；南面以岛尻地域为据，建造大里城，称号"南山"（也写作"山南"）。三大按司以王自居，史称"三山时代"。

明太祖遣使杨载招谕，最早归顺的是中山王察度，后来山南王承察度和山北王怕尼芝也相继来朝。三王奉贡不绝，诚心归顺。

十五世纪初，南山辖下有佐敷城寨，由思绍做按司。其子尚巴志，勇武敏慧，窥准中山王察度亡故，世子武宁继位，管治权交替，呈现薄弱期，遂于一四〇六年，与父策动起兵攻打浦添城，推翻了武宁，思绍篡其位，入据中山。他们想到一天未受中国天朝册封，便有僭称之疑。但篡夺得来的王位，生怕会触怒天朝，于是惟有冒称为武宁的世子，因武宁已死，所以遣使请封，承袭中山王位。明成祖依其所请。《明史》亦有记云："五年（一四〇七）四月，中山王世子思绍遣使告父丧，谕祭，赐赙册封如前仪。[2]"思绍获封后，将中山王的据点由浦添城移至首里城，并加固城堡，营造成新的中山王居城。而首里城便成为以后琉球国王的王城，直到被吞并为止。

公元一四一六年，尚巴志率大军北征，破今归仁城，北山王攀安知败亡，尚巴志令次子尚忠镇守北山。一四二一年，思绍薨，尚巴志发丧，向明朝请封。一四二五年，永乐帝遣使柴山，册封尚巴志为中山王。一四二九年，尚巴志挥军南下，攻入岛尻大里城寨，灭南山王他鲁每。至此，尚巴志将三山扫平，一统而为琉球王国。

尚巴志一统琉球，追其父思绍为初代，开"第一尚王朝"，共历七代至尚德止（参见表二）。据琉球史官蔡铎、蔡温父子先后编著、重订的《中山世谱》所记，"尚"姓乃明帝所赐，是自"巴志"始，故其父"思绍"还未冠有"尚"姓。但有日本史家认为如是明帝赐姓，《明实录》或其他史书应有记载，今遍查无此记事，恐非。反而有一说法，以巴志曾继父为佐敷按司，故有"小按司"之称，而中国语音"小"、"尚"相近，在琉球的中国译手于上疏明朝时，便将"小"写成"尚"，乃成"尚巴志"[3]。这是牵强附会之语。因为日语"小"、"尚"的读音一样，而中文的读音则大异，而且韵部也不同，所以不可能有此假借同音字的情况（"小"以"尚"来假借）。结论是赐姓可信，而且尚王统的后裔也直认不讳。

第一尚王朝在尚巴志之后，各王威德不高，朝中争权政变频生，所以众王皆命短，五至六年，又要换上新主。公元一四六一年，尚德继位，但暴虐无道，不顾臣民之艰难，令朝野怨声载道。时任御锁侧的金丸，曾是先王尚泰久的宠臣，屡谏尚德王，不获接纳，遂退隐不朝。一四六九年，尚德王殁，年仅二十九岁，继位世子年幼，朝中各人议废世子，另立德才兼备的金丸为王。贵族近臣闻悉，争先逃走，"王妃乳母，欲救世子性命，拥抱而逃，隐于真玉城，兵卒追而弒之。"众人即备凤辇龙衣，迎金丸登位。初大惊，固辞避，群臣紧追力请，遂回首里即位。[4]

但又为了容易取得中国天朝的册封，照样效前朝做法，于一四七一年遣使奏报"先王尚德"已薨，自称世子尚圆，恳请册封袭位。翌年，宪宗派官荣、韩文为正副使，航赴琉球，册封尚圆为王。

王朝交替剧上演完毕，尚圆王成为第二尚王朝的初代君王，后传十九代，至尚泰王于一八七九年被日本吞并止，共历四百零九年（参见表三）。

第一、第二尚王朝的初代君王，都要冒认为前代君王的世子，为的是要取得中国的册封，加入中华帝国的宗藩组织，由此可见册封是何等重要。下文亦将详细介绍。

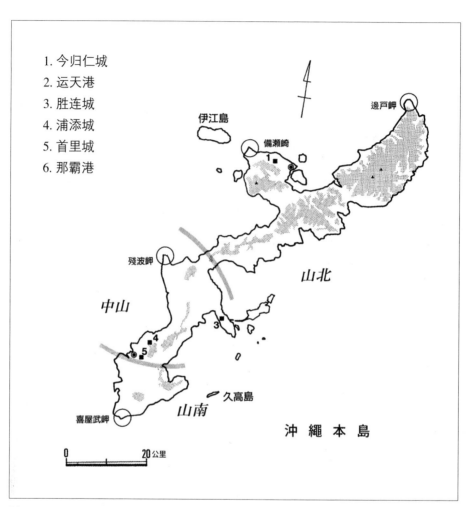

1. 今归仁城
2. 运天港
3. 胜连城
4. 浦添城
5. 首里城
6. 那霸港

伊江島

備瀬崎

邊戸岬

殘波岬

山北

中山

久高島

喜屋武岬

山南

沖繩本島

0　　　　　20公里

01　三山鼎立时代。

表二　第一尚王朝

（圆圈内数字为王位的顺序；国王侧的年份为在位年期。）

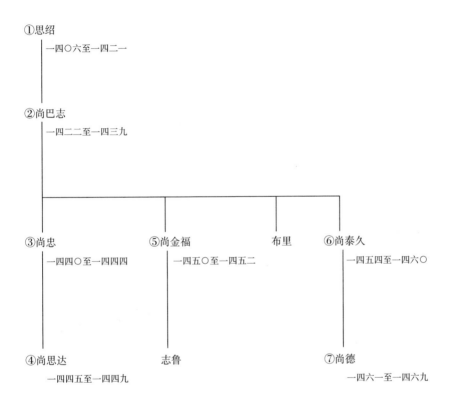

①思绍
一四〇六至一四二一

②尚巴志
一四二二至一四三九

③尚忠
一四四〇至一四四四

⑤尚金福
一四五〇至一四五二

布里

⑥尚泰久
一四五四至一四六〇

④尚思达
一四四五至一四四九

志鲁

⑦尚德
一四六一至一四六九

表三　第二尚王朝

（圆圈内数字为王位的顺序国王侧的年份为在位年期。）

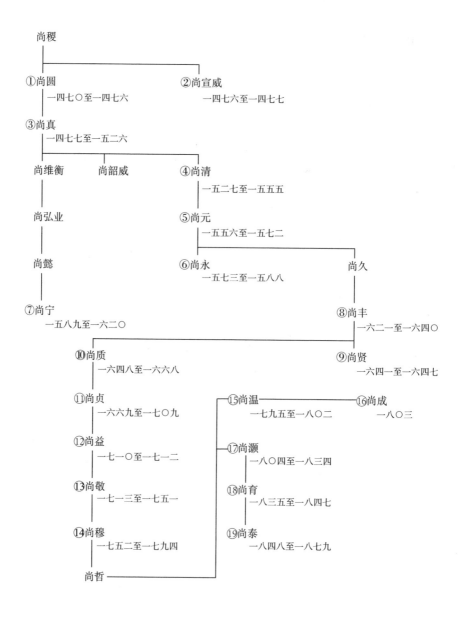

尚稷

①尚圆
一四七〇至一四七六

②尚宣威
一四七六至一四七七

③尚真
一四七七至一五二六

尚维衡　尚韶威　④尚清
一五二七至一五五五

尚弘业　⑤尚元
一五五六至一五七二

尚懿　⑥尚永
一五七三至一五八八

尚久

⑦尚宁
一五八九至一六二〇

⑧尚丰
一六二一至一六四〇

⑩尚质
一六四八至一六六八

⑨尚贤
一六四一至一六四七

⑪尚贞
一六六九至一七〇九

⑮尚温
一七九五至一八〇二

⑯尚成
一八〇三

⑫尚益
一七一〇至一七一二

⑰尚灝
一八〇四至一八三四

⑬尚敬
一七一三至一七五一

⑱尚育
一八三五至一八四七

⑭尚穆
一七五二至一七九四

⑲尚泰
一八四八至一八七九

尚哲

朝贡贸易明朝尤其厚待琉球

古代的中国，巍然屹立于世界的东方，其经济文化在亚洲超逸拔群，成为邻近诸国的表率。因而中国历朝咸以天朝自居，诏谕四邻，来朝归顺。受儒家思想影响的中国封建王朝，好以德来服天下，对四邻采怀柔政策，友爱朝贡国，常加赉赐，更施以教化，往往不必使用霸道，便能令东亚诸国诚心归服称臣，定时来朝。

各国诣朝修贡，必备方物呈献天子。中国历朝皇帝十分享受万国朝贺的尊荣，接过贡品即回礼赏赐，赉赠之物，不用多说，都是瑰宝珍品，价值数量以倍计，甚至高达百倍。因此，所谓岁岁来朝，对很多国家来说是乐于奉行的，因为赏赐丰厚，且能借机贸易，大大增加他们国家的收益。

明帝国君临天下共二百七十七载，有史可据派出册封使航赴琉球共十六次，而琉球入明请封、朝贡（除了按时入贡，还包括谢赐封、贺天子登位、贺大婚、贺皇帝、皇后大寿等）的次数，以《明史》的记载来计算，共一百七十一次，较之同期安南八十九次、爪哇三十七次、朝鲜三十次、日本十九次为频密[5]。明朝和琉球不独往来密切，历代明帝鉴于琉球国硗瘠弱小，皆给予格外优遇和眷顾。

自从洪武五年（一三七二），遣使杨载赴琉，诏谕归顺，琉球即恪守藩服，朝贡有常。初期，琉球的贡品中，以马匹和硫黄最受明廷所乐用。原因是明初时局未靖，尚需战马补充军力，硫黄又可制成火药，故上述贡品能大派用场。但到了十五世纪中期以后，局势渐稳，马匹的需求减少，物产并不丰盛的琉球，为拣选贡品而愁眉，实在想不出什么方物来，竟解送数名阉人为礼。永乐帝大感诧异，即曰："彼亦人子，无罪刑之，何忍？"并命送还。

礼部官员担心拒收会影响琉球归顺之心，建议还是先收下，再劝止。永乐帝认为处事要清晰，应"示以实事，今不遣还，彼欲献媚，必将继进。[6]"经此事之后，明廷体察其情，遂令琉球减少贡物。

而明朝诸帝回赐琉球，往往以倍计，故有"唐一倍"，甚至"唐十倍"之说。赐赠的品物包括：琉球王皮弁冠服、大夫官服、仪仗器具、大统历、布匹、绸缎、铁器、瓷器等。当知道琉球早期更需要铁釜、瓷器，洪武帝从其所请，赏赐多用此等物品。[7]

琉球渡海来贡，所乘贡船，简陋单薄，每每不堪风浪，损坏极甚。明太祖体恤其苦，或赠船回归，或赏银让他们到福建自行购船。如洪武十八年（一三八五），就曾赐海舟给中山、山南二王。[8]

在封贡贸易上，明朝是十分善待琉球的。据《明会典》载，凡同样的贡品，明廷赐给琉球的赏钱，往往高出其他国家。如锡每百斤赏五百文，赏给琉球则高达八贯（明的法定比价：一贯＝银一两＝铜钱一千文）；苏木每个赏值亦为五百文，而琉球则为十贯；胡椒每斤应赏三贯，优惠给暹罗二十五贯、满剌加二十贯，但赏给琉球就高至三十贯。此外，明廷本规定各来贡国领赏之后，只能在会同馆内开市三至五天，但琉球国却获优待，不在此限。[9]

四 "赐闽中三十六姓"提升琉球航海与文教事业

朱元璋深感琉球归诚勤修职贡，但想到他们的航海技术和造船工艺仍然十分落后，横渡大洋险象环生；又为了教化小国，使其脱贫自立，便决心助琉球解困，"赐闽中舟工三十六户"[10]，移居琉球，协助琉球发展。

"闽人三十六户"是概数，更多的说法是"三十六姓"。因为从史料显示，并非全部一家整户的移民，也有单身前行的。总体而言，约合三十六姓氏共二百多人分批前去琉球。姓氏之中包括：蔡、程、梁、郑、林、金等。他们一行，以熟练的舟工和舵手居多，当然也有木工，更有儒学者和医师。琉球国对这批来自明国的能工巧匠、熟练舟师、儒士汉医，极表欢迎，划出那霸海滨的久米村作为三十六姓的集居之所。其后，世代繁衍，久米村被称为"唐营"或"唐荣"，成为古琉球的四大村邑之一。

而最值得注意的是那批舟师和木工。因为他们都是来自素通番舶贩海为生的福建。舟师有着丰富的航海技术；木工能运斧造船，他们若非于洪武年间赴琉，在不久后的永乐年郑和下西洋，必是参与其中的一分子。换句话说，他们有部分人与当时世界最先进的郑和船队的舟师、木工是师兄弟，拥有同样优秀的技艺。所以他们移居琉球之后，马上将琉球的造船和航海技术提升，很快海船就可以平稳地远航至暹罗、满刺加、爪哇，发展成为一个海商小王国。[11]

三十六姓的儒学之士或其后裔，被选派为官生，来华入读太学，学成回琉球，或成为塾师，或做通事，甚至出仕任官，主持封贡文教，守礼尽忠，成为琉球国的中流砥柱。他们之中，也有老而返国，或留而无嗣的，到万历三十五年（一六○七），明廷再应琉球王之请求，赐毛、阮二姓往其国以补嗣续。亦可证琉球重视华人移徙教化的作用。数出色的三十六姓闽人后裔，当以程顺则和蔡温二国师。二人尊孔学儒，终生身体力行，为琉球国树立了儒家政教体制。程顺则在文教学术方面贡献尤大，他推广《六谕衍义》[12]，成为琉球自国君至庶民的修身齐家准则。后来，程顺则将此书献给萨摩藩，不久即流传开来，经日本新井白石、狄生徂徕等汉学家注释、翻译，转成日本国民的修身典籍。一时洛阳纸贵，直至明治维新止。程顺则弘扬儒家学说之余，勤于著述，最为人熟知的有《指南广义》和《雪堂燕游草》诗集。蔡温以国相而兼国王太师，治国三十年，其治术与治绩为琉球古今独步，故在政治方面的贡献大于文教，然著述亦丰，凡十八种，名作有《山林真秘》、《实学真秘》、《家内物语》、《蓑翁片言》等。

明太祖赐闽中三十六姓开化琉球，无私地传授科技文教，扶弱济困，但不干涉其内政，怀远以德，非殖民主义者可比。此一壮举，是人类文明史上的一页光辉篇章。如此施恩，明廷再没有施诸第二国，所以琉球国是诚心的归顺，由衷的感激，故后来当面对日本强硬阻止向中国朝贡时，作书答日本，哀恳说："自前明以来，抚我甚为优渥……累世之恩既忘，何以为人？何以为国？"恳切动人之词，出自一国之书，诚属罕见！详见本书第六章。

五　从《历代宝案》看琉球远航东南亚

明初，帝国新立根基未稳，又担心逃匿外洋的余寇会与沿海村民联系，朝廷遂颁令濒海村民不得私下出海，并严禁海上贸易，寸板不得外流，违者严惩不贷。其后，永乐帝夺得帝位，出于政治上的考虑，派郑和七下西洋宣威播远，鼓励来朝称臣纳贡，天朝地位得以拥立，篡来的帝位亦受到肯定。明廷对来贡国厚往薄来，赏赐丰厚。在海禁的政策下，朝贡是获得海外必需品、原材料和珍宝的唯一途径，于是明廷便对贡使的违法贸易采取宽容的态度，也可说是变相地鼓励朝贡贸易的进行。

琉球地小硗瘠，物产不丰，在朝贡贸易中本来是难有作为的。但自从他们蒙赐三十六姓，有善于操舟的闽人提高了航海技术，可以平稳地远航至东南亚，然后借着与明朝的良好宗藩关系，灵活地开展出一条转口贸易运输线来。他们的贡船，穿梭于东南亚各国，由三十六姓精通汉文华语的闽人充当通事（当时汉文华语就是国际语言），使贸易工作开展得更加顺利。

琉球汉化极深，尤醉心于程朱学派的孔孟之道，同时亦不忘学习修史，早期将文书档案保存、抄录下来。现在得以保存的《琉球历代宝案》，就是抄录历朝琉球王与明、清及远东地区诸国往来的原始文书。由于当时东亚诸国多慕华汉化，汉文广为通用，所以琉球所抄录的文书全为汉文。《历代宝案》的抄录，始自明永乐二十二年（一四二四）至清同治六年（一八六七），共四百四十三年。交往国除明、清二朝外，遍及暹罗王国、安南王国、满刺加王国、苏门答腊王国，以及巽打、爪哇、旧港等地区，东北亚有朝鲜，并兼涉日本。《历代宝案》保存了一大批原始资料，是研究明史、南明史和清史的宝贵史料，特别是东南亚史录欠详，《历代宝案》就可供考证引录。

在与东南亚诸国贸易中，琉球与暹罗（今泰国）开展得最早而且最为频繁。有关两国往来的记载，暹罗方面基本上已荡然无存，犹幸《历代宝案》抄存的咨文仍有六十三件。检视之下，可知其间自明永乐十七年（一四一九）至嘉靖四十三年（一五六四），计共一百四十五年[13]。在这一百四十五年通交中，又分为前段的移咨献礼通好期（一四二五至一四八一年）和移咨执照互市期（一五〇九至一五六四年）。[14]

现摘引《历代宝案》中的移咨文，借此一窥琉球与暹罗的通好互市情况。

《移彝咨文十》：

琉球国中山王为礼仪事。切照本国自洪武、永乐年以来，遣使驰献土宜，其岁航海二三舟。今见疏旷数年，理宜再遣正使步马结制等，赍送礼物，前诣贵国奉献，少伸（申）芹忱之意，幸希海纳。今去人船，装载瓷器等物，烦为怀柔远人，依例住（停）行官买，容令自行两平，收买胡椒、苏木等货，回国应备进贡大明御前，庶为四海一家，永通往来便益。今将奉献礼物开具，咨请施行。

今开：

官段伍匹素段二十匹

折纸扇三十把　腰刀五把

青盘二十个　小青盘四百个

小青碗二千个　硫黄二千五百斤　官报三千斤小 [15]

右咨

暹罗国

宣德七年九月三十日

礼仪事　　　　　　　　　　　　　　差通事梁德伸

咨 [16]

　　从上述咨文可知琉球和暹罗王国早于洪武、永乐年已有往来，可能航海技术未稳，所以并不频仍，甚至仅是处于断续的往还。这次再派使通好，目的一是为进贡大明而向暹罗搜罗贡品；目的二当然是购买商品。琉球装载着大批瓷器，希望暹罗停止官员的压价收购，容许他们在市肆两方平等买卖。琉球运去销售的瓷器是中国烧造的，而他们拟向暹罗购买的，是暹罗上佳的染料苏木和胡椒等香料，这些物产在中国和朝鲜都是非常抢手的，而且可卖得高价。琉球就是利用贱买贵卖的转售形式来获取巨利。再看琉球王为了通好所奉献的礼物，除了硫黄二千五百斤是琉球国产之外，其他官段（缎）、素段（缎）的布帛、青花盘和碗，都应该是产自中国。至于折扇和腰刀，是日本的名产，也是琉球常用的转口货。年号用明宣德七年（一四三二），是琉球国奉中国正朔的明证。

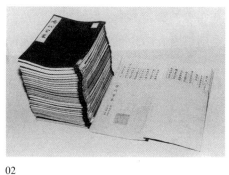

02

03

04

05

其他献礼通好的咨文，措辞上大抵如此，只是有沉船事故发生，咨文中加插送回生还者等内容。礼尚往来，暹罗国也应有回礼问好的咨文，但能保存下来的不多。兹选其中一种录如下：

《暹罗回彝文一》：

暹罗国王谨咨回：

琉球国王殿下：恭维体天行道，以善牧民。盛德不孤，仁亲为宝。最古至今，两国通财之美，至迹历遐，贸有易无之交，常遣使来，络绎不绝。况前岁差使臣淡马巴等来到，不幸船财被殃，皆是命也。新措舟航一只，专差正使奈闷英谢瞥、副使奈曾谢瞥、通事奈荣等，装载方物，伴送正副使回还贵国。舟行将近，又遭风水，船溺洋中，人亡财散。近蒙咨来，方知其事，此乃天降祸也！或有番众逃命存者，咸赖发挥回来，实为怜恤。蒙差使臣泰刺、通事红锦等，持咨厚礼，依数收讫。回之不及，受之有愧。今差护送奈纳，带领番梢三名，擎咨贵礼，随同来使，前来回（谢）贵国。伏乞海涵允纳，以表献芹之意。伴送来使，望赐早回本国。须至咨者。

今开礼物：

苏木三千斤（通斤）　红布十匹

回奉礼物：

苏木二万斤

右咨

琉球国

成化十六年三月二十三日。[17]

暹罗王这封回咨，首先叙述一四七八年琉球国的使臣淡马巴等来至暹罗，未及泊岸，即船沉货没。暹罗国后来造新船，派使臣奈闷英谢督等送琉球使回国。谁料航至琉球附近，遭遇风暴，船翻人溺，获救者反由琉球差使泰剌送回。暹罗王为表谢意，再派奈纳为使，赍礼奉咨，随同泰剌，乘琉球船答谢。礼物分两部分："今开礼物"是此行敬献；"回奉礼物"则是答谢上次救回使臣的芹献。[18]

从此回咨可见暹罗的航海技术仅为一般，比不上有三十六姓闽人坐镇的琉球船队，所以不敢轻易扬帆赴琉。下面暹罗国大臣的回咨可说明一切。

《暹罗回彝文之四》：

> 暹罗国长者名下奈罗思利顿首百拜贵国王万万岁，纯诚仁德之心，每年咨来不绝，区区思念不休，欲驾只船，到国谢恩。苦思国无贤者，知达海道，可至贵国殿下拜谢。今以寄来船上香花白酒一埕、红酒一埕。
>
> 成化十六年四月十二日　　　　　　　　　　奈罗思利百拜仰望[19]

暹罗没有熟练的舟师，故无法渡海至琉球，敬送的红酒、白酒便只好交来船（琉球船）带呈。同时可以注意的，暹罗国也是奉中国正朔，以成化十六年（一四八〇）来纪年。

后来，琉球继续主动扬帆南下拓展贸易，毕竟国王间的通好再附带买卖过于拘谨，便改以勘合的执照来互市。以下举琉球对暹罗的移咨执照一例。

《移咨执照》：

> 琉球国中山王尚清为进贡等事。切照本国产物稀少，缺乏贡物，深为未便。为此，今特遣正使贾满度、都通事梁显等，坐驾洪字号海船一只，装载瓷器等货，前往暹罗等国出产地面，两平收买苏木、胡椒等货回国，预备下

年进贡大明天朝。所据。今差去人员别无文凭，诚恐所在官司盘阻不便，王府除外，今给黄字四十四号半印勘合执照，付都通事梁显等，收执前去。如遇经过问津把隘去处，及沿海巡哨官军验实，即便放行，毋得留难，因而迟不便。所有执照须至出给者：

今开

正使一员　贾满度

副使二员　寿达路　邬罗瑞

都通事三员　梁显　蔡朝庆　金鼎

船员伙长直库二名　陈继章　吴剌水

梢水　一百四十五名

嘉靖二十年九月初七日

右执照付都通事梁显等。准此为进贡等事执照。[20]

《移咨执照》与《移彝咨文》不同的是没有了奉献礼物一项，反要详细列出主要成员的姓名，正副使之外，作为翻译的通事（资深的通事可晋升为都通事）和伙长都要申报。因为申报而留下记录，从而知道担任通事的都是中国人姓名，就连伙长（等同船长），亦全为华人。而且有一些伙长后来被提升为通事，可知通事职位重要。下面举出由一五二九至一五五四年担任前赴暹罗的通事名录：

一五二九年　梁杰　林盛　程仪　林栋

一五三〇年　梁椿　梁显

一五三三年　林椿　林乔

一五三六年　林乔　林荣

一五三七年　沈祥　林荣

一五四〇年　林荣　蔡朝庆　郑元

一五四一年　梁显　蔡朝庆　金鼎

一五五〇年　金鼎　沈文

一五五四年　陈继章　陈继茂

　　而曾经出任伙长的有：田辉、陈浩、红芝、沈祥、金鼎、金石、梁栋、蔡廷贵、陈继章、林华和程档。[21]

　　这些通事和伙长，都是三十六姓闽人及其后裔。他们为琉球的航海和贸易事业，作出了不可磨灭的贡献。

　　琉球国继续扬帆南下，拓展他们的贸易市场。他们跟满剌加国（今马六甲）、苏门答腊国、爪哇国和旧港（今巨港）通好互市。《琉球历代宝案》都得以保留了一些原始文献，数量虽然不是很多，但已是很可宝贵的资料。这些《移彝咨文》和《移咨执照》及《回彝文》的写法和内容，几和前引与暹罗国的公文一式一样，但亦有可堪注意者，如满剌加王国于一四七〇年回复琉球的书函，是难得一睹的满剌加国文书。因为一五一一年，该国就被葡萄牙所灭。今将该文书引录如下：

　　《满剌加国王回咨》：

　　琉球国王殿下　恭审贤王福禄无疆，浩天之庇，曷胜永昌。每受贵国所聘，愧未微物酬称。岁岁来往，于贸易未曾毫厘之所轻；四海之内皆兄弟也。本欲遣使前来致聘交通，奈水途不熟，未便早咨以闻，望为喜纳。今有微物，就寄贵舶致聘回礼。具开于后，须至咨者。

　　今开回聘礼物：

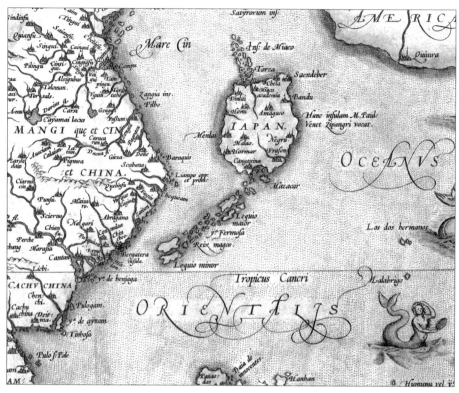

06

06　欧洲地理学家奥地理斯（Ortelius）于一五七○年绘制的东亚地图已标示出 Lequio maior（大琉球）
的位置和国名。

喏哪哩一匹　细绍达布四匹

芯布五匹　绍达布四十匹

右咨

琉球国

　　复奉贤王殿下，每岁差来使臣、通事俱好，只是以下头目，甚至为非，不听劝谕，欲行争斗，实是搅扰州府。后年乞差的当人员前来交通，庶得两便。早咨复闻。

　　成化六年三月　　日[22]

　　此咨文有可注意者三。一、满剌加的航海技术仍无法远航至琉球国；二、满剌加回礼的物品，都是布帛类；三、琉球国除使臣和通事外，随员和船夫有扰乱州府治安之事，故提请下次选派人员时要多加注意。

　　至于跟苏门答腊国的交往，《琉球历代宝案》仅存《移彝咨文》三通；与爪哇国则存《移彝咨文》五通。跟旧港的交往，因其时三佛齐国大乱，流寓的华人据旧港而自治。后来琉球国获悉其情，遂改以亲王发咨文联系，以守等级礼制之别。

　　琉球国得三十六姓闽人及其后裔之助，掌握了远洋航海术，再配以深谙汉文的闽籍通事，主动南下东南亚，开辟海商市场。琉球国聪明地宣称是为筹办进贡天朝贡品而来，而彼此又同向明朝称臣修贡，共沐皇恩，是四海一家，毋有推辞之理。同时，又先呈上厚礼，然后才售卖随船的货品，互通有无，故能成功地开辟了东南亚贸易圈。

　　从《历代宝案》的咨文来看，似乎互市的商品只有布帛、瓷器和胡椒、苏木。但当我们再翻看其他史书，就可以知道商品是十分多样的。如：香料、肉豆蔻，另有芦荟、象牙、玉髓、锡、黑木材、毛织物和满剌加酒等。

琉球顶着风浪，缔造出东南亚贸易圈，在贸有易无、贱买贵卖的情况下，获利甚丰。如据十五世纪后期的资料作参考，胡椒在苏门答腊的产地价为每斤十文，明朝给予满剌加的价是二十贯、暹罗二十五贯、琉球则为三十贯。而胡椒在中国的市价是一百贯。又如苏木，明朝给朝贡来的暹罗国每斤五贯、琉球十贯，而在中国的市价是五十贯。转口的利润可由几倍高至十倍。据日本学者小叶田淳的研究，由一四六九至一四九九年，琉球输往中国的苏木年平均有二万五千二百七十五斤；胡椒五千九百斤；锡二千七百六十斤[23]。可以推想，如此庞大的数量所带来的丰厚利润，一定十分惊人！

不要忘记，琉球转售中国的青花瓷，也会衍生出非常可观的利益。这些青花瓷，除了实用的碗、盘外，还有具观赏性的瓶、壶等瓷器。但就算普通的青花瓷盘，当再转运至阿拉伯国家，他们通常会用来镶嵌在宫殿、神庙的墙壁和天花顶上，化实用为观赏，成为华美的艺术装饰。既然青花瓷如此受欢迎，当然能够卖出好价。换句话说，往返的商品，都可以赚取巨大利益。

琉球本是孤悬东海的一个小国，经明朝的教化和悉心栽培，掌握了远航的技术，打着为天朝筹办朝贡品之名，而行商贸之实，逐渐发展成西太平洋上一个海商小王国。

另一方面，琉球与东北亚的朝鲜，早在洪武、永乐年间已开始交聘。两国之交，互赠问好，又多次互相送还海难的船民。琉球贻赠朝鲜之物，有别于东南亚诸国，除献送苏木、香料外，还悉心地送上朝鲜罕见的孔雀、鹦鹉、象牙、犀角等珍品。同时，不忘向汉化极深的朝鲜求赠佛经。朝鲜国王李琛不负所望，除馈赠佛教经典二十二种外，还回赠人参、虎皮、豹皮以及碑帖、文具笔纸等器物。可以说，两国的交往，情同手足学友，没有半点商业味。事实上，琉球尚宁王确有结盟为兄弟邦交之心。一六〇八年，尚宁王移咨朝鲜国王曰：

> 敝邦与贵国，同称臣于明朝，心神相照，屡蒙厚贶，敝邦无以为报。近来，明廷颁赐冠服，袭封王爵，同为明朝藩臣，结为兄弟，自今以往，永结盟好，贵国为兄；敝邦为弟。弟兄以仰事明朝聘问，天长地久无穷。仍以各色布绢建扇等物相赠。[24]

琉球与朝鲜的交往，并非遣使派船直航诣见。早期，经日本北上至对马，搭乘商舶进朝鲜。嗣后，丰臣秀吉挥兵侵李朝，琉球、朝鲜便改以北京为交接处。因为两国皆按时遣使上京朝贡，双方贡使带同咨文、礼物，在北京交接，继续兄弟邦的情谊。

琉球这个海商小王国，安享了约二百年的黄金时期（约由一四〇〇年起至一六〇九年止）。正是：安里有危，危来祸至。十六世纪初，葡萄牙人东航至亚洲，一五一一年灭满剌加，进据马六甲，开始争夺东亚的贸易市场。十六世纪末，明朝击退倭寇，开放海禁，闽人即扬帆出海，重整他们熟悉的东南亚市场。琉球虽然面对强大的对手，但仰赖明朝的殊遇，朝贡贸易仍获御准，利润依然可观。

东南亚的市场被抢夺，对琉球来说未算致命，最悲惨的是日本萨摩藩挥军进逼，他们抵挡不住铁蹄钢刀，国王被掳，宰相被杀，最终签下降书。犹记数年前，琉球与朝鲜结为兄弟国，李朝亦遭受丰臣秀吉侵攻。结果琉球和朝鲜这双兄弟国，往后一直被日本威胁、侵犯，惨成难兄难弟！

07

08

07 琉球铸造"万国津梁之钟",以志其国为万国之津梁。(现藏冲绳县立博物馆)
08 琉球的贡使贸易船远航至东南亚。

六　小　结

　　琉球王国位处西太平洋边陲，四面环海，唯北方诸岛可与日本的大隅诸岛、萨摩半岛隔洋相望，因而古代文化曾受日本影响，是不争的事实，但受到侵扰也特别多。至于与中国的关系，可谓如沐春风，五百年和畅。

　　琉球自从明太祖招谕，即来归顺奉贡请封。三山归一，先后开第一、第二尚王朝，但初代二君，皆非继世之人，为求取得大明天朝的册封，甘愿改祖换姓请求袭封。由此可以看出册封之重要，有着国际认可的地位，是中华帝国的一分子，与其他朝贡国通交，可以用"大明御前，庶为四海一家"来拉关系。跟朝鲜更结盟为兄弟国——"同为明朝藩臣，结为兄弟"。所以归顺天朝奉贡请封，是加入中华帝国宗藩组织的守礼之道，如获认可，就能享有朝贡贸易。

　　琉球王国对明朝恭顺至诚，博得多位明帝的垂爱，在朝贡贸易上给予极大的优惠，用意是帮助琉球发展经济。

　　而"赐闽中三十六姓"，更是别国所无，唯有琉球得此恩赐。令琉球的造船航海事业突飞猛进，掌握了远航技术，打通东南亚的贸易线，变为海商小王国。儒学者又能振兴文教事业，培育新一代的学子，甚至送往中国留学，育英才之功非浅，也奠定了庠序制度。

　　明朝助琉球，几可说是无私的付出；若说私心，只能是满足天朝大国的一种虚荣心，但这也是大国的气度。而可堪注意者，在册封之余，完全没有干涉琉球国的内政，也没有索取赋税，更没有领土野心。行王道的中华帝国，由明入清，对琉球国的扶助并无改变。

注释

1　参见《中山世鉴》、《中山世谱》、《球阳》等史书。

2　参见《明史》卷三百二十三《列传·外国四》，北京中华书局，一九八四年，页八三六三。

3　参见冲绳大百科事典刊行事务局编《冲绳大百科事典》中，冲绳タイムス社出版，一九八三年，页四二三。

4　参见《蔡铎本中山世谱》，冲绳县教育委员会，一九七三年。

5　参见高良仓吉、田名真之编《图说琉球王国》，东京河出书房新社出版，一九九六年，页一九。

6　参见《明史》卷三百二十三《列传·外国四》，页八三六三。

7　同注2引书，页八三六一。

8　同注2引书，页八三六二。

9　参见谢必震著《关于明赐琉球闽人三十六姓的若干问题》，收录在《第三届中琉历史关系国际学术会议论文集》，台北中琉文化经济协会，一九九一年，页一〇〇二引《明会典》。

10　同注2引书，页八三六二。"赐闽人三十六姓"的年代，有多种说法。《明史》的记载，是洪武二十九年（一三九六），亦有明郑晓《吾学编·皇明四夷考》等书作洪武二十五年（一三九二）；也有作永乐年间或洪永年间。更多学者指出三十六姓移民到琉球，不是一两年便全部成行，而是分批前去。根据琉球的《历代宝案》第一集卷四万历三十四年（一六〇六），琉球王附奏，有"洪永间，赐闽人三十六姓"之说，似乎"洪永年间"的说法较为稳妥。

11　朝鲜的世宗为改良他们的造船技术，于世宗十五年（一四三三），用优厚条件聘请琉球的优秀船匠来指导，不惜赐米、赐屋、赐田地，甚至开出配婚娶妻的恩典。参见李炫熙著《朝鲜王朝时代的对琉关系》，收入在《第一届中琉历史关系国际学术会议论文集》，台北中琉经济协会出版，一九八八年，页五五七。从以上引述可知琉球经过"闽人三十六姓"的教化，其造船和航海技术已超过朝鲜。

12 《六谕衍义》一书的"六谕"，出自明太祖洪武三十年（一三九七）颁布的教民圣谕四十一条之前六条，依序是：孝顺父母、尊敬长上、和睦乡里、教训子孙、各安生理、毋作非为。参见张希哲著《程顺则对于中琉文化交流的贡献》，收录于《第二届中琉历史关系国际学术会议论文集》，台北中琉文化经济协会，一九九〇年，页四。

13 徐玉虎著《明代琉球王国对外关系之研究》，台北学生书局，一九八二年。徐氏据《历代宝案》论述琉球与暹罗展开贸易的年期出现前后矛盾，页一八三说其时间自明成祖永乐十七年（一四一九年）；但页一一四则说双方贸易始于洪熙元年（一四二五年）；黄天据《历代宝案》（校订本）第二册，冲绳县立图书馆史料编集室，一九九二年，页五三五，《洪熙元年国王咨》，其内有："告称永乐十七年间，蒙差使者阿乃佳等，坐驾海船三只，赍捧礼物前到暹罗国奉献"字句，可知琉球与暹罗的往来，在永乐十七年（一四一四）已出现，也许更早一点。

14 同注 13 引书，页一八四。

15 这里疑《历代宝案》传抄有误。因为可以参考其他咨文的奉献硫黄条，都是官报或今报少于装载量，多写成"三千斤，今报二千五百斤整"，用意是担心硫黄会有耗损，故会多装载一些，报关时报少一些，以免礼物单之数和真实数有误。所以这句"硫黄二千五百斤，官报三千斤小"可能有误。

16 参见冲绳县立图书馆史料编辑室《历代宝案》（校订本）第二册，冲绳县教育委员会，页五四八，《宣德七年国王咨》。

17 同注 16 引书，页五一五，《暹罗国王谨咨回》。

18 同注 14 引书，页一四四徐玉虎先生的论述。

19 同注 16 引书，页五一七，《暹罗国长者回咨》。

20 同注 16 引书，页六二五，《移彝执照》。

21 同注 13 引书，页一八〇至一八一。

22　同注 16 引书，页五一二至五一三《满剌加国王回咨》。

23　参见朱德兰著《十五世纪琉球的亚洲外交贸易》，收录于《第二届中琉历史关系国际学术会议论文集》，台北中琉文化经济协会，一九九〇年，页一三九。

24　同注 13 引书，页二五三。

第三章

萨藩掳王杀宰相

琉球两属变鹭鹚

上文谈到琉球顺风满帆地变身为海商小王国，本章将详述琉球如何由"黄金时代"坠入"黑暗时代"。

因为地缘关系，琉球北部的五岛：与论岛、冲永良部岛、德之岛、奄美大岛和鬼界岛（今喜界岛）与日本的萨南诸岛隔洋相望，若再北上越过大隅海峡，即抵萨摩半岛（今鹿儿岛）。所以古来琉球与日本各地的交往，当数萨摩最为频仍。

萨摩是九州的雄藩，开藩祖惟宗忠久在平安时代[1]末期的一一八五年，被派到南九州的最大庄园"岛津庄"任下司职，其后升任为相当于庄主的"地头职"，遂改姓为"岛津"，世袭庄园兼管萨摩、大隅、日向。其后，内部分裂交战，至战国时代[2]，才由第十五代当主岛津贵久统一三地，其子岛津子义更挥军敉平九州。但于一五八七年为丰臣秀吉所败，龟缩回萨、隅、日三地。三十年后，德川家康开江户幕府，岛津被纳为"外样大名"[3]的萨摩藩，直至一八七一年明治维新废藩置县止。岛津家族雄据南九州，统治鹿儿岛近七百年。

 一　琉球被赏与萨摩藩之说

说到这里，绝不能忘掉萨摩藩岛津忠国立下的一记"奇功"——献上琉球、获赏琉球。

话说足利幕府第六代将军义教，与弟义昭不和。义昭远走镇西（九州），痛陈乃兄罪状，举兵声讨，图谋反叛。嘉吉元年（明正统六年、公元一四四一年）春，将军义教命岛津忠国出兵讨伐谋反的义昭。忠国率军攻进日向，包围义昭于枡间院永德寺。义昭深知插翼难逃，乃自刃。忠国取其首级，送至京都足利将军府。义教大喜，除赠以宝刀、战马、铠甲外，更将琉球赏赐给忠国。[4]

此说所据何来？崎间敏胜在其著书中引《鹿儿岛县史》说：据称有《嘉吉附庸》，其内记述嘉吉元年（一四四一）三月，岛津忠国奉将军义教之命讨伐义昭有功，因此有传将琉球赏赐给忠国。一般而言，琉球是岛津的附庸，相信是由此而起。据伊地知季安的《南聘纪考》言[5]，当时的足利将军《封册》一直由岛津家世代袭藏。至宽永十八年（一六四一），尚有人说看过此《封册》。后来，有老臣将《封册》借给笔吏濑户山带回家。但因延宝八年（一六八〇）失火而告毁。所以今天就失去了这最根本的资料，一切的论证，就只能够止于推定。[6]

其实，不管那张所谓《封册》的文书是否有存在，日本将军竟然可以简单地把别人的国家赏赐给自己的家臣，那真是千古奇闻，荒天下之大谬！所以连有"琉球学之父"称号的东恩纳宽淳也不留情面地指出：

（足利）幕府如此擅将琉球处分，其实他们还没有对琉球拥有统治权，这样的私相授受，只有幕府和岛津之间知道，就连海内（指日本）的诸侯也一无所知，更何况琉球！[7]

崎间敏胜亦总结说：借用东恩纳氏的说法——就连海内的诸侯也一无所

知，可想当时的秘密是蒙上一层面纱，上文是引自《鹿儿岛县史》，则其秘密所说的内容，就很无聊而不可靠了！[8]

这样荒谬的赏赐，无论是真有抑或是虚传，笔者认为都已暴露出日本（特别是萨摩藩）对琉球早怀非分之想。此话怎解？谨答如下：

一、如是真有，也就是说足利义教和岛津忠国早有染指琉球之心。他们根本视琉球国防如无物，干脆来一个先赏赐、后夺取的幕藩游戏。在岛津忠国来说，足利将军是支持他去侵夺琉球的，因为已得赏赐，夺了就是自己的，所以当然乐于接受将军的厚赐。

二、是可能性居多的虚传。前文提到《封册》文书在一六八〇年毁于祝融，而萨摩藩攻打琉球是在一六〇九年（详见下文），不难想象，他们是为征讨琉球而制造此传言，用以告诉天下，琉球本来已赐给萨摩藩，是属于岛津家的。这样骗人的故事一直说到十九世纪，要全世界相信一四四一年琉球已经从属于日本，希望大家不要置疑。

荒谬事表过，再回到史事来。其实琉球国亦深知日本盯上了自己，而萨摩藩更加垂涎至从嘴巴伸出手来[9]。所以琉球王亦非常小心，常常遣使献上礼物，希望能够保持善邻的关系。琉球的献礼，在日本来说，视为朝贡。至于琉球，为结"永通往来"，恭谨地奉献礼物，认为在"大明御前，四海一家"，与南洋诸国都是遣使赍礼通好，而奉正朔，惟有大明[10]。但日本不作如是想，琉球亦无法改变。

正因为琉球与日本之间还有中国。其时，中国正当明朝，众所周知，明代有倭寇作乱，因此日本被明朝政府拒于门外，一切朝贡贸易、勘合贸易都全部停止。日本遭受制裁，转去为难琉球，致令琉球蒙尘受劫。

既如此，下面就将明代的中日关系略作介绍。

一. 真倭、假倭之别

倭寇一词，以目前可知最早见于公元四一四年的《高句丽广开土王碑》（好大王碑）。此碑现存于今鸭绿江西岸的吉林省集安县[11]。但这碑中所说的倭寇，当然和十三至十六世纪的倭寇截然不同。南宋时期，虽然有倭商或日本船民前赴朝鲜南部，进行买卖活动时趁机抢掠作乱，被一些史家称为倭寇之始。但严格来说，只是零星的抢掠行动，要数真正的倭寇，仍以元末开始。

《高丽史》高宗十年（一二二三）五月条：有"倭寇金州"的描述，但这里的"寇"字作动词，意即倭人来犯金州。

"倭寇"这一名词的出现，日本田中健夫考为一三五〇年。他引《高丽史》《高丽史节要》记述高丽忠定王二年（一三五〇），"倭寇之侵，始于此"和"倭寇之兴，始于此。"此一见解，郑梁生先生亦表赞同。[12]

而中国史籍最早使用"倭寇"一词，见于《明太祖实录》卷四十一洪武二年（一三六九）四月："戊子，升太仓卫指挥佥事翁德为指挥副使。先是倭寇出没海岛中，数侵掠苏州、崇明，杀伤居民，夺财货，沿海之地皆患之。德时守太仓，率官军出海捕之，遂败其众，获倭寇九十二人……，仍命德领兵征未尽倭寇。"[13]

诚然，倭寇绝非从洪武二年始，早在元朝已来犯。《元史》卷九九《兵二》："武宗至大二年（一三〇九）七月，枢密院臣言：去年，日本商船焚掠广元，官军不能敌。"只不过这里是说"日本"，而不是用"倭寇"这个词。

不少历史学家已将由元末入明初至十五世纪二十年代止，是为前期的倭寇；而明嘉靖年间，即十六世纪二十年代以后，直到明末，可称为后期的倭寇。[14]

前期的倭寇，其主体来自日本九州地方的下级武士和一些沿海的盗贼，称之为"真倭"（主要是日本人）；后期的倭寇，很大一部分由中国的海盗、走私船商参与，所以《明史》也说："大抵真倭十之三，从倭者十之七"[15]。更有说成："大抵贼中皆华人，倭奴直十之一二"[16]。所以后期的倭寇又称为"假倭"。

洪武初年，太祖诏谕四邻称臣入贡，尤注意日本，因可借此安抚，以息倭寇之患。但日本曾因拒向元朝称臣，为元世祖忽必烈两次挥军征伐[17]，仍心存顾忌，没有来朝。虽然洪武元年至三十一年，倭寇来犯约有四十四次，主要集中在山东、辽东和浙江一带。但明初天下甫定，沿海要地建卫所设战船，军队战意仍浓，故能屡破倭寇，使不能得逞。与此同时，明太祖又严禁人民出海渡洋贸易，以防引诱倭寇入境。但施行海禁，岂非断绝海外贸易的往来？太祖乃转换由官方来控制的朝贡贸易，借以输入海外的物产。

迨明成祖篡位，颁即位诏，劝导来朝："或有不知避忌，而误干宪条，皆宽宥之，以怀远人。今四海一家，正当广示无外，诸国有输诚来贡者听。"[18]

此一招谕，令当时的室町幕府将军足利义满[19]大为心动，即以"日本国王臣源"[20]之称号上表，向明朝称臣修贡，成为中华帝国的成员国，得享朝贡贸易。

永乐二年（一四〇四）五月，明朝派赵居任、张洪等为答礼使，赍诏并龟钮金印至日本，其诏书曰："……日本国王源道义，知天之道，达理之义。朕登大宝，即来朝贡，归向之速，有足褒嘉，用锡印章，世守尔服。"[21]

正因为足利义满（源道义）接受明之册封，并致力取缔边民出海作乱，所以永乐年间少了倭寇的骚扰。成祖亦不忘嘉许义满说："自今海隅肃清，居民无警，得以安其所乐。鸡豚狗彘，举得其宁者，皆王之功也。"[22]

但到了永乐六年（一四○八），足利义满去世，其子义持继位。因他一直与父亲欠和谐，所以就马上将义满在外交和内政上的策略推翻。当时，倭寇又再起，已是足利幕府所难控制，于是义持干脆不再遣使朝贡[23]。延至宣德四年（一四二九），义持故，其弟足利义教继位。其时，明宣宗深知解决倭寇问题，须与日本恢复朝贡贸易。宣德七年（一四三二），"命中官柴山往琉球，令其王转谕日本，赐之敕。[24]"也就是说，明宣宗令琉球王尚巴志向继位不久的义教游说早日复贡。翌年夏，足利义教果然派使来朝。

这里我们要注意的是琉球国向明朝称臣修贡，与当时的日本可以说是同称臣于明朝，是站在同一平行线上的兄弟国，就如上一章述及琉球和朝鲜那样，可以"结为兄弟"。而上述琉球王尚巴志奉明宣宗命，派员去日本游说的足利义教，就是后来传言在一四四一年要将琉球赏赐给萨摩藩岛津忠国的足利将军。这样的国与国关系，能简单地将交往国赏给自己的臣下，也实在是太儿戏了！

自从足利义教复贡，一直至嘉靖二十八年（一五四九）后期倭寇作乱日益严重止，日本和明朝的朝贡贸易，是以勘合的信符形式进行的。

三　明代的勘合贸易

明洪武十六年（一三八三），开始制定信符勘合，首先获颁赐的国家是暹罗、吕城、真腊[25]，其后多至数十国，包括日本、锡兰山、苏门答剌等国，但就没有颁给朝鲜和琉球。究其原因，可从《皇明外夷朝贡考》得知：

凡各国四夷来贡者，惟朝鲜素号秉礼，与琉球国入贺谢恩，使者往来，一以文移相通，不待符敕勘合为信。[26]

朝鲜和琉球，因为最能恭顺守礼，态度笃恳，所以可免勘合便能来华朝贡贸易。

明设市舶司于宁波、泉州、广州，以备各国来贡。宁波古称明州，在唐代早已被指定作为日本遣唐使船的接待港。有着这段历史渊源，所以明朝也以宁波为日本的贡舶港。至于琉球，则安排在福州停靠。

勘合，是古代并合验证的一种方法，适用于传达军令、任免官吏、行政文书等，用在贡船贸易勘合核对，就等同今天的牌照验证。

明代对朝贡国制定的勘合，完全由明廷做主导。在勘合贸易上，有朝贡国的来船，也有由中国指派去的商船。下面就以颁给日本的勘合文簿，来说明勘合的形式和运作。

颁发勘合文簿，统一由中央的礼部发行，并且规定新皇登基改元时会新发，而旧有的勘合必须缴回。明朝颁发给日本的勘合文簿分编为"日字号"和"本字号"。"日字号"是给中国的商船前赴日本；"本字号"交给日本的来贡船。为更容易明白，这里先介绍"本字号"的运作形式。

图解勘合贸易核验情况

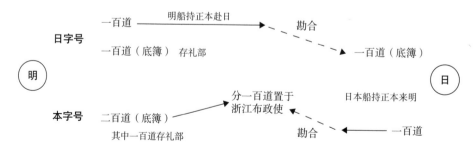

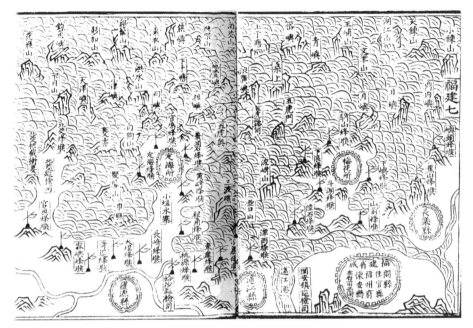

01

01　嘉靖年间，倭寇猖獗，郑若曾曾撰《筹海图编》，内收防倭的《福建沿海沙图》，并标示钓鱼屿的地名。

首先礼部会制作"本字"勘合（可理解为正本）一号至一百号共一百道，同时制作"本字"号底簿（可理解成勘合的副本）二百道。使用时，每船用一道（即一份勘合信符）。简单地说，一套勘合信符会有一道正本的勘合和两道副本的底簿，这样一正二副的勘合信符，可理解为三联单据。在制作时，将正本勘合放置中间，左右两边是副本的底簿，然后在勘合与底簿的交边处，左、右均盖上骑缝印，以备将来勘合核对之用。笔者这样推想当年勘合信符的制作，是参考了二十世纪六十年代在澳门"白鸽票"的博彩方法。"白鸽票"以千字文来作投注记号，各白鸽票铺（可算作投注站）开在大街小巷，投注者在某白鸽票铺落注，可获发一张盖有骑缝印的白鸽票，而该店铺就留着中间的一联存底，另外一联亦盖有骑缝印，则送到白鸽票的博彩公司。这样，开票后，就可以勘合核对，避免作弊冒充中彩之事发生。[27]

礼部制作了勘合和底簿之后，就会将"本字号"勘合（正本）一百道颁送给日本，另外的"本字号"底簿二百道（一百道为一扇，故又称作"二扇"），其中一百道仍存中央礼部；另一百道则发到浙江布政司。当日本派出贡船时，便要携同"本字"某号的勘合（后面填写来使姓名、人员、贡品、客商货物、搭载物件等）前来，靠泊在指定的宁波港，市舶司即向布政司提调"本字"底簿，跟贡船的勘合核对，一切无误始可登岸卸货。嗣后，装上贡品，上京谒朝，勘合还须与存于礼部的底簿验对。

至于交中国商船往日本的"日字号"勘合，其操作是明朝保有"日字"勘合一百道和底簿一扇（一百道），另外"日字"底簿一扇则送交日本。当中国的商船赴日时，便要向官方申领"日字"勘合。到了日本，又要和日本所持的底簿勘合核对。

四 争贡杀掠，明拒日贸易

根据统计，明朝与日本的勘合贸易船共往来了约一个半世纪，日本前后遣出的贡使共十七次，每次组成的船队一般是六七艘，后半期大多为三艘一组。

勘合贸易船前赴中国，因为明朝对朝贡品的回礼，采"薄来厚往"的慷慨赏给，所以利润丰衍。如永乐五年（一四〇七），日本东返的贡舶所得利益相传达二十万贯以上，足利义满乃将十万匹（钱）呈献日皇，又拨三千贯给纪州日前国悬社作营造费[28]。又如景泰四年（一四五三）来贡，礼官为估贡品价而上奏："宣德间所贡硫黄、苏木、刀扇、漆器之属，估时值给钱钞，或折支布帛，为数无多，然已大获利。今若仍旧制，当给钱二十一万七千，银价如之。宜大减其直，给银三万四千七百有奇。"[29]

勘合船的经营，前期掌握在足利幕府的手上，但到了后期，逐渐被有实力的大名和商人所操控。最后，更成为守护大名大内氏和细川氏之争，并酿成宁波争贡的抢杀事件。

嘉靖二年（一五二三），大内义兴派遣三艘大内船，由宗设谦道为正使，手持前次入明时领得的正德新勘合，由博多出发。而细川高国则将已经无效的弘治旧勘合交鸾冈瑞佐正使，搭乘细川遣明船由堺（今大阪府中部）扬帆，由南海路往中国。最终细川的船较大内使船迟了几天才抵达宁波。一般的程序是先到先勘合先放行。不过细川船的副使宋素卿，是宁波附近的鄞县人，懂贿赂之术，与市舶太监赖恩有旧，乃重施故技向赖恩行贿，因而可以获得优先勘合放行。在嘉宾馆的宴会，鸾冈的座位更高于宗设，连住宿的安排也优于宗设。大感不满的宗设率领随员直闯市舶司东库，夺取武器，先杀鸾冈瑞佐，复将细川使船焚毁，然后追杀宋素卿，杀入绍兴城，搜寻不获，折返宁波，沿途焚掠杀害无辜百姓。宗设等掳获指挥袁琎，夺船出海，遇都指挥刘锦在海上拦截，激战之下，刘锦战殁。

事后，明廷大为震怒，即逮捕宋素卿究问原由。最后，宋素卿瘐死狱中，但纳贿的太监赖恩，不独未被追查，且权势更大。另一方面，因为宁波的争贡杀掠事件，明与日的关系转趋恶化。

嘉靖四年（一五二五），琉球使臣郑绳来贡方物。世宗于其归国之际，"命传谕日本，以擒献宗设，还袁琎及海滨被掠之人，否则闭关绝贡，徐议征讨。"[30]

结果是没有马上"闭关绝贡"，"征讨"更无之。明世宗命郑绳转给日本国王的敕书，在两年之后的六月底，才由琉球僧智仙鹤翁赍送至日本室町幕府。足利义晴即于七月二十四日，修函感谢琉球国王尚真的调停。[31]

嘉靖七年（一五二八），琉球王尚真薨逝，郑绳奉命至北京请袭封。惜郑绳在回国时遭海难溺死，所以在嘉靖九年，由蔡瀚入贡再请封。诣明之前，蔡瀚曾往日本取义晴的表文，故其奏言："来经日本国，日本国王源义晴托赍表文，乞赦其使臣宋素卿之罪，并乞新勘合、金印，复修常贡。"但"礼部验其文，俱无印篆，言倭情谲诈，不可遽信，敕琉球国王，遣人传谕日本，令擒献首恶，送回掳去指挥，奏请裁夺。"[32]

据以上所引，可知琉球国在当时的中日关系中，扮演着传递信息的中间人角色，其地位可与日本国平行，并非什么萨摩藩的"附庸"。严格来说，已受明朝册封的琉球王国，地位要比地方政权的萨摩藩还要高。

后来，足利（源）义晴虽有遣使来贡，但明廷对他们猜疑已甚。其时，日本各地诸侯、大名互相征伐兼并，有能者可以据地称雄，无所依靠的武士便沦为盗寇。他们也许想到"宁波争贡事件"，宗设率百多人便能杀退明朝的官军守将，如入无人之地，"倭自是有轻中国心矣"[33]，遂纷纷来中国沿海作乱。"当是时，日本王虽入贡，其各岛诸倭岁常侵掠，滨海奸民又往往勾之。[34]"于是就出现了王直、徐海、陈东、麻叶等大奸、勾结强悍的倭寇，在沿海州、县劫掠。他们甚至袭倭服饰、旗号，摇身变为倭寇，实是假倭，却能指令真倭，四出肆虐，令嘉靖陷入大倭寇时代。如嘉靖三十二年，王直勾诸倭大举入寇，连舰数百，蔽海而至。直至嘉靖三十五年（一五五六），胡宗宪设计捕徐海、陈东、麻叶等巨魁，然后再诱降王直海盗王，加上日本局势转趋一统，倭寇之乱才逐渐平息。

五 秀吉侵朝鲜，令琉球同出兵

公元一五八三年，丰臣秀吉取代织田信长，号令群雄。三年后，自任关白太政大臣。一五九〇年，他用铁蹄统一了全国。

靠打起家的丰臣秀吉，几乎战无不胜，益发心高气傲，野心更愈来愈大，妄想吞并中国。他深知要吃大明，必先攻取朝鲜。

公元一五九二年，丰臣秀吉发动十五万大军，分乘大小战船，进攻朝鲜，轻易占领了汉城和京畿四道，更掳走王子。而朝鲜王李昖，早已弃城北逃，慌忙遣使向天朝大明求救。明神宗即命辽东副总兵祖承训率兵驰援。祖承训有勇无谋，遇伏大败。明廷再派兵部侍郎宋应昌赴朝督师，总兵李如松率大军直奔平壤，大败日军，并驱赶日军南撤至汉城。其后，两军停战谈判。双方遣使往来，报禀请示，谈了三年，也没谈成。

丰臣秀吉首次侵朝，时为万历壬辰二十年，是以史称"壬辰倭乱"；而在日本，适为文禄元年，故日本称为"文禄之役"。

丰臣秀吉因迟迟得不到惬意的和谈结果，不禁大怒，于一五九七年再动干戈，重燃战火。

秀吉加派援军，与釜山的驻留部队集结在朝鲜半岛南部。明廷亦增派邢玠率兵拒敌，两军展开了激烈的攻防战，鏖战年余，正当双方杀至难分难解之际，丰臣秀吉于一五九八年八月十九日病死。他在病危前，遗令密不发丧，顾命德川家康和前田利家收拾残局。

由于日军的撤退有较好的部署，所以未致全军尽殁。中朝在露梁津海峡的伏击虽重创日军，但总兵邓子龙在奋勇杀敌之际亦告战死；朝鲜老将李舜臣，也勇战伤重不治。

至十二月，日军全部撤出朝鲜半岛。攻朝吞明的野心大计，随着丰臣秀吉的死去，暂且搁下。迨明治维新之后，他们又思征韩吞中。

丰臣秀吉的第二次侵朝，时在万历丁酉二十五年，故有"丁酉再乱"之称；而在日本，正庆长二年，所以日本名之为"庆长之役"。[35]

当丰臣秀吉策划侵朝攻明之时，曾多次威胁琉球国派兵加入出征。秀吉早在取得统一全国之前两年（一五八八），已授意萨摩藩岛津义久，着令琉球归顺。义久即致书琉王尚永，转达秀吉的指令，更不忘恐吓说："方今天下一统，海内向风，而独琉球不供职。关白（即秀吉）方命水军，将屠汝国。及今之时，宜遣使谢罪，输贡修职，则国永宁。兹特告示。"[36]

尚永王接来书不久便薨逝，继位者尚宁不敢怠慢，即遣使修书献方物，并由岛津氏引领至京都谒见丰臣秀吉。其后，秀吉在小田原之战歼灭后北条氏，制霸天下。岛津又修函致琉球，嘱早日献方物，以贺关白秀吉大捷。尚宁覆岛津，以小国瘠薄，只能致贺词、献乐工，却无力献方物。其时秀吉已狂妄至极，仿中国天朝诏谕各国来朝归顺，其国书远至台湾、吕宋和果阿，还满卷狂言："今有征服大明国之志，不日泛楼船至中华，以其便路，可抵卧亚（即果阿），何作远近异同之隔？"[37]

他又亲自修函警告尚宁："然尔琉球国，自拥弹丸之地，恃险远，未聘贡。故今特告尔，我将明春先伐朝鲜，尔宜率兵来会。若不用命时，先屠乃国，玉石俱焚之。"[38]

此时，萨摩藩岛津氏亦致函琉王，又是威吓又是敲诈："此役太阁（指秀吉）使武库君帅我藩师及琉球兵一万五千，以征明国。"琉球哪来一万五千兵那么多？萨摩又自话自说，经与家臣商议作出建言："琉球僻处南海……况未习我军法，与徒征兵，宁赋赍粮，则莫如乎以使出其七千口支十月粮，限明年二月悉输诸坊津。且筑阵营料，亦宜别令输……"[39]

面对关白秀吉来势汹汹，萨摩岛津步步进逼，尚宁大为震骇，忙与三司官郑迥[40]等群臣商量对策。首先是丰臣秀吉以泰山压卵之势来强迫就范，促派兵参加出征。但琉球与大明不单毫无敌对，且属宗藩关系，大明更有扶助、教化的累世恩，绝不能恩将仇报参加征伐。而与朝鲜李朝，相互修好共订兄弟盟国，如何可以无故侵攻？而且琉球原是国小力弱，且不修武备多年，实在无兵可派。至若萨摩提出赍送军粮，但七千人十个月口粮，合为十一万一千二百五十石，几乎是琉球全国两年的粮产，实难以承担。何况这是不义之战，琉球千万个不愿意参与。于是，一面向日本虚与委蛇；一面派人向明朝密报。

其时，有福建同安人陈甲在琉球做海商，闻秀吉正整军造船，将有侵明之举。遂与郑迥商议，由进贡请封使向朝廷告禀，陈甲则还乡，向巡抚赵参鲁详告一切。参鲁即将军情转知兵部，再由兵部移咨朝鲜王。[41]

《明神宗实录》亦有记赵参鲁上疏，告以："琉球贡使预报倭警"（万历十九年八月）[42]；而在七月的另一则记述："大学士许国等题，昨得浙江、福建抚臣共报日本倭奴招诱琉球入犯……"[43]

至于朝鲜，哨报比琉球要迟，经明朝诘问后，才急忙遣使辩解。因为明廷生疑，是否朝鲜准备做丰臣秀吉的向导，攻打中国，所以不把日本来犯的军情通报。是以《明史》有："（朝鲜）王但深辨向导之诬，亦不知其（指日本）谋己也。"[44]

另一方面，琉球虽然虚与委蛇，但始终抵受不住秀吉和萨藩的一再催粮，惟有于万历二十一年（一五九三），在壬辰之战进行近两年，才赍送兵粮到萨摩藩。[45]

六 萨摩掳琉球王，斩杀宰相郑迥

前文提到琉球王尚永于一五八八年病逝，由尚宁袭位。按祖制尚宁须向明朝请封，但正值丰臣秀吉举兵侵朝，并着萨摩藩前来催粮，情势窘迫故无暇遣使请封。在明廷来说，也忙于遣兵调将，驰援朝鲜李朝，亦难兼顾册封之事。延至万历二十三年（一五九五），琉球始遣使请袭封。福建巡抚许孚远以倭氛未息，提议采郑晓的意见，由朝廷派钦差赍诏书至福建，由琉球使臣恭领回国；或遣武臣陪同前往琉球，可保海途不受扰。其时，壬辰之乱虽在讲和中，但战事尚未全然平息。

万历二十七年（一五九九），尚宁又派郑迥诣明请封。同时，郑迥将丰臣秀吉的死讯告知大明及朝鲜[46]。明续考虑改以武臣出使。其后，尚宁又派贡使，请用旧制遣文臣为册封使。明朝遂命给事中夏子阳、行人王士祯为正副使，于万历三十四年（一六〇六），渡洋册封尚宁为琉球新君。

因有丰臣秀吉的野心而发动战争，影响到尚宁的册封加冕在十八年后才能实现。虽然琉球侥幸逃过参加不义之师、致兄弟国相残的祸劫，但随之而来竟是本国大祸临头！

萨摩藩主要治所在今鹿儿岛，在全日本来说是最为靠近琉球国的。因此，历代将军幕府不论交往或窥伺琉球，皆委萨摩藩来传话。萨藩亦野心勃勃，居间其中便常常欺上瞒下，上下其手，甚至力图独占。

日本的史家当然会为萨摩藩侵琉而制造很多借口，但始终无法掩饰萨摩藩的贪婪和野心。

琉球国对萨摩藩常怀警惕之心，虽欲畏而远之，但无奈萨摩藩在地理上是最靠近自己的一个邻邦，琉球唯有谨遵聘问修好。（日本史学界大多认为琉球向萨摩藩的聘问就是朝贡，强将来使说成贡使。他们所据，多依伊地知潜隐著的《南聘纪考》，是书成于十九世纪初。而萨摩败琉球是在一六〇九年，在这年之前，琉球国还没有受制于萨摩藩，所以此前的修好聘问完全是两者间的礼问平交，不是天朝与藩国的上下关系。何况足利义晴将军，亦曾请琉球国向明朝传递表文，是以对等国来看琉球的。"聘"字的意思，据《礼·曲礼下》的解释："诸侯使大夫问于诸侯曰聘。"因此有《春秋》："卫侯使公孙剽来聘。晋侯使荀䓨来聘。"《南聘纪考》是用一六〇九年之后的萨琉形势来记述一六〇九年前的聘问，是需要澄清说明的。况书名用"南聘"而非"南贡"，这就很值得玩味了。）但萨摩藩常嫌礼薄拒收，或与琉使讨价还价。如：日本天正三年（一五七五）三月，琉球派使贺萨摩藩主袭封，藩主嫌礼物太少，只准朝贺而拒收礼物。后经讨价还价，琉使愿增补三十两金，事才平息[47]。在萨摩藩来说，礼薄有怠慢之意，故亦成为征讨罪状之一。同时，接待不周，也有疏慢之罪。如一五八九年尚永王薨，萨摩藩派雪岑和尚[48]使琉球。后来，萨藩指雪岑来时，琉球开小门迎接，当托雪岑带还书函，则开大门以迎。三司官回访雪岑时，没有亲到所寓馆舍；至宴请雪岑时，又没依旧例准船长入席作陪，而副船长又遭杀害。琉球国则自辩说：来使至小国，故开小门迎接；请呈书大国，当开大门以呈。副船长是自杀而非被杀[49]。但国小声音自然是微弱难以抗衡的。

萨摩藩又强将债务套到琉球国的头上。前文提到丰臣秀吉曾令琉球出兵参加攻打朝鲜，后来强迫输送军粮以代，琉球无力筹足，把仅有的粮饷送去。后来，萨摩藩蛮称不足之军粮已令伙长（船长）代缴，现派伙长取还。琉球哪里肯承认这笔欠债，面对萨藩的苛索强要，三司官郑迵颇厌伙长的一再纠缠，骂之不退，盛怒下以械打伙长之胫。萨摩仍欲得逞，即派雪岑和龙云两和尚至琉球，又是责问，又是讨债。郑迵严辞反诘。《南聘纪考》的记述则为："（庆长）十年（一六〇五）九月，……又遣僧云龙、雪岑及鸟原宗安等往……并督问滥刑，谢那（郑迵为谢那亲方）固拒不听从。却至侮詈，大耻使僧。"[50]

面对琉球国态度强硬，萨摩藩因有所求，暂且软硬兼施。萨摩藩非常渴望如琉球般与中国通商，攫取巨利。但自从"嘉靖大倭乱"之后，明朝绝日本市，令日本经济停滞。萨摩藩希望自己能打破此困局，独占其利，遂瞒着幕府多次促请琉球向明朝说项，盼能互市通商。琉球国深悉明朝对日本存有戒心，不愿介入招祸，故屡次拒绝萨藩之请。如万历三十六年（一六〇八），"明不遣商舶者之三十余年于此矣，公承神祖旨[51]，遣使鸟原宗安等之琉球，说三司官等传谕明国，必遣商舶通互市道。谢那（郑迵）不从，盖欲为明张其威力也。"[52]

萨摩藩主岛津家久（一五七六至一六三八年）开始不耐烦了，因为他担心日子拖长，德川幕府会主动出征琉球，收为幕府所有。同时，当时的葡萄牙、西班牙和荷兰都先后来到远东，寻找他们的据点，如葡萄牙已取得马六甲，并开辟了长崎港，而荷兰则获得平户岛的松浦藩主首肯，设立商馆进行贸易，西班牙也占据了吕宋，尾随的英国亦一度靠泊平户岛[53]。难保这些南蛮国[54]不会打琉球的主意，届时才去争夺，胜负难料。既然琉球已是栏厩之羊，为免别人捷足，就得马上擒下。岛津家久再三奏请德川家康，请求出兵琉球而不获赐允。至一六〇九年，再恳请以代幕府向琉球用兵，才征得家康同意。

万历三十七年（一六〇九），即日本庆长十四年，萨摩挥军侵琉，日史称之为"庆长之役"。是年三月初，岛津家久以桦山久高为大将，平田增宗为副，率兵三千分乘百余艘战船，南下开赴琉球。先取最北诸岛，继即蔽海掩至琉球本岛，拟正面强攻那霸，遇岸上还炮击沉数船。桦山久高接探报，北面运天港（现今归仁城），荒废无守备。遂于三月二十五日移师北往，果然未受还击，瞬取运天港。原来琉球自尚真王于一五〇〇年平定宫古和八重山之乱和尚清王于一五三七年征伐奄美大岛之后[55]，便不修武备，安享太平。所以萨军来犯，可以长驱直入，杀奔首里王城。途中，仅遇郑迵据久米村（赐三十六姓人后裔聚居的唐营）率众迎战，碍于战力悬殊，瞬即失守。郑迵遁入首里。四月三日，萨摩军围首里城。尚宁王以孤岛无援，群臣惶惧，乃开城请降。五日，桦山久高率军进入王城。[56]

琉球虽降，但萨军并无收起枪剑。四月七日，桦山久高竟带头在王城内搜劫财宝及典籍书画，持续五天（有说七天）始毕。众将领更纵容部下向毫无抵抗能力的民居村宅焚烧掳掠，恣意暴虐。就连《南聘纪考》也不得不承认掠夺了王城的财宝，曲笔写道："入辰出西，连日点检王城财宝，悉载诸籍。十三日终功载船，皆献鹿儿府。"又谓："将士诸船凯旋本府，公（岛津家久）乃饮将士酒（犒酒之意），劳其功也。此役将士颇犯律令，惟本田亲政、市来家繁善守其令，故特褒赏之。"[57]

将士三千，就只两人没有违反律令而获褒奖。是日本军队集体逞凶的又一历史纪录。

尚宁王茶道侍从喜安时正在其《日记》沉痛地记述："庆长入侵之顷，萨军大肆掳掠，老弱妇孺，悉遁入山林中，大屋皆遭焚毁。……无疑，所有图籍、日记及其他贵重物品文件，悉遭焚失掠劫……庆长之前，琉球人极为和平和愉快，筑屋均栉比而居，夜不闭户，因此一旦火起，即焚烧多家，到处烟火，人人不知何处可逃，扶老携幼，盲目奔窜，不知所措。后流言传出，尚宁王已降，全境停战，始敢回家。但满目烟火，家宅已只余灰烬，皆跪地号泣。"[58]

由此可以反映出当时的惊惶恐怖之情。因此，"庆长残酷物语"的流传，四百年后仍可从琉球裔人士的口中听到。[59]

尚宁王降伏后，郑迥也被执缚。桦山久高即将尚宁王、王子、三司官（共三人，官位约同宰相，郑迥为其中之一）和王舅毛凤仪等共百余人，被押解上船，掳回萨摩。

岛津家久喜见全军大捷，更掳回琉球王及一众重臣，自是笑逐颜开，即劳军犒赏，马上把尚宁王等俘虏押解上京都，再至江户。惟将郑迥留置萨州，是忧其耿介刚直，恐解送途中横生枝节，故囚于鱼肆，欲挫其锐气。时值溽暑，囚室高温蒸人，恶臭难闻，蛆阵蚊雷，磨折难熬。但郑迥处之泰然，囚居两年多，毫不颓靡，其不屈精神，连市井商贩亦钦佩不已！[60]

岛津家久押送尚宁王等上京以示献俘，夸耀其战绩。尚宁王于琉球国内之时皆盛装出行，今一旦被俘，身着囚服穿越各州县，如同游刑，任人点评，以致观者挤列街道两旁[61]。惟叹末路君王受辱深！

万历三十八年（一六一〇）五月，岛津家久押解尚宁王一行由萨摩出发。八月，先至骏府（今静冈市）拜谒退居下来的德川家康。尚宁王身穿明帝册封时赐给的冠服，诣见家康，可谓不失王者气度[62]。而德川家康闻家久大胜，欣喜莫名，即席就将琉球的支配（控制）权赏赐给岛津萨藩，并谓："实汝勋绩，孰其争汝，特可以嘉矣"[63]。家久得偿夙愿欢欣雀跃，再三叩谢。接着，再上江户谒见德川第二代将军秀忠。

岛津家久折返萨摩，于万历三十九年（一六一一）九月十九日，提尚宁王、王子、郑迥及三司官等至灵社前，递出草拟好的誓约书，勒令君臣签署。尚宁王所签者，系承认琉球自古便是萨藩岛津的附庸，因不遵制进贡等情，故被征伐俘虏，今幸得萨藩哀怜放归故国，但每年要呈上贡物缴纳地租，并割北五岛，永隶萨藩，灵社前签誓，子子孙孙永守。[64]

而三司官等的誓约书大同小异，更强调要矢誓直接效忠萨藩，而且世代永守，"若负斯盟，神灵其殛之。"[65]

已成降虏的尚宁王为保民安，忍辱签下所谓誓的约降书。同来重臣亦俯首签降，未敢稍抗。

及郑迥，却坚拒不签。萨主大怒，力数抗命诸罪，更以处死来威吓。"迥独抗声答辩，不屈不挠。在场诸琉官，为之色沮。尚宁王知其有必死决心，神色镇定，还问迥将来谁可继彼为三司官者，迥恭谨回答。[66]"同日申时许（约下午四时），郑迥就因拒签降书而被处斩。

郑迥拒降视死如归，是为国牺牲，应留青史。但郑迥死后，萨摩已伸手到琉球，后来的官修史书不敢多加着墨，甚至避而不谈，而《喜安日记》和《中山世鉴》更挥舞刀笔诬蔑郑迥是"奸相"、"权臣"，招致萨摩藩出兵来犯，完全是他一手造成，同时他因为曾留学中华并充任贡使，所以作风亲中，也就无法处理好和萨摩的关系。在萨摩的监控下，琉球的史书忍令忠魂沉冤。一八七九年，日本吞并琉球，史笔也未能直书实情。直至第二次世界大战之后，对郑迥的殉国才有较持平的论析。近年，还为郑迥雕像，以缅怀此一代名臣。

丹心可比文信国的郑迥，在史书中被冤逾三百五十年，直至二十世纪六十

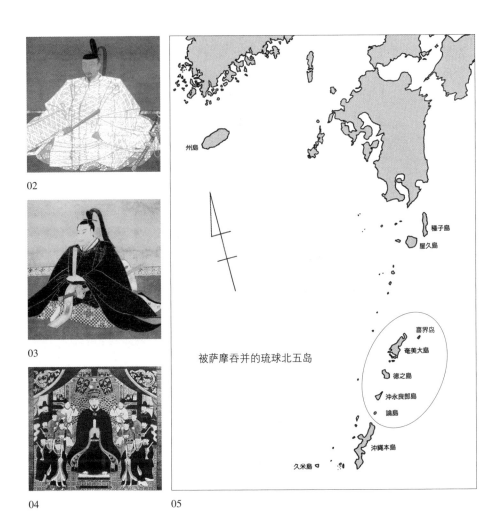

被萨摩吞并的琉球北五岛

州岛
種子岛
屋久岛
喜界岛
奄美大岛
德之岛
冲永良部岛
論岛
冲绳本岛
久米岛

02　威吓琉球出兵协助攻打朝鲜的丰臣秀吉。

03　挥军征服琉球的萨摩藩主岛津家久。

04　城破而被掳的琉球王尚宁。

05　萨摩藩强夺琉球北五岛——与论岛、冲永良部岛、德之岛、大岛、喜界岛。从此北五岛落入萨摩藩手中，所以今天仍被划归鹿儿岛县。

年代，台湾的史学家杨仲揆先生转职至琉球（当时由美国托管，成立琉球政府。详见本书第十二章），对三十六姓闽人的后裔郑迵为琉球捐躯，深表感动，决定"发幽搜隐"，为这位华裔琉人写传。杨氏经查考，发觉郑迵并非被处斩，而是更残酷的油炸死。他描述说："其时，大殿之侧已设有油鼎，正在沸油。俟彼君臣问答毕，乃命两孔武有力卫士，挟迵投入油鼎，再二人拨迵尸，绕鼎左旋，以速其化，恶烟冲天，焦味弥漫。"[67]

杨仲揆先生这一节的描述，是参考自《琉球育英史》。为此，笔者几经搜寻终购得该书归，检看之下，果见有类似的叙述（日文），但在该段文字后，附有一话："这也可说是传说之事"[68]。虽然杨先生曾谓："因博采群籍，审其真伪，而为之传焉"，但却未见引录其他著籍，所以油炸死之说暂且搁下，容后再查考。另一方面，为杨氏著书《琉球古今谈》作序的张希哲先生，在其后发表的论文也没有依照好友杨仲揆之说，而是引《冲绳一千年史》说："郑迵因不屈服而斩于萨摩。"[69]

至于杨氏所著《郑迵传》的其他内容还是很有参考价值的，兹节录如下：

> 郑迵，字利山，祖本福建长乐人，是赐闽人三十六姓的后裔，世居琉球久米邑。父禄，出任都通事。兄达，那霸作官；弟周，曾入国子监，累官至长史。郑迵于嘉靖四十四（一五六五）年，随贡入太学。学成后回琉球，于天妃宫开讲，是为琉球私塾之始。不久，即录为紫金大夫掌长史事（对明的封贡事务）。丰臣秀吉称霸日本后，即派使僧令琉球献地奉正朔（向日本称臣），并向王及迵各锁百金。其时，尚永王薨，世子尚宁监国，对丰臣秀吉来意不善，举国震恐。尚宁召廷议，无敢见言。独有郑迵，以琉球朝贡中国，世守藩职二百余年，恩宠方隆，未可以叛。且倭情多诈，不可轻信。劝世子辞其金，遣使赍书献礼，逊词婉谢。世子纳其言。

迨后，秀吉挥军伐朝征明，又威吓琉球发兵参战和输送粮饷……（中略，参见前文）万历二十七年（一五九九），尚宁派郑迵入明请封，深感天朝礼遇之隆，文德之盛，矢志追从天朝，谋国民之福，报二国之恩。万历三十四年（一六○六），以功封谢名亲方，授之司官。琉球官制，亲方为正二品，谢名是食邑。三司官共三人，类同宰相。闽三十六姓的后裔，能任此职者，自郑迵始。三司官中以郑迵才华最高，故最受尚宁王宠遇。[70]

郑迵生于嘉靖二十八年（一五四九），就义于万历三十九年（一六一一），时六十二岁。他身躯魁梧（据云昂藏七尺，想是一米八二左右），"伟岸威棱，智虑深远而沉毅勇决。"[71]

再说尚宁王，为保民安，被迫签降。一六一二年，获释回国复位。有关尚宁王被掳，《明史》等亦有记述："（万历）四十年，日本果以劲兵三千入其国，掳其王，迁其宗器，大掠而去。浙江总兵官杨宗业以闻，乞严饬海上兵备，从之。已而其王释归，复遣使修贡，然其国残破已甚，礼官乃定十年一贡之例"[72]。《明实录》则谓："（万历）三十七年三月，倭入琉球，掳其中山王以归。"[73]

但屈辱之余，更令尚宁王痛心者，乃明朝疑其不忠。因后来入贡，不遵常礼，故起疑心。时福建巡抚丁继上奏："琉球国使柏寿、陈华等，执本国咨文，言王已归，特遣使修贡。臣窃见琉球列在藩属，固已有年，但尔来奄奄不振，被拘日本，即令纵归，其不足为国明矣！况在人股掌之上，保无阴阳其间！且今来船方抵海坛，突然登陆，又闻已入泉境，忽尔扬帆出海，去来倏忽，迹大可疑。……而贡之入境有常礼，何以不服盘验，不先报知，而突入会城，贡之尚方有常物，何以突增日本物于硫黄、马、布之外？贡之赍进有常额，何以从伴多至百余名？此其情态，已非平日恭顺之意。况又有倭为之驱哉！"[74]

后来，尚宁王再表心迹，明廷才稍为释疑。万历四十四年（一六一六），"日本有取鸡笼山（今基隆）之谋，其地名台湾，密迩福建，尚宁遣使以闻，诏海上警备"[75]；"琉球国中山王尚宁遣通事蔡来言，迩闻倭寇造战船五百余只，欲胁取鸡笼山，恐其驰突中国，为害闽海，故特移咨奏报"。福建巡抚黄承玄以闻，足证琉球国中山王仍然效忠明廷，将探获倭寇动态，立刻飞报以闻。[76]

回想丰臣秀吉挥军入侵朝鲜，尚宁王拒绝出兵攻打友邦，并将日本军情报告明廷，护佑李朝。秀吉暴毙，日军撤退。尚宁王也为朝鲜庆幸，于一六○八年移咨朝鲜，提出结盟为兄弟国。讵料第二年，尚宁王就国破被掳，可说是万千忧恨在心头。他勉力提笔，向难兄难弟的朝鲜王隐晦地倾诉：

> 缅想寡人袭封无几，外寇侵侮，虽天灾之流行，实凉德之所致，不忍生民之涂炭，是以越国而会盟。淹留三年，和议始定，方得言归。凡有贼情，为谋不测，宜周牖户之防，事无巨细，奏闻天朝，以凭裁断。敝邦遭倭之乱，府库空虚，君民悬磬，屡蒙厚仪，报德无从，万里神交，聊具土宜，远表微忱，敬修谢咨……[77]

并非昏庸的尚宁王，只因弱国无力抗强邻，致成臣虏。他伤痛王业变迁，有愧先王，所以临终坚嘱死后不葬玉陵[78]而葬极乐山陵，其悲情如此，教人欷歔！而琉球的国运，从此一蹶不振，坠入黑暗时代。

七　压榨琉球、日称两属时代

　　萨摩藩迫琉球签降，即时附上一纸吞并的目录，将琉球北部靠近鹿儿岛南面吐噶喇列岛的五岛——与论岛、冲永良部岛、德之岛、奄美大岛、鬼界岛（今喜界岛），直接归萨摩藩管辖。

　　其实，萨摩藩早已迫不及待地为榨取琉球的资源而迅速行动。他们攻破琉球后，马上派人深入琉球国乃至各岛屿丈量，为他们日后按地计赋做好统计工作。

　　尚宁王等被掳走后，萨摩藩即颁布《掟十五条》[79]。其中控制和严重影响琉球的法令有：第一条，非奉萨藩令，不得与中国往来；第六条，未得萨藩符令，不得互市；第八条，派遣奉行（专责官员）收纳年赋贡税；第十三条，不可恣意派遣商舶往外国通商。[80]

　　尚宁王签降，今后就要向萨摩藩效忠。以后新王世袭，亦须向萨藩呈上效忠誓表。但岛津氏怎么会不提防琉球王有师勾践之心，所以早已派出"在番奉行"长驻琉球，监督琉球君臣的动静，又规定三司官等高级官吏的任免，须经在番奉行的认可，三司官又可以直接前来告密，令琉王不敢妄动。在番奉行更代表萨藩执行《掟十五条》和其他法令。为进一步加强控制和管理，于崇祯五年（一六三二），再在各地加插日本人留驻，名为"大和横目"，以监视民间动态，将琉球的一举一动，尽收于情报网中。这样内外监控，就是要迫使琉球完全听命于萨摩藩。

　　再看《掟十五条》的影响。首先说"第十三条：不可恣意派遣商舶往外国通商。"这对琉球来说，无疑丧失了与国际贸易带来的巨大利益。但为何萨摩藩也同意封锁这条生财之路呢？原来萨摩藩也是受制于江户幕府的锁国政策。自从葡萄牙人抢占先机，成为欧洲第一个与日本展开贸易的国家，但伴随着贸易而来的是宣传天主教，在仅仅半个世纪中，全日本的天主教信徒便增至四十万人。德川幕府担心教会势力日大，国民会受其影响，遂采取比丰臣秀吉更严厉的禁教令。后来，由禁教再到禁足，严禁未经特许的船舶出海贸易，锁国之说由此起[81]。主要开长崎作为窗户港，让中国的唐船和荷兰前来贸易，由幕府直接派奉行至长崎掌管，垄断了这部分贸易。其他相对应的口岸有三个，自北至南为：北海道松前之对虾夷地（为免种族歧视，日本已将虾夷族写作 Ainu）、对马藩之对朝鲜、萨摩藩之对琉球。[82]

如果按以上四口岸的配对，琉球仍为异国，不是萨摩的藩中藩，只不过是萨摩藩强行向琉球做出压迫管控。但萨摩藩仍臣服于德川幕府。当幕府实施锁国，严令片板不得外流，萨摩藩不敢不执行，仅保存征得江户幕府同意：琉球继续对中国的朝贡贸易，但对东南亚诸国的贸易往来，因担心会为天主教利用而趁机渗入，所以不管是否生财之路，都全部断绝。

"第一条：非奉萨藩令，不得与中国往来。"按理这本来是琉球的一条营养线，但如今已非琉球所能享用，问题在于萨摩藩的插手，并将所有利润都拿走。最终肥了萨摩，瘦了琉球。

萨藩征服琉球，其中一个主要原因就是利用琉球和中国的宗藩关系，染指利润丰厚的朝贡贸易。同时，岛津萨藩没有马上灭掉琉球，就是还要让琉球继续请封奉贡，一切如常。明、清两朝，对日本（萨藩）监控琉球之事虽有所闻，但未作深究。一些史家认为明朝只重享受琉球的称臣进贡，态度消极。但笔者认为关键是琉球并无提出求援（不似清末一再恳求出兵，其情况详见本书第七至第十章），明廷就没有不请自来的出兵考虑。在琉球来说，恰正是：拳头在近，皇帝在远，唯有含恨苦忍，在萨摩藩的强迫下，合演一台假凤虚凰的戏。

朝贡船继续由那霸出发往福建，但前一站是由鹿儿岛开出，所以随贡商品，掺杂了不少日本货。又为了加强监控，萨藩更派人登船同行，及至中土，则扮成琉球人进行市易活动。为求扩大贸易，取得丰厚利润，就要掌握机会，在物产丰盛的中国购货。萨摩藩便拨银交付贡船去采购商品，萨藩称作"渡唐银"。当然琉球王府也有出资调银去购物，甚或贡船的使官（客商）也有自备钱银去办货。但财力最大的还是数萨藩。他们在购货回来之后，一切利润亦全归己有，其经营成本也轻（贡船和琉球船员皆来自琉球国），故利润十分惊人，于是投放的渡唐银就愈来愈大，两艘贡船[83]的商品，绝大部分为萨藩的货物。当时的贸易品为何？可参看清初（约一六六三年）贡船所装载的货物。

贡船舶至福州的物品：一、进贡品目：色芭蕉、上布、真苎白布、金箔银箔扇、折扇、大螺贝、硫黄、铜、马十匹、马鞍一座和金屏风。二、附载品目：渡唐银、笔、小刀、海龟甲、木鱼、烧酎、盐腌海胆、木耳、茯苓、永良部海蛇、腌肉、鹿角菜、绵和马尾等（后期根据中国的需求，附载商品出现大量产自北海道的海带）。[84]

从中国购办回日本的商品主要有：生丝、唐缎、纱绫、汉药、汉籍、瓷器（碗及盘）、墨、线香、唐扇和毛毡等。[85]

当时日本需求最多的是中国产的生丝。较早从十六世纪中后期开始，葡萄牙人垄断了长崎和澳门的贸易线，营造出令人艳羡的"丝银贸易"来[86]。随着葡萄牙人被逐离日本，德川幕府在锁国令下，亲自派员管理长崎的对外贸易，生丝便由来自中国的唐船供应，同时也有受欢迎的汉籍和汉药[87]，长崎也就成为江户时代极繁华的商港。生丝、汉籍和汉药，在日本都是难得的抢手货，萨摩藩却可以凭借琉球的朝贡贸易得以舶来，从而赚取巨利，对其他各藩主来说，当然又是羡慕又是妒忌。

琉球冲绳交替考⊙钓鱼岛归属寻源之一

朝贡贸易本来是琉球国的经济命脉,却横遭萨藩劫夺,还要被日本史家讥为"奈良河上的鹭鹚"。也许同时是对琉球国的同情,果如是,笔者认为称作"锦江湾上的鹭鹚",岂非更贴切?[88]

萨摩藩除从朝贡贸易上劫夺巨利之外,在第八条收纳年贡赋税方面,也是对琉球国苛慝狂榨。

岛津萨藩本拟按日本各地般收取稻米来作赋税,但琉球土地贫瘠,夏季常有台风侵袭,加上琉球人不谙耕作,产米不多,所以萨藩便要琉球改用其他物品来缴付。早期规定的年赋为:芭蕉布三千反[89]、上布六千反、下布一万反、唐苎一千三百斤、牛皮二百块等。后来,又改用银来缴付,当一七五六年以后,琉球可以种出稻米,又以米来交付。[90]

但萨摩藩又怎会这样容易满足,他们既不按规定的年贡来收缴,经常借"国用不足"为由,又来增收,且习以为常,是将琉球当作摇钱树。据清朝驻日公使何如璋在光绪五年(一八七九)向琉球王国的陈情使详询其国史,然后向李鸿章作的报告,可知其详:"惟万历三十七年萨摩藩岛津家久帅兵征球,掳其君,夺其国。后复君立国,遂为附庸,所称立约十五条,并誓文二道,《中山球阳志》一字不之及,而日本史固粲然书之。自是以来,时时遣使萨州,大将军嗣位(即德川家继大将军位),亦或遣使来江户(琉球遣使至江户庆贺)。征纳其米,多寡不定。康熙以后,每岁额纳米七千六百余石,相沿至今。"[91]

琉球既失朝贡贸易的运财之路,又要承受苛捐重税,更兼开支增大——负担设在萨摩的琉球馆之各项开支,以及按时北上江户朝贡参拜,致令全国经济枯竭,人民生活厄困。及至尚贞王朝过度挥霍,大饥荒又接踵而来,球民更如倒悬。最终王府也经济拮据,借贷度日。一八〇二年,王府向鹿儿岛积欠的债款超过一万贯,至明治五年(一八七二)被改编为藩之际,其负债高达二十五万圆[92]。当时日本最高薪的大政大臣，月薪为八百圆，参议院副议长则为四百圆[93]。可知王府负债不轻，则民间当更惨矣！

另一方面，萨摩藩为确保琉球对中国的朝贡贸易不致中断，所以除了让琉球继续向明、清请封、奉正朔外，当中国的天使渡洋至琉球，举行册封典礼和进行外事、文化活动的期间（长约半年），萨摩派驻琉球的监察官员都会回避，是深怕册封的天使识穿琉球已被日本控制，回奏天朝，或取消封贡关系，或问罪琉球。萨藩倘非心虚，又何至如此。他们的回避安排有：不得说日语、道日本名，日本书籍要藏起、收起日本的张挂物，连石灯笼、洗手水钵也要撤去，大和横目等的官员须远离那霸，通用的"宽永"日本钱亦收起，改用鸠目钱。[94]

曾是琉球国末代君王尚泰的侍从喜舍场朝贤在其著书中也说："当册封钦差来球，在琉的萨摩官吏和萨商，全部移居浦添间切城间（那霸郊外）的乡村，而萨船则湾泊到今归仁间切运天港。为避中国人的耳目，把平日通用的宽永钱收起，在中国人留居期间，假装以鸠目钱来作流通货币。又官衙、寺院内的挂轴、钟铭以及碑文等，如有日本年号、人名者，一律匿藏起来。"[95]

鸠目钱是日本私铸的劣质钱，曾流布至琉球。后来，日本铸造了"宽永通宝"，铜质美甚，远胜鸠目钱，琉球也乐于使用。但"宽永"是日本年号，为求遮掩中国册封使团的耳目，所以当册封使团留居其间，便假装鸠目钱是流通货币。但中国的册封使团并非全部懵然不知，徐葆光便已识穿，在其《中山传信录》中写道："平日皆行宽永通宝钱，临时易之，使还，则复其旧。"[96]

当册封的天使驻琉期间，所有萨藩派在琉球监察的在番奉行，大和横目等官吏、部属，除能伪装成琉球人外，一律迁出京城，避居至乡郊僻地，又取缔张挂的日文招牌、招贴等，日本的书籍、纪事、通令等也收藏起来。萨藩这样惊惧中国钦差的到访，后来明治年间的官员却振振有词地说，日本是琉球的"实力管治领有者"。为此，笔者撰成《从琉球国向明清请封、奉正朔比较中日的管治权威》，现附录于本书后。

而自庆长之役（一六〇九年）起，琉球王国向萨摩降伏称臣，但同时又继续向明、清请封，直至一八七九年被日本吞并止，长逾二百六十年，日本史学界将这段期间的琉球，称为"两属时代"。而在"两属时代"期间，萨摩藩通过对琉球的压榨剥削、成为江户时代的一大雄藩，甚至是后来倒幕、建立明治政权的一支雄师。

八　小　结

终明一代，受倭患影响甚深。由早期一些无赖商人的生事、抢掠，至浪人、盗贼的参与，再后来和中国的海盗勾结，成为嘉靖年间的大倭寇，作乱数十年。明朝几经艰辛才得以诱降剿平，但接踵而来的是野心家丰臣秀吉率领倭军入侵朝鲜。明派兵驰援，经过连场大战仍难分胜负，直至秀吉病死倭军才肯罢休。

万历三十七年（一六〇九），明朝已进入末年。另一方面，萨摩藩轻易以三千兵和不消一个月的时间，便令琉球称臣。在这场名为"庆长之役"的侵略战争中，敢于挺身出来抗敌的为数不多，华裔宰相郑迥就是最忠勇的一员。惜敌强琉弱，不堪一击，即告败阵。最后，琉球王被掳，郑迥惨被处斩。后因琉球已被萨藩控制，对郑迥拒降被斩之事，禁止张扬。因此"琉球诸籍，慑于倭势，未敢直书"。是以郑迥就义三百余年，名不得彰。杨仲揆先生为使华胄英灵不致沉冤含诟，发幽搜隐撰成郑迥传，使能流芳后世。

至于有评论说"两属时代"[97]是萨藩苦心经营与琉球百般苦忍的配合下，向中国布下的一场大骗局。笔者是并不认同这一看法的。

在中华帝国的册封体制下，受封诸国只要向中华帝国称臣，尊为天朝，即成为中华帝国宗藩体制的一员，可享有朝贡贸易的优渥待遇，带来巨利。而中华帝国对朝贡国只会怀远教化，不会插手干预内政，更不会抽取赋税，朝贡贸易是厚往薄来。琉球王国被萨摩藩征服后，二百六十余年仍然向中国天朝请封，不改其恭顺，故能成为明、清两朝最蒙优遇的朝贡国。当窥知琉球也同时臣服日本幕藩，明、清两朝没有去戳穿，并非受骗。在明朝而言，琉球国没有前来告禀，说出遭受日本萨藩欺凌和压榨[98]。正是原告不来，又焉能主动强自出头？况琉球继续要求请封、奉正朔，天朝地位仍受尊重，颜面仍存，所以就不去深究，让琉球臣侍二国。而事实上，当册封使驾临那霸，萨藩的官吏皆"肃静回避"，匿隐到乡郊。两相比较，中国天朝大国地位，岂非更形尊高？

又有史家将琉球的两属比作两婚之妇，笔者也是不敢苟同的。考此说之源，出自日本竹添进一和李鸿章谈球案时上书所言："天下无二婚之妇，岂亦有两属之邦乎？"又谓："西人举事，必借口公法。而所谓公法，有一君兼统两国，无一国两属于二君，是西人亦不有两婚之妇也！"[99]

按竹添之意，琉球是事中国和日本为二夫，然则中国册封使每至琉球，萨藩派驻于那霸的官员全部避退乡间，不敢正视中国天使，俟天使离去才被公然再找"琉球妇"。那么萨藩岂非有"奸夫"之嫌？走笔至此，不欲再书写下去，因为按此比喻，对三方也不光彩。尤其是琉球，日本其时已废球为县，还要大肆侮辱，占尽便宜，绝非君子所为！

注 释

1　平安时代（公元七九四至一一九二年）。公元七世纪，日本僧人地位日高，干预朝政，贵族间又争权夺利。桓武天皇审时度势，决定于七九四年迁都平安京（今京都）。自此，日本历史便由奈良时代进入平安时代。迁都后，饬令僧人静修佛法，不得问政。参见黄天著《日本事典》，香港万里书店，一九九三年，页三二至三五。

2　日本的战国时代始于"应仁之乱"。公元一四六七年，将军足利义政新亡，守护大名细川胜元（东军）和山名持丰（西军）就继任人问题冲突，在京都大战起来。乘着"应仁之乱"，地方纷纷起事，互相兼并讨伐，割据称雄，全国一片混乱。至一五七三年，才由织田信长收拾残局，终止了百年混战。参见黄天著《日本事典》，页四〇。

3　德川家康在扫平群雄时，与他一起征战的将领，在后来被分封为"谱代大名"，亦即是嫡系人马。没有参战打天下的地方大名，归顺后封为"外样大名"。外样大名和谱代大名当然有亲疏的差别，他们被排除在幕府政权核心之外。

4　参见崎间敏胜著《海东小国记》，那霸市星印刷出版部，一九六七年，页一八三至一八四。又喜舍场朝贤著《琉球见闻录》，东京东汀遗著刊行会，一九五二年，页一〇六。

5　杨仲揆将《南聘纪考》的作者写作"伊地知潜隐"，并指出他是清嘉庆末年，由萨藩派驻琉球。参见杨著《琉球古今谈》，台北，台湾商务印书馆，一九九〇年，页二九。但杨氏却又指明治年间有季安学人将《纪考》编定（页五九），查伊地知名季安，号潜隐，实同一人，生于一七八二年，明治前一年的一八六七年逝世。

6　同注4引书，页一八四。

7　同注4引书，页一五三。原文为日文，笔者据意译出。

8　同注4引书，页一八五。原文为日文，笔者据意译出。

9　日本谚语，原文是："喉かち手が出る"其意是一双手还不够，要从嘴巴再伸一只手来取，极言渴求之意。

10　详见本书第二章琉球国与暹罗、满刺加通好的咨文。

11　《高句丽广开土王碑》，简称《好大王碑》，是高句丽第二十代长寿王为纪念其父谈德即好大王，而于公元四一四年（东晋义熙十年）建的。碑文讲述当时称为永乐大王的谈德南攻百济，北伐扶余，并屡败来犯的"倭寇"，雄踞鸭绿江两岸，称雄当世。死后，为纪其功，故建《好大王碑》。碑文作隶书，平实厚重，古朴可喜，为书法中之瑰宝。

12　参见郑梁生著《明代中日关系研究》，台北文史哲出版社，一九八五年，页二七四。

13　参见吴柏森编《明实录类纂·军事史料卷》，武汉出版社，一九九三年，页三二一。

14　参见藤家礼之助著，张俊彦、卞立强译《日中交流二千年》，北京大学出版社，一九八二年，页一六七。后期的倭寇"直到明末"，笔者认为应止于丰臣秀吉死后，德川家康开江户幕府的一六〇三年。

15　参见张廷玉等撰《明史》，北京中华书局，一九八四年，卷三百二十二《外国三》，页八三五三。

16　同注14引书，页一六八引郑晓著《皇明四夷考》。

17　公元一二七四年和一二八一年，元世祖两次出动舟师渡海征日，却都遇上暴风而折戟沉舟，葬身海腹。

18　同注12引书，页三二引《明太宗实录》卷十二。

19　室町时代亦可称为足利时代，广义来说是由公元一三三六年至一五七三年；狭义则由南北统一的一三九二年起至一四九三年。足利的第三代将军义满，在京都的室町建成花之御所作为府第，展开了武家治国。

20　足利义满向明朝上表修贡时，用上祖姓源，再采出家后的法号道义为名。源氏乃皇族的一个赐姓氏，其后再分支姓足利、新田、武田、佐竹等姓氏。足利义满以"日本国王"名义向明朝称臣进贡，在日本来说当然引来很多反议。参见佐久间重男著《日明关系史の研究》，东京吉川弘文馆，一九九二年，页一一〇引《善邻国宝记》。

21 前引佐久间重男著《日明关系史の研究》，页一一二引《善邻宝记》。

22 同注 12 引书，页一八八引《善邻国宝记》。

23 同注 12 引书，页一九〇至一九二。

24 同注 15 引书，页八三四六。

25 同注 12 引书，页六六引《明太祖实录》卷一五三。

26 同注 12 引书，页六七。

27 郑梁生认为勘合的形式应为三联单，并举出台湾学校的收据来说明(参见注一二引书页七〇)，其说与笔者不谋而合。而澳门白鸽票的博彩有很长的历史，同时有非常严谨的监管。

28 同注 12 引书，页一九一。

29 同注 15 引书，页八三四七。

30 同注 15 引书，页八三四九，又《琉球历代宝案》第一集卷一则作："仍令绳责敕，转敕日本国王，令捕系倡乱者以献。"

31 同注 12 引书，页三四三引《历代宝案》《符文》卷三十五。

32 参见徐玉虎著《明代琉球王国对外关系之研究》，台湾学生书局，一九八二年，页二七；又《明史》卷三二二《外国三》，页八三四九。

33 参见谷应泰编《明史纪事本末》，上海商务印书馆，一九三七年初版，第八册卷五十五，页四二。

34 同注 15 引《明史》卷三二二《外国三》，页八三五一。

35 "壬辰倭乱"和"丁酉再乱"详见《明实录》及郑梁生著《明代中日关系研究》，页五七八至六三七。

36 参见郑梁生著《明代中日关系研究》，页五三四，引伴信友《中外经纬传》。据此信函，可证直至此刻琉球仍未向日本修贡，过去的往还，仅是国与国的平等通问。

37 同注 36 引书，页五三八。

38 同注 36 引书，页五三六。

39　参见真境名安兴著《冲绳一千年史》，东京荣光出版社，一九七四年，页三三七八。杨仲揆著《琉球古今谈》，台湾商务印书馆，一九九〇年，页四〇，引伊地知潜隐著《南聘纪考》。

40　郑迥，多误作郑迥，而郑梁生先生则误作郑回。

41　参见《明史》卷三百二十二《外国三》页八三五七。陈甲之名，郑梁生据《全浙兵制考》等书，考为陈申。又《明史》将郑迥作郑迥。

42　同注36引书，页五六五。

43　参见吴柏森编《明实录·军事史料卷》，武汉出版社，一九九三年，页三六四。

44　参见《明史》卷三百二十二《外国三》，页八三五七。

45　参见《琉球古今谈》页四〇引《南聘纪考》。琉球此次送了多少兵粮给日本，未见详载，但肯定不能满足日本的欲壑。

46　参见冲绳县立图书馆史料编集室编《历代宝案校订本》第二册，冲绳县教育委员会出版，一九九二年。页五二四，《朝鲜移咨回咨》："陪臣韩得远回自京师，赍到贵国咨文壹角。"述及"关白于二十六年七月初六日身亡，尤为贵国深幸！"朝鲜国王回咨，深表谢意："而报贼酋死亡消息，厚意郑重，无以为报。所据关贼罪盈恶积，天降之罚，此非但敝邦之幸，实是天下之幸！余贼蚕食者，亦已俱被官兵驱剿，过海去讫。烦乞贵国，日后凡有贼情，不拣缓急，须径报天朝，以转示敝邦。"

47　参见杨仲揆著《琉球古今谈》，页三八引《南聘纪考》。

48　汉以后的中华帝国主导了东亚的政治经济文化，四邻纷纷慕华来朝，而各国都尽量学习汉文，以便和天朝通交。因此，汉文成为当时亚洲的国际语。僧人、和尚大多有较高深的汉文修养，所以日本常请僧人出使，于是就涌现了一批政治和尚。雪岑为摩藩广满济寺和尚，又名文之，著有《南浦文集》。

49　同注47引书，页三八至三九；又冲绳大百科刊行事务局编《冲绳大百科事典》中卷，冲绳タイムス社，一九八三年，页五七一。

50 同注47引书，页三九。

51 江户时代对德川家康的尊称。而这里是有假托德川家康之意。

52 同注47引书，页四一引《南聘纪考》。

53 参见黄天著《长崎的唐人、唐船、唐寺、屋敷和妈祖文化》，收入在《九州学林》总第五辑，香港城市大学中国文化中心、复旦大学出版社，二〇〇四年秋季，页三〇九至三一三。

54 日本仿中国称一些邻国为蛮夷之人，如将北海道的原住民称为"虾夷人"，又将葡萄牙人呼为"南蛮"，以示从南面航海而来的外国人。

55 参见崎间敏胜著《海东小国记》，那霸市星印刷出版部，一九六七年，页二二三、二四三至二四八及三一九至三二四。

56 同注47引书，页四六引《南聘纪考》；又真境名安兴著《冲绳一千年史》，页三五七至三六二。

57 同注47引书，页四六至四七引《南聘纪考》。

58 同注47引书，页四七引《喜安日记》。

59 参见杨仲揆著《中国·琉球·钓鱼台》，香港友联研究所，一九七二年，页四四。又笔者认识琉球裔的人士，他们也有谈到庆长之役的惨事。

60 同注47引书，页四八、七一。

61 参见杨仲揆著《琉球古今谈》，页五六，引《喜安日记》；又池宫正治解说《喜安日记》，冲绳榕树书林出版，二〇〇九年，页四四。

62 参见赤岭守著《琉球王国》，东京讲谈社，二〇一一年，页九〇。

63 参见高良仓吉、田名真之编《图说琉球王国》，东京河出书房新社，一九九六年，页六六；又同注47引书，页五六引《南聘纪考》。

64 参见真境名安兴著《冲绳一千年史》，东京荣光出版社，一九七四年，页三六七。其实，所谓《誓约书》，实质是降书。

65 同注47引书，页四五引《南聘纪考》。

66 同注47引书，页四五。

67 同注47杨仲揆著《琉球古今谈》，页四五、七一。

68 参见阿波根朝松编《琉球育英史》，琉球育英会出版，一九六五年，页五六。原文为日文，笔者据意译出。而且在前一页，也有说到郑迵遭处斩，显见油炸死不能作定论。

69　参见张希哲著《蔡温对琉球的贡献》，收录于《第一届中琉历史关系国际学术会议论文集》，台湾中琉文化经济协会，一九八八年，页三〇八；又同注 64 引书，页三六七。

70　同注 47 杨仲揆著《琉球古今谈》，页六八至七二，又池宫正治，小渡清孝，田名真之编《久米村——历史と人物》，冲绳ひるぎ社，一九九三年，页一五二至一五三。

71　同注 70。

72　参见《明史》，卷三百二十二《外国三》，页八三六九。此处所记入侵琉球在万历四十年，但《明史》卷二十一的《神宗纪》及《明实录》均作万历三十七年，而史实应为万历三十七年。

73　同注 43 引《明实录·军事史料卷》，页三七二。

74　参见徐玉虎著《明代琉球王国对外关系之研究》，台湾学生书局，一九八二年，页三五，引《明史》、《明实录》、《琉球历代宝案》第一集卷一、卷八等。

75　同注 15 引《明史》卷三百二十三《外国四》，页八三六九。

76　同注 74。

77　同注 74 引书，页二五四引《琉球历代宝案》第一集第四十一卷。

78　玉陵在王城首里之西，由守礼门向西步行数分钟即达。玉陵是琉球一代英主尚真王所建，其后成为琉球的王家陵墓。

79　日文"掟"，即法令、法规之意。

80　同注 47《琉球古今谈》，页四九至五一；又同注 63 引书《图说琉球王国》，页六七。

81　参见黄天著《十六世纪澳门和日本石见银山的历史情缘》，收入在《澳门历史研究》第十一期，澳门历史文化研究会，二〇一二年十一月，页二一至二七；又同注 53 黄天著《长崎的唐人、唐船、唐寺、屋敷和妈文化》，页三〇九至三一三。

82　参见佐贺县立名护屋城博物馆编《4つのと釜山——东アジアの中の日韩交流》，日本佐贺博物馆出版，二〇〇六年，页四。

83　琉球的贡船由两艘组成，分为头号船（又名大唐船）和二号船（又名小唐船）。

84　同注 63 引书《图说琉球王国》，页八三。

85　同注 84。

86　同注 81 引黄天著《十六世纪澳门和日本石见银山的历史情缘》，页二一至二七。

87　参见山胁悌二郎著《长崎の唐人贸易》，东京吉川弘文馆、一九九五年，页二二七至二四六。

88　有"冲绳学之父"称号的伊波普猷（一八七六至一九四七年），曾指日本压榨琉球，是将琉球作为"奈良河上之鸬鹚"来对待。锦江湾是鹿儿岛湾的别称。

89　"反"是日本布帛尺幅的单位。一反相当于成年人一套衣服的布料。

90　同注 63 引书《图说琉球王国》，页六六。

91　参见《李鸿章全集》第六册《译署函稿》，海南出版社，一九九七年，页三一三五。

92　同注 63 引书《图说琉球王国》，页一一六。

93　参见高原富保编《一亿人の昭和史》第十二《明治上》，东京每日新闻社，一九七七年，页一八五。

94　参见横山重编纂《琉球史料丛书》第五卷，东恩纳宽惇的《解说》，东京美术出版社，一九七二年，页五〇。

95　参见喜舍场朝贤著《琉球见闻录》，东京东汀遗著刊行会，一九五二年，页八九。

96　同注 94 引书，东恩纳宽惇的《解说》，页五一。

97　"两属"是指琉球既是中国的藩属又是日本的附庸国。近年，有日本史家考证"两属"一词，并非始自日本，而是公元一八五三年美国远东舰队司令培理率军抵登琉球国，和琉球交涉开港之事而引用的。该考证文见于福建师范大学中琉关系研究所编《第九届中琉历史关系国际学术会议论文集》，海洋出版社，二〇〇五年，页二八一，收入粟野慎一郎著《"琉球处分"的历史——从历史评价的角度》。

98　一八七二年日本要将琉球王贬为藩，并要琉球断绝向清朝请封修贡。琉球派使向清朝告禀请援，清廷亦有作出行动，从外交途径上争取琉球脱离日本独立，详见本书第七章。

99　参见《李鸿章全集》第六册《译署函稿》，海南出版社，一九九七年，页三一五〇《日本竹添进一上书》。

第四章

吞灭琉球第一步
日废尚泰王为藩

随着十九世纪西方列强东侵，日本的江户幕府因内外交困而倒台。一八六八年，明治天皇在倒幕志士的拥护下迁都江户，改称东京，展开了明治维新的西化改革。

明治四年（一八七一），日本继版籍奉还后，再推出"废藩置县"的政改来削掉各藩的地方力量。是年十一月，日本将全国改编为一使（北海道开拓使）三府七十二县。九州的萨摩藩亦被改编为鹿儿岛县。而一直由萨摩藩控制的琉球国，其从属去向又当如何处理？琉球本是一个国家，日本的"废藩置县"完全是内政，不应牵涉琉球国在内。就如中国明亡清兴改朝换代那样，琉球国的地位也丝毫无改，继续沿袭封贡的关系。但日本包藏数百年的野心，当然不会作如是想。他们为免过急一口就把琉球吞并引来反弹，便审时度势，伺机而行。

"机会"要等到第二年（一八七二年）的六月，日本收到有琉球船民台湾遇害的消息，即部署他们强吞琉球的计划。

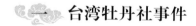 **一　台湾牡丹社事件**

发生在台湾东南部的"牡丹社事件"源于一宗海难——琉球船覆舟，船

民漂流至台湾东南部。海途凶险，遇事漂流至荒岛异地是常有之事，可惜这宗海难，生还者在登岛后却被当地土著杀害。这样悲惨的事情，在古代落后的地区时有发生。如航海家麦哲伦在菲律宾登岛时遇害；唐朝的日本留唐生晁衡（日本名阿倍仲麻吕）在归国时，使船漂流至安南，他们登岸后亦遭土人劫杀，百多人丧命，晁衡和日本遣唐使藤原等十余人侥幸逃出[1]。不过琉球船民这次遇海难被杀，却被日本利用来作出兵台湾和部署吞灭琉球的第一步棋。

事件发生于同治十年（一八七一），生还者在半年后才由台湾送至福州，将军文煜抚恤查问之后，于同治十一年四月初二日奏禀朝廷。四月初五日，其《奏禀》刊于《京报》，上海的《申报》迅速于四月二十四日（西历五月三十日）将《奏禀》刊出。结果这道奏折便成为琉球船民被台湾生番[2]杀害的消息来源，同时也是史家常引用的一条重要史料：

> 《将军文（煜）奏为琉球国夷人遭风到闽循例抚恤、该夷伴有被台湾生番杀害现饬认真查办折》：
>
> ……又据难夷岛袋供：同船上下六十九人，伊是船主，琉球国太平山岛（宫古岛）人。伊等坐驾小海船一只，装载方物往中山府交纳事竣，于十年十月二十九日由该处开行。是夜，陡遇飓风，漂出大洋，船只倾覆，淹毙同伴三人。伊等六十六人凫水登山。十一月初七日，误入牡丹社生番乡内。初八日，生番将伊等身上衣物剥去，伊等惊避条力庄地方。生番探知，率众围住，上下被杀五十四人，只剩伊等十二人因躲在土民杨有旺家，始得保全。二十一日，将伊等送到凤山县衙门，转送台湾县安顿，均蒙给有衣食，由台护送来省，现在馆驿等供。由布政使潘霨造册，详请具奏，声明牡丹社生番围杀球夷，应由台湾文武前往查办等情前来。

臣等查琉球国世守外藩，甚为恭顺。该夷人等在洋遭风，并有同伴被生番杀害多人，情属可悯！应自安插馆驿之日起，每人日给米一升，盐菜银六厘。回国之日，另给行粮一个月，照例加赏物件，折价给领，于存公银内动支，一并造册报销。该难夷等船只倾覆击碎无存，俟有琉球便船，即令附搭回国。至牡丹社生番见人嗜杀，殊形化外，现饬台湾镇、道、府认真查办，以儆强暴而示怀柔。

除咨部外，臣等谨合词恭折驰奏，伏乞圣鉴！谨奏。

奉旨：览奏已悉，着照例办理；并着督饬该镇、道等认真查办，以示怀柔。钦此。[3]

后来曾随日本军攻打牡丹社的美国记者爱德华·豪士（Edward House），却将道听途说记入他的著书，说成牡丹社人押解漂流船民到汉人村庄，要求赎金。汉人因不认识琉球人，不但拒付赎金，还协助杀害琉球船民。幸译者陈政三经考订，指出汉人不但未加毒手，而杨友旺、杨阿和等人更协助琉球民脱险。又引《甲戌公牍钞存》来证明牡丹社杀琉民十六人，高士佛社杀三十八人。[4]

文煜的《奏禀》无疑是牡丹社事件的重要文献，但琉球国的正史《中山世谱》，原来也有向生还者取证，然后记入史册。也许鲜为人知，故未见引用，笔者谨抄录如下：

辛未年（同治十年，一八七一年），有与那原村庐人三男，谢敷筑登之亲云上，十端帆马舰船一只。其年之春，要赴宫古岛，通船共六十九名，内头目骨役五名，跟丁四十三名，搭客十名，舵水二十名，那霸开洋。

陡遇飓风，去吊（掉？）货物，折断楫桅，任风漂流，针程失方，万死一生。皆共剪发许愿。漂到台湾府生番地方，即拨杉板，向荡陆路，为猛波所覆没，三名淹死，杉板流荡，难以往还陆路。由是原船断锭（碇），飘荡滨边，人皆登岸，虽寻人家，茫茫不见。

走到山林之中，遇着人家，用手为样，恳乞救命。随给粥食等物，恍有抚养之况。讵想夺其所带布器，剥其所穿衣裳。由是告暇辞去。

而有四五人，携带兵具，随后驱来。该难夷（海难船民），步过一里五合余路，惊避条力庄地方凌老先家。

生番探知云集，亦剥身上衣物，遂引难夷五十四人，在门外致杀害。只剩十一人，因躲土民杨友旺家里，始得保全。

且一人外隐山中，奈为生番所捕讨。正在就死之秋，幸有土民杨阿和、杨阿二、宗国升四人（应加上杨友旺才够四人），闻得其由，立即前往，将番钱四十五员，布六端、牛一口发给生番，救拔伊十二人，迁养杨友旺之家。日按三次，饶供饮食，更给茶叶、烟草、灯油等件。其无袴者，皆给袴子各一领。

既而将伊等送到凤山县衙门，均蒙老爷亦赐衣食等件，更给棉胎衣各一领，转送台湾府安顿。均蒙老爷日按两次饶赐饮食，并给衣袴各（人）一对。不但此也，发给铜钱，各百五十文，以抵下程。遣火轮船，送到福州。

……（尚有数宗海难，此处从略）……前项人数，本应搭驾接贡船只得以回国，但因人数许多，不便附搭。即酌具其人名数目，禀明海防厅，即蒙如详允准，得以回国。[5]

考文煜的《奏禀》和《中山世谱》的记述，虽有详略、异同，但可以互补，重要是主线相同：全船人员六十九名，三人淹死，五十四人被杀，十二人生还。《奏禀》明确指出行凶者是"牡丹社生番"，而且遇害日期是十一月

01　明清在福州设"琉球馆"，专责琉球事务，并悬有"柔远驿"牌匾。

02　琉球国正史《中山世谱》详记"牡丹社事件"。（引自《琉球史料业书》四）

初八;《中山世谱》没有明确日期和指明是"牡丹社生番"行凶，但从救助时赠以棉衣，可知是在冬季发生。从《世谱》的描述，可知是集体遭遇劫杀——先掠财物后杀害。《奏稟》根据生还的船主岛袋所说，是在同治十年十月二十九日由那霸开航;《世谱》则谓:"其年之春，要赴宫古岛"，也就是说:岛袋的船前往中山府（冲绳本岛）卸交货物后，回程由那霸返宫古岛时遇上台风。《世谱》又举出船上有两名"贵客"，一位是住在冲绳本岛的与那原村[6]；另一位是居于谢敷的筑登之亲云上[7]。而所乘之船名曰"马舰船"，这是雍正年间由中国传到宫古、八重山的造船方法，琉球照式制造，用以行走于外洋。[8]

《奏稟》和《中山世谱》都谈到清政府救助抚恤琉球船民。清朝规定沿海地区要抚恤照顾好遇海难的船民；民间的救助供食，报官司后可取回赏钱。当时，因负责处理琉球的朝贡和贡船贸易事务都指定在福州，所以是次劫后余生的琉球船民全部由台湾遣送至福州，再从福州搭便船返琉球。

清朝救助抚恤琉球海难船民的人道精神

清代的中琉航运交往，在牡丹社事件之前，是颇为频繁的，但以当时的航海技术穿航于台风频生的大洋上，海难事故委实不少。中国第一历史档案馆收藏的琉球史料中有关琉球遭风漂着中国沿岸的记录，足有三百四十二件[9]。台北故宫博物院亦藏有有关史事的奏折，如乾隆四十八年的《为琉球国番人遭风到浙转护来闽其随带货物概免输税奏闻事》；嘉庆十三年的《为抚恤琉球国遭风难番山里亲云上等具奏事》[10]。而琉球的《历代宝案》抄录的海难事故《咨文》，更是累牍连篇。

清朝历代君皇为体现天朝的怀柔远仁，所以对海难事故的难民都非常仁厚，而且形成了一套定例的救助程序。如乾隆五十三年（一七八八），琉球国的接贡船遇风触礁毁烂，所携"货物银两俱被飘流"，适遇渔船救还。地方官员首先查验生还人员及行李等物，照例抚恤，再护送至福州的馆驿，按照乾隆十二年的案例，启动专用公银支付"口粮、蔬薪，并酌给布匹、棉花等物"。又由于贡船已破毁，再依成例发放一千两给球使，让他们赶紧购料造船回国。[11]

而琉球民间的船只遭遇海难漂至中国沿岸，也同样会获得抚恤。如乾隆四十八年（一七八三），福建巡抚署理闽海关雅德奏："窃照琉球国番人大城等遭风到浙，转护来闽，经臣将饬司查明，安插馆驿，照例抚恤……查该番大城等船内携带货物，核该税银八两三钱六分一厘。"琉球船民往往要求将所携货物在现地卖去，但按税务条例，须缴纳税银。清廷会跟随贡船的待遇免去其税款，但依然会明确写出。当闻悉免其输纳，"该番大城等欢忻感戴，赴关（税关）叩谢天恩。"[12]

琉球船只遇海难漂流到台湾，几乎是司空见惯之事。据《历代宝案》所收，就有四五十件之多；"而漂流地点，北自淡水、宜兰（当时称噶玛兰），南至凤山诸海岸，且每及于先住民（所称生番）居住地区。偶有一、二遭害事件以外，均由地方官署救护抚恤，并转送福建布政使司遣发回国，相安无事。"[13]

这里就将"牡丹社事件"之前琉球海难船民遇上台湾"生番"的咨文引录如下：

据该难夷知念供称：同水手嘉守川、陶源二名，均系琉球国渡名喜岛人，坐驾小船一只，原共十人，并无牌照、军器，因贩猪只往本国那霸府售卖，

琉球冲绳交替考 钓鱼岛归属寻源之一

于道光十三年（一八三三）正月初五日驾船回籍。初九日遭风，折断桅篷。二十三日，漂至不识名之洋面，船只冲礁击碎，水手佑吉一名当时淹毙，余俱凫水上岸，猝遇赤身散发数十人，手执刀镖，将水手嘉守传、陶元、朱敛、陶原、仲春、大城六人杀死。该难夷知念等三人，逃走五日，始见中国人救护。四月十八日，送到噶玛兰（宜兰）厅，经该厅验明安顿，赏给衣粮；译讯通详，配给护送内渡。十二月初十日到省（福建），安插馆驿等情，具详请奏前来。臣等查噶玛兰通判同卜年原报，匠役遇见难夷在南风澳山南之触奇犁地方。该处系南疆极南界外，为生番出没之区。该难夷嘉守传等六名被害处所，果否番境？已饬台湾道、府，确查详办。[14]

上述这宗琉球人遇海难后漂流至台湾被当地土著杀害的事件，与"牡丹社事件"时序相距三十八年，事发地点是台湾北部的宜兰地区，亦有别于"牡丹社事件"在南部发生，更有理由相信两宗事件的逞凶者并非来自同一"番社"。其后，知念等生还者与其他三宗海难的琉球民一起，共八十四人，于五月二日离驿登舟回国。

另一宗海难事故，也是登岸后遇上土著。事发于道光十六年（一八三六），琉球人奉姑米山岛官员差遣往中山王府，在洋遭风，砍断大桅，任风漂流。至十九日漂到不识地名洋面，扶板凫水上岸，登山寻人救护。"二十日，遇见生番十余人，形容丑陋，散发赤脚，衣服与中国异样，言语不通，又不知路径，系数等六人随即惊散，不知去向。其余难夷等十一人随同生番在山中草屋住歇，见有刀弓等件，恐被杀害，内有具志坚等五人又行逃散。嘉手苅史地头等六人至二月初一日，始从内山逃出，遇见社丁陈光断，向其求救"，经陈光断送至凤山县衙门，获抚恤，赏给银钱、衣食等。后再由台湾转送至福建，至于先后惊散的系数、具志坚等十一人，则下落不

03

04

03　乾隆四十八年（一七八三），福建巡抚奏报对遭遇海难的琉球船民做出抚恤。（台北故宫博物院藏）

04　嘉庆十三年（一八〇八），福建巡抚奏报抚恤遭遇海难的琉球船民。（台北故宫博物院藏）

明。嘉手苅史等六人最终获送还琉球国。[15]

这宗海难事故，琉球船民虽未能明确指出在何处登岸，但从最初救助他们的陈光断护送至凤山县来看，应是台湾的南部。虽然由陈光断家走路四天才抵凤山县衙，但当年的凤山县，管辖地域广至高雄县、屏东县枋寮以北、甚至鹅銮鼻半岛及台东[16]。结果虽然没有被土著杀害，但有十一人逃逸而未能联系上，生死未卜。

当时，清廷对所有遇上海难的琉球国民，除安排住进馆驿外，每人每天还给米一升、盐菜银六厘，较之他们在本国只能吃上番薯来说，还要温饱得多。及至他们出发回国，清政府更另给行粮一个月[17]，船破又会发放一千两资助造船归国。其抚恤济助之慨，以当年而言，东西诸国皆无与伦比，就算以今天的国际人道主义精神的标准来看，也是毫无愧色的！

而琉球国当然是由衷的感谢。咸丰十年（一八六○），时为世子的尚泰，在覆谢的咨文中称："接贡船只并难人嘉手川等船只，均经具报于本年四月二十九日离驿登舟，荷蒙给咨，遣发回国……均蒙贵司仰体皇上柔远至意，俯悯难民遭风苦情，转详督、抚两院加意照料抚恤……不特该难民等共戴再造鸿恩，即举国亦感激无既！"[18]

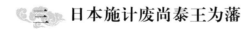

三　日本施计废尚泰王为藩

再回说日本推行明治维新，明治四年（一八七一）七月，向全国颁令"废藩置县"。出身于萨摩的大久保利通和西乡隆盛，同在朝廷居要职，他们在推行政府新政的同时，又收到来自家乡的信息，就是萨摩藩有别于其他地方藩，还另外管控着一个异国——琉球，其权益不能丢失，所以萨摩的藩士对新政颇有微词。大久保和西乡商量后，急派吉井友实和西乡从道回萨藩，传示"废藩置县"必行，但以琉球的权益不变来安抚众人的情绪。十一月，朝廷钦选了萨藩出身的大山纲良为鹿儿岛县参事，主持该县事务。

其时，琉球国已风闻日本"废藩置县"之事，明治的新政会带来什么影响？尚泰王和三司官等不无担忧。他们明白北风凛冽难以抗衡，但仍然拟出五项对应的洽谈条款，主要的内容有：希望尽量保持与萨藩这样的现状；倘若朝廷一定要直接掌管琉球，一切事务仍盼透过萨藩来处理（这里包括萨摩藩过去隐瞒了很多税收，为免萨藩尴尬，故此在赋税等内务上，也交由琉球与萨藩内议）；如果朝廷要直接管辖北五岛（庆长之役后割让的与论、冲永良部等五岛），便明言该五岛本是琉球国，盼能归还。[19]

妄想日本归还五岛，当然是天方夜谭。而大山纲良于翌年（一八七二）一月，即派奈良原幸五郎和伊地知壮之丞等人前往琉球，向主持政务的三司官传达日本正在改革，集权中央，废各藩为县，将萨摩藩改为鹿儿岛县，而萨藩原有的权益全部过渡给鹿儿岛县，所以琉球国便归由鹿儿岛县管控。

如上文所述，文煜的《奏禀》在同治十一年（一八七二）四月初五日（西历五月十一日）在《京报》刊出。其时，日本外务省少办务使柳原前光正为《中日条约》缔结事驻留天津，他于四月十三日将文煜的《奏禀》向外务省报告[20]。几乎同一时间，正在琉球的鹿儿岛县官吏伊地知在那霸看到"牡丹社事件"，生还者从福州回来，忙急报县政府[21]。日本得此消息如获至宝，因为借此可以处理琉球的归属问题。他们一面发动各大臣官员禀议处理琉球的策略；一面由大山纲良先后于六月和七月，分别派出福崎季连和右松佑永等人前往琉球，并赍函致尚泰王，催促他早日派王子作使，诣东京朝贺新政。该函为汉文，幸得尚泰王的文书侍从喜舍场朝贤（又与朝贺使同行）

抄存下来，兹摘录如下：

> 鹿儿岛县参事大山纲良谨致书于琉球国中山王座下：琉球自先王以来，世服属于我，向当德川氏之宰天下，先王每遣王子从藩侯如江户，朝见于幕府……德川氏谋不道，自取祸败，于是王室始中兴，天子躬总揽干纲……更察时变，惩积弊，遂废藩置县，四海同轨，政令画一，国势骎骎日进……琉球在幕府僭窃之时，犹且行朝见，而况当王室中兴之时，阙焉不修朝贺之礼，甚非所宜，在我亦无辞于朝廷……今特命权典事右松佑永权、大属今藤宏为使，贵书以往，布以腹心。然是非专出于纲良私意，其实有所受朝旨。义不容暂缓，王亦焉能得晏然而安乎哉？书至之日，其丞命王子与两使俱共来……故今王子之来，亦宜悉改前规，扈从重臣，限以三四名，其他从者，止足给事，凡百事简之又简，不至耗财用……王子到此，即当命有司护送至东京，往回俱如此。愿王察纲良之诚，速发遣王子，迟疑以自贻悔勿焉。
>
> 壬申秋七月三日
>
> 鹿儿岛县参事大山纲良再拜
>
> 琉球国中山王座下 [22]

此信函可堪注意者：一、是书应该是由朝廷旨令大山纲良发的；二、上款仍尊称"琉球国中山王"；三、过去由萨藩引领至江户，朝见的是德川大将军，这次觐见的是天皇，是前所未有的；四、没有用上明治年号，仅用一般的干支。而这一年，已是明治五年（一八七二），朝贺登位、迁都、新政等名目不少，应该更早敕令，何以拖延了五年，才催促朝贺，其中必定有戏！

尚泰王接书后，当然会与三司官等商议，但上下皆认为早前的传达：废藩置县只是将萨藩改为鹿儿岛县，一切仍旧，所以不作猜疑，马上委派王叔伊江王子（唐名尚健）为正使，法司宜野湾亲方（唐名向有恒）为副使，喜屋武亲云（唐名向维新）为赞议官，配以从仆共三十余人，拣选了一些朝贡品，便匆匆登上萨使右松等的汽船"丰瑞丸"，同往鹿儿岛县。尚泰王并有复函致大山参事，摘要如下："……今贵参事特遣正副两员，赍捧简书，惠示遣使朝觐之意。此恩此德，曷胜愧感。特遣伊江王子尚健、宜野湾亲方向有恒等，虔捧国翰，备菲物，进呈黼座，恭行庆贺之礼。[23]"下款以"琉球国中山王尚泰"自称。

是年九月，琉球的朝贺使在鹿儿岛县的右松、今藤等人的护送下抵达东京。在如何接待琉球贺使方面，也令明治朝廷大费思量。如大藏省的意见：不能以接待西洋各国使节之礼待之，但又不能按地方官上朝或晋见太政官之礼来对待。最后商定由外务省以属国之礼来接待，而不是以对等国之礼来待之[24]。为何会有这么多想法？原因是琉球并非日本的一部分，是一个独立的国家，只不过是日本有不可示人的野心，而此刻又不敢明目张胆地吞下琉球，所以才有很多顾虑——是外事还是内务？一时间举棋不定。及至决定以属国之礼来接待，那属国之礼又当如何？最后，竟出奇地采取高规格的形式来接待。首先让使团住进前华族毛利氏的邸宅，然后每日享用盛膳美食，更游览各地胜景，参观仿效西方的新事物。如此殷勤的招待，目的是要琉使感受到日本的友善、天皇的优渥怀远。

明治五年（一八七二）九月十四日，伊江王子率同副使宜野湾亲方等觐见明治天皇，这也是自古以来，琉球国使节首次拜谒日本天皇，其贺表录如下：

恭维皇上登极以来，干纲始张，庶政一新，黎庶沐皇恩，欢欣鼓舞。尚泰伏处南陬，喜闻盛事，欢忭不已。今谨遣正使尚健、副使向有恒、赞议向维新，修礼朝贺，并贡方物，伏奏以闻。

琉球国王尚泰谨奏

壬申七月十九日 [25]

审视此表文，可知下款仍用"琉球国王"，年号依旧用干支，"七月十九日"是尚泰王在琉使出发前所书。但据安冈昭男教授的研究，琉球王尚泰的表文，经鹿儿岛县使右松佑永检视后，做了改动，才呈上明治天皇。其改动有：将"琉球国王（原文作琉球国中山王）尚泰"，改为"琉球尚泰"；又把"壬申七月十九日"改为"明治五年七月十九日" [26]，其用意不问而知。我们细味表文的用词，可见未如向明、清皇帝进贡般的恭顺恳切，这也是真情之所在。

不过，密谋已久的日本，志在琉使赍表来朝，然后不管琉球王有否要求请封，就利用答贺表之机，颁令敕诏，单方面将琉球王封为日本的藩王。其敕诏云：

> 朕膺上天景命，克绍万世一系之帝祚，奄有四海，君临八方。今琉球近在南服，气类相同，文言无殊，世世为萨摩之附庸。而尔尚泰，能致勤诚，宜与显爵，升为琉球藩王，叙列华族。咨尔尚泰，其任藩屏之重，立于众庶之上，切体朕意，永辅皇室。钦哉。明治五年壬申九月十四日。 [27]

中国自洪武五年遣使琉球招抚之后，历次册封程序都是先请封，并附官员具结，才派天使到首里册封。如今琉球并无请封，明治天皇却降旨封为"琉球藩王"，也不再顾及前一年刚颁布了"废藩置县"的法令，今废旧又立

05

06

05　日本明治天皇在群臣扶助下，迁都东京，推行维新。

06　琉球应日本之邀，派庆贺使至东京。前排中坐者为正使伊江王子（尚健）；左一为副使宜野湾亲
方（向有恒）；右一为赞议官喜屋武亲云上（向维新）。

新，政令前后矛盾，太政官和左院、右院也曾反复议论。最后，为了吞并琉球，政制食言也在所不顾了！而且经过这样降"琉球国中山王"为"琉球藩"，就是要取代萨藩和鹿儿岛县将琉球收归中央管辖。如九月二十八日，即颁令："早年，（琉球）藩与各国订立的条约和今后对外交往的事务，概由外务省管辖。"[28]

四　日本着手"琉球处分"

"琉球处分"是日本的一项扩张行动，标志着日本逐步吞灭弱小的琉球国。

"处分"，在中文词义上，虽然有"处理、处置；决定；吩咐和处罚、惩罚等"多义，但不约而同都隐含着一种由上而下的指令，而今天的现代汉语，"处分"一词已从多义聚焦解释为"处罚、惩罚"之意。

何以要在这里费笔墨作词解？原因是胡连成在翻译"琉球处分"一词时，参考了有译作"处理琉球"和"对琉球的处理"的译法。如何下笔？曾煞费思量，最后，他与作者安冈昭男商量，决定照搬日文"琉球处分"过来，以表达此词的特殊含义。[29]

其特殊含义又是什么呢？翻查日本的辞书，权威的《广辞苑》的解释有：一、按照基准来处理事情，包括（一）事物最终的处理；（二）财产的分配；（三）处罚。二、是法律用词，包括有行政处分、处分命令、强制处分、保护处分等。《广汉和大辞典》的解释亦相近：一、事物的处理，又或处理的方法；二、按清朝的制度，官吏违反了法令，给予处罚，称为处分；三、转让财产，又或遗产的分配；四、将不必要或多余的物品进行处理，其方式是卖出、弃掉和寄赠等。

日本方面是希望将吞并琉球说成是"琉球处分",又将"处分"一词模糊化,以掩饰他们对外扩张的野心。其实,怎样拿修辞学来解释也好,"处分"就是由上向下、或由强对弱的一种施行,而作为一个独立王国的琉球[30],为什么要遭受他国的"处分"呢?这就是日本霸权主义的横行!

"琉球处分"这个用词和事件,在日本学术界也是一个热门的话题,热议超过一百年,据栗野慎一郎的研究指出,如果根据政府的文案来说,"琉球处分"的正确写法应该是"琉球藩处分";在还没有设立"琉球藩"以前,则写成"琉球国之处置"[31]。可见还是琉球国的时候,可以用较宽松的"处置"一词,及至贬王为藩,纳入日本的藩属,就转用严厉的词语——"处分"。

跟着谈"琉球处分"是如何开始的。

我们可以相信柳原前光从天津寄回载录文煜《奏禀》的《京报》后,明治的大夫们便马上把目光投向琉球国。果然很快就有大藏大辅井上馨在五月三十日向正院呈递了建议书[32]。其大意谓:"据闻琉球以前奉支那为正朔,接受支那之册封。对其携贰之罪,我国并未匡正。上下蒙蔽,模棱两可,数百年之间,无人过问,殊属不当。"又云:"百度维新之今日,不可弃之不顾",应该"将彼之首长招于宫阙之下,责其不臣之罪",接着就是"迅速将其版籍收回,宣布归我管辖",最终达至"内地一轨之制度。"[33]

虽然建议书内无"琉球处分"之词,但已被视为"琉球处分"的起点。

所谓"携贰之罪"(指同时向中国请封奉正朔又臣服于德川的萨藩),是萨摩藩强迫所致;"上下蒙蔽,模棱两可",也是萨藩的主意。其颠倒是非已不值一驳,其后的发展也确是根据井上馨的建议书来安排,最终"宣布归我管辖"矣。

是年八月,山县有朋陆军大辅亦就井上的建议提出了他的意见。安冈昭男教授将山县的意见归纳为：

一、观点

　　1.琉球问题机不可失，要尽快解决之；

　　2.将对日清关系产生影响；

　　3.事关国际公法之条款。

二、策略

　　1.与清国举行谈判，阐明日本主张，取得清国了解；

　　2.付诸众议，反复讨论，充分研究；实施时力求稳妥。[34]

　　另一方面，在鹿儿岛县的大山纲良参事于明治五年（一八七二）派往琉球的伊地知，在六月看到"牡丹社事件"的生还者由福州被送回到那霸。他于七月十四日将此事报告给大山。曾在倒幕中参战的大山纲良，于七月底修表交伊地知上京，请求派兵舰往台湾，他亲自率军出征，扬言要兴师问罪。大山纲良的征台建议，也就成为明治年间征台论的嚆矢。[35]

　　我们再将一八七二年夏季所发生的事情和论议，稍作整理如下：

五月三十日　　　井上馨首开"琉球处分"之议。

七月三日　　　　大山纲良致函琉球王尚泰，劝其早日上京朝贺。

七月二十八日　　大山纲良上表，首提征台论。

八月　　　　　　山县有朋作出"琉球处分"的建议，认为要尽快解决，
　　　　　　　　日清关系将受影响。

九月十四日　　　琉球伊江王子与副使等觐见明治天皇。
　　　　　　　　明治天皇即颁令"升"尚泰为琉球藩王。

日本深明"琉球处分"的最大阻力不是琉球国,而是清朝。如何"处分"?第一步棋已走出——贬琉球王尚泰为琉球藩王,并纳入日本的管辖。既然琉球藩已归属日本,琉球船民在台湾遇害,不管遇害的时间是在去年的十月,即封尚泰为琉球藩王的前一年,也可以根据大山纲良的征台论来追究,为保护琉球民众,向台湾番社兴师问罪。

于是,继大山上表之后,朝野纷纷议论起来,认为征台既可试探清朝的虚实,以作征韩的参考,同时又可以显示日本是琉球的宗主国,且看清朝作何反应。

五　小　结

清帝国曾有百多年的康乾之盛,其时以天朝自居,可谓畏威怀德数十国,纷纷慕华来贡,清帝薄来厚往,怀柔远方。隔洋岛国梯山航海,常遇海难,或漂流至中国沿海各省市,倘能获救皆受抚恤施仁,并非仅限琉球国。对遭逢海难的船民,朝廷已有抚恤定例:入住馆驿,赠衣施食,如是贡船已毁或覆没,即赍千两银以便订造新船早日回国;离驿登舟之日,又给与一月行粮,备途上之用。如此优渥厚待,朝贡国皆感恩称谢。琉球国每年都有一宗以上遇海难船民漂至中国的事故,堪称事故频发的国家,甚至有怀疑是故意造成一些事故,以博取清廷的柔远仁政,准予贸易并得到抚恤厚待。因此琉球对中国时怀覆载之恩。至于有遇难船民漂流到台湾惨遭山地土著杀害,是属不幸,亦仅为偶发事件,况事后中国均能将生还者安顿好并送还那霸,而琉球国亦深明一切,对清廷从无怨愤。而据清廷官员的奏报,亦有饬令台湾道、府、县的官员查办番社。这里只能批评地方官员查办不力,怠忽职守。但最终当事的琉球国，因蒙受中国的恩典太多，所以也没有向中国追究，甚或声讨。

偏偏并非当事国的日本，却越俎代庖策划出兵台湾，说是"保民"复仇。其实日本哪会真心为琉球讨回公道，主要是借题发挥，测试清朝的虚实和倾向，以作吞灭琉球的第一步棋。这第一步棋，就是要显示日本才是琉球的真正宗主国，跟着下来处分琉球，就是他们的内事了！

所谓处分琉球，就是要琉球亡国，所以"处分琉球"，毋如说是"处死琉球"。

注释

1　参见黄天著《日本来唐留学生井真成墓志的发现和铭文的解读与研究》，收录于《九州学林》四卷一期，香港城市大学中国文化中心与复旦大学出版社，二〇〇六年春，页一五九。

2　当时对一些落后地区的土著的蔑称。

3　参见台湾银行经济研究室编《清季申报台湾纪事辑录》，台湾省文献委员会出版，一九九四年，页七至八。又《甲戌公牍钞存》，台湾银行出版，一九五九年，页一至二的《福州将军兼署闽浙总督文煜、福建巡抚王凯泰奏》亦有相若的记载。

4　参见爱德华·豪士原著，陈政三译著《征台记事：牡丹社事件始末》，台北台湾书房，二〇一一年，页一五三、一五四。

5　参见横山重编纂《琉球史料丛书》第四卷《中山世谱》，东京美术出版社，一九七二年，卷十三，页二八三至二八五。

6　参见横山重编纂《琉球史料丛书》第三卷《琉球国旧记·附卷》，东京美术出版社，一九七二年，页二六〇有"大里郡，领邑二十三座"，其中有"与那原邑"。琉球人常会用食邑来作姓，如"与那原良杰"。

7　同注6引书，页二六四，有"国头郡，领邑十七座"，其中有"谢敷邑"；又《冲绳大百科事典》解释"谢敷"就是国头村（中卷页三五七）。"筑登之亲云上"乃官爵名，相当于从七品（中卷页七五一）。

8　参见系数兼治著《梅公氏等漂流一件注记》，收录于冲绳县立图书馆史料编集室编《历代宝案研究》第二号，冲绳县立图书馆，一九九一年，页八七至八八。

9　参见名嘉正八郎、山田义时、孙薇合著《关于中国第一历史档案馆的琉球史料》，收入在前引《历代宝案研究》创刊号，一九九〇年，页一三六。

10　参见陈龙贵，周维强编《顺风相送——院藏清代海洋史料特展》，台湾国立故宫博物院，二〇一三年，页一六四至一六五所收的奏折原件。

11　同注 10 引书，页一五二《为琉球国贡使自京回国接贡船只遭风照例抚恤奏闻事》。

12　同注 10 引书，页一六四《为琉球国番人遭风到浙转护来闽其随带货物概免输税奏闻事》。

13　参见吴幅员编《琉球历代宝案选录》，台湾开明书店，一九七五年，页一〇《弁言》。

14　同注 13 引书，页三五七至三五八，又《清代中琉关系档案选编》亦有收程祖洛奏折，内容文句基本相同。

15　同注 13 引书《琉球历代宝案选录》，页三六五至三六六，《礼部咨：抄知闽浙总督等具奏抚恤琉球国遭风漂至台湾深入生番内山、难夷嘉手苅史地头等折》。

16　参见远流台湾馆编著《台湾史小事典》，台湾远流出版社，二〇〇〇年，页三五。

17　同注 10 引书《顺风相送——院藏清代海洋史料特展》，页一六五。

18　同注 13 引书《琉球历代宝案选录》，页四〇七。

19　参见那霸市史编集室编《那霸市史·通史篇》第二卷，那霸市役所出版，一九七四年，页七七，引东恩纳宽惇著《尚泰侯实录》。由于东恩纳宽惇著书时，日本已吞灭琉球，故行文上已使用"琉球从来就是萨摩的附庸"等语。

20　参见时野谷胜著《明治初年の外交》，收录于《日本历史》一五，东京岩波书店，一九六二年，页二三二，又安冈昭男著，胡连成译《明治前期日中关系史研究》，福建人民出版社，二〇〇七年，页七一。

21　参见安冈昭男著，胡连成译《明治前期日中关系史研究》，福建人民出版社，二〇〇七年，页七二。

22　参见喜舍场朝贤著《琉球见闻录》，东汀遗着刊行会出版（非卖品），一九五二年再版，页一至二。此书初版于一九一四年，印数不多，后经二次大战，几尽付兵燹。为此，著者后人酿资，于一九五二年在东京重刊，然仅贻亲友故交不作售卖，似有不便隐情，故亦为珍刊。笔者于是书面世（再版）六十一年后得之，亦可喜也！因识于此。

23　同注 22 引书，页三。

24　参见安冈昭男著，胡连成译《明治前期日中关系史研究》，福建人民出版社，二〇〇七年，页三〇至三一。

25　同注 22 引书，页四。原文为旧体日文，笔者据意译之。

26　同注 24 引书，页五八引东恩纳宽惇编《尚泰侯实录》，页一九八至一九九。

27　同注 22 引书，页六，并参考杨仲揆著《琉球古今谈》页七五之译文。

28　同注 22 引书，页九，笔者译。

29　同注 24 引书，页二四三至二四四的《译后记》。

30　十九世纪初，英国船长张伯伦（Basil Hall Chamberlain）曾著书《高丽·琉球航行记》（Account of a Voyage of Discovery to the West Coast of Corea and the Great Loo-Choo Island），"谈及琉球所见，使拿破仑大为惊异，其惊讶尤甚，几至不敢相信者，为琉球全国无武力，人民不知世上有战争。社会以礼而治，各阶层各守其分，无盗窃，安静宁谧。"参见杨仲揆著《琉球古今谈》，页一一四所引。

31　参见栗野慎一郎著《"琉球处分"の历史——言说史かちのアクセス》，收入在福建师范大学中琉关系研究所编《第九届中琉历史关系国际学术会议论文集》，海洋出版社，二〇〇五年，页二七九。

32　此建议书是在一八七二年五月三十日呈递。正院是明治初年最高的政府机构，由太政大臣，左、右大臣和参议组成，其下设左院和右院。

33　同注 24 引书，页二八至二九。

34　同注 24 引书，页六四。

35　同注 24 引书，页七二。

第五章

藉词保护琉球民
日本出兵侵台湾

上文提到琉球船民遇海难漂流至台湾而遭牡丹社等土著杀害，酿成一八七一年的"牡丹社事件"，而由此使得日本有可乘之机，于一八七四年五月出兵台湾，为吞灭琉球走出第二步棋。

过去，有不少历史学家将"牡丹社事件"和"出兵台湾"合称为"牡丹社事件"，也有日本学者称之为"征台之役"，又或说成是"台湾事件"、"台湾出兵"、"台湾事变"[1]；更有称作"番社事件"。在中国史学界似未有定名，有笼统的名之为"琉球事件"，近年，台湾新一代的学者较集中使用"台湾出兵"或"台湾事件"来称之。[2]

笔者认为两宗事件虽有关连，但中间沉静下来有三年多，所以两事件可以独立为名，不必跟随日本史学界用一名来涵盖两个事件。何况"牡丹社事件"本来就是一件独立的事件，只是日本挑起事端，强行出兵台湾。因此，笔者建议将两件史事分别名为："牡丹社事件"和"日本出兵台湾"，特别要强调是"日本"，而这次出兵，仅和番社展开小规模的战争，并没有和清朝军队开战，所以还是用"出兵"这个词。不跟随日本将两件史事合称为一，还可以避去日本出兵为顺理成章之说。

一　美国人李仙得深入台湾山地调查

日本自明治初兴，即遣使至朝鲜，希望建交通商，然而朝鲜因为历史上曾多次遭日本侵犯而留下阴影，所以冷淡处之。其实，日本对朝鲜一直怀有野心，西乡隆盛、坂垣退助、后藤象二郎、江藤新平和副岛重臣等人以李氏朝鲜态度傲慢为由，便提出征韩的论调。恰在此时（一八七三年九月），外游考察年余的岩仓具视和大久保利通、本户孝允等陆续回国，反提出内治先行。一时间，以西乡为首的留守派和以大久保利通为代表的外游派，展开了"征韩论"和"内治论"的交锋。经过激烈的角力，"征韩论"不被接纳，大久保利通等人获胜执掌朝政，但已经元气大伤。其时，因为废藩置县的推行，大批下级武士失去庇护，抱怨日深，社会矛盾激化，加上倒幕功臣西乡隆盛失意返回鹿儿岛，在当地招兵买马，带来隐患。为了缓和社会矛盾，转移国人的视线，大久保利通由不赞成"征韩"转而同意"征台"。在此之前，征台之风早已从阴暗角落吹起。首先支持征台的有：鹿儿岛县参事大山纲良和萨摩藩出身的武士，还有不能不多费一些笔墨来介绍，美国人李仙得正是他起到推波助澜的作用。

李仙得（Charles W. Le Gendre，一八三〇至一八九九年），生于法国，早岁在兰斯皇家学院学过军事教育，后毕业于巴黎大学。一八五四年与纽约知名律师的女儿结婚，并移居美国，成为美国公民。一八六一年，美国爆发南北战争，李仙得从军，被任命为步兵团少校。他作战英勇，曾在北卡罗莱纳州的战役中受重伤，其后累升为上校。一八六四年五月，他在格兰特（Grant）将军领导的第二次弗吉尼亚州战役中伤及左眼和鼻梁，致后来左眼装上玻璃球义眼，故有独眼将军之称。同年十月，李仙得光荣退役。[3]

一八六六年七月，李仙得获派至中国，出任驻中国厦门领事，其职务管辖厦门、鸡笼（基隆）、台湾府（台南）、淡水和打狗（高雄）五个港口。李仙得在华使用的汉名有：李仙德、李真得、李善得查厘和李让礼。在他任内，发生了美国商帆罗发号遇海难被台湾山地土著杀害的事件。

罗发号事件的发生，比牡丹社事件还要早约四年。一八六七年三月十二日，美国三桅帆船罗发号（Rover）从汕头启航北上，在台湾南端外海的七星岩（长约一海里，或露出或隐没的岩簇）触礁[4]。船长杭特（Hunt）被迫弃船，他们分乘两只小艇逃生。船长与夫人及大副并三个中国人一组向北划行，在黑暗中与另一小艇失散。当他们高兴地看到沙岸，即马上登上名为龟仔角（亦有写作"角"）鼻山脚下的小海湾，还来不及辨清方位，便遭到龟仔角社土著围剿。他们误以为船长夫人是男子汉、众人的首领，便抢先把她刺死，杭特船长和两名白人同伴赶上前去掩护，同遭杀害。同行的中国船员亦遭同一命运，仅有一人在混乱中逃脱，经过六天的攀山跋涉，再转乘舢板，好不容易才抵达打狗（高雄）。[5]

其时，由伯洛德舰长（Captain Broad）指挥的英国皇家海军轮船科摩轮号正在此湾泊。伯洛德获悉"罗发号事件"，即启航驰援。他们首先在琅峤下锚，希望能救回或赎回幸存者。三月二十六日上午，伯洛德和马西雅斯上尉率众分乘小艇，划向罗发号船长登陆的沙滩，众人甫踏足沙岸，丛林中即传来枪响，跟着是箭矢横飞。伯洛德知道敌暗我明的危险，急忙下令回艇撤退。此时，子弹、箭镞更如雨下，幸好都在他们身边擦过。他们虽然有点狼狈，总算逃回科摩轮号。伯洛德舰长恼羞成怒，愤而下令向丛林发炮，轰轰几声，藏身在丛林的土著即四散奔逃，转藏到后山去。[6]

派驻厦门的领事李仙得，以其管理的地区发生"罗发号事件"为由，马上赶赴台湾向台湾道交涉。同时，李仙得花了十天工夫，勘查琅峤湾（有写作"琅峤"或"琅琇")和南湾一带地势，认为如果没有得到当地的汉人和混血土生的协助，是很难深入山区征服那些隐蔽的土著的。

但美国的亚洲舰队少将司令柏尔，恃着拥有先进的武器，一意孤行挥军进攻。他们在龟仔角鼻山登陆，在深入到山谷丛林中迷了路，官兵又出现中暑情况。结果一经与土著交战，即告败阵，还损失了一名年轻的军官。[7]

李仙得认为发生像罗发号这样的事件，原因在于清朝没有将该区及山地土著管治好，所以要台湾府派兵和他南下跟山地土著谈判，并希望清政府长期驻军和设立治所，避免因海难事故漂流而至的船民遭受土著杀戮的事情再发生。一八六七年九月十日，镇台总兵刘明灯率五百清兵和李仙得一同由台湾府出发，沿途经过埤头、东港、枋寮、加禄堂、莿桐脚、枫港、车城、琅峤湾等，深入到南台湾。漫长的军旅生活并不好过，李仙得幸好得到有"台湾通"之称的英国人必麒麟（William A. Pickering）和洪恩（James Horn）的协助，既领回杭特船长夫人的遗骸和一些遗物，又同土著十八社总头领卓杞笃（Tanketok）进行了谈判。

当李仙得询问为何杀了他们的同胞时，卓杞笃即答：很久以前，龟仔角社差一点就遭白人灭族，所以他们的后人就要报仇。李跟着说：这岂非错杀很多无辜的人吗？卓即表示："我是知道，我也反对这样做！"最后，他们订立了口头协议，只要山地土著不再杀害不幸的船难者，并照顾他们，将他们转交给琅峤的汉人，则可以既往不咎。[8]

两年后的一八六九年二月，李仙得再访射麻里社，更以英文来订立了协议。其内容主要有：

一、卓杞笃统领下的十八部落，应友善对待船难者。船难者应尽可能在靠岸前升起红旗（以示友善）。

二、压舱物与饮用水的补给，须先派遣一名船员到岸上扬起红旗，俟类

01

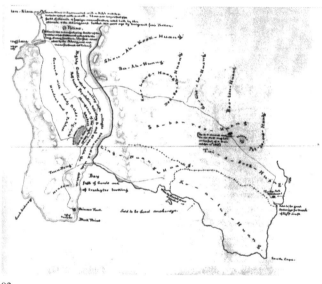

02

01　美国领事李仙得自 1867 年开始多次到台湾考察，深入各番社，后来著成 *Notes of Travel in Formosa*。此图是在射麻里留影，打领带者为李仙得。

02　罗发号事发地点。（参考自《南台湾踏查手记》引 *Notes of Travel in Formosa*）

似红旗也在岸上扬起，始能登岸，而且只能在指定地点为之。

三、在上述情况以外擅自上岸者，后果自负。

协议的下款既有美国领事李仙得的签名，更有南台湾海关税务司满三德作证；必麒麟更是证人兼翻译。[9]

其实，由始至终，李仙得都认为清政府有责任把台湾东南部的山地土著管治好。他搬出《万国公法》来，毫不留情地说：

> 依据公法，半开化的政府有权占领，并持有近邻野蛮土人的土地；无须顾虑野蛮土人或是其他人的反对。这就如同美国政府占据印地安人土地；或者英国政府占领澳洲与纽西兰土人地权一般，让土人享受文明的好处，从而剥夺他们对于主权的主张。……中国政府得以运用的权利之一，就是可以全力制止土人不得任意对外开战，或是袭击任何文明国家的人民与财物。如果他们犯了这些罪行，中国政府就有责任惩罚他们，并要求赔偿受害者。如果中国不能恪尽此项责任，那么，这些蛮荒地域在实际上就属于未曾占有地块……因此，只要土人还未开化，清朝皇帝对台湾土人地域的主权，就像前面所说的，就不是绝对的，而只是有条件的……一旦他疏于执行这些责任，他就丧失其权利；此时，文明国家就可以合法占有这些蛮荒无主地域。[10]

李仙得这番"文明论"，正是西方殖民主义者的"合法占有"思想根源。他们漠视原住民的权益，不尊重主权国的管治权。套用他们的理论，因海难再遭土著杀害，就可以派军队征战，占领别人的土地，这是文明还是野蛮呢？原住民守护自己的土地，可以说是与生俱来的本能。他们杀害遇海难的漂流者，不容于文明社会，但使用以暴易暴的办法去解决，就能算是文明吗？

李仙得绕过清政府，私下和十八部落之首卓杞笃签订协议，结果并未奏效。因后来他知道卓杞笃也不是完全可以控制十八部落，有一些社族的土著并非事事听从卓杞笃，所以便有后来的牡丹社事件发生。对此，李仙得是感到懊恼的。以他军人的性格，内心仍然想着征战这回事。而他刚烈的脾性，与他的上司——美国驻北京公使镂斐迪（Frederick F. Low）常有摩擦。其时，李仙得的老上司格兰特正好当选为总统，特意提拔李仙得出任驻阿根廷公使。一八七二年十月，李仙得离开厦门。回顾他六年的领事工作，曾五访南台，与山地土著社族展开多轮谈判，趁机搜集了大量山地土著的资料，并绘制出精准的台湾地图，这无疑是非常有用的军事情报。

李仙得的"明月弯"对华战略

当李仙得解任离开中国，乘船经日本返美在横滨靠岸暂歇，竟由此改动了李仙得的人生。其时，美国驻日公使德朗（Delong）前来接待，并介绍他与日本外务卿副岛种臣会面。此际，日本正谋求借"牡丹社事件"出兵台湾，以为吞并琉球铺路。当他们获知李仙得熟悉台南山地土著分布的情况，并绘制了精准的台湾地图，不禁大喜，便极力拉拢李仙得。当时，李仙得仍有待国会批准对他的任命，才能真正坐上驻阿根廷公使之位。今见日本高层如此赏识自己的才华，而他亦有意怂恿日本攻打台湾，双方很快沆瀣一气。最终李仙得决定在"横滨跳船"，不回美国，并于十二月十二日向美国政府递交辞呈，实行转投日本政府，受聘为相当于外务大辅的二等外交官，变身为副岛外务卿的外交顾问，也是征台计划的指导者。[11] 后来，李仙得因协助日本有功，在一八七四年七月，获日本颁授"二等朝日勋章"，成为首位获此殊荣的外国人。他的美国妻子因不适应东方的生活，早于一八七〇年已返回美国，最终与李仙得离婚收场。这么一来，却造就李仙得跻身成日本女婿的行列，他经副岛种臣和大隈重信做媒，娶了松平藩池田家的女儿。晚年，他在日本控制下的朝鲜政府当顾问。一八九九年九月一日，李仙得病死于汉城（今首尔），终年六十九岁。[12]

李仙得有不少著作，如《台湾番事物产与商务》（Reports on Amoy and the island of Formosa）及《台湾番地所属论》（Is Aboriginal Formosa a Part to the Chinese Empire?）等[13]，都成为日本军政界对台"教科书"。更重要的是在一八七二年底至一八七三年初，李仙得向日本提交了六份《备忘录》（日本称为《觉书》），绝大部分都是为针对中国而制定的策略，对往后日本对华的政策起着重要的参考作用。尤其是第四号的《觉书》，提到了"东亚明月弯"这个概念，指出如果日本能够将日、韩、琉、台连起来，正好呈现"弯月形"；将这"弯月形"地区加以控制，便可以确立日本在东亚的事务与地位。[14]

想不到李仙得给日本的《觉书》，在一百四十年后的今天，日本仍然视为怀中的"锦囊"；今天美国在东亚的对华战略，与李仙得的第四号《备忘录》，又正好不谋而合，是耶非耶？是中、是日、是韩、是美，皆可从本国的角度来作思考。

三 日试探清朝对番社态度并踏查台湾

继大山纲良上表自荐要亲征台湾之后，陆军少佐桦山资纪（萨摩鹿儿岛人，台湾日治时期的第一任总督）于一八七二年八月三十日上京，向同乡上司陆军元帅西乡隆盛呈函，请求政府派遣"台湾蕃地探险队"。随后，他求见了副岛种臣、山县有朋、板垣退助等军政要人，推动朝廷召开会议讨论征台问题。到十月九日，朝廷即颁令桦山资纪前往台湾考查，只是由于种种原因，桦山到翌年才成行。[15]

恰在此时，李仙得提出第二份备忘录。他建议向中国宣示武力，先在宫古岛驻军八千人，命令铁甲舰在台湾附近游弋[16]。但日本为慎重计，利用到北京换约的时机，试探清廷对番社的态度。

日本从同治九年（一八七〇）七月二十七日遣使来华，要求与清朝修约通商。经过两年的往来谈判，终于草拟好《中日修好条规》和《中日通商章程》，双方又约定于同治十二年（一八七三）年初互换条约。二月初二日，日本任命副岛种臣为全权大使，以外务大丞柳原前光为一等书记官、外务少丞平井希昌、翻译郑永宁，以及外交顾问李仙得和即将出任福州总领事的陆军少将井田让，并有留华学生成富忠藏、福岛礼助等人随团前往中国进行视察。海军省同时派出龙骧、筑波两军舰来护送使团。副岛此次率领庞大使团来华，任务有明有暗，明的是互换条约并觐贺同治帝大婚和亲政，且趁机"质问"琉球船难民在台湾被杀的事件，以探听清朝政府的虚实；而在暗地里，各种情报人员四出活动，明察暗访，为出兵台湾，吞并琉球，征伐朝鲜等军事行动搜集情报。[17]

在出发前，日本又根据李仙得的建议，用天皇敕谕副岛，跟清廷谈判台湾问题时，要注意以下几个要点：

一、清政府若视台湾全岛为其属地，须处罚行凶者，向死者遗属发放扶助金，并保证以后不再有类似事件发生；

二、清政府若政权所不及，台湾全岛非其所属，则由朕（日皇）任此事之处置；

三、清政府若视台湾全岛为其属地，而又左右推托，不承受谈判，则将清政府丧失政权之事，逐次辨明，且责生蕃暴逆无道之罪，若不服时，则由朕处置此事。[18]

清朝以李鸿章为换约大臣。一八七三年四月三十日，李鸿章率潘鼎新、陈钦等在天津山西会馆和副岛种臣外务卿换约。日本出席的官员包括：李仙得、平井希昌、郑永宁等。在换约当天和双方往来互访的数日间，日方完全没有提及台湾琉球船难民被杀一事。当时的情况，李鸿章在换约后的三天有记——同治十二年四月七日（一八七三年五月三日）《述副岛商论外交》：

> 江海关沈道前禀送新闻纸，有日本欲为琉球申理台湾生番劫杀之说，副岛绝未论及。查此事闽中督抚早经奏奉批旨，着督饬该镇道认真查办，外人何至借口。其顾问美国人李仙得，曾充厦门领事，偕副岛来见数次，默无一言。合并奉闻。[19]

沈道即江海关道沈秉成。一八七三年三、四月间，报纸已传言日本要申理琉球船难民被杀一事。所提"台湾生番"在今天看来有侮辱之意，但已是历史的陈词，相信大家都能理解。

五月五日，副岛偕李仙得、柳原前光、平井、林有造和郑永宁等进北京城，呈递国书和觐见同治皇帝，他们在京展开了频繁的外交活动。至六月二十一日，副岛派柳原前光和担任通译的郑永宁往访总理各国事务衙门，询问三事：

一、澳门是否中国管辖，亦由葡萄牙主持；

二、朝鲜诸凡政令，是否由该国自主，中国向不过问；

三、台湾生番戕害琉球人民之事，日本拟遣人赴该生番处交涉。[20]

当时接待他们的大臣是毛昶熙和董恂。首先澳门之问，表面上日本说是将来会到澳门通商，故而咨询，实际上是想参考葡萄牙人是如何在中国享有通商居住和驻兵权。此问题因与本书关系不大，这里不再深入探讨。

回到第二、三项的询问。由于中间经过郑永宁[21]的翻译，不知是故意含混其词，还是有曲解之意，以致柳原前光（其妹柳原爱子是大正天皇的生母）认为清朝已表示朝鲜的内政及和战权与中国无关；同时杀琉球船难民者"皆生番，是化外之民"[22]。至于毛昶熙和董恂虽曾说："生番化外，我政府未便穷治"，但亦明言"二岛（指台湾和琉球）俱属我土，土人相杀，裁决固在我，何预贵国事？"[23]

其后，副岛等离京经天津回国，再晤李鸿章并无谈及台湾之事。至此，可知副岛的策略，就是跟李鸿章会谈时，避谈番社杀琉船难民之事，因为李鸿章的外交经验还是比其他官员丰富，恐怕从他口中得不到什么好处。后来，副岛还国，李鸿章获悉柳原曾提询台湾之事，他于六月十五日即呈上《论日本与台湾朝鲜秘鲁交涉》，进一步说明此事与日本无关，况琉球为中国的属国，可自行申诉："弟思台湾生番戕害琉球难民一案，原与日本无干，即谓其萨峒马（笔者按：即萨摩）民人与琉球有旧，代抱不平，而琉球系我属国，尽可自行申诉，诚为尊论，无须该国代询。"[24]

从以上引文可以看出：李鸿章还不知道大约一年前（一八七二年九月），日本已摘去琉球王的王冕，贬为日本的藩属了。

李鸿章继续说："昨有管带烟台兵船之闽人游击吴世忠过谒，鸿章询其在闽带船多年，曾同美领事李仙得往台湾生番处，查办杀夺美船之案。番人趫捷强很（狠），山径深险异常，英美商船曾被侵害，屡发兵船往剿失利，皆无如何。后仍讲和而止。日本力更不逮，断无能为等语，所言似属有理。"[25]

害怕洋人的清朝官员，认为洋人也奈何不了"趫捷强狠"的番人，自然想到日本也会无力取胜。有了这种轻视的态度，对日的警觉性就相应低了。

一心要征台并琉球的日本，首先用自己的汉文来解读高山土著是"化外"之民，"化外之民，未便穷治"，就是"清政府政权所不及"，亦即不属中国，也就可以出兵，"根绝生番杀人的暴行"。[26]

这里不妨就"化外"一词，引辞书来检视其义，且看是否就如日本所作的解释一样。

《辞源》（一九八七年版）：旧时统治阶级的偏见，指中国教化达不到的地方。并举《唐律疏义·名例》作例（从略）；

《汉语大词典》：指政令教化所达不到的地方。同举《唐律疏义·名例》作例（从略）；

日本《广辞苑》：王化不及之地。教化之外。（例）化外之民。（笔者中译）

日本《广汉和辞典》：天子教化未能达到的地方。又犹指远方的土地、国。并举《宋史·兵志八》作例（从略）。（笔者中译）

据以上各辞书的解释，基本上一致认为"化外"是政令和教化（可视为文明教养）达不到的地方，但并不等于就这样失去领土权。如果硬说等同没有了领土权，那么又何必说成是"化外之民"，倒不如干脆称为"外国"或"异国"之民。往昔，也有山贼盘踞山林，在该处政令教化也是无法通行；另外有某些国家的地区迄今依然由贩毒集团或黑帮势力所控制，不守法纪，为害往来的人。难道这些地方就因此不能列入该国的版图、从而失去领土权吗？但土地扩张主义者又哪里会有闲日子来咬文嚼字呢？

前文提到桦山资纪被派往台湾调查地形，原来比他更早的有一八七一年派到中国留学的黑冈勇之丞，在一八七三年四月奉命转到台北、彰化、嘉义、台南等地踏查。五月中旬，他将查勘报告提交给正在北京谈判桌上的副岛外务卿。而桦山随副岛使团来华，中途乔装成商人，于八月二十三日抵淡水，踏查了东台湾，亦写成报告书。由于桦山以为日本将迅速在十月底出兵台湾，便留台等待，以便接应。但因为出兵争议未休，桦山在台待不下去，于十二月十日转赴香港。

一八七四年三月九日，出兵如箭在弦，桦山又联同水野遵来到打狗（高雄），开始他们的踏查绘图工作。他们二人的行踪，台湾的地方官员是有尽职作了监视的。我们可以从他们的报告，看到当时日本间谍活动的情况。

枋寮巡检王懋功、千总郭占鳌禀："同治十三年（一八七四）二月初七日，有日本国水师官姓水名野遵，并同伙洋人一名，共计二人到枋寮……初十日，即坐小舟进抵琅𤩝。据称欲至柴城一带地方，查看牡丹、龟仔角等处山势形胜。"接着，署凤山县李焜禀：已劝谕"不可轻往番社及内山一带，致地方官无从保护。"数日后，王懋功和郭占鳌又禀："日本国洋人水野遵、同伙洋人桦山资纪，于十七日仍回至枋寮。……卑职又看其所绘图内沿海一带，似觉详细；各番社俱未相符。水野遵并带有合众国领事李让礼（仙得）上年所绘旧图一纸，沿途查对，因此各海口易于得悉。"[27]

清廷接台湾报后，即令江苏同知陈福勋赴驻沪日领事馆探询，获该馆覆"外务省来信：我朝拟派员前往台湾者，系因前年我国人民在台湾生蛮地界，船只遭风，大受番人残害，实堪怜悯，是以遣员查问确情，以免将来再遭困苦耳。"[28]

这封复函，已将琉球人说成是日本国民，又淡言"遣员查问确情"，似无其他行动。

其后，台湾道当读到香港报章引日本二月十一日消息，称日本正预备兵船攻打台湾，不禁大为骇怪，遂向总督、将军禀报："惟查上年日本国人利八等四名，在台南山后遭风，当经救护，送回上海，交其领事官领收，曾据该国寄送礼物酬谢。又上年四月间，琉球人林廷芳等九名，在琅㛤遭风，亦经救护送回，均属毫无异言。兹何以忽有调派兵船来台之举？……欲图藉端生衅，竟有兵船前来，则亦不可不防。"[29]

这里谈到上年（即一八七三年）日本有四人遇海难获救。查遭难者为日本备中小田县（后编入冈山县）利八等四人，遇海难漂流至台湾卑南番地，亦遭劫掠，幸能逃脱，得地方官府救护。他们生还回国后，寄送礼物回谢以示感激。但日本政府方面仍表不满，联同琉球船难民遭杀害一起混算，照会出兵。[30]

四　日本密谋出兵，清廷议而不防

前文提到大久保利通反对"征韩"，却又为谋求缓和社会矛盾，转过来推动"征台"。此议获右大臣岩仓具视首肯，即命大久保利通和大隈重信制定《台湾蕃地处分要略》。一八七四年四月四日，升陆军少将西乡从道为中将，出任台湾蕃地事务都督，领军征台；又设台湾蕃地事务局，由参议兼大藏卿大隈重信出掌。

由于这是明治维新以后首次对外用兵，所以朝廷高度重视。四月六日，明治天皇将全权委任敕书颁给西乡都督，其内容主要有：

第一，声讨生番残害我国人民之罪行，并相应惩罚之；

第二，如生蕃拒绝认罪，可根据具体情况以武力讨伐之；

第三，采取防范之措施，以使我国人民再至彼地之时，免遭土人之暴害。[31]

日本已将"牡丹社事件"遇害的琉球船难民说成是"我国人民",而且重复多次,便似是真的一样,显得理直气壮。

四月九日,西乡都督率二舰由东京出发往长崎。十五日,大隈偕同助手李仙得同赴长崎的台湾蕃地事务局上任。当时日本的产业科技仍未成熟,军费又颇为拮据,以致要租用英美的商船来充当运输舰。初期,欧美诸国都在旁观日本能否靠七拼八凑成军,及至日本勉强出征,以英国为首的西方列强开始担心起自己的利益受损,突然宣布中立。

首先是英国公使巴夏礼于四月十三日照会日本,不许租用英国船只征台;美国驻日公使平安(John A. Bingham)更去信李仙得等美国人,表明禁止人、船参战。

形势骤变,日本的首脑层恐惹来列强的不满,即电大隈重信,着令西乡都督暂缓出发,又急派金井之恭权少内史于四月二十五日赶至长崎,向大隈传达停止出兵的敕命。大隈迅速将口谕转达。但骄横的西乡,拒绝执行命令,咆哮着:"出征事乃圣断,今日征旗已离帝都,中途停兵,所为何来?"更说:将来问罪,就说西乡是"违令出国之徒!"西乡的抗令,日本史界称"西乡暴走",开创了军头不听中央号令的先河[32],造成恶劣影响,导致军人跋扈甚至枪杀首相[33],走上军国主义之路。

好战的西乡,不想被朝廷拖后腿,反而加快步伐,跟美国的李仙得及雇佣军人克沙勒少校(Lieutenant Commander Douglas Cassel)和瓦生(James R. Wasson)商议,急速租用了"有功丸"小汽船,由驻厦门领事福岛九成为首,加上克沙勒和瓦生,满载着二百七十多名士兵和武器,组成先头部队于四月二十七日由长崎出发直航厦门。[34]

西乡从道此举,有造成既成事实的姿态。翌日,大隈电告朝廷:"都督奉戴铃盖玉玺之诏书,势不可挡。恳请朝廷洞察形势。"[35]

事实确如此，因为西乡恃着有圣旨在手，便可以挥军南下。五月三日，他又趁着大久保利通平定佐贺之乱将要赶至之际，任命赤松则良、谷干城两少将为先锋，率领以熊本镇台兵为主力，加上鹿儿岛县的征募兵约三百人，合组成三千六百多人的出征军，分乘四船由长崎出发，直指台湾枋寮。第二天，大久保来到长崎，只能说："事已至此，实在是无可奈何！"[36] 有专家评论，若大久保定要制止西乡出兵，不能以口头传达，而是捧奉新的敕书才有可能收效。

五月十七日，西乡都督亲率主力军，分乘四艘兵船，由长崎出发前往台南。而早前赶回东京化解平安公使和外国使团责难的李仙得，虽然放弃了随军出战，但他的作战计划肯定已交与西乡等人。

再看清廷，却是满不在乎、毫不紧张的样子。

遡自一八七〇年，李鸿章跟日本来使商谈修好条约开始，清廷就一直希望日本能真诚地友好合作，联手抵御西方列强，维护东亚国家的自主。只可惜这不过是李鸿章等人的一厢情愿，日本并无此想，虚与委蛇，从中套取清廷对日的策略，相机谋算，秘密行事。所以在换约后一年，日本便起锚出兵侵犯台湾。消息传来，李鸿章大为惊讶：

> 日本甫经换约，请觐和好如常。台湾生番一节，并未先行商办，岂得遽尔称兵，即冒然兴兵，岂可无一语知照。日本内乱甫平，其力似尚不足以图远……即欲藉生番以图台湾，若中国全力争之，未必遂操全胜，徒自悖义失和。（《论日本派兵赴台湾》同治十三年三月十三日）[37]

李鸿章谈到如中国全力抗日，日本未必握有胜券。李氏此见，以当时日本的军力，攻打台湾还得靠临时购买外国船只来评估，应该是对的；但对日

03

04

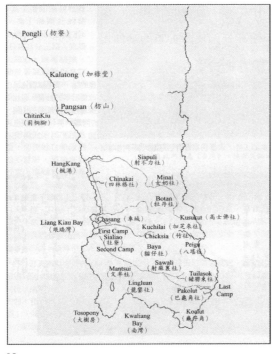

05

06

03　日本密谋出兵台湾，先后有桦山资纪（中）和水野遵（右）到台湾踏查。

04　领军攻台的西乡从道。

05　日本出兵台湾时恒春半岛各番社的分布形势。

06　亲到北京谈判并与清廷签订《北京专约》的大久保利通。

本仍存希冀，认为"即冒然兴兵，岂可无一语知照"，就情同幻想，未免失策矣！

当然，清朝是察知日本蠢蠢欲动，也开始做出防务的建议：

> 闽省自制兵轮船及水师船只不少，似应先派往台湾各港口盘查瞭望。如遇日本兵船入境，问其因为何事而来？如船中载有陆兵多名，应即拦阻，勿令进口上岸。俟将公事议明，再听进止。前福建水师提督李成谋寄送台湾全图。查崎琅𤩝系南路生番后山海口，大可泊船。该处拟造炮墩，并未及造，又未设有文武汛署，如该船进口，一无防备，殊为可虑。闻台地海防陆汛，无甚足恃，似宜另调得力陆军数千，即用轮船载往凤山琅 附近一带，择要屯扎，为先发制人之计……似应由钧处知照沈幼丹中丞 [38]，会商将军督抚，密速筹办。日本既有此议，早迟必将举行，若不慎谋于始，坐待兴师，将来无论彼此胜败，恐兵连祸结，竟无已时。《论日本图攻台湾》，同治十三年三月二十五日（一八七四年五月十日）。[39]

同年的四月二日（五月十七日），李鸿章在《论布置台湾》中似准备十足地说：

> 钦奉密谕，派沈幼丹中丞带领轮船兵弁，以巡阅为名，预筹布置，并议及生番，如可开禁，即设法抚绥驾驭，俾为我用，藉卫地方，以免外国侵越……又据天津美副领事毕德格云：接东洋信，"纽约"船先雇装兵，驻日本之美公使名平安，以违悖公法不准，是美国或无再雇船接济之举。日本正游移莫决，又得钧处备文诘问，谅不遽违约失和。而台湾海防番务又已得人料理，内外兼筹，幸均不落后着，沿海人心稍定，即浮言亦稍息耳。[40]

若按李鸿章的论议，即派福建水师船至台湾各海口守护，严拒日本兵船靠近，又调"得力陆军数千"，"择要屯扎"，日军也就难以登陆。可惜这些都是纸上谈兵，未能坐言起行，行而不果，在完全不设防下，任由日本军登岸扎营，烧杀番社。可笑可恨的大清守土官员，竟原来是旁观者！

五　日本烧杀番社扎营驻兵

一八七四年五月三日晨，"有功丸"抵达厦门，做了一些补给，五月五日，离开厦门，直指台湾。日船湾泊厦门期间，福岛九成曾将西乡的照会文件交厦门同知李钟霖代转给闽浙总督李鹤年。内文主要谓："深入番地，谕彼酋长，殛其凶首，薄示惩戒，以安良民。今将由水路直进番地，若船过贵国，固无他意，应毋阻拒。"[41]

五月六日晚，"有功丸"抵琅峤湾。翌日清晨，先遣华籍翻译詹汉生登崖岸，找来李仙得的旧友登船磋商，表明此行只针对牡丹社族人，与其他社族会友好往来，公平交易。登岸后扎营赁屋，如诺付钱。双方谈妥，福岛九成和美国军官登上车城新街，经探勘，选定可容三千人驻扎的清港浦八仙湾为营地。但数天后，因大雨水浸，于十一日改扎琅峤湾南端的小海口。而在前一天，海军少将赤松则良和谷干城少将相继率领逾千援兵抵岸。他们扎营后，始悉老卓杞笃已离世，找来射麻里社头人一色商谈，让各社族明白日军此行只会向牡丹社和高士佛社开战，故可安心云。[42]

日军来犯，台湾的地方守备亦有探报飞禀。"接据枋寮巡检王懋功、千总郭占鳌飞禀：三月二十二日（五月七日），有日本国火轮船一号到琅峤社寮港口停泊。二十三日，又续到一号，人数约有八九百名。先遣洋人二十余名至柴城一带踩看扎营地势。"[43]

面对洋人（指东洋人）登岸扎营，庸碌无能的官员只是呆呆地做了旁观者——"即由千总郭占鳌立刻前赴该处，观该洋人（众数，是二十余名）如何行止，是否进剿之处？再行飞禀。"[44]

反而台湾道夏献纶敢于提出驱逐剿办。他在向闽浙总督李鹤年禀报时申斥日本："倘彼知错，将兵船撤回则已；如再文过饰非，强辞狡饰，则系该国无故背约，并非衅由我开……我中国地方，岂能容其混行滋扰？应调集各处轮船，将其驱逐。亦复不受驱逐，惟有将其妄动之咎，照知各国，一面动兵剿办，以存国体而杜异族窥伺也。"[45]

可叹清廷懦弱，只作观望，没有采纳夏献纶的意见，在日军还未扎营，西乡的主力还未开抵之前，及早驱逐，甚至可以杀他一个阵脚未稳。结果错失良机，气煞忠臣！

在此期间，日军的探哨等作零散行动，遭到番社袭击，互有伤亡。

五月二十一日，一支十二人的侦察队奉命查勘四天前班长遇害的地点，但又遭到伏击，两人受重伤，日兵还火，杀土著一人，赶忙回营报告，日增派二百五十人驰援，并发现隐藏的村落，搜村至晚。翌日，曾经镇压"佐贺之乱"而名震一时的佐久间左马中校率两连军力支援，就在石门的山谷与牡丹社族人狭路相逢，展开激战。牡丹社族人占据山谷高地，居高临下射击，连毙日兵二三人，伤十余人。骁勇善战的牡丹族，不愧为琅峤下十八社中最豪强的一族。他们以约七十名战士和落后的武器，跟二百多名日兵对阵，毫不畏缩。佐久间迫于形势正要撤兵，却察觉到牡丹社人的藏身处，转头下令二十名精兵冒死攀上悬崖顶，夺得居高占优之势，牡丹社战士反而完全暴露在日军铁枪之下。他们毫不留情，向牡丹社人扫射，顿时牡丹社族人尸横遍野，四散逃窜。此战称为"西门之役"，牡丹社有十六人战死，更有不少负伤而逃，其中包括族中首领阿禄古亦告伤重死亡，这无疑是对牡丹社的一大重击。至于日本阵营，也有七死三十伤。[46]

就在石门激战的这一天（五月二十二日），西乡从道率主力军分乘四艘船舰航抵琅峤湾。此次大军有士兵一千五百，另五百名工役。西乡登岸不久，已有周振邦携来闽浙总督回复西乡的《照会》。内文大意是："台湾为中国疆土，'生番'定归中国隶属，当以中国法律管辖，不得任听别国越俎代谋。"但语意似只是劝喻，所以西乡没有理会。[47]

日本整合大军之后，分兵三路：南路由赤松率领；北路则由谷干城指挥；中路由西乡从道提督统率，向山上扫荡。南路军进入高士佛社时遭遇伏击，三名日兵被击毙，赤松即下令狂攻，将高士佛社族人杀退，避入森林，日军即放火烧村。中路军也曾遇上牡丹社人的反扑，伤及两三名士兵，日军入村追击，跟着纵火焚村。北路军亦扫荡了女奶社。六月三日，三军汇合，决定将已占领的村社全部焚毁，原住民全被赶往深山。[48]

关于日本出兵台湾一役，曾跟随沈葆桢的王之春有文为记："（日本）突以兵船三路进攻番社，一由风港，一由石门，一由四重溪，路各五六百人。生番纷纷逃窜，牡丹、高士佛、加芝来、竹仔各社咸被焚。"又谓："牡丹各社已破者，番众逃匿绝巘，遂移兵胁龟仔角社，社番誓死不降……二十八日，以二百人从石门入，八十人从风港入，破三社，杀生番数人。倭兵死者二十余，伤者五十余人。"[49]

胜局已定，西乡从道召集与杀害琉球船民无关的十一社族头人，商量好和解协定。七月一日，牡丹社新首领姑柳和高士佛酋长在保力庄与日人会面，承认落败。西乡要他们保证今后不得伤害漂流的海难船民，便可停战。[50]

日本成功镇压琅峤下十八社之后，在龟山后湾大兴土木，建立起大本营来，更修桥筑路，盖搭医院，又运铁器农具，茶树花木等，以备开垦栽种，意图久踞，不愿撤兵。[51]

日本在此次出兵台湾，战死十二人，但在八九月间，他们遇上更大的敌人——疫症热病（the fevers），平均每日六百人发病，十五人死亡，令全军闻疫色变。明治天皇特聘德国医生，并把制冰器急送到台湾，结果仍然有五百六十一人病亡。[52]

另一方面，沈葆桢率领的海陆军舰队，磨磨蹭蹭地于六月十七日始抵台南安平。此时，日本船已入港口，兵进山地，军扎琅峤，沈葆桢他们才思防务，上疏说："惟安平之炮台拟照西法兴筑，所雇洋匠初至，尚未施工。[53]"不过，他们总算知所进取，马上召集各社头目，诘责他们的劫杀行为，借以昭示中国对山地化外之民仍有行使管治之权。福建布政使潘霨等"遣人传各社番目，惟牡丹、中社、里乃三社以避倭不出，至者凡十五社，百五六十人……皆谓日本欺凌，恳求保护。因谕令具状，均愿遵约束，不敢劫杀。[54]"沈葆桢派潘霨往见西乡从道，为日本撤兵事宜展开交涉。六月二十二至二十六日，双方经四次会晤，据闻达成"西潘密约"的口头协议，最后却不了了之。在这期间，西乡分派谷干城回国、赤松则良至上海，将捷报传去。特别要注意的是歇泊在上海的柳原前光。他贵为明治天皇的内兄，又是《中日修好条规》订约谈判的参与者，此番到来，是作为日本派驻中国的首任公使。他刻意在上海久留，就是为了等候西乡从道的战报和与潘霨的谈判情况。当他接到赤松带来的捷报，便紧握此筹码，启程上北京展开他强硬的谈判工作。

七月二十一日，柳原等先抵天津，即与李鸿章晤面。在谈判桌上，李鸿章又气又愤，质问柳原公使何解一面发兵，一面又通好：

问：一面发兵到我境内，一面叫人来通好，口说和好之话，不做和好之事，除非有两日本国，一发兵，一通好也！答云：此次兵到台湾，有三件事要办。问：你三件事已经办到了，牡丹等社已被你烧毁劫杀，难道还要怎样查办？[55]

接着，谈到退兵和琉球的问题。

问：日本外务省给总理衙门照覆，说有事与柳原商量，不曾提到西乡。答云：两国有兵争，大事全权不能自做主。问：现在我国并未还手，算不得交兵。答云：台湾生番如无主之人一样，不与中国相干。问：生番岂算得一国么？答云：算不得一国，只是野蛮。问：在我台湾一岛，怎不是我地方？答云：贵国既知生番历年杀了许多人，为何不办？问：查办凶首，有难易迟早，你怎知道我不办？且生番所杀是琉球人，不是日本人，何须日本多事？答云：琉球国王曾有人到日本诉 。问：琉球是我属国，为何不到中国告诉？答云：当初未换和约时，本国萨峒马诸侯就打算动兵的。问：你去年才换和约，今年就起兵来，如此反复，当初何必立约，我从前以君子相待，方请准和约，如何却与我丢脸，可谓不毂朋友。[56]

谈判桌上，李鸿章摆事实，讲道理，占取了上风。但行军布防，失机误算，转陷被动，就不是谈判桌上的唇枪舌剑可以挽回过来的了。在这种情况下，如正式开战，驱赶日军出台岛，并非不可行。历史上郑成功也曾收复台湾，驱逐荷兰人离台。晚到台湾的沈葆桢在一道密奏中，就强硬地嚷着要开战："日本越境称兵，此其意有所图，尚何待问？即示以挞伐之威，并不得谓衅开自我。[57]"只不过自鸦片战争以来，对外作战未逢一胜，所以清廷仍以"忍"为上，着沈葆桢等人想办法劝说西乡从道撤兵。而上谕下来，都会问日本有何动态？离去了没有？

另一方面，日本也在评估局势。首先是山县有朋陆军卿对处理台湾问题提出了意见，认为目前在武器等方面尚未做好对清开战的准备；又表示在战争准备不充分这一点上，陆军首脑们的意见是一致的[58]。尽管如此，日本还是做了开战的策略，并打算起用军望最高的西乡隆盛为海陆军元帅，万一谈判破裂，马上率军西渡。不过疫症令留在台湾的士兵惶恐不安，所以如果能够在谈判桌上取得理想的回报，早日撤兵亦是他们的另一个方案。

为打破僵局，日本派出熟悉闽台事务的李仙得南下。八月五日他抵达厦门，住进德记洋行，准备向闽浙总督商谈解决方案，他甚至想到转赴台湾协助征台的日军。讵料翌日即被美国驻厦门领事馆的人员拘走[59]，并被强押至上海，其后获释。李仙得此次被拘，有说成是误会，也有指是李仙得跟美领事之间的私怨，制造出擅离职守的罪名。虽然李仙得未能如愿赴台，但他没有白跑，因他在上海很快便与前来谈判的大久保利通汇合。

六　《北京专约》承认琉球民为日本国民

日本明白柳原前光碍于权限无法令谈判取得进展，掌握实权的头号人物大久保利通决定亲自出马，率领包括有法籍顾问鲍生奈德（Gustave Boissonade）和李仙得的使团，于九月十日抵达北京，展开了为期一个多月共七轮的紧密会谈。

清廷以恭亲王奕訢为首，加上军机大臣文祥、宝鋆、毛昶熙、董恂等重臣，跟前来的大久保利通、柳原前光等举行会谈。会上针锋相对，气氛很不愉快。

谈判中，日方常以国际法相压。但文祥反驳说："国际法渊源于西方的新发明，其中所列条款并不尽通用于中国的制度，盖中国制度早在西方制度出现之前已经存在。"[60]

谈判一度僵持不下，主要在于赔偿的条文方面。大久保坚持必须赔偿兵费，且须载名数额。清廷做出让步，承认日本征台"伐番"为大义，但不提赔偿，而是由皇帝恩赐琉球受害难民家属抚恤金，而且最多不能超过五十万两[61]。十月二十五日，大久保还摆出姿态，表示要中止会议回国。

这期间，以英美为首的列强评估时局，认为中日开战，中日沿海的通商口岸一定受波及，将严重影响他们的利益。他们看出中日如开战，谁也没有必胜的把握。而向来软弱的清国，只要日本愿意撤兵，条件都是可以商量的。于是便向清廷施压，尤其是英使威妥玛（Thomas Wade），出言恫吓，迫使李鸿章令军官不准"开仗启衅"[62]。对外一向主和不敢顽抗的李鸿章，唯有提出屈从的建言：

> 我平心而论，琉球难民之案，已阅三年，闽省并未认真查办，无论如何辩驳，中国亦小有不是。万不得已或就彼。因为人命起见，酌议如何抚恤琉球被难之人，并念该国兵士远道艰苦，乞恩犒赏若干，不拘多寡，不作兵费，俾得踊跃回国，且出自我意，不由彼讨价还价，或稍得体面而非城下之盟可比。内不失圣朝包荒之度；外以示羁縻勿绝之心，未审是否可行？鸿章亦知此论为清议所不许，而还顾时局，海防非急切所能周备，事机无时日可以宕缓……[63]

虽然说"非城下之盟"，但细看后来两国订立的《北京专约》，首先提到"台湾生番将日本国属民杀害"，而日本出兵，是"保民义举，中国不指以为不是"，最后是赔款五十万两。这五十万两美其名将十万两用作抚恤遇害者；四十万两是作为承让日本修桥筑路、建设楼房之费。

兹录《北京专约》条文如下：

为会议条款、互立办法文据事。照得各国人民有应保护不致受害之处，应由各国自行设法保全。如在何国有事，应由何国自行查办。兹以台湾生番，曾将日本国属民等妄为加害，日本国本意惟该番是问，遂遣兵往彼，向该生番等诘责。今与中国议明退兵，并善后办法，开列三条于后：

一、日本国此次所办，原为保民义举起见，中国不指以为不是。

二、前次所有遇害难民之家，中国定给抚恤银两。日本所有在该处修道、建房等件，中国愿留自用。先行议定筹补银两，另有议办之据。

三、所有此事两国一切往来公文，彼此撤回注销，永作罢论。至于该处生番，中国自宜设法妥为约束，以期永保航客，不能再受凶害。

会议凭单

为会议凭单事。台番一事，现在业经英国威大臣同两国议明，并本日互立办法文据。日本国从前被害难民之家，中国先准给抚恤银十万两。又日本退兵，在台地所有修道、建房等件，中国愿留自用，准给费银四十万两，亦经议定，准于日本国明治七年十二月二十日日本国全行退兵；中国同治十三年十一月十二日，中国全数付给，均不得惩期。日本国未经全数退尽之时，中国银两亦不全数付给。立此为据，各执一帋存照。[64]

所谓"和约"的《北京专约》，十月三十日签署，并马上生效。翌日，大久保率团经台湾然后返回日本。他就像凯旋归来般得到国人的欢迎。因为他在《和约》内取得了所要的一切——承认琉球是日本的藩属，又得到赔偿；《和约》以外的成果，是暂且避免跟中国开战（因为早前征台，是与山地土著交战，仍未与中国的官军正式启衅），争取了休养生息、加强军备、训练兵将的时日，为以后的侵略做足准备工夫。十二月三日，日本从台湾撤兵。但二十年之后，日本因为甲午战争获得台湾而又再次登岛。

七　小　结

十八至十九世纪，琉球航船海难频仍，但遇难船民只要漂流至中国沿海地域，皆能得到清政府的救护和抚恤，而且优渥沾足，故在琉球国而言，只有感恩谢德，从无愤怨之心。一八七一年的"牡丹社事件"，被日本利用为吞并琉球的口实。清政府本来可以及早化解事端——台湾地方官员切实执行搜山问罪、惩治元凶，便能掩塞借口之词；再一次就是日本兵船开近台湾之时，即行拦截，便可免登岛驻兵不撤之失。

是次签订的《北京专约》，也许是晚清签订的许多不平等条约之中，能够免去割地屈辱的例外。但在谈判桌上，一直振振有词坚称琉球是中国藩属的清朝大员，到最后却承认了琉球是日本的属国，这好比出卖了琉球王和琉球的臣民，也造成了日本可以公然废王为藩，为吞并琉球做好偷天换日的布局。在琉球国方面，当然清楚知道日本的所谓出师为他们讨回公道，不过是魔鬼的游戏。转过头，日本即剑指首里，将琉球国灭掉。

最后值得关注的是美国独眼将军李仙得提出的"明月弯战略"，至今战略价值依然不减。

注释

1　参见日本近现代史辞典编集委员会编《日本近现代史辞典》，东京东洋经济新报社，一九七八年，页三四三《征台の役》。

2　参见爱德华·豪士著，陈政三译著《征台记事：牡丹社事件始末》，台北台湾书房，二〇一一年，页一一六陈政三注释。

3　参见李仙得著，黄怡译，陈秋坤校注的《南台湾踏查手记》，台湾前卫出版社，二〇一二年，页二〇、三一。

4　同注3引书，页三七及三九。

5　同注3引书，页三九、四一；又同注2引书《征台记事：牡丹社事件始末》页二一，指该生还船员名叫德光。

6　同注3引书，页四二。

7　同注3引书，页四六至四七。

8　同注3引书，页九二。

9　同注3引书，页一一九。

10　同注3引书，页一二六至一二八。

11　同注2引书，页三〇及一二八。

12　同注2引书，页三〇。

13　参见远流台湾馆编著《台湾史小事典》，台湾远流出版社，二〇一二年，页七六；又前引《征台记事：牡丹社事件始末》，页三〇。

14　同注2引书，页三一。

15　参见安冈昭男著，胡连成译《明治前期日中关系史研究》，福建人民出版社，二〇〇七年，页七二。

16　同注15引书，页七六。

17　参见王玺著《李鸿章与中日订约（一八七一）》，台北中央研究院近代研究所，二〇〇六年，页一七七、一八八。

18　同注17引书，页一七八、一七九引《岩仓公实记》。

19 参见《李鸿章全集》第六册《译署函稿》，海南出版社，一九九七年，页二九三四。

20 同注 17 引书，页一八七引《筹办夷务始末·同治朝》及《日本外交文书》第六卷《使清日记》。

21 郑永宁（一八二九至一八九七年）的先祖为吴荣宗，泉州府晋江县人。本姓吴的郑永宁，后因成为幕末的大通事郑干辅（先祖郑宗明乃福州府长乐县人）的养子所以改姓郑。郑永宁从一八七一年从伊达宗城到中国谈订和约开始，便一直是日方的翻译。他后来官至正五位。参见宫田安著《唐通事家系论考》，长崎文献社，一九七九年，页六七一至六八三。

22 参见时野谷胜著《明治初年の外交》，收入在《岩波讲座日本历史一五近代（二）》，东京岩波书店，一九六二年，页二三四引柳原副使著《清国总理大臣会谈录》。

23 参见范文澜著《中国近代史》上册，人民出版社，一九五五年，页二二〇。

24 同注 19 引书，页二九三五。

25 同注 24。

26 同注 22。

27 参见台湾银行经济研究室编《甲戌公牍钞存》，台北台湾银行，一九五九年，页二至四。

28 同注 27 引书，页四。

29 同注 27 引书，页五。

30 同注 27 引书，页六《日本国中将照会闽浙总督》（二月二十七日）。

31 参见安冈昭男著，胡连成译《明治前期日中关系史研究》，福建人民出版社，二〇〇七年，页九三。

32 同注 31 引书，页九五；同注 22 引书；又同注 2 引书，页四三至四四、一七四。

33 一九三二年五月十五日，犬养毅内阁不为军人所见容，遭青年将校枪

琉球冲绳交替考·钓鱼岛归属寻源之一

杀，导致第二次世界大战前日本政党内阁告终，紧接着就由军人组阁。

34　同注31引书，页九五；又同注2引书，页四四。

35　同注31引书，页九五引《处蕃始末》。

36　同注31引书，页九六引《大久保利通文书》。

37　同注19引书，页二九五〇。

38　沈葆桢（一八二〇至一八七九年），字幼丹，福建侯官人。道光进士，曾随曾国藩管营务，跟太平军对战。一八六六年继左宗棠任福建船政大臣。一八七四年日军侵台，被派为钦差大臣——办理台湾等处海防兼理各国事务大臣。他面对日本兵侵台湾，受制于朝廷的策略，不敢与日军开战。日本撤兵后，沈葆桢的"开山抚番"政策，打开近二百年的锁岛，为开放台湾做出了重大的贡献。

39　同注19引书《李鸿章全集》，页二九五二。

40　同注19引书《李鸿章全集》，页二九五三至二九五四。

41　参见爱德华·豪士原著，陈政三译著《征台记事：牡丹事件始末》，台北台湾书房，二〇一一年，页一〇九。
　　爱德华·豪士（Edward H. House，一八三六至一九〇一年）作为随军记者跟随日本出征台湾，撰成通信连续发表于《纽约前锋报》上，一八七六年将通信辑录成书，名为 The Japanese Expedition to Formosa（即《征台记事》）。豪士早期在日本曾担任李仙得的秘书。他一生写了很多报导日本的通信，被日本赞誉为"日本对外发言的传声筒"，所以在他逝世前一天，明治天皇特授予他二等勋章，以表彰他对日本的贡献。

42　同注2引书《征台记事：牡丹社事件始末》，页五一、五二、五九、八二、八三、八五。

43　参见台湾银行经济研究室编《甲戌公牍钞存》，台北台湾银行，一九五九年，页二五。

44　同注43引书，页二二。

45　同注43引书，页九。

46　同注2引书《征台记事：牡丹社事件始末》，页一五一。

47　同注 2 引书《征台记事：牡丹社事件始末》，页一〇六至一〇八。

48　同注 2 引书《征台记事：牡丹社事件始末》，页一六〇至一六二。

49　参见清王之春著《清朝柔远记》，北京中华书局，二〇〇〇年，页三三二、三三四。

50　同注 2 引书《征台记事：牡丹社事件始末》，页一七〇至一七二、二〇八。

51　同注 19 引书《李鸿章全集》，页二九六一。

52　同注 2 引书《征台记事：牡丹社事件始末》，页一八三；又同注 22 引书《岩波讲座日本历史一五近代（二）》，页二三四至二三五。

53　同注 49 引书，页三四四。

54　同注 49 引书，页三三六。

55　同注 19 引书《李鸿章全集》，页二九五九《与东使柳原前光、郑永宁问答节略》。

56　同注 55。

57　同注 49 引书，页三三三。

58　同注 15 引书《明治前期日中关系史研究》，页一〇〇。

59　同注 27 引书《甲戌公牍钞存》，页一〇九，"前充美国领事李让礼来夏，住寓德记洋行……即派伊国战船水兵六名，经到德记洋行密拿。行至半途，李让礼迎头相遇，该水兵手出洋字一纸交李让礼阅看，带上，押见恒领事后，即时解往美国关署管押。"

60　同注 2 引书《征台记事：牡丹社事件始末》，页二二六。

61　同注 2 引书《征台记事：牡丹社事件始末》，页二三三的注释一一〇。

62　参见范文澜著《中国近代史》上，人民出版社，一九五二年，页二二〇。

63　同注 19 引书《李鸿章全集》，页二九六一《论台事归宿》。

64　同注 27 引书《甲戌公牍钞存》，页一四五、一四六。按《北京专约》罕有全文载录，常见仅是摘引二三句，致容易理解错误。笔者有见及此，特将全文刊出。

第六章

不忘中国累世恩

国亡犹愿当贡臣

日本毫不讳言，出兵台湾就是为吞并琉球所作的布石行动[1]。"布石"是日本词，原意是围棋对弈时的布局，相当于汉语"布子"之意。其后，"布石"便引申有为未来的事业铺路做准备之意。但对日本的谋算，清廷官员似乎完全不察，他们百思不解地说："日本内乱甫平，其力似尚不足图远。即欲用武，莫先高丽。……岂竟舍积仇弱小之高丽，而先谋梗化之生番？即欲藉图台湾，若中国以全力争之，未必遂操全胜，徒自悖义失和。此以势度之，而疑其未确也。[2]"更何况当年琉球仍有来朝进贡，故未起疑心。

一 日本启动处分琉球

就在签订《北京专约》后不久，琉球仍按例两年一贡，于十一月三十日派出由耳官毛精长、正议大夫蔡呈祚、朝京都通事蔡德昌等组成的贡使团，登乘魏兴宗为伙长（船长）的贡船[3]，共一百一十八人航往福州。按日本的说法，自萨摩侵琉（庆长之役），琉球便进入两属时代，接受萨摩藩的管控，贡船开赴中国须经萨藩首肯。但观是次派遣贡船，虽已贬王为藩，且刚签订《北京专约》，琉球仍可以轻易遣使出船，则两属时代萨藩的实际管治程度有多大，令人存疑。至少也有时宽时紧的可能性。[4]

然而琉球国这次在同治十三年（一八七四）派出的朝贡使团，他们万万也想不到竟会是最后的一次朝贡之行，也就是说自从明洪武五年（一三七二）起遣使向中国朝贡，五百年来虔奉正朔，最称恭顺的琉球，竟被横遭禁绝，与天朝了断前缘。

横手阻绝者当然是日本。大久保利通听到驻清临时代理公使郑永宁的通报，始悉琉球派了朝贡使到中国。其时，同治帝已驾崩，翌年（一八七五）初，光绪皇继位，大久保深恐琉球又会派出庆贺使，于是又再使出宣召上京之计来。

一八七四年十二月二十八日，内务卿大久保传令琉球选派三司官中之一人从速上京。尚泰王与三司商议后，决定派三司官池城亲方（官职名，参见表四），率同精通日语的与那亲方和锁之侧幸地亲云上（向德宏），带同随役八人，于翌年（光绪元年、明治八年）二月二十五日，由那霸港登船北上。是次因日本没有透露传召北上所为何事，致令琉球举国上下大为惊恐。尚泰王乃令众官分赴全国各寺庙祈福，求神庇佑。[5]

当然日本是早有部署的。大久保利通自北京谈判成功回国后，于十二月十五日向三条太政大臣呈交《琉球处分》的意见。他认为前年（一八七二年）贬琉王为藩王后，仍未令其"脱离清国的管辖，琉球究属何国？依然暧昧模糊"，但出兵台湾之后，形势大改，因为清国也承认征台是"'保民义举'，琉球'已有几分属于我国版图'的征兆，只是尚未判然成局"，所以要马上向琉球说明，"国家为保护琉球人而甘冒危机、耗费财资出兵台湾"，是以"尚泰藩王应上京拜谢"；"藩王不来，也得派琉官来京，恭听征台始末和与清国谈判之曲折以及方今之形势，名分条理。"当琉球官员上京，"即传达断绝与清国关系的命令，并调派镇台支营到那霸港"[6]，继而渐次推行改革。

一八七五年三月十七日，曾陪同大久保赴北京谈判的法国顾问鲍生奈德，也就琉球问题提出建议，主要有：外交上收紧琉球与清朝的关系；内治上用宽优的政策来对待琉球的风俗习惯[7]。而在琉球使团即将抵达东京之际，三月十日，大久保再呈上《琉球藩改革处分预定案》，继前案做了五点补充，包括改奉明治年号、改革刑法、藩治职制的适当调整等。[8]

一八七五年三月三十一日，池城亲方一行拜会内务省，接待的内务大丞松田道之即通报了大久保内务卿的处分案。琉球使团闻悉，大为震恐，力争继续保持与清国的宗藩关系，乞免派兵驻扎，总之琉球僻处外洋，恳请万事一切如前。池城等人一再求恳，并告以事关重大，必须奏报尚泰王，才可作答。大久保得悉琉球使团的态度后，断然作出指示：这是日本政府的既定方针，接受与否都要执行，绝不动摇。为了更好地执行"琉球处分"，委派松田道之南下琉球，宣示朝廷的既定方针。[9]

表四　琉球国官员称谓品阶表

——摘引自《冲绳大百科事典》

称　　谓		品　　位	位　　阶
按司		不设品位	按司
亲方		正一品	紫地浮织三司官
		从一品	三司官
		正二品	三司官座敷
		从二品	紫官
亲云上	亲云上	正三品	申口
		从三品	申口座
		正四品	吟味役 那霸里主

称　谓		品　位	位　阶
亲云上	里之子亲云上	从四品	座敷
		正五品	下库理当
		从五品	当座敷
		正六品	下库理势头
	筑登之亲云上	从六品	势头座敷
		正七品	里之子亲云上
		从七品	筑登之亲云上
里之子		正八品	下库理里之子
		从八品	若里之子
筑登之		正九品	下库理筑登之
		从九品	筑登之座敷
		品外	

 颁训令改日制、强命绝贡清朝

　　同年六月八日，松田大丞与伊地知正馨等和琉球使团池城、与那一行，同乘"大有丸"汽船由东京启航南下琉球[10]。早前，琉球全国深恐国家有变而求神庇护，但不久却发生了一场强烈的大地震，不祥之事似是真的即将降临。事情也确是如此：正当琉球民众经历大地震后，惊魂甫定，马上又迎来国家巨变，其震撼程度比地震还要强烈，直摇得国家也要崩溃。松田等甫抵那霸港，首先采取了一些怀柔的措施。如免去琉球国的债务，又转发清朝对"牡丹社事件"受害人遗属的抚恤金。又利用松田大丞登乘的汽船"有功丸"，说成是专为关注琉球的航船常遇海难而特别赐赠的。及至七月十四日，松田大丞和伊地知进入首里城南殿，宣读三条太政大臣的训令。日本原意是要尚泰王亲临听宣，但由于尚泰王已从池城亲方处获悉东京要执行《琉球处分》，将要割断与清国的封贡关系，不禁大为震栗，胸膈翳塞，病倒床上，只好派王弟今归仁王子为代表，与摄政三司官和按司、亲方等官吏数十人，齐集殿中，聆取太政大臣的训令。[11]

松田大丞宣读太政大臣的训令时，顺作详细解释，又为免有误解之处，更撰成《公文书》，提交琉球。其内容共九项：

一、禁止再向清国朝贡、朝贺；

二、禁止再受清国册封；

三、改奉日本正朔，遵行明治年号；

四、改行日本刑法，派遣有关人员两至三名到东京研习；

五、改革琉球官制，使与明治维新官职制无异，并确立琉球藩王为天皇的藩臣，琉球人亦为日本国民；

六、选派约十名少壮学员赴东京学习；

七、关闭福州琉球馆，与清国的商业往来和人民的居留，悉归日本厦门领事馆管辖；

八、琉球王须迅速上京为朝廷出兵台湾保民、取得清国抚恤金之事谢恩；

九、日本派遣镇台分营驻屯琉球要地，琉球兵备乃日本国防之一部分。[12]

琉球今归仁王子和一众官员闻"处分令"，大为惊惧，慌作一团不知所措。惟经议论后，齐表不服。松田表示理解，容数日后答复。

面对国家巨变，琉球官员忧心如焚，由早至晚议论不休，接连三天，终于商量出回复的方案来。但令人惊讶的是他们对国家主权不是放在首位，而是坚持要求继续保持与皇清的封贡关系。

首先他们认为改行日本刑法，派遣有关人员上京研习、派少壮学员往东京学习二项无异议，可以依从，就连设置镇台分营也可以接受。至于琉球王上京谢恩，亦可依行，只是尚泰王卧病，请由王子代表诣京[13]。事实上，尚泰王惊吓成疾，忧郁气结，食难下咽，其病状可由医师通睦、全彬开具的《诊断书》而得知其详：

> 藩王素禀心胆气弱，屡服天王补心丹、归脾汤等之方调养。近来思虑过度，性情抑郁不畅。本年五月，因事大惊，卒然胸塞，绝食两天，到第三天，欲强食而妨碍胸膈，咽不下，吐不出，唯饮冷水茶汤等，恰如噎膈之症，识是忧郁之气，结于胸膺，聚而成痰，胶固上焦，道路狭窄不能转宽之所致也。乃用解郁化痰药，稍得效。然经四十余日饮食未进，有时惊悸怔忡，夜卧不安，尚虽用补血养心之方以调养，（仍）未见急愈焉。[14]

此《诊断书》亦曾转交松田，以证尚泰王不克远行。

其间，琉球曾委出王舅东风平亲方为庆贺光绪皇帝登基之使，一切本已准备就绪，正待开航之际，却为松田大丞所阻，下令停止所有与中国交通的往来。[15]

三 绝贡是忘累世恩哀恳收回

谈到进贡、庆贺、册封这三件与天朝有关之事，琉球固辞不允。琉球数百年慕华学中，深受儒家熏陶，恪守忠义，因感中国五百年来教化提携，才得以建制开明；而关爱援助，又从无占地谋利之心，其王道之怀远，恩重义厚，永矢弗谖。是以哀求日本垂察，幸勿强令绝贡。琉球的哀恳书，情词恳切，动人心坎！兹摘录如下：

> 查进贡为我国古来重典。自前明以来，抚我甚为优渥，每当国王缵统，不惮波涛险阻，遣钦差，赐王爵，隔年进贡，则又赏赐彩币物品，不胜枚举。逮及清朝，更为优渥，其恩德情义，昊天罔极，何可背负，竟绝朝贡？况我琉球孤立远洋中，国土偏小，微弱不克自保。自归清国版图，以其保护声援，内外乃可无忧。自建为国，有古来传习之礼乐政刑及自由不羁之权利。上下雍睦，安居乐业，若离清国，则必失自由权利而召掣肘之累，国家岂可永保？[16]

断绝进贡之事，尚泰王和三司官皆竭力拒绝，因为"累世之恩既忘，信义皆无，何以为人？何以为国？[17]"所以必须据理力争，斟酌应付。

七月十七日，伊江王子和三司官等同访下榻于那霸旅馆的松田大丞，覆以改行刑法和派员研习、派少壮学员往东京学习和设置镇台分营可接受遵从，惟绝贡之事万万不可。松田当然不满，双方再作谈判。其后举行的会议、对话、辩论和书面解释等，反复来回也不知多少次，然而两个月过去，仍然各持己见，呈胶着状态。在琉球的谈判策略而言，首要不开罪松田来使，然后放缓拖慢来谈，令他知难而返；松田方面明白训令将彻底改变琉球整个国家，谈判需时是意料之内。他亦趁机查找适用的驻兵营地，联同陆军省派来的长岭让等一起选定了古波藏村为营地。[18]

松田曾致书尚泰王等执政高官，指出两属之国，在今天的万国公法中其权利不备，国不为国。而清国行册封之诏谕，似是政令管辖，却未有保护琉球。就以牡丹社事件，我日本征伐生番，清亦视为义举。若是清国向世界表明琉球为自身管辖，何不自行处置？保护尔藩人氏。故琉球不受清国管辖之条理，历历在目……[19]

八月二十日，琉球摄政太子和三司官在与松田交涉时，针对松田信函的观点，逐点作出了反驳：本藩自弘化至文久年间（一八四四至一八六三年），外国船只频繁渡来，要求和好交易，小邦难于应付。尤其英、法、美国之人相继逗留，藩中忧虑至极。但经向中国申诉，与渡来长官示意相谈，而归于平安无事，是有确实保护。再者，本藩进贡之规则，载于明清会典，各国一同明了知之……此外，征伐台湾，系由皇国（日本）处置者，故而抚恤银两也当如是向皇国交接。且生存者也受到中国格外保护，在送达本藩的咨文中，有向台湾府纠结，儆惩强暴，以示怀柔之意。又，征伐台湾以后，中国对本藩没有任何指令，贡使进京受纳文表贡物，对藩王、使者赐物及接待等等，一如先例，亲切相待，且发来皇帝殂落之白诏，新帝即位之红诏，先规无所更替。[20]

琉球的反驳，有根有据，确是实情，令松田难以招架。而更重要的是，琉球国发自内心甘愿忠于清朝，归附中国，按道理应尊重主权国的选择。但垂涎琉球的日本，野蛮地横刀夺爱攫取"伊人"，不惜露出凶相：

> 有关清国之事，既或再行数百次恳切议论，也决难心服……莫如威严论辩，使之威服。[21]

九月四日中午，适为松田大丞指定答复的最后限期。琉球官员仍在苦思应对之法，就在此际，刚入港的汽船送来《东京邮便报知新闻》，其内有一则传自福州的消息："北京总理衙门令福州督府急派军舰开往琉球，据闻似与进贡之事有关。[22]"琉球官员捧读，欣喜若狂，想到清国出兵来援、来问贡之事可能会实现，有望可以将日本的气势压下去。于是携报往找松田，提出延期作答。松田阅报，亦为之错愕，一时默然无语。良久，才回答："此乃报纸传言，未可信也！"尽管后来事实证明确是传言，但仍给了琉球臣民一个希冀，以为天（清）朝一定会派兵来相助、来搭救他们的！

九月十一日，松田大丞虽然未能取得满意的答复，也是时候须回京复命。琉球也希望可以说服日本政府，准许两属，一切如前，遂派出池城亲方（毛有斐）为陈情使，与那原亲方（马兼才）和幸地亲方（向德宏）等随行，一同登上松田的汽船上京。

九月二十五日抵京后，池城即代尚泰王呈表明治天皇和太政大臣三条实美。接着他呈上陈情书，再述说明清之恩义不可忘，请求封贡如前，两属不变。结果遭日本内务省严词拒绝，更被斥责一顿。但赤诚尽忠的池城亲方，未有气馁，再三陈情，哀求收回成命，唯一一遭受拒绝斥还。其间，虽曾投诉于西方列强之驻日使节，但一直未见援手。池城苦思忧愤，痛感无助之际，时往浅草观音寺求神庇佑。他锲而不舍，继续陈情哀恳（参见表五），至一八七七年三月，第十四次呈递陈情书后，终至心力交瘁，郁郁而终[23]。池城之死，是琉球即将遭受废灭而挺身护国的第一人！

日本的官员中，也有正义之士对琉球受压而深表同情的，其中以海江田信义最为率直。他在一八七五年十月致函岩仓具视说："琉球处分，殊违情理……据闻，今日三司官池城等人，将首次前往政府请求训令，并向史官递交备忘录……若三条公置他人意见于不顾，独断专行，将备忘录驳回，则此举有失政府之体面……今琉球之人，面无血色，唯朝夕烧香拜佛，祈求神明，痛哭不止……此次针对琉球之训令，违背顺序、条理，令人扼腕叹息。

01

01　末代琉球王尚泰。（引自《琉球见闻录》）

02

03

04

02　昭和初年重修琉球首里王城正殿。

03　日本派到琉球执行《处分训令》的松田道之大丞。（引自《琉球见闻录》）

04　琉球陈情使池城亲方（毛有斐），挺身护国，郁郁而终。

为国家计，解决琉球问题，应该光明正大，公平合理。"其后，海江田更上书元老院，弹劾三条实美，请元老院明断是非。[24]

不过，持有这些异见的官员，包括岛津久光、板垣退助等人，都不约而同地遭受冷待或被清洗出权力核心。

表五　琉球在东京呈交请愿书概要一览表

——引译自西里喜行着《琉球救国请愿书集成》，谨向西里教授致谢。

编号	提出日期	呈递官署	请愿者名	请愿书要旨	请愿书收录出处
一	一八七五年九月十日（明治八年）	太政大臣（三条实美）	琉球藩王（尚泰）	恳请续存中琉关系，特派陈情使求恩。	《冲绳县史》十二，一四四页。
二	一八七五年十月十五日（明治八年）	太政大臣（三条实美）	池城亲方、与那原亲方、幸地亲方、喜屋武云上、内间亲云上、亲里亲云上	请就断绝琉球与清国关系的命令作出解释，仍然求请宽容。	松田编《琉球处分》收在《明治文化资料丛书》四、一六四页。《冲绳县史》十二，一四三至一四四页。
三	一八七五年十月廿七日（明治八年）	太政大臣（三条实美）	池城亲方、高安亲方、与那原亲方、幸地亲方、喜屋武亲云上、内间亲云上、亲里亲云上	就断绝琉球与清国关系，宜请日本与清国谈判。	《琉球处分》一六五页。《冲绳县史》十二，一四四至一四六页。
四	一八七五年十一月廿九日（明治八年）	太政大臣（三条实美）	池城、高安、与那原、幸地、喜屋武、内间、亲里	就断绝琉球与清国关系，须有清国的确认书或由清国政府公告琉球是专属于日本。	《琉球处分》一六六页。《冲绳县史》十二，一四六至一四八页。

编号	提出日期	呈递官署	请愿者名	请愿书要旨	请愿书收录出处
五	一八七六年二月十七日（明治九年）	太政大臣（三条实美）	池城、高安、小禄亲方、与那原、幸地、喜屋武、内间、亲里	就断绝琉球与清国关系，一是由日本跟清国谈判；一是由琉球向清国作不失信义的陈述，二者择其一。	《琉球处分》一六七页。《冲绳县史》十二，一六七至一六八页。
六	一八七六年五月十八日（明治九年）	太政大臣（三条实美）	大宜见亲方	断绝琉球与清国的关系，请考虑琉球藩信义全失的难处。	《琉球处分》一六七页。《冲绳县史》十二，一八五页。
七	一八七六年五月十八日（明治九年）	太政大臣（三条实美）	池城、高安、富盛亲方、小禄、与那原、幸地、喜屋武、内间、亲里	尽管接奉回琉球的命令，但如何稳定民心，令人迷惘，因断绝与清国关系，信义全失，请再颁认琉球是日清两属。	《琉球处分》一六八页。《冲绳县史》十二，一八五至一八六页。
八	一八七六年六月七日（明治九年）	太政大臣（三条实美）	池城、大宜见、高安、富盛、小禄、幸地、喜屋武、亲里	请撤回接收琉球的刑事、民事裁判权的命令，请承认琉球藩拥有对琉球人民相互争议的裁判权。	《琉球处分》一七四至一七五页。《冲绳县史》十二，一九二页。

琉球冲绳交替考
钓鱼岛归属寻源之一

编号	提出日期	呈递官署	请愿者名	请愿书要旨	请愿书收录出处
九	一八七六年六月十七日（明治九年）	太政大臣（三条实美）	池城、大宜见、高安、富盛、小禄、幸地、喜屋武、亲里	请撤回接收琉球裁判权的请求未蒙允准，经与琉球有识之士再三商议，再请求允准。	《琉球处分》一七五页。《冲绳县史》十二，一九三页。
一〇	一八七六年七月一日（明治九年）	明治政府大臣某氏	池城亲方等	基于万国公法，琉球可认定为日清两属抑由日清两国谈判来决定是否日本专属？请体察琉球的情势而善处之。	《近事评论》第五号。《那霸市史》资料篇中の四，五七八至五七九页。
一一	一八七六年八月二十一日（明治九年）	右大臣（岩仓具视）	池城、大宜见、高安、富盛、小禄、喜屋武、亲里	请怜察琉球人民的忧苦困惑，收回断绝琉球与清国关系的命令。	《琉球处分》一六九页。《冲绳县史》十二，二〇四页。
一二	一八七六年九月五日（明治九年）	太政大臣（三条实美）	琉球藩王、尚泰	断绝与清国的关系恕难遵从，再特派富川亲方等上京，陈情恳请分清名分。	《琉球处分》一七〇页。《冲绳县史》十二，二一七页。
一三	一八七六年九月十三日（明治九年）	右大臣（岩仓具视）	池城、大宜见、高安、富盛、小禄、喜屋武、亲里	副岛前外务卿曾承诺国体、政体不会改变，是以请撤回刑事民事裁判权的指令。	《琉球处分》一七五页。《冲绳县史》十二，二〇五至二〇六页。

编号	提出日期	呈递官署	请愿者名	请愿书要旨	请愿书收录出处
一四	一八七六年十月二十七日(明治九年)	太政大臣(三条实美)	富川亲方	断绝与清国关系,关乎大义名分,实难遵从,今奉藩王命令,再恳请察谅。	《琉球处分》一六九页。《冲绳县史》十二,二一七至二一八页。
一五	一八七六年十月二十七日(明治九年)	太政大臣(三条实美)	池城、富川、大宜见、高安、富盛、小禄、与那原、喜屋武、亲里、伊江亲云上	与各国交往遵守信义名分是为原则,因就断绝琉球与清国关系已提交了数十道请愿书,恳请善处与清国的关系做到信义名分不失。	《琉球处分》一七〇页。《冲绳县史》十二,二一六至二一七页。
一六	一八七六年十月二十七日(明治九年)	太政大臣(三条实美)	池城、富川、大宜见、高安、富盛、小禄、与那原、喜屋武、亲里、伊江	福建布政司来咨探询未见接贡船到来,藩王具咨文作覆。	《琉球处分》一七一页。《冲绳县史》十二,二一八页。
一七	一八七八年十月(十一日)(光绪四年九月十日)	驻日荷兰公使(另有向法国提请)	琉球国法司官(毛凤来、马兼才)	陈述日本要琉球断绝与清国之关系。但琉球自明已入贡中国,五百年来列入中国外藩,并于咸丰年间与荷、美、法分别立约,系用大清年号、文字,今若断绝与清国关系,前约几同废纸,是以恳请劝谕日本,使琉球国一切照旧。	《琉球处分》一七九页。竹越与三郎著《新日本史》上。一八七九年一月二十八(光绪五年一月七)付的上海的申报。《日本外交文书》明治年间追补第一册,二二七至二二九页。

四 小 结

中琉五百年交往，虽说是中华帝国体制下的宗藩关系，但琉球慕华学中，崇儒重道，深感明清扶助小国之恩，永矢不忘，万世追随，故在哀恳书中有："累世之恩既忘，信义全无，何以为人？何以为国？"之句。凡我中华儿女捧读，无不为之动容！数中外古今，珍视友人情义有之，甚至"士为知己者死"亦有之，但何曾见过国与国之间的相交是如此赤诚？五百年来不但无相争，不以大欺小；中国不行霸道，只有扶持庇护，柔远能迩[25]，铸就中琉两国父子般的情义（这虽然蕴含着封建儒家的礼教思想，但以德服人的王道精神还是可取的），足为国际交往史之楷模，是值得谱写讴歌的中国外交史名篇！

还有一点非常值得我们注意的，就是琉球的国家文书（"恳请书"或称"请愿书"[26]）清楚直言："况我琉球孤立远洋中，国土偏小，微弱不克自保。自归清国版图，以其保护声援，内外乃可无忧。"是琉球心悦诚服地要归入中国版图；是出于感恩之心；是中国王道与日本霸道较量的一次胜利！虽然日本以强横的霸道，攫取了琉球的国土，不过，琉球在历史上遗留下来的问题，中国应该还是拥有很大的发言权的。

注释

1　日本的史书如时野谷胜著《明治初年の外交》收入在《岩波历史》一五《近代》中就是用"布石"之词来描述；又如那霸市役所出版的《那霸市史·通史篇第二卷》，页八四的标题就作："征台之役 ＝＝＝ 向冲绳布石"。

2　参见台湾银行经济研究室编《甲戌公牍钞存》，台北台湾银行出版，一九五九年，页一八《总署覆福州将军文煜函》。

3　参见赤岭诚纪著《大航海时代の琉球》，冲绳文タイムス社出版，一九八八年，页四五至四六，《进贡船一览表》。又《那霸市史·通史篇第二卷近代史》页九三，记贡使船两船，合载一百八十人出航。

4　日本在争夺琉球的议论中，常自称"实力管治琉球"有年。对此问题笔者有另文批驳。请参阅本书附篇。

5　参见喜舍场朝贤著《琉球见闻录》，东京东汀遗著刊行会，一九五二年，页一二；又《那霸市史·通史篇第二卷近代史》页九四。原文为日文，笔者据意译出。

6　参见那霸市史编集编《那霸市史·通史篇第二卷近代史》，那霸市役所出版，一九七四年，页九一引伊藤博文编《秘书类纂·琉球处分》，原文为日文，笔者据意译出。

7　同注6引书，页九二。

8　同注6引书，页九四。原文为日文，笔者据意译出。

9　同注6引书，页九四至九五，原文为日文，笔者据意译出。

10　同注5引书，页一三。

11　同注10。

12　同注5引书，页一三至二〇；杨仲揆著《琉球古今谈》，页七五至七六；又《那霸市史·通史篇第二卷近代史》，页九五至九六；又见《冲绳大百科事典》别卷《冲绳·奄美总合历史年表》，页一三二二。

13 同注5引书，页二〇、二二。

14 同注5引书，页二二，原文为汉文。

15 同注5引书，页八六。

16 参见杨仲揆著《中国·琉球·钓鱼台》，香港友联研究所，一九七二年，页七九。查此引文，杨仲揆教授并没有注明出处。笔者拼力查找，按琉球三司官跟松田交涉时，反复哀恳，所以类似的文字散见多处。虽然查找不易，终于在《琉球见闻录》页二一看到日文的原文。这里还要感谢杨教授提供的古雅翻译。

17 同注16引杨仲揆教授的翻译，亦再致谢忱。但这几句的原文，则见于《琉球见闻录》页三五和五四。

18 同注5引书，页二三。

19 参见米庆余著《近代日本"琉球处分"的历史》，收入在《第九届中琉历史关系国际学术会议论文集》，海洋出版社，二〇〇五年，页三七三至三七四引《明治文化资料丛刊》第四卷《外交篇》。

20 同注19引文，页三七五。"白诏"是指同治皇帝驾崩，"红诏"是光绪即新帝位。

21 同注19引文，页三七四。

22 同注5引书，页七一，原文为日文，笔者据意译出。

23 同注5引书，页一〇四；又真境名安兴著《冲绳一千年史》，页六三三。

24 参见安冈昭男著，胡连城译《明治前期日中关系史研究》，福建人民出版社，二〇〇七年，页四〇至四一。

25 语出《诗经》："柔远能迩，以定我王"，是安抚远方之意。

26 这些恳请书被收录在《琉球见闻录》。著者喜舍场朝贤，是尚泰王的"侧仕役"，相当于侍从文书，深受尚泰王信赖，负责保管王府的文件，所以喜舍场朝贤的《琉球见闻录》能收录很多琉球亡国前的重要文献，而这些文献，内容敏感，不为日本所容，但反过来，更加突显它的史料价值。此书于一九一四年初版，但印数不多，加上后来冲绳岛蒙受兵燹之灾，所以流传甚少。战后，于一九五二年再版，但亦仅是后人为纪念而印的非卖品，故数量也是不多。一九七七年，才有至言社印本。

第七章
何公使外交角力
日本趁势吞琉球

尚泰王痛感国家正面临危亡之秋，病中殚思极虑求救国之道，他深悉要令野心勃勃的日本收回成命，实在谈何容易！其后，他和三司官想到用清国牌来一试。遂于一八七五年九月三日，松田道之即将回京复命之前，致函松田，大意谓：若要琉球绝贡，请贵国与清国谈判，如清廷同意，敕谕颁来，琉球当遵令绝贡[1]。琉球以退为进的下策，松田马上拒绝：首先日本绝对不会为此事跟清国谈判，而且藩王表示遵候清廷令，岂非置日本训令于不顾？简直是"极之不敬"！[2]

明治九年（一八七六）六月五日，日本为加强控制琉球，派内务少书记官木梨精一郎和属官司二名，进驻琉球，与在东京陈情的幸地亲方（向德宏）同船而还。琉球方面为补充陈情和游说之力，加派三司官之一的富川亲方（毛凤来）带同随役四五人，于同年七月赶赴东京，汇同三司官之一的池城亲方（毛有斐），屈辱地向日本各省官员和政府部门哀求。

一 琉球遣密使至闽告日阻贡

同治十三年（一八七四）底，琉球按两年一贡之例，派毛精长率贡使团到中国诣京朝贡。按常例，翌年琉球再派接贡船往福州，将贡使团接回。但因为松田大丞在那霸宣示训令，禁止一切船只与中国通航，就连朝贺光绪帝登位的庆贺使团也被禁止出发。

从来谨守贡期、最称恭顺的琉球国，不独未见接贡船帆影，连从不缺席的庆贺使团也踪影全无，福建布政司觉事有蹊跷，遂发咨文与尚泰王，交年前入贡的琉使三人，安排搭乘遭风避难至闽的琉球船回国。琉球国闻福建地方官员担心接贡船在洋遭风，所以未能接回贡使团。又问及"查上年琉球国接贡船上，例应附搭恭进光绪元年分庆贺皇上登极贡典，并进穆宗毅皇帝香品，该船至今未到。"[3]

琉球正为阻贡之事而焦虑万分，忽接福建布政司咨文，颇感安慰。为求突破封锁，经由东京的池城亲方（毛有斐）和在琉的浦添朝昭两位三司官共同推荐，请尚泰王派幸地亲方（向德宏）为陈情使，秘密往福州告状。

光绪二年（一八七六）十月，紫巾官幸地亲方向德宏，偕同都通事伊计亲云上蔡大鼎、通事林世功等，小心地藏好尚泰王的《密咨》，登船出海。为避日人耳目，佯称前往伊平屋岛祈愿。出洋后，即转帆直指福州。惜天意弄人，未遇好风相送，四处漂流，颠簸了四个多月才于西历一八七七年四月抵达福州。紫巾官向德宏救国心切，马上拜谒总督何璟、巡抚丁日昌，亲手将尚泰王《密咨》呈上。咨文首先覆述福建布政司的询问，然后表示感谢。最后才讲述日本阻贡：

> 本爵意谓：敝国世列天朝屏藩，历修贡职，代受王爵，迭蒙鸿恩，有加无已，经历数百年之久。乃听倭令（却听得日本有令），今敢自臣身首先绝贡，上而孤恩负义，不协臣子之道；下而悖志坠业，以遗先人之羞，有何面目以立于天地之间哉！随令官吏细加商议，备由请辞，不肯听从。业于客岁八

月十二日遣法司官毛有斐；本年三月十九日遣紫巾官向邦栋，先后前赴倭国，再三请辞，不得听从。本年六月初六日，又日本不晓所留琉使（没有告知在东京的琉球使），直传文书于敝国。内云：杜绝进贡一款，系日本国体、国权，虽是琉球固辞，决不听从等由。……由是客岁既不得遣拨接贡船只恭迎天朝敕书，并（并）接京回使臣，复不得庆贺皇上登极，奉进先皇（同治帝）香品，诚恐失忠顺于天朝。本爵虽欲遣使告情，并无计之可施，日夕焦思，寝食俱废。幸缘贵司照料周详，行咨探问，遂将行其咨覆之处，报告倭国，方得告情之便。为此，特遣陪臣紫巾官向德宏、都通事蔡大鼎、通事林州功（本名世功）等，细备情状，投请督抚两院，奏请圣猷，百般昭（照）料。理合咨覆，为此备咨贵司，请烦查照施行，须至咨者，右咨福建等处承宣布政司。光绪二年十月十五日。[4]

此《密咨》有可注意之处：

一、没有提及本国国民因遇海难漂流至台南而被土著杀害的"牡丹社事件"；更没有谈到日本出兵台湾之事，显示出尚泰王根本没有将上述二事放在心上；

二、没有半句斥责日本之言；

三、"遂将行其咨覆之处，报告倭国，方得告情之便"句，似与事实有悖。因为日本已禁止琉球出船和中国往来，所以连接贡、朝贺的船也不能派出，又怎可以将"咨覆"之事先行报告给日本，取得同意，才会有"告情之便"的道理？笔者认为琉球是担心向德宏的船只万一被截查，搜看《密咨》，其内有"报告倭国，方得告情之便"句，或会释疑而放行。所以这是曲笔，甚至是做假之词。

事实上确没有"报告倭国"这一回事。因为后来日本获悉琉球派出密使

琉球冲绳交替考——钓鱼岛归属寻源之一

向清廷告状，外务省即传召在东京的陈情使池城亲方（毛有斐），当闻得池城有参与推荐向德宏为密使时，更大加谴责。忠心耿介的池城亲方，经十四次的上书求恳，均不获接纳，还要忍受恶言冷语，结果忧愤郁闷，心力交瘁，再经此责难，不久（一八七七年四月三十日）便客死东京，成为琉球救国运动的第一位捐躯者。

其实，只要能突破封锁，抵登中国，呈递尚泰王的《密咨》后，便可详细面禀，当能令督、抚明鉴。

回溯一六〇九年，萨摩藩挥军侵入琉球，掳王杀宰相（三司官）郑迵。其后，尚宁王签下降书，割北五岛，接受监控，但琉球国尚且没有向大明求救，反而二百七十年后，日本要其绝贡清皇朝，琉球就等同亡国般伤痛，其因为何？

以笔者之见，可作如下分析：琉球国成为中华帝国宗藩体制下之一员，自明迄清历五百多年，深受扶助启迪教化之惠（当时的琉球国常以恩义为记），反过来又从不干预内政，谋取利益，令小国安心向慕，心悦诚服称臣，铁定由中华帝国敕谕册封，才真正称得上为王。故他们在请封时一再禀奏："不膺册封重命，撮土安能砥柱于中流？荒服藩臣，不奉天子褒纶，惴躬奚得安澜于绝域？[5]"如今日本强止他们与清皇朝的往来，既"孤恩负义"，又等同摘下琉球藩王的"皮弁冠"[6]，称王的认受性大受质疑。其用意就是不在乎于日本的贬王废王，只要仍然准许他们向中国朝贡、荣获册封，保留在中华帝国宗藩体制下的一个藩王地位，就胜于一切。所以他们恳请清朝救援，绝不想被日本拆散与中国五百多年的亲子般的关系。

再说何璟和丁日昌接向德宏带来的琉球王《密咨》后，即奏报朝廷。至于向德宏等人，限于条例，必须留在福州的馆驿等候消息。

二　首任驻日公使何如璋东渡

一八七三年四月三十日，《中日修好条规》正式缔结生效，按第八条规定：两国可在指定口岸派驻公使、理事官。日本瞬于是年底，即派出全权公使驻华，但清廷不独筹办迟缓，对钦派何人一议再议。至一八七六年底，才敲定由何如璋做首任中国驻日公使。翌年启程之际，又因日本发生西南战争而暂缓，结果出发日期要延至一八七七年的十月。

何如璋（一八三八至一八九一年），字子峨，广东省大埔县同仁社㭺里人。同治七年（一八六八）进士及第，选为翰林院庶吉士。何如璋虽然科举出身，谙于词章，但深知时局丕变，要张眼看世界，遂与中外士商、欧美牧师交游，重视西方的机械生产，对西学颇有认识，是一位有才智的洋务官员，深得李鸿章赏识，尝推许谓："不图翰林馆中亦有通晓洋务者。"[7]

前文提到何璟和丁日昌奏报琉球遣使求援。他们在奏报中指斥日本废琉王为藩，并阻止朝贡之事，还建议传令即将赴日履任的何如璋与日本交涉[8]。所以何如璋临行前至天津谒李鸿章，听取训示，其中一项任务，应是为琉球的申诉与日本交涉。何如璋在《使东述略》中也有提及："谒李伯相，语使事颇详"为记。[9]

光绪三年（一八七七）十月十九日（西历十二月二十七日），何如璋偕副使张斯桂，率同参赞黄遵宪、正理事范锡朋、副理事余璿等四十余人从上海出发，踌躇满志地吟出："排云直指海东来"、"飞轮日夜真千里"句[10]。二十六日抵长崎，后再转神户。当他们驻节暂歇之际，驻日的琉球官员代表等已打听到消息，潜行至神户，秘访何如璋，禀以阻贡之事。何如璋上李鸿章函，开首即说："阻贡一案，在神户时球官来谒，察其词意，诚有如上谕。"[11]

潜行而至的琉官正是马兼才（与那原亲方），他伏地叩禀，复出示琉王密函，内意约谓："今日阻贡，行且废藩，终必亡国。"

试问又有谁料到：中国首任驻日公使何如璋的首项外交议题，竟是棘手的琉球归属问题。何如璋明白此一重任，但此时尚在旅次，不便详询，而马兼才等亦甚恐惧，便吩咐他们回去将阻贡后与日之往来文书抄备，在东京相见时交来。

此时，池城亲方已忧愤而终，在东京领导陈情救国运动的任务就由毛凤来（富川亲方）来担负。毛凤来等依照吩咐，多次往谒驻在东京的何如璋公使。何在上李鸿章函中续说：

> 所谓另有别情者，因饬其将阻贡后，所有与日本往反（通返）文书悉钞
> 一份备览。寓东京后，驻日球使毛凤来等，迭次求见，收其各禀，如璋反复
> 查阅。[12]

乃知琉球在一六○九年曾被萨摩藩掳王迫降，役属萨摩。琉球懦怯，隐忍不敢言。近强行废王为藩，阻贡改年号，是要琉球断绝与中国的关系，以为吞灭琉球而扫除障碍。

何如璋在东京递交国书后，即展开他的外交工作。他既交友请益，又旁观目击，仔细分析，数月下来，即能洞悉日本去年西南战争内耗甚巨，维新之政推行费资不菲，国债逾二亿。但建树仍未多，民心不靖，所以年前出兵犯台，是攻打山地土著，无意将战事扩大与中国官军全面开战。因此，当大久保利通议和归来，"国人交庆"，可知当年日本是虚张声势。如今，日本国力未足，兵力未强，琉球改宗之争，中国可以力挺，并提出三策供朝廷考

虑。他又向李鸿章分析:"中东(中日)和好,终不可恃,阻贡不已,必灭琉球;琉球既灭,行及朝鲜。"[13]

何如璋的论析,极具卓见,"琉球既灭,行及朝鲜",果然应验。只是清廷的权臣和李鸿章却没有采纳。

这里不妨看一看光绪四年(一八七八)四月初七日何如璋给李鸿章的三策是什么良谋妙计。

上策:一面辩论,一面遣兵舶责问琉球,催促来贡,以显示大清的宗主国地位,是不会和日本相争的;

中策:据理力争,若日本执意废王为藩,着琉球反抗,如日本起兵伐球,我出师助琉球夹击;

下策:据理抗争,如若不听,援取公法,邀各国评之。[14]

"上策"是摆姿态,可以察看日本的反应,再徐图后计;"中策"是硬碰对阵;"下策"仅剩口舌笔墨之争。结果何如璋的下策,却成为李鸿章的上策。李鸿章的分析是:"子峨(何如璋)向钧署所陈上中下三策,遣兵舶责问及约球人以必救,似皆小题大做,转涉张皇。"[15]

李鸿章又认为:"琉球以黑子弹丸之地,孤悬海外,远于中国而迩于日本。昔春秋卫人灭邢、莒人灭鄅,以齐晋之强大,不能过问,盖虽欲恤邻救患,而地势足以阻之。中国受琉球朝贡,本无大利,若受其贡而不能保其国,固为诸国所轻……争小国区区之贡,务虚名而勤远略,非违不暇,亦且无谓。"[16]

其时,积弱的清朝步向衰微,才十八岁的同治帝亲政不到两年便驾崩,换来还是稚童的光绪继位,慈禧再垂帘听政,当然谈不上英明的领导。因此,内则亲王、老臣因循守旧,不敢僭越半步,国家无法兴革;外则列强环列,藉词侵扰,逼签不平等条约。如此内忧外患,百病缠身,大清已是自身难保，东边因为琉球之危与日本龃龉，而西边军情更吃紧，中俄因为伊犁问题日趋恶化。清廷担心遭受左右夹击，权衡轻重之下，对孤悬海外的琉球问题，以公法为办，及以外交干涉的和平手段来力争，然后集中力量应付伊犁的问题。最终总理衙门奕訢亦同意说："再四思维，自以据理诘问为正办。因复与北洋大臣李鸿章往返函商，意见亦复相同。"[17]

朝廷既定下方案，何如璋唯有在外交的争辩中，力挽琉球国的存亡。

此时，清政府大臣之间在禀议咨论琉球问题时，开始使用"琉球事"、"球事"来称之。其后，再转称"琉球案"或"球案"。而日本则继续沿用"琉球处分"的说法。

三 何如璋外交角力挽琉球

何如璋与随员一度为公使馆的选址而烦恼。当稍能安顿，准备开展外交工作之际，已届溽暑炎夏。日本的省署，也效欧美，放起暑假来。何如璋没有闲下来，向驻日美使平安（John A.Bingham）游说，请他将琉球的告禀转达美国，以阻止日本违反公法。平安快诺应允，惜不久归国，搁置后没有了下文。[18]

一八七八年九月，何如璋又向琉官毛凤来献计，将《告禀》送到与琉球有订约的荷、法、美的公使馆，请求他们向日本施压。《告禀》首先缕述中琉的宗藩关系，抗议日本的无理欺压，最后强调琉球与荷、法等国立约，皆用"大清年号"，若琉球归由日本管辖，"则前约几同废纸"。这些《告禀》的用词基本一致，现将《上法兰西国公使》摘录如下：

01

02

03

04

01　三司官富川亲方（毛凤来）。

02　与那原亲方（马兼才）。

03　尚泰王的侍从秘书喜舍场朝贤及其手稿。

04　喜舍场朝贤晚年著述的《琉球见闻录》。（笔者藏）

　　具禀：琉球国法司官（毛凤来、马兼才）等为小国危急，切请有约大国俯赐怜鉴：小国自明洪武五年入贡中国……相承至今，向列外藩，遵用中国年号、历朔、文字，惟国内政令，许其自治……遇有漂船遭风难民，大清国各省督抚皆优加抚恤，给粮修船，安遣回国。自列中国外藩以来，至今五百余年不改。前咸丰九年（一八五九），大荷兰国钦奉全权公使加伯良来小国互市，曾蒙计（订）立条约七款，条约中即用汉文及大清国年号，谅贵公使有案可以查考。大合众国、大法兰西国亦曾与敝国立约。……同治十二年（一八七三），日本勒将敝国与大荷兰国、大合众国、大佛（法）兰西国所立条约原书送交外务省……敝国虽小，自为一国，遵用大清国年号，大清国天恩高厚，许其自治。今日本国乃逼令改革。查敝国与大荷兰国立约系用大清国年号、文字，今若大清国封贡之事不能照旧举行，则前约几同废纸，小国无以自存，即恐得罪大国，且无以对大清国，深惶恐……今事处危急，惟有仰仗大国劝谕日本，使琉球国一切照旧。阖国臣民戴德无极。[19]

　　后来，报纸将琉球《告禀》的消息刊出，英法等国家即向日本提出抗议。日本冷不及防，慌忙应对，唯有向西方诸国再三保证，一定落实履行琉球所签的合约，始平息列强的抗议。

　　何如璋此举本是想列强关注，公法评理，做出干涉，压日本，挽琉球。可惜不但没有取得成功，反而造就了日本因承担履行琉球合约的责任，变身为琉球的宗主国。假如因此便怪罪何如璋，这是不公平的。因为西方列强没有视琉球是一个独立国家，没有尊重琉球国的意愿，口讲万国公法，算到利益时，就取利忘义，一头栽到日本身上去。

　　当暑假结束，何如璋即于九月三日往访外务省，开展外交谈判工作。其时，外务卿为寺岛宗则（一八三二至一八九三），他是萨摩藩的士族，曾赴欧考察，后来更成为派驻英国的公使。他对萨藩和琉球的交往史当然熟悉，加上学会一些万国公法，常引用来处理琉球问题，以显示日本"合法"，行事作风硬朗。当他被何如璋询及何以阻止琉球进贡？即答谓：琉球是日本的属地，过去日本默视琉球与外国交往，今明治政府担心琉球被其他国家侵吞，所以收回琉球的外交权，跟清国的封贡关系亦告中止。何如璋当然不表同意，指出琉球与中国已有五百年的宗藩关系，而且琉球甘愿归附称臣，日本不应罔顾琉球的意愿。跟着，双方你一言我一语地争论起来。第一轮会谈没有结果，双方同意约期再谈。

九月十八日，何如璋与外务省的大书记官宫本会面，宫本转达寺岛外务卿的说辞，希望两国不要因为蕞尔小国琉球而伤和气。何如璋的回答：是谁人挑起了事端？

九月二十七日，何如璋再访晤寺岛宗则，此次二人的谈判，不再转弯抹角，各陈己见，激烈争辩。寺岛外务卿套用殖民主义的万国公法，称萨摩藩二百年前以实力管治琉球，是先占原则的"实力管辖领有"，反指中国没有实际管辖过琉球，所以对琉球国是没有主权可言。何如璋以请封、册封、奉正朔是天朝对藩属的管治体制，怀柔深仁，重教化而不涉其内政，有别于日本所谓的"实力管辖领有"。同时又举出琉球与美、法、荷订立合约，可见琉球是被西方诸国承认的一个王国，日本的实力管辖之说成疑。

关于中日对琉球管治的争议，是中国王道主义的软实力胜还是日本的"实力占有论"赢？笔者另有专文作论析，请参阅本书附编《从琉球国向明清请封、奉正朔比较中日的管治权威》。

四 何如璋发《照会》日诬为"暴言"

何如璋以多次交涉无效，不能不提出严正的照会，而这也是遵从"以据理诘问为正办"的指示来跟日本交涉的。这篇措辞严正的外交文件，竟被日本指为"暴言无礼"，闹出所谓的"失言事件"。既然争议如此大，下面就将这篇由何如璋和副使张斯桂联署的《照会》抄录，以供参考。

大清钦差　　大臣何

　　　　　　副使张

为照会事。查琉球国为中国洋面一小岛，地势狭小，物产浇薄，贪之无可贪，并之无可并，孤悬海中，从古至今，自为一国。自明朝洪武五年，臣服中国，封王进贡，列为藩属，惟国中政令，许其自治，至今不改。我大清怜其弱小，优待有加；琉球事我，尤为恭顺，定例二年一贡，从无间断，所有一切典礼，载在大清会典礼部则例及历届册封琉球使所著《中山传信录》等书，即球人所作《中山史略》、《球阳志》并贵国人近刻《琉球志》，皆明载之。又琉球国于我咸丰年间，曾与合众国、法兰国立约，约中皆用我年号、历朔、文字，是琉球为服属我朝之国，欧美各国无不知之。今忽闻贵国禁止琉球进贡我国，我政府闻之，以为日本堂堂大国，谅不肯背邻交、欺弱国，为此不信不义、无情无理之事。本大臣驻此数月，查问情事，切念我两国自立修好条规以来，倍敦和谊，条规中第一条即言：两国所属邦土，亦各以礼相待，不可互有侵越，两国自应遵守不渝。此贵国之所知也。今若欺凌琉球，擅改旧章，将何以对我国？且何以对与琉球有约之国？琉球虽小，其服事我朝之心，上下如一，亦断断难以屈从。方今宇内交通，礼为先务，无端而废弃条约，压制小邦，则揆之情事，稽之公法，恐万国闻之，亦不愿贵国有此举动。本大臣奉使贵邦，意在修好，前两次晤谈此事，谆谆相告，深虑言晤（语）不通，未达鄙怀，故持（特）据实照会，务望贵国待琉球以礼，俾琉球国体、政体一切率循旧章，并不准阻我贡事，庶足以全友谊，固邻交，不致贻笑于万国。

贵大臣办理外务，才识周通，必能详察曲直利害之端。一以情理信义为准，为此照会贵大臣，希即据实照覆可也。须至照会者：

右照会

大日本国外务卿寺岛

光绪四年九月十二日（一八七八年十月七日）[20]

《照会》先言史事，道明中国与琉球的宗藩关系，点出中日签订修好规条，"两国所属邦土，亦各以礼相待，不可互有侵越"，继而严词诘问："今若欺凌琉球，擅改旧章，将何以对我国？"

日本外务省接过较之交涉时措词强硬的《照会》后，没有马上回应，反而小心研究，做出周密的部署。他们在一个多月后的十一月二十一日，才由寺岛外务卿复函，反斥何如璋，直指《照会》粗暴无礼。张启雄先生摘译了寺岛的复函，这里引录如下，并向张先生致谢。

贵国政府在尚未熟知我国政府所以发此禁令（笔者注：指阻贡）之道理前，忽然向我政府发出如此假想暴言，岂是重邻交、修友谊之道乎？若贵国政府果真命阁下须发此等暴语，则贵国政府似已不欲保持以后两国之和好，愿贵大臣将此旨意转知贵国政府。……[21]

《照会》的诘问之词竟被说成"暴言"，大有强加之意。何如璋即于十一

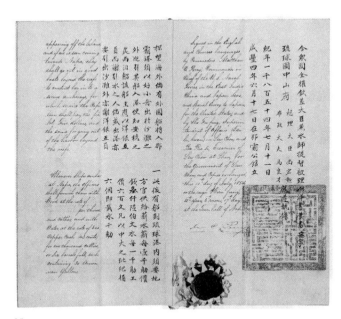

05

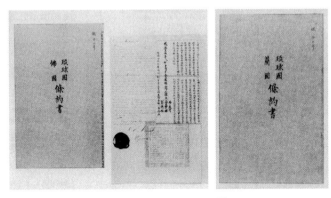

06   07

05　1854年琉球国与美国签订的《通商条约》，所使用的年号是清季的"咸丰"。

06　1855年琉球国与法国签订的《通商条约》同样使用"咸丰"年号。

07　1855年琉球国与荷兰签订的《通商条约》同样使用"咸丰"年号。

月二十九日回函，坚持说：

> 此（球）案经本大臣两次面商，再三相劝，因恐未达鄙怀，是以备文申论，并非陡发之言。然前函不欲直指而委曲以相告者，正本大臣厚待邻交之意，不图贵大臣反以为言也。[22]

但日本外务省把《照会》提升为"失言事件"，甚至要何公使撤回"暴言照会"，并提交谢罪状，否则两国再无谈判余地[23]。日本故意将这场外交争议弄僵，把谈判大门关上，断绝了何如璋的交涉管道，然后部署他们吞并琉球的最后一步棋。其后，尽管何如璋继续抗议，但背后没有清廷的支持，亦只能沦为最初所说的"口舌文墨"之争而已。

五 日本拒谈判，趁势吞琉球

一八七二年，日本强行贬尚泰王为藩，并入日本华族，是吞并琉球的第一步。

一八七四年，藉词保护琉球船民而侵台，致使清廷须承认琉球是日本的属国，是吞并琉球的第二步。

一八七五年，强令琉球断绝朝贡清国，禁用大清正朔，改用日本年号，以解除中国与琉球的宗藩关系，是为吞琉第三步。

接着运用外交"战术"，故意指责何如璋公使的《照会》粗暴无礼，关起在日本的谈判大门，以减少噪音，顺利吞并琉球。

在这期间，日本的政坛也发生了震动。明治十年（一八七七）一月三十日，西乡隆盛起兵反政府，因而爆发了西南战争，亦因此令何如璋公使延期到日履任。明治政府为镇压西乡，由大久保利通率军南下九州平乱。九月，围西乡于鹿儿岛。兵困城山，西乡隆盛无力挽回败局，切腹自尽。其实大久保和西乡，既是同乡（鹿儿岛），又是年轻时的好友，更是倒幕（府）同志，同为明治三杰（另一人是木户孝允），却因政见不合而至兵戎相见，自相残杀。拥护西乡隆盛的士族，不耻大久保利通所为——迫死战友，遂有为西乡复仇之誓。翌年五月十四日，岛田一郎等士族埋伏在东京纪尾井坂，乘大久保利通上朝路过，将他伏击，大久保终年四十八岁。

　　大久保利通虽非第一把手的太政大臣，但他文武兼备，能出谋献策，故深受重用，可以说是手握实权的执行者。被暗杀后，大久保的路线能否继续？一度惹起悬想。但很快一切便回到正轨，因为继任人是稳重干练的伊藤博文。后来李鸿章与伊藤交手，马上判定伊藤是一位治国之才。[24]

　　伊藤博文接任内务卿后，看到琉球向美、法和荷兰等国哀禀求助，琉球问题有国际化的趋势。同时，何如璋公使正从外交途径跟寺岛宗则角力，提出恢复琉球国自主，并不准阻贡。这些都对吞并琉球造成阻力。为加快行动，除了藉词《照会》无礼，拒与何公使谈判外，并即指示松田道之提交处理琉球的具体方案。

　　一八七八年十一月，松田向伊藤提交了《琉球藩处分案》。方案首先概述了日本与琉球的交往历史，然后指责琉球派遣密使往中国投诉，复要求驻日各国公使施以援助，令日本不能不做出处理。直接简单之法，就是下达废藩置县、藩王居住东京之令。逼令藩王移住东京，是借鉴当年岛津萨藩掳王至鹿儿岛的成功经验。藩王若殊死不离其地，遂以兵威一并拘留抗拒者。因此，废藩置县当首先让藩王退离居城，让其住在别墅，使之无复妨害县治[25]。松田进一步提出了十四条具体执行方法。如在发布命令前，向琉球分营增派若干兵员，然后任命负责处分的官员与县令；废藩置县的县厅设在首里城（第二条）；禁止琉球官吏滞留在东京，须迅速返回琉球（第六条）；同时向琉球王宣布：公开交出首里城，自今而后住在东京，前往东京之前，可暂住在别墅。结果，松田的方案就成为日本执行"废琉置县"的蓝本。[26]

一八七九年一月，内务大书记官松田道之第二次被委派往琉球，主要任务是颁布三条太政大臣的《督责书》，强调必须遵守断绝与清国往来的命令，更明示裁判事务的交接事宜。此行松田仅带了几位随员，而驻留在东京请愿奔走两年半的三司官富川与那原，以及大宜见喜屋武，也同船归国。[27]

一月二十五日，松田一行抵达那霸。翌日即于首里城南殿，向藩王代理今归仁王子及按司亲方等宣读太政大臣的《督责书》，又递交松田本人的《意见书》。内容指责琉球暗派向德宏到中国投诉，而在京的陈情使屡屡向外国公使请愿，是违反国宪的大不敬行为，因此招至政府严厉督责，理应自省。进而向琉球恐吓说："以上陈述，其主旨阁下当详为了解，现另纸传达有关之条件，当从速回呈遵命书，倘有不从，将严加处分，则藩王之安危，亦系于今时……答复期限，定在下月三日上午十时。倘仍不遵从，拙生即回京复命。"[28]

一个星期过去，二月三日尚泰王回复，但不是什么"遵命书"，而是搬出大清来，拒不从命：

> 藩厅众官吏，收到来书，坦然自安，毫无畏惧之色。咸谓清国乃富强大邦，向重威信，若其藩属被他国侵犯，绝不置之不问，否则有何颜面对欧美诸国？是以琉球事件，业经东京驻扎公使何如璋、张斯桂向日本政府诘问。据此情况来看，（日本）政府若施暴于我，清国是必愤然起师来助。藩中上下

众志成城，以坚拒（日本）政府之命为得策。[29]

尚泰王续答：

因清国驻东京公使向敝藩使者查问，始将实情告知。既然已向外务省照会，若在未达成协议前就已说遵从一切，则不仅难以向清国交代，更会遭受谴责，令敝藩进退两难，忧戚不已。因此实难回奉遵命书。……尚祈察悯。举藩拜伏哀恳。

明治十二年（一八七九）二月三日琉球藩王尚泰

太政大臣三条实美殿[30]

松田大书记官收到尚泰王拒绝从命的复函，当然大为不满，而且还用大清来相胁，更加恼怒非常，即挥笔疾书："今日对下达条件的答复，可视为拒不从命之意，尤其是言称清国驻日公使对我外务省发出照会云云。我国政府与清国政府间的事情，与阁下对我政府奉命答复之事并无关系。然却专门以之为口实，拒不从命，甚不条理，我政府终究不能容许。……当迅速归京复命，阁下可待后命耳。"[31]

从上函来看，松田之怒可知。而喜舍场朝贤描述当时的情况更加峻急，文曰："松田大书记官领过复函后，当下即谓：'就等日后处分可也！'翌（四）日马上开洋归京。"[32]

二月十三日，松田返抵东京复命。二月十八日，日本政府根据伊藤博文内务大臣的建议，决定"处分琉球"。松田作为处理琉球问题的老手，再被任命起草《处分方法》。他在《处分方法》中，描画出具体的执行安排："当遇到藩王或藩吏抗拒处分，拒不离开首里王城、拒不交接土地、拒移交官方账簿等，可交付警察拘留；若有谋反凶暴行为，则与分营商议，出动武力处分。"[33]

明治十二年（一八七九）三月十一日，松田道之被加封为琉球处分官，第三度南下琉球。同月十三日，松田与远藤达等官吏，率领警察巡查队共一百六十多人，登乘高砂丸汽船，从横滨出发前往琉球。另一方面，熊本分遣队的益满大尉点了四百步兵，由鹿儿岛出航，汇同松田的高砂丸，于二十五日上午靠泊那霸港。[34]

那霸琉球人看到大汽船靠岸，军警随船而至，担心战事爆发，纷纷收拾细软逃去乡间。

有了武装部队撑腰，松田大书记官兼处分官好不威风，在三月二十七日率领随员及警部巡查百余人，浩浩荡荡地进入首里城。在书院广场上，松田向藩王的代理人今归仁王子、三司官及众官员，宣读《废藩置县令》的处分。这道《废藩置县令》非常简短，日文原文才三十来字，便可以将琉球国废灭。笔者现将该处分令直译如下：

　　废琉球藩，并设置为冲绳县。谨此布达。
　　而县厅则设于首里城。[35]

除了下达《废藩置县令》外，松田更传达其他的执行令来。主要包括查封官家文案、交出琉球国政府和民间的土地登记记录，并马上封锁首里城，规定没有内务官吏发出的通行证不得进出。

灭琉的重要一着，就是要防范一国之君尚泰王，因为他的影响力不小，日本不敢掉以轻心，非将尚泰王胁持回东京不可。松田根据他的处分方案来部署，首先下令尚泰王迁离王城，并清楚指令尚泰王必须前往东京；而在出发往东京之前，限于三月三十一日中午之前必须迁出首里城，可暂居尚典的邸宅内。

说"迁出令"倒不如说是驱逐令。群臣不忍抱病在身的尚泰王还要遭受迁居的折腾，曾联署恳求松田收回成命，但不为接纳。此际距离迁出期仅四天，普通人搬迁也觉短促，何况是五百年的王家，其狼狈情况可想而知。面对松田铁令如山，末路君王不再乞怜，召集了官吏、士族乃至平民数百人，连日将宫内的箱柜簏笥扛出，又搬出卤簿器具图书、衣衾绢绣布匹及百般器物、珍宝藏品等，集中放置在中庭，以致倚迭堆积如山。三月二十九日，走夫贩卒及士族官绅全部出动，由早至晚，拼力把这些王家器物搬出城外。松田带来的官兵、巡警，在城门设防站岗，对搬出的物品一一饬令开锁拆封，稍有怠慢，小则喝骂，大则剑棒齐来，也不知打破和毁坏了多少器具！是夜，尚泰王和两位夫人（王妃已早逝）、王子、郡主等，在数十近臣、侍婢簇拥下，分乘轿舆仓皇出城。其惨况一如尚宁王遭萨摩藩掳去那样，堪叹二百七十一年后琉球国的悲剧又再重现！[36]

眼见国亡家破，忠臣贤士痛心欲绝，但又无力扭转乾坤，唯盼清国早日出兵来救。眼下唯有对日采取不与合作的消极态度：拒绝接受任命（如岛尻的半见城）；拒绝移交各种公文（如中头的胜连、国头各郡）；又在日方宣读告谕时，傲然倨坐，甚至总体退席，公然反抗（如中头的西原、国头的羽地等）。更有激愤的士族立誓，"不作任何与大和人内通之事"，声言"本人性命听其自然，父母妻子受到流刑"，也在所不辞。[37]

一八七九年四月四日，日本向全国公告废琉球藩、新设冲绳县。日本新增冲绳县，就是正式吞并琉球国，琉球国遂告灭亡。翌（五）日，又宣布委任锅岛直彬为冲绳县县令。锅岛接令后，于五月从横滨出发上任。

在此期间，松田处分官不断施压，催促尚泰王上京。按司亲方等数十人，联署上书松田，恳求准许抱病在身的藩主延期动程。由最初的五个月、四个月，一再求情短缩至百日，到最以八十日作限期。又为求松田应允，愿以中城王子尚典代父晋京。松田正为琉球士族的反抗而蹙眉，如今极具影响力的世子尚典愿意代父赴京，可使琉球臣民失去一位受拥立的人物，是顺水人情的一举两得之法[38]。是年四月二十七日，尚典和随员古谢按司、涌川按司（今归仁王子的长子）与及旧藩官员、从仆等共七十余人，与成千上万的琉球官民江干泪别，登船远去。五月二日，抵达东京，翌日即乞请恩准尚泰王延期上京[39]。但日本政府将尚典王子软禁下来，仍继续催迫尚泰王启程。原来这才是松田道之的局中局。

五月十八日，汽船东海丸进入那霸港，载来宫内省御用陆军少佐相良长发、侍医高阶经德。二人是应松田之邀而来。翌日即同赴中城殿，由高阶侍医为尚泰王诊视病状。诊断报告当然是病情并非十分严重，可作远行。于是松田道之发令，由五月十九日起算一个星期以内，尚泰王务须起驾上京。[40]

事已至此，末路君王亦难以抗拒，乃选定五月二十七日登程。是日清晨八时，尚泰王偕同十四岁次子宜野湾王子尚寅及一众官员，诣庙拜辞。中午十二时，即登乘东海丸拔锚北航。随行人员有旧三司官与那原亲方等百多人，而前来送行的官吏，包括王子、按司、亲方和琉球民等共数千人。[41]

尚泰王去国归降，北上称臣，六月九日船泊东京品川港。稍事安顿，尚泰王即赴宫内省小御所觐见明治天皇、皇后。接着正式被摘去藩王称号，叙列为从三位的华族，赏赐二十万日圆。王子尚典、尚寅、伊江、今归仁亦获列华族，享年俸；其他官吏，亦同时得到赏赐。尚泰王更获赐坐落曲町的邸宅，但户籍必须迁到东京来。就这样，尚泰王被变相软禁在东京，虽多次请还归里，终不获准。至明治三十四年（一九〇一）八月九日薨逝，终年五十九岁。[42]

琉球冲绳交替考 · 钓鱼岛归属寻源之一

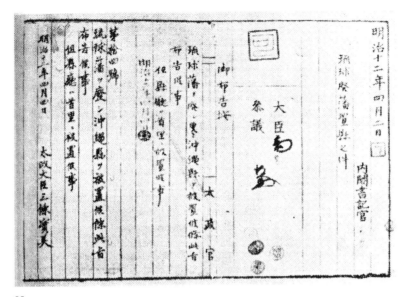

08

09

10

08　日本吞并琉球国的公告。明治十二（1879）年4月4日，太政大臣三条实美签发《琉球废藩置县》
　　令。（引自1974年版《那霸市史·通史篇第二卷》）

09　尚泰王被逐出首里城，迁至龙潭边上王太子所居的中城御殿，从此便变成尚家之邸。

10　代父上京的王子尚典。

明治政府对尚泰王等人的赏赐似十分慷慨，但就这样便换了一个琉球国回来，是慷慨还是十分划算？就连竖子也能知之！另一方面，琉球武备不修，日本破城可谓不费吹灰之力，连一枪也没有放过，便能夺"球"而归。琉球不设防之甚，真令人难以置信！

驻日公使何如璋闻日本废球置县，马上往晤内务卿伊藤博文，以球案尚在商议中，何以派员"处分"？伊藤力辩："必无他事！"何如璋再往见外务卿寺岛宗则。寺岛推说："既经派出，非所能阻，两国议妥，即可撤回。"迨四月四日，日本正式宣布：废球为县。何即以当时刚连接好的电报向清廷告禀，复修函详报，并希望藉词"以事无可商，即将告归"，其用意是要向日本抗议。但朝廷的回示依然是无作为的："仍在日本将此案妥为随时商办，勿遽回华，以顾大局，是为至要。"[43]

六　小　结

其实，大家心里都明白，没有强大军力做后盾的外交，仅能做口舌之争，是难有成效的。

中国与朝鲜、越南、琉球等国构成的宗藩体制，显示出大中华秩序。作为天朝的清廷，为维护尊威，当然要注意维持大中华秩序的完整。琉球远隔重洋，无取胜把握，清廷不敢挥军渡洋。转若朝鲜、越南等陆地相连，早已出兵驰援。后来的"中法战争"、"甲午战争"都可以证之。积弱的清廷，要挽救琉球，只有继续向日本提出抗议。但日本已吞下琉球，又看穿清廷不敢贸然出兵，一直采取不搭理的态度。

谈到何如璋的《照会》，有史家指何公使一出，加速了日本灭琉球的行动，反成亡琉的催命符。但笔者未敢认同，应该清楚明白日本是藉何公使的《照会》故意制造"外交失言事件"，既片面终止谈判，又看到清廷只会抗议，没有再提升任何行动，连虚张声势也没有，兼且中俄关系紧张，这种种原因加在一起，才促成日本在收到《照会》后不到半年，便马上吞并琉球，故万万不能就此屈了何公使。再说，琉球告急求助乞援，何如璋作为驻日外交公使在外交层面上是尽了心力，敢于抗争，又尝试向列强游说，惜最终无功而还。但他总算代表了清廷，在外交上竭尽全力维护素来恭顺、忠心的琉球国，虽然未能取得成功，而且何如璋更落得"暴言"之名。今天重新检视这段历史，应该还回何公使一个公道。

"弱国无外交"，千古名言，这里且引同在光绪年间出任驻外国公使的崔国因所作的感言：

> 今地球各国，其强者，大抵皆恃势而蔑理；其弱者，大抵皆有理而无势。惟两强相遇，则有理者可以求伸；以弱遇强，虽有理而无益也。此谋国者之所以贵自强也。[44]

这番肺腑之言，置诸今天，仍然可以奉为外交工作上的金科玉律。

关于"琉球处分"，明治年间的日本人也有不少对此持异议的，其中白川县住持佐田介石更是从"出兵台湾"一事已持否定态度，他在上左院的建白书《清国不可讨》中毫无顾忌地指出："琉球素奉中国正朔，接受中国册封，固为中国之属国。因此，日本并无以琉球人被害而向中国问罪之理。"佐田介石甚至设问质疑在此之前日本的介入琉球，盖琉球既然奉中国正朔为中国属国，日本又何介入其间授予琉王藩号？佐田认为如果清国以此理相责，则其结论将是日本强夺中国属地。[45]

对于日本吞并琉球说成是废藩置县这样的谎言，日本有正义的史学家是不表认同的。著名的历史学者井上清在其著作中直斥其非："违反他国意愿，以武力等威压手段来进行吞并，将该国的存在抹杀掉，这样还不说是侵略是什么?[46]"他进一步明言：琉球不是"自然的民族统一"，而是"侵略的统一"。[47]

注释

1 参见喜舍场朝贤著《琉球见闻录》，东京东汀遗著刊行会，一九五二年，页六六至六七，《琉球藩王尚泰于明治八年九月三日致函内务大丞松田道之》。

2 同注1。

3 参见西里喜行编《琉球救国请愿书集成》，东京法政大学冲绳文化研究所出版，一九九二年，页三五，引《尚泰王密告日本阻贡派向德宏陈情咨文》。

4 录自西里喜行编《琉球救国请愿书集成》页三五引的《咨文》，标点为笔者所加。

5 参见冲绳县立图书馆史料编集室编《历代宝案校订本》第一册，冲绳县教育委员会，一九九二年，页五九二。

6 明清对琉球册封时，都有赉赐皮弁冠，早期的皮弁冠是用鹿皮制成，后来改以黑绉纱为之，且是七旒。现存品曾于日本展出，在黑绉纱上缝上十二条金柱，每柱再缀上五种颜色的水晶、珊瑚，近顶部有金簪横穿，底部两侧有橘红的结冠缨带。整顶皮弁冠，工精艺高，极华丽美观。

7 参考自林言椒、范书义主编《清代人物传稿》下编，内收费成康著《何如璋》，辽宁人民出版社，一九八五年，页二一九。又《第一届中琉历史关系国际学术会议论文集》内收张启雄著《何如璋的琉案外交——以"失言事件"为论题中心》，台北中琉文化经济协会，一九八八年，页五六四。

8 参见《清光绪朝中日交涉史料》，台北文海出版社，一九六三年，页一一，《闽浙总督何璟等奏琉球职贡日本梗阻折》。

9 参见《早期日本游记五种》，内收何如璋《使东述略》，湖南人民出版社，一九八三年，页四六。

10 同注9引书《使东述略》，页六九《使东杂咏》。

11　参见《李鸿章全集》第六册《译署函稿》，海南出版社，一九九七年，页三〇九七。

12　同注11引书，页三〇九七《译署函稿·何子峨来函》。

13　同注11引书，页三〇九七至三〇九八。又据《清光绪朝中日交涉史料》，台北文海出版社，一九六三年，页一二。

14　参见温廷敬辑录《蔡阳三家文钞》，戴培基助资印行，一九二五年，页三至四，《与总署总办论球事书》。又注七引书张启雄著《何如璋的琉案外交——以"失言事件"为论题中心》，页五七二。另同注11引书，页三〇九六。可知何如璋此《论球事书》是写于一八七八年的四月七日（五月八日）。

15　同注11引书《李鸿章全集》，页三〇九六《译署函稿·密议日本争琉球事》。

16　同注11引书《李鸿章全集》，页三〇九八《译署函稿·覆何子峨》。

17　参见《清光绪朝中日交涉史料》，台北文海出版社，一九六三年，页一二。

18　参见张启雄著《何如璋的琉案外交——以"失言事件"为论题中心》，收录于《第一届中琉历史关系国际学术会议论文集》，台北中琉文化经济协会，一八八八年，页五七六。

19　同注3引书《琉球救国请愿书集成》，页三九至四〇。标点为笔者所加。

20　同注18引书，页五七七至五七八。这里特别要感谢张启雄先生从日本外交文书中抄录了《照会》的全文。又标点为笔者所加。

21　同注20引书，页五七八至五七九。

22　同注20引书，页五七九至五八〇，引《日本外交文书》。

23　同注20引书，页五七九。

24　参见《李鸿章全集》页三三二三《密陈伊藤有治国之才》。

25　参见米庆余着《近代日本"琉球处分"的历史》，收入在《第九届中琉历史关系国际学术会议论文集》，海洋出版社，二〇〇五年，页三七九。

26 同注 25。

27 同注 1 引书《琉球见闻录》，页一〇九。

28 笔者译自喜舍场朝贤著《琉球见闻录》页一〇九至一一〇；又参见米庆余著《近代日本"琉球处分"的历史》，页三八〇。

29 笔者译自《琉球见闻录》，页一一〇至一一一。

30 同注 29。

31 参见米庆余著《近代日本"琉球处分"的历史》，页三八〇引《明治文化资料丛书》第四卷外文篇一九一页。

32 笔者译自《琉球见闻录》，页一一一。

33 同注 25 引文，页三八一。

34 参见那霸市史编集室编《那霸市史》通史篇第二卷，那霸市役所出版，一九七四年，页一〇三至一〇四；又《琉球见闻录》页一一三。

35 同注 34 引书，页一〇四。又同注 1 引书《琉球见闻录》，页一一四。

36 同注 1 引书，页一一八。

37 同注 1 引书，页一三二；又同注 25 引文，页三八一。

38 参见《那霸市史》页一〇六；又同注 25 引文，页三八一至三八二。

39 同注 1 引书《琉球见闻录》，页一三〇。

40 同注 1 引书《琉球见闻录》，页一三三至一三四。

41 同注 1 引书《琉球见闻录》，页一三五至一三六。

42 参见真境名安兴、岛仓龙治合著《冲绳一千年史》，荣光出版社，一九七四年第三版，页六三六至六三八。

43 参见《清光绪朝中日交涉史料》，台北文海出版社，一九六三年，页一五，卷一《总理各国事务衙门奏日本梗阻琉球入贡情形折》。

44 参见（清）崔国因著《出使美日秘日记》，黄山书社出版，一八八八年，页二五八至二五九，引光绪十七年（一八九一）三月初四日。

45 引自吴密察著《"建白书"所见"征台之役"（一八七四）》，收录在《第二届中琉历史关系国际学术会议论文集》，台湾中琉文化经济协会，一九九〇年，页二六四。

46　笔者译自井上清著《冲绳》，收在《岩波讲座·日本历史一六》，东京
　　岩波书店，一九六二年，页三二六。

47　同注46。

第八章

美前总统格兰特
应邀斡旋琉球案

琉球冲绳交替考——钓鱼岛归属寻源之一

清廷腐败，积弱无能，眼见日本废球，琉球乞援，却未能"长驾远驭"，阻日肆虐，反过来自我安慰说："（日本）废球一事，一面宣示国中；一面仍派使臣来华，是其国尚有顾忌中国之意。"[1]

当日本新任驻华公使宍户玑履任不久，清廷的总理衙门即于一八七九年五月十日向宍户发出《照会》，指出："琉球既服中国而又服贵国，中国知之而未尝罪之，此即中国认其自为一国之明证也……琉球既为中国并各国认其自为一国，乃贵国无端灭人之国、绝人之祀，是贵国蔑视中国并各国也。[2]"但宍户早已收到训令，"琉球处分"乃日本内政，若要交涉，须在东京进行。何如璋在东京向日本外务省提《照会》，却依然被日方用"内政问题"托辞挡驾。

清廷继续不停地照会和抗议，似乎坚持用"口舌之争"。他们时刻想到寻求欧美列强帮助来向日本施压，且多属意于美国。最早提出此建议的正是何如璋，他似乎偏爱美国："然美利坚自修好以来，终始无违言，其热心为我，胜于他国……琉球一案，日本灭人之国、绝人之祀。美为民主，尤所恶闻，我苟援互助之条邀之，彼自当仗义执言，挺然相助。兵端将起，则于通商有碍，即英德各国，亦将随声附和，出而调停。"[3]

恰于此时，美国卸任总统格兰特环游世界各国，东行将访中、日。消息传来，清廷众官佥谓：斡旋球案之最适人选也。

一　清邀格兰特斡旋球案并详答中琉关系

格兰特（Ulysses Simpson Grant，一八二二至一八八五年），又译作格兰忒，出生于美国俄亥俄州，曾参加美国对墨西哥战争。不久，美国又爆发南北战争，格兰特升任为北方军统帅。一八六六年，获授上将称号。一八六八年代表共和党竞选总统，他凭着战功胜出，当上美国第十八任总统，后再连任。卸任后，一八七九年作世界巡访，五月初经香港入粤上京。当时李鸿章接报，即向恭亲王飞禀："拟仍怂恿入都一游，庶尊处藉得把晤，相机联络，或为他日公评日球近事之一助。日人实奉美国为护符，而格将军尤美之达尊，众望所归也。毕德格谓伊曾任大将军，即称将军为宜。闻现由香港赴粤省，到沪尚有旬日。"[4]

封闭保守的清廷，吃了西方列强的不少败仗，在谈判桌上未敢正视洋官员，今美国前总统到访，诚空前未有之元勋大驾，当然不敢怠慢。五月二十七日，格兰特的兵船进入大沽口，李鸿章即下令放二十一响礼炮欢迎。闻说清廷还安排了满汉筵席来款待。

格兰特在美国驻华使馆人员陪同下，经天津入京，与恭亲王奕訢晤谈。这已是当时清廷最高规格的接待了。因为光绪皇仍是稚童，而揽权在身的慈禧太后限于封建礼教未可抛头露面，于是奕訢便成为太后和皇帝的代表，两次款待格兰特，"并谈及日本琉球之事"[5]。虽然"美前总统格兰忒到京后，蒙王爷面属调停，伊欣然允诺"[6]，但具体的情节，还是在格兰特回到天津，再与李鸿章详谈。格兰特并不马虎，详细询问了中国与琉球的交往史。

格兰特首先说："恭亲王亦属我过天津向李中堂细商，究竟琉球从何时起与中国相通？答云：自前明洪武年间臣服中国，至今已五百余年。格云：

现在废琉球之事从何而起？答云：日本于前数年派员至琉球那霸港驻扎，侦探琉事，阻其入贡中国。迨后，琉王派官赴日本外务省求仍进贡中国，日本未允。去岁，琉官复至日本诉其事于法美等公使……日本主怒琉官多事，今春遂派兵四百名入中山掳其世子大臣至东京，琉王乞假八十日养疾未行，日本遂改琉国为冲绳县……格云：中国是否意在争贡？答以贡之有无，无足计较，惟琉王向来受封中国，今日本无故废灭之，违背公法，实为各国所无之事。……格云：琉球用中国文字否？答以能用中国字、讲中国书。明初，曾以闽人三十六姓赐之。格云：琉王是三十六姓中人否？答以琉王尚姓，不在三十六姓之中。"[7]

李鸿章对中琉五百年交往史颇为娴熟，除了他是琉球案的主管外，原来他与册封使也有一段渊源。嘉庆五年（一八〇〇），赵文楷奉旨出任册封正使，与副使李鼎元同往琉球，册封尚温为琉球王，这位天使赵文楷的孙女婿正是李鸿章[8]。此刻李鸿章正为琉球的复国而作外交角力。他向格兰特展示《中美条约》，指出第一款的约定是："若他国有何不公轻藐之事，一经知照，必须相助，从中善为调处等因。今琉球之事，日本实系轻藐不公否？格将洋文详读一过，杨副将从旁提解。格云：实系轻藐不公，美国调处亦与约意相合。"（李鸿章）又指示《中国日本修好条规》第一款："两国所属邦土各以礼相待，不可稍有侵越，俾获安全等因。格又将洋文细读。毕副领事云：可惜立约时未将朝鲜、琉球等属国提明。当告以邦者属国也，土者内地也，即是此意。毕复译洋言以告。格云：琉球自为一国，日本乃欲吞灭以自广，中国所争者土地，不专为朝贡，此甚有理，将来能另立专条才好。答云：贵总统所见极大，拜托！拜托！"[9]

二人长逾两小时的会谈，最后由格兰特谈到"华工到金山于美国开荒，甚属得力，唯有西洋各国外来之人，见华人工资甚贱，又耐劳苦，于是工作

01

02

03

01　美国卸任总统格兰特访华，在天津与李鸿章合照。

02　明治初年的日本外务省。当年何如璋公使为解决琉球问题，频访外务省。

03　大久保利通的继承者伊藤博文，主导明治政坛逾三十年。

渐为华人所夺，致生炉忌，遂不相容"[10]。言下之意，美国是希望中国稍为控制华工到金山的数量，盼能立约管理。翌日，毕德格副领事再访李鸿章，揣摩中方意图。李鸿章嘱其密告格兰特："如能将球事议妥，华工总好商量。将来或另立专条，仿照古巴、秘鲁办法，总署未必不允。"[11]

据此可知：当时清廷的策略，在不想启衅之余，在谈判上愿意让出本国的利益来换取琉球的复国、复旧，虽然这与大清的体面和防日扩张也有关系，但在外交斡旋方面，李鸿章等人确是尽了心力。

北洋大臣李鸿章和格兰特将军的几次恳切会谈，建立了互信，私交甚笃。一八八五年格兰特因喉癌去世，李鸿章指派驻美的公使代表出席葬礼。一八九六年，李鸿章以七十四岁高龄远访美国，八月三十日，亲自到纽约的格兰特墓园致祭，还探望了故友的遗孀朱莉娅。在款待李鸿章的餐宴上，朱莉娅把丈夫生前爱用的手杖亲手赠送给李鸿章。她同时讲述了格兰特与李鸿章之间的友情，而这枝镶有宝钻的手杖，是美国工商团体送给格兰特的。当年格兰特访天津时，李鸿章甚为欣赏该手杖，格兰特也有转赠之意。今朱莉娅乘此机会，为丈夫完成这一遗愿。李鸿章深表感谢，在晚年一直将此手杖带在身旁。[12]

杨越翰分析球案，寄语中国勉力自强

一八七九年六月十五日，格兰特将军偕同助手、副将杨越翰（John Russell Young）和美国驻天津领事德呢，离天津至大沽口登乘兵船，李鸿章登船送行，再嘱勿忘斡旋球案，"话别临歧，颇深感谢。"[13]

一周后，格兰特等先至长崎，七月四日，在东京靠岸。日本的政要列队欢迎。犹记一八七二年一月，由岩仓具视率领的庞大考察团抵达华盛顿，拜谒了时为总统的格兰特。此番格兰特卸任东来，算是回访，岩仓具视仍任右大臣的高位，而伊藤博文已跃升为掌握实权的内务卿。旧友重逢当然格外欢欣。

格兰特在北京、天津听了恭亲王和李鸿章详述中琉的封贡关系，并受托调停中日对琉球的争议。如今来到日本，在展开斡旋工作之前，他听取了美国驻日公使平安（J.A.Bingham）的汇报，也从杨越翰和德呢的访查活动中，了解到一些问题的核心，而何如璋亦收到由美领事德呢转来李鸿章的《复何子峨函》，依函中所述把琉球案的"本末缘起，摘要译呈"[14]，使格兰特更详悉一切。

对球案带来的中日纠纷，作为格兰特前总统的副将杨越翰经深入了解客观分析，很快便分清事件的因由，做出中肯的评价。他尽责地向格兰特详为报告，更简明扼要地函告李鸿章。此书函是第三国（也可以说是第四国，因为事起日本废灭琉球，中国介入劝阻不来，再请美国调停）对琉案论争的客观评论，不独中肯且说服力强，不失为球案的一篇重要文献。笔者为免读者查找，特将《译美前总统幕友杨副将来函》[15]详为引录，并加句读。而该函是七月五日和七月十五日并为一函于七月二十九日送达天津。

> 中国五月十六日（七月五日）致书李中堂阁下：昨日随同前主（格兰特，下同）到日本东京，该国亲王大臣等迎谒，请前主住美加多[16]海边行宫……连日会客赴宴，尚未议及琉球之事。前主偶与东洋二三大臣谈论球事，尚未及与秉权者议论。
>
> 我曾与东洋大臣背后论及几次[17]，可为中堂陈之：据东洋大臣云：几百年前早认琉球为属国，琉球各小岛本隶日本界内。中国因台湾之役赔偿兵费，

缘台湾土番戕害琉球难民，日本代琉球兴师，故议赔偿，足见中国认琉球为日本所属之凭据。日本现废琉球王与前废内地各藩一例，派员改易琉球政令，是日本分所应为。琉球前进贡中国，不过虚名，只为贸易得利起见耳。我答以琉球既有臣服日本几百年之凭据，不难一查即可明白，何不先与中国说知、交出凭据，乃先做此失和之事？况两国各有驻京公使，遇有交涉大事，须照万国公法办理。此等重大事体，应照公法规矩，公道商量，何必诡行霸气？我前在北京听恭亲王说：日本并未与总理衙门商量，又未与何钦差（如璋）妥商。嗣在天津听中堂议论相同。即将此意向日本大臣说：此与立约和好之国友谊关碍不小，日本如此举动，中国不即决裂动兵，是中国大度含忍，仁厚待人，不欲遽然失和。若西国遇有此事，必早动兵！凡天下有约各国，遇有大事不先商议者，必致失和。日本大臣答云：此却不然，日本亦甚愿与中国公议此事，因何钦差不熟悉交涉体例，前行文外务省，措词不妥，有羞辱日本之意，是以不便回复，置之不理。如果中国肯将此文撤销，日本无不愿商议的。此是最要紧话，其事之真伪，我尚未考校明白。我向中堂说何钦差坏话，并非谗言。看他外面人颇和平端正，不像冒失得罪人样子。因东洋怪他此件文书，遂不与商，我不能不告诉中堂知道。……德（美国驻天津）领事云：要会何钦差，问有此不妥文书否？不可因此小事，致两边不能商议、不可自走叉（叉）路致碍正道。……我尝与平安大臣（美国驻日公使）议询此事。平安详细告知，更觉中国实在有理，日本不应与中国失和，令西国从旁疑怪。……适香港英国燕总督[18]亦来东京。我素与相好，人极公正，遂将琉球近事详晰告知。他意见与我一般，因托他同前主向日本秉权大臣商酌。燕总督爵高望重，是英国在东方第一大官，东洋极其钦佩，现住内阁大臣宅内，说话必能得劲，比驻日（英国驻日本）巴公使更强。燕总督与巴夏礼素不同心。据燕总督云：看大局，中日两国皆有背后挑唆之人，欲使两国失和，各国可乘机得利。……五月二十六日（七月十五日）又致书云：……昨据何钦差之参赞来见，将琉球事始末文卷译送我，即转呈前主阅看。案牍甚烦，详阅再四，了然于心，前主深以中国理足，毫无矫强之处。……前主尚无机会谈论，日日赴宴看操，俟礼貌期过，再拟特为此事商论……现今我日与东洋大臣讨论此案源委，录存呈阅。本日晚间外务大臣[19]请我饮宴，允即钞送案卷。若辈意见，总谓琉球系伊藩属……琉球已置县令，政事律例均改照日本通行之规。燕总督晤日本大臣，谓此事应两国公请他国一人出为调停。日本大臣云：尚未到此时候。……看他们现时口气，似不愿他人好话劝说。该国有一班人挑唆生事，望与中国启衅战争……英使巴夏礼亦阴与挑唆，惟愿两国失和。日本已将琉球废灭，若遽翻悔，该大臣等恐众心不服，禄位难保。以上各种情形，日本君臣亦有难处。……我这几天日夜思虑，要帮同前主办好此事。据愚见：中国若不自强，外人必易生心欺侮。在日本人心中，每视中国弱、自家强，所为无不遂者。彼既看不起中国，则无事不可做。日本既如此，则他国难保无轻视欺凌之事。据日本人以为，不但琉球可并，即台湾暨各属地动兵侵占，中国亦不过以笔墨口舌支吾而已！此等情形，最为可恶！旁人看出此情，容易挑唆，从中多得便宜。中国如愿真心与日本和好，不在条约，而在自强。盖条约可不照办，自强则不敢生心矣！即如美国当初兵威未立，各国亦皆蔑视。英人每与美有隙，即派兵船胁制。及战败墨西哥后，威名大振，英遂贴然。南北美交战之始，英法方私议欲分占其地，嗣经前主削平，亦遂寂然。……前主在位时，要英国赔补济贼船费，英人不得不遵，实知前主有此权力。因此各国未与美国失和，皆能自强之效也。……中国大害在"弱"之一字。我心甚敬爱中国，实盼中国用好法除弊兴利，勉力自强，是天下第一大国，谁能侮之。国家譬之人身，人身一弱，则百病来侵；一强则外邪不入。幸垂鉴纳不宣。杨越翰顿首。

杨越翰的书函，毫无偏袒，首先详述日本的观点和"理据"，再用西方国家所定的公法来判断是非，认为日本不与中国商议，遽灭琉球，单方面造成决裂的局面，中国不动兵是"大度含忍"。但如今日本已废球置县，不会轻易放弃。杨越翰又注意到何如璋的照会，他是将实情转告，并没有抹黑何如璋。关于对何如璋的评价，后面还会跟进，这里暂不多述。最后，杨越翰出于对中国存敬爱之心，直言"中国大害在'弱'一字"，诚肺腑之言，又祝愿中国"勉力自强"，是和中国人民一道，共织"中国梦"。今天回味杨越翰的忠告，言词恳切，教人感佩！当年李鸿章等大臣，也感慨说："谆劝中国力图自强，一片忠诚，殊为可感！[20]"但那些腐败无能的清廷王公大臣们，又可有想到负国负民应愧死？

格兰特向明治天皇、伊藤博文等斡旋

一八七九年七月二十二日[21]，格兰特将军应邀往游栃木县的日光，接待伴行的主要有内务卿伊藤博文和出兵台湾累升至陆军卿的西乡从道。其间，格兰特提到中国请他为琉球的争议协助调停。他说了约两小时，尝试游说日方接受斡旋，两国举行协商。惟伊藤和西乡皆默然不语，最后仅回答："归商政府，再有复命。"[22]

格兰特重金诺，月来在多种场合会见日本大臣时谈及球案，极言亚洲两大国言和为重。

迨八月十日，格兰特前总统获邀至滨离宫，与时年二十七岁的明治天皇晤谈。格兰特再重申受清国恭亲王奕訢和北洋大臣李鸿章所托，调处琉球纠纷。他首先提及早前在日光已跟伊藤和西乡论及此事，并明白要日本退让是一件很难的事情，但就琉球一事，清国的论点也是须要注意的。他进一步说：日本的处置，有失两国友谊，倘若日本再占据台湾岛，将清国通往太平洋的水路遮断，足令清廷对日本大为痛恨！[23]

接着，格兰特提出他的意见："清廷心中对日本有此感触，日本可深为考量，是否可以侠义之心向清国让步？双方互让，两国就可以维持和平。虽然我无此权，但让我进言：从琉球岛屿之间，打横画出经界线，以便在太平洋留有广阔的水路提供给清国。若如此，清国当会接受。"[24]

明治天皇闻言，同意琉球一事可以商谈，并命伊藤博文为洽谈代表。

格兰特又提示说："有关琉球的纠纷，日本与清国谈判时，尽可能避免外国干扰。我熟知欧洲各国的外交策略，他们在亚洲的图谋是要将亚洲征服，令其屈辱……日清两国双争，他们便渔翁得利……"[25]

以上是日本对格兰特调解琉球案的记录。笔者很想看看格兰特是怎样记述他的斡旋工作的，于是便请家兄黄灿光博士购回格兰特的回忆录（Grant Memoirs and Selected Letters）来查阅，只可惜在一八七九年的记述中，仅有：李鸿章和恭亲王要求我就琉球的纷争向日本做调停。我建议日本不要让欧洲国家插手琉球的纠纷，应和中国协商。但后来中国似逐渐接受了日本吞并琉球的事实。[26]

后来，小女黄清扬找到了格兰特的文书档案，在第二十九卷的一九九至二〇六页有颇详细的记叙，并摘译交来。兹转录如下：

一八七九年六月八日，在北京见到恭亲王奕訢，后来，李鸿章和奕訢要求格兰特就琉球的纷争，在访问日本时，代为调处。经过在日本斡旋，格兰特表示中国和日本都说有管辖琉球的权利，但他并不知道详情。只是从李鸿章口中，获悉中国长期收取琉球的贡品，两国的关系保持良好。最终建议中国和日本要互相让步，和平解决纠纷。并一再强调："你们两个国家应自己解决，不要让他国插手。"[27]

　　至于在中国所能看到的相关文案，多来自格兰特和杨越翰从日本寄来的书函，且颇为详尽。如在日光的会谈，杨越翰六月初七（七月二十五日）写的信，就补充了很多重要的内容：格兰特向伊藤博文等分析说：

> 　　现在日本兵法虽似强于中国，而中国人物财产甲于天下，如肯自强，人才是用不尽，财产亦用不尽的。我劝日本不要看小此事，关系颇大。倘有旁人从中挑唆，使两国失和，必是奸邪，只愿自家乘机得占便宜……譬如中国受鸦片烟之害，都是此等人播弄出来……既有英国公使（指巴夏礼）在此牵制，必了不成，应该在北京与恭亲王等或在天津与李中堂商议办结。伊藤听国主以上议论，又将日本现办情理详叙一遍。他闻中国于此事深抱不平，颇为着急，因日本初无失和之意也！惟日本难处，此事已办到如此地步，号令已出，不能挽回，致于颜面有碍。因请教国主有何妙法能了？可令中国允服。国主云：两国应如何互相退让议定章程，我也不便预说。又将中堂前说琉球是各国与中国通商要路，为台湾前面门户，向伊藤等开导谓：非设法另立章程保住中国要路、门户，恐此事不能了结。伊藤云：即将国主此番话一一回明内阁执政大臣，再行覆知国主。[28]

　　同时，杨越翰仍念念不忘中国就应及早自强，他一面帮忙介绍日本的兵法；一面关切地说："国主之少君格参将托德（呢）领事回津后，将日本水陆兵法详告中堂。格参将随国主多年，兵法将略素优，所见甚确……中国能强，则各国必不敢欺凌。据我看，中国已屡次被他国欺负，总缘未能认真自强耳。"[29]

　　根据后来的书信报告，可知格兰特重承诺，多番与日方晤谈斡旋，甚至再谒明治天皇。八月二十三日，格兰特致函恭亲王，先复述受托调处球案，经多次会晤日本阁臣，已找出前往谈判桌上的契机。但函中说：

> 从前两国商办此事，有一件文书措语太重，使其不能转湾（弯），日人心颇不平。如此文不肯撤销，以后恐难商议；如肯先行撤回，则日人悦服，情愿特派大员与中国特派大员妥商办法。此两国特派之大员必要商定万全之策，俾两国永远和睦。[30]

日本所指"措语太重"的文书，当然是指何如璋发的《照会》，笔者将在下节再详述，现再续谈格兰特的书函，他在后段也谆劝中国早日自强：

> 日本数年来采用西法始能自主，无论何国，再想强勉胁制立约，彼不甘受。日本既能如此，中国亦有此权力。我甚盼望中国亟求自强。[31]

同时寄到的杨越翰书信，也详述格兰特如何进行斡旋，曾苦劝明治天皇两个小时。最后，日本提出只要撤回何如璋的《照会》，便可派员谈判。杨越翰也顺笔谈了何如璋的处事情况（详见下节）。并细述调处的转机：

> 国主（格兰特）到日境时，日已改琉球为县，视为本国内务，绝不与外人道，几无从开谈。幸日本深佩敝国主之为人，愿与之议论往事，此球事之转机一也；敝国主拟令两国各派大员会议球事，日廷应允，此球事之转机二也。

杨越翰再作阐述：

> 敝国主劝日廷议结球事，初未肯从，嗣经再四相劝，方勉强从命。实缘敝国主勋名素著……又因国主见美加多（明治天皇），所说之言十分恳切，是以日本各大臣亦不能从旁阻挠。敝国主致恭亲王与中堂之函，自己念给美加多听，美加多当面谕告各大臣，饬其一体遵办。[32]

关于格兰特亲自将致恭亲王的函件念给明治天皇听，以作为调停的结果，这无疑是非常重要的书函。所以格兰特指令回到天津的领事德呢，亲向李鸿章说明。李鸿章便在送呈译函时向恭亲王告禀：

> 又杨副将同日致敝处一函，内云：格前主寄呈王爷之函缮毕后，已交日君美加多阅看，毫无异词。德（呢）领事谓其前主受王爷与钧署属托球事，既与日本君臣议定，此信即算是公文，钧署似不能不照办。拟请摘录原信要语，由贵署照会日本外务省，请其另派大员来华会商。[33]

若论格兰特的受托斡旋，终能促成中日两国展开会谈，已称得上是成功的。至于会谈的结果如何，并非格兰特所能操控，他只能："日后，若听闻中日两国为琉球事业经说合，并有永远和好之意，我更十分欢悦。我原不肯干预两国政务，越俎多事。"[34]

对中国极表同情的副将杨越翰，在来函中还透露了日本当时的政治背景，供清廷参考：

> 我与日本一内阁大臣谈及球事，渠云：我们美加多及诸大臣实愿与中国永远和好，只因日本从先带双刀一类之人几有二百余万之多，向隶各藩属下，现在此辈极为穷苦，惟愿日本与别国动兵，伊等有事可作。中国民情柔顺，

易于管束，我们日本此类之人，若在上者控制稍不合宜，伊等即藉端生事。所以我朝廷办理一事，若先硬后软，此辈人必挟制作乱，此现在议球事之实在为难情形也！[35]

这二百多万带双刀之人，就是过去各藩的下级武士。废藩置县之后，他们失去俸禄，对明治天皇的革新极表不满，为寻求出路，他们的代表者便提出征韩、征台等论调。这些好战分子，在下面推使政府对外强硬，鼓吹侵略。后来，日本对外用兵，连战皆捷，军人抬头，就更加不可控制。

出于对中国的钟爱，杨越翰在书函的末段继续谆劝中国自强：

但球事了后，中国亟须赶紧自强，方可有备无患。缘南有英人在缅甸，西与俄人接壤，可虑之处极多！我现在于西九月初二日随同国主回国，此后中堂如有何事见委，我情愿竭力办理。[36]

九月二日，格兰特和杨越翰等一行离日返美，结束他们一年多的环球旅程。

四 格兰特、杨越翰对何如璋及其《照会》的看法

上一章谈到何如璋被派为首任驻日公使，便马上要为琉球被阻贡之事跟日本交涉，争论未果，唯有向日本外务省发出《照会》。这道《照会》，日本横蛮地指为"暴言"，"不符外交礼仪"，借此为由，关起谈判之门，并加快"废球置县"的行动。

何如璋的《照会》，是否就是如日本所言这样"暴言无礼"，令日本有被"羞辱"之感？若按格兰特等初抵日本时的见解：日本遽然废琉球国为自己的行政县，"中国不即决裂动兵，是中国大度含忍，仁厚待人，不欲遽然失和。若西国遇有此事，必早动兵"[37]。换言之，废球可令中国动兵，废球之前强制与中国有五百年交往的琉球属国跟宗主国（清国）绝交，中国《照会》抗议，首先引用两国签署的《修好条规》订明："所属邦土，亦各以礼相待，不可互有侵越"，然后严正指出："今若欺凌琉球，擅改旧章，将何以对我国？且何以对与琉球有约之国？"是适度的抗议诘问。又何羞辱之有？反观日本因"牡丹社事件"之后出兵台湾，他们的柳原前光公使向清廷发的《照会》更加无礼："本大臣查贵国从前弃藩地于化外，是属无主野蛮，故戕害我琉球民五十数名，强夺备中难民衣服，悯不知罪，为一国者杀人偿命，捉贼见赃，一定之理，何乃置之度外，从未惩治，既无政教，又无法典，焉得列于人国之耳。[38]"其言词岂非更具侮辱性，当时的总理衙门即表不满，并作出责问。此番日本刻意藉词不与中国谈判，以达到废球置县的既成事实。当重量级人物、美国前总统格兰特来调停，在理屈之下，才又搬出"措词失当"的《照会》来遮挡，硬说若中国撤回《照会》，便可以派员商议。格兰特审视情势，大概觉得清廷稍作让步，撤回《照会》，便能开会谈判，也就劝说："如此文不肯撤销，以后恐难商议；如肯先行撤回，则日人悦服，情愿特派大员与中国特派大员妥商办法。"

李鸿章连接格兰特及杨越翰的来信后，早期亦受到一定的影响，在《密论何子峨》中曾作评述："其第一次照会外务省之文，措词本有过当，转致激生变端。"语虽有埋怨之气，但后来跟日本磋商派员谈判的细节时，并没有撤回《照会》。详见第九章。

不满《照会》，是日本的藉词。而格兰特在访日期间，对发出《照会》

的何如璋，一直冷淡待之，甚至避而不见。格兰特是否对何如璋有所不满呢？原来格兰特收到消息，何如璋与巴夏礼有密切往来。而这位驻日英国公使巴夏礼好挑拨离间，早已劣评如潮。

巴夏礼（Sir Harry Smith Parkes，一八二八至一八八五），英国外交官，德国传教士郭施拉的表弟。年少慧黠，十三岁来华，十四岁便当上英国驻香港全权代表璞鼎查的秘书兼翻译，后曾出任厦门、广州的副领事、领事。因"亚罗号"事件而挑起第二次鸦片战争，他是主事者之一。英法联军入侵北京火烧圆明园，他也负有不可推卸的责任。一八六五年起转任英国驻日公使，长达十八年，展开强势外交。但因好挑拨教唆，在外交圈中声名狼藉。一八七九年十月，他就因为外交手段受到各方的非议而被饬令休假。一八八三年调任驻华公使，两年后死于北京任上。[39]

格兰特何以得悉何如璋和巴夏礼有往来呢？原来随同前来的驻天津领事德呢，到了东京后，并没有跟访问团一起入住，而是借住老同僚——首任天津领事施博（Eli T. Sheppard）的家中。施博于一八七六年辞天津领事职，不久获日本外务省聘为顾问。其时，施博已任该职两年。所以"日人怪何公使之照会及巴夏礼为日人主谋，皆自施博处探出。[40]"德呢更密函天津副领事毕德格，着转呈李鸿章，内云："日人灭琉球系英使巴夏礼从旁挑唆。何公使于交涉体例不甚熟悉，又误认巴夏礼为好人。凡何公使背后所说之话，巴夏礼转告日本外务省，两边拨弄，相持愈坚，何公使若久驻东洋，恐于公事无益。"[41]

格兰特致函李鸿章时也透露："我风闻何公使遇有交涉事件必与西国那一位公使商议，或因是他的好朋友，其是否？我亦不敢知也！"[42]

杨越翰也言："我知国主不肯与何说球事，我亦不便面说，有时仅托人代达。"[43]

格兰特冷待何如璋，是担心谈话内容会被泄漏到专揽风雨的巴夏礼那里去。李鸿章接连收到来自美方的密函，对何如璋亦稍有微词："子峨（如璋）虽甚英敏，于交涉事情历练未深，锋芒稍重。其第一次照会外务省之文，措词本有过当……"[44]

其后，有某些史家读到李鸿章的《密论何子峨》，认为李鸿章对何如璋大失所望，所以将他撤换。其实并非如此。何如璋被调任是到一八八二年，而且早在《照会》之后，认为"事无可商"，请求归国，但为总理各国事务衙门所拒[45]。同时，何如璋也有去函李鸿章，解释他对巴夏礼其人的看法：狡黠而与人不相容，所以是何如璋最先提请美国人来做调停，而不属意英使。另外，何如璋又谈到德呢领事：他因身处局外，故其言论多为"悬揣之词"。[46]

杨越翰对何如璋的印象，本来就不错，只是格兰特不信任何如璋，他就不便面说。但杨越翰仍有所保留地说："与何见面时，伊貌极端谨，又极谦下，实不便直言其非……我看何之为人，实在谦和之至。"[47]

原来杨越翰对何如璋的《照会》及何的人品早有定评。当他回到美国，即撰文评论何的《照会》和日本外务省的态度，情况竟然来个大转弯。事见一八八〇年四月二十三日《黄遵宪致王韬函》。[48]

黄遵宪（一八四八至一九〇五年）字公度，以诗名于世，有爱国诗人之称，与何如璋同为广东人。何如璋被派驻日本，黄遵宪被委为参赞同行。在与日本争辩琉球案上，黄遵宪与何如璋并肩作战，故对《照会》的来龙去脉知之甚详。他在另一封《致王韬函》中提到《照会》，"本系奉旨查办之件，曾将此议上达枢府，复经许可而后发端。此中曲折，局外未能深知，敢为先生略言之。[49]"也就是说，《照会》是获得清廷旨准而后发出的，但行文用词又是否经清廷审读过？这里没有说清楚，但曾作请示而获准，显见《照会》

的发出，一点也不草率。至于是否"暴言"？且看四月二十三日黄遵宪致王韬的那封书函怎样转述杨越翰的话：

> 嗣统领（格兰特）东来，本署（驻日公使馆）将屡次彼此行文，逐一详审译呈，统领以为无他。杨越翰将一切情节寄刊报馆，独于日本外务与我（国）之文，一讥其骄傲过甚，再讥其愚而无礼。其是否出统领意？虽不可知，然彼（指杨越翰）之为此，盖主持公道。谓我（何如璋公使代表中国）与彼（指日本）文（指《照会》）无甚不合；而彼与我文（指日本对《照会》所作的反诘问）乃实为无理，所谓以矛陷盾者也。此报一出，闻组约报馆卖出数万份。

后来，欧洲多国亦纷纷转载，因此国际皆知日本对待中国：

> 极为骄慢，皆群起而议其短。因美国系中间人，中间人之言，皆信之也。报到横滨，横滨西报即为照刻（转载之意），而《东京邮便新闻》、《朝野新闻》亦一一照刻。虽东人（日本人）见之不悦，而语出他人，无所用其忌讳。故杨越翰讥诮日本之语，亦一一具载。[50]

杨越翰回美不到半年，便挺身而出，撰文为《照会》讨回公道，反指日本的诘问无理，连消带打，令何如璋也不再受屈。

五 小 结

美国前总统格兰特调处中日琉案的纷争，总的来说是成功的。因为他能运用他的影响力，促使日本移步到谈判桌上来。后来，谈判是否成功，责任已不在格兰特。

但我们回顾格兰特的斡旋工作，中间是有过调整的。当他初抵日本，还透过杨越翰副将向日本的大臣恫吓："中国不即决裂动兵，是中国大度含忍"。及后，在日本四出访问阅看兵操，乃知日本学习西法数年，已能自立称强，根本已经看不起中国。在日光，格兰特就道出："现在日本兵法，虽似强于中国。"其遁词是：日本可以打胜中国。听到这句话，我们不要沉不住气！试想一下，格兰特征战多年，战绩彪炳，是当时世界顶级的将才。由他访问两国之后，作出评价，犹如今天一个世界杯冠军的教练，看过两支球队操练之后，他所作的球评，谁会胜算多，肯定受到各方面重视。一八八二年，杨越翰来华就任公使，他曾竭力劝说李鸿章不要为朝鲜的问题与日本开战[51]。是杨越翰仍坚持其见解，认为中国如开战会被日本打败而作出忠告，抑另有其他内情，因并非本书的课题，所以不在这里探讨。但其后的"甲午战争"，果然被格兰特、杨越翰不幸言中。数年后，强如俄国，亦被日本击败，应验了格兰特的眼光。当然，这两次战争的胜败包含着很多因素。但当时的情势，中国临近清末，朝廷腐败，将帅无谋，士气全失，每每甫一开战，瞬即溃散，焉有不败之理？是以格兰特和杨越翰一再传书，劝说中国"除弊兴利，勉力自强"，才会不再被欺负。

因为中国的积弱，格兰特不再说动兵，而是寻求日本愿意开会的条件。当知道他们无理地指何如璋的《照会》"措词不妥，有羞辱日本之意"，必须撤回。其实日本此举，除了关起日本与中国的谈判门外，还要将一个强劲的对手何如璋冻结起来，使他们在吞灭琉球时易于行事。格兰特为使会议成功举行，曲承日意，一面劝说清廷撤回《照会》；一面又使明治天皇答应举行谈判。获得承诺之后，杨越翰在美撰文，为清廷、何如璋翻案，力指日本"无理"。

本章详述美国前总统格兰特、副将杨越翰的调处工作，除了回顾这段历史之外，笔者另一个用意，就是用历史来说明美国在百多年前已经介入琉球事务，格兰特是第二位处理琉球事务的美国领导层（虽已卸任，但仍有很大影响力）；而在此之前，一八五三年率"黑船"到琉球的远东舰队司令培理，瞬于翌年和琉球签订《美琉修好条约》。也就是说，美国对琉球是早已认识的，是充分了解的，而且在第二次世界大战后，懂得成立"琉球政府"而非"冲绳县政府"，试问为何又要在一九七二年将琉球交到日本手上呢？

注释

1 参见《清光绪朝中日交涉史料》，台北文海出版社，一九六三年，页一五。

2 参见赤岭守著《琉球归属问题交涉与脱清人》，收入在《第九届中琉历史关系国际学术会议论文集》，海洋出版社，二〇〇五年，页三三六。

3 参见温廷敬辑录《茶阳三家文钞》卷二《何少詹文钞》，一九二五年，页六。

4 参见《李鸿章全集》，海南出版社，一九九七年，页三一一四，《译署函稿》卷八。毕德格为美国驻天津的副领事。

5 同注4引书，页三一一六，《与美国格前总统晤谈节略》。

6 同注4引书，页三一一六，《议请美国前总统调处琉球事》。

7 同注4引书，页三一一六至三一一七，《与美国格前总统晤谈节略》。笔者作句读。

8 参见《第一届中琉历史关系国际学术会议论文集》，台北中琉文化经济协会出版，一九八八年，页六三八。李鸿章的继室赵小莲，是赵文楷儿子赵昀的次女。

9 同注4引书，页三一一七，《与美国格前总统晤谈节略》。笔者作句读。

10 同注9。

11 同注4引书，页三一一六，《议请美国前总统调处琉球事》。

12 参见张社生著《绝版李鸿章》，文汇出版社，二〇〇九年，页三三至三四。

13 同注4引书，页三一二〇，《报美国前总统离津》。

14 同注4引书，页三一二〇，《覆何子峩》。

15 同注4引书，页三一二六至三一二八，《译美前总统幕友杨副将来函》。

16 "美加多"是日语Mikado发音的汉字拼写。日汉文可写成"帝"，是天皇之意，这里又专指明治天皇。

琉球冲绳交替考
钓鱼岛归属寻源之一

17　格兰特和杨越翰等一行于七月四日抵东京，而此函的动笔是写于翌日的（七月五日），杨越翰又何来这么多时间跟日本的大臣官员谈到琉球问题，这好像不能成立。但这一错觉是因为我们被抵达东京的日期所迷惑。其实格兰特的兵船约在六月二十二日已抵长崎，沿途亦曾靠泊其他口岸，一直都有官员南下迎迓陪同，且这段期间较闲暇，正是杨越翰跟东洋大臣谈论琉球案的好机会。如在《译美前总统幕友杨副将来函》就有："内有一大臣云：从前并不知道中国要怪我们，昨在长崎近谒美前主，方知中国有此意思。"

18　香港译称为轩尼诗总督。

19　此时日本的外务卿仍然是寺岛宗则。

20　同注4引书《李鸿章全集》，页三一二六，《述美前总统调处球事》。后来杨越翰被派来华任公使，在中法战争时，他虽力劝李鸿章对法妥协和让步，但总的来说，他对中国是倾注了友情的。

21　格兰特在日光与伊藤博文等谈到球案，有说是七月四日，何如璋在给李鸿章函（见《译署函稿》卷九《何子峨来函》）则作六月初八（七月二十六日）。这里引用七月二十四日，是据杨越翰写于六月初七的书函。

22　同注4引书《李鸿章全集》，页三一三八，《何子峨来函》。

23　参见岩玉幸多编《史料による日本の步み·近代编》，东京吉川弘文馆，一九六五年，页一二一至一二二。

24　笔者译自《史料による日本の步み·近代编》页一二二引《岩仓公实记》下卷。

25　同注23。

26　Grant Memoirs and Selected Letters, The Library of America, 1984, pp.1155.

27　The Papers of Ulysses S. Grant, volume 29, Edited by John Y. Simon, Carbondale : Southern Illinois University Press, pp.202-203.

28　同注4引书《李鸿章全集》，页三一三七，《译美国副将杨越翰来函》。

笔者作句读。

29 同注 28。

30 同注 4 引书《李鸿章全集》,页三一四一,《译美前总统来函》。笔者作句读。

31 同注 30。

32 同注 4 引书《李鸿章全集》,页三一四二至三一四五《译署函稿》卷九《译美国副将杨越翰来函·光绪五年七月廿一日》。笔者作句读。

33 同注 4 引书《李鸿章全集》,页三一四一,《译送美前总统来函》。笔者作句读。

34 同注 30。

35 同注 32。

36 同注 32。

37 同注 4 引书《李鸿章全集》,页三一二七,《译美前总统幕友杨副将来函》。

38 参见张启雄著《何如璋的琉案外交》,收录在《第一届中琉历史关系国际学术会议论文集》,台北中琉文化经济协会,一九八八年,页五八五引《筹办夷务始末》。

39 参见《近代来华外国人名辞典》,中国社会科学出版社,一九八一年,页三七五;又日本近现代史辞典编集委员会编《日本近现代史辞典》,东京东洋经济新报社,一九七八年,页五五一及八三八。

40 同注 4 引书《李鸿章全集》,页三一二六,《述美前总统调处球事》。

41 同注 40。

42 同注 4 引书《李鸿章全集》,页三一四二,《译美前总统另函》。

43 同注 4 引书《李鸿章全集》,页三一四二,《译美国副将杨越翰来函·光绪五年七月二十一日》。

44 同注 4 引书《李鸿章全集》,页三一四三,《密论何子峨》。

45 参见《清光绪朝中日交涉史料》,台北文海出版社,一九六三年,页一二,《总理各国事务衙门奏日本梗阻琉球入贡现与出使商办情形折》。

46 参见戴东阳著《晚清驻日使团与甲午战前的中日关系》，中国社科文献出版社，二○一二年，页四四，引《李鸿章全集》信函四《照录何子峨来函》。

47 同注 4 引书《李鸿章全集》，页三一四二，《译美国副将杨越翰来函·光绪五年七月二十一日》。

48 参见陈铮编《黄遵宪全集》，北京中华书局，二○○五年，页三一三。该函现存于浙江图书馆。

49 同注 48 引书，页三○九，收入一八八○年二月三日的信函。该函现藏于南开大学。

50 同注 48。

51 参见《近代来华外国人名辞典》，中国社会科学出版社，一九八一年，页五三三。

第九章

清拟让利挽琉球

分岛不成复国难

八七九年四月，日本废球为县之后，何如璋公使在日本不断提出抗议照会，北京的总理衙门亦向日本公使宍户玑发送照会，加上美国前总统格兰特来到东京斡旋，令明治政府备受压力。虽然他们已统一口径，以琉球乃日本属国，废琉球为县纯是日本的内政作辩词，但因缺乏实证，也就难以令人信服。

一 日本的《说略》和向德宏的《节略》

外务卿寺岛宗则为显示吞球有理，遂指令他的部属引用史书，以至援引从琉球调来（也许用"夺取过来"更为合适）的文献，包括萨摩藩强加给琉球的《掟十五条》等，撰成《说略》，以证明琉球自古以来就是日本的属国。同时，还举出琉球的语言、文字、信仰以及风俗等，都不是由日本南传就是受日本影响，全属不可否定的事实。这道《说略》于八月二日，经驻华公使宍户玑发送到总理衙门。

中国与琉球的关系，有礼部存档的文献可查；又有各册封使的《使录》为记。但琉球和日本的交往，清廷所知者几乎一片空白。总理衙门不知《说略》是否有据，只好发到李鸿章处由他查校。李鸿章是众多官员中对琉球认识至深的一位，但他也没有这方面的认识，亦告哑然。幸好他想到一个多月前，琉球紫巾官向德宏（幸地亲方）在福州密告日本阻贡，苦候三年无结果，近再接急报，谓日本已废球为县，国亡主辱，乃乔装至津，直奔相府向李鸿章泣告（详本书第十章）。李鸿章暂将他安置。今遇上难题，向德宏是琉球高官，可就《说略》作"阅览辩驳"。向自然也深悉此亦救国之举，不负所托当下二话没说，奋笔书成《复寺岛来文节略》（以下简称《节略》），一一驳斥了《说略》的日本专属论。后来总理衙门回复《说略》的照会，就是根据向德宏的《节略》做出增删而撰成的。

由于《节略》论证有据，扼要地讲述了琉球的立国和发展历程，反击《说略》的谎言，可谓针针见血，拳拳到肉，精彩之处教人击节称赏。为此，特将《节略》全文附于本章之后，并加疏解以共细读，亦借此刊留名篇。

当时，为了针对《说略》自诩琉球是日本的专属，向德宏又将《冲绳志》呈给李鸿章参阅。此《冲绳志》的著者是伊地知贞馨，他是领衔外务省六等、内务省六等而出任处分琉球的官员。数年前他著成《冲绳志》，书中的自序和贡献志皆承认琉球为两属之国，尤其《贡献志》更详述"琉球自明清以来，世世受其封爵……故琉球世世而为两属之国。琉球虽为蕞尔小国，但具备有自主之国体。"[1]

于是李鸿章便奏请总理衙门，引用《冲绳志》来驳斥日本所谓的专属论。此举仿佛由伊地知贞馨代总理衙门给寺岛宗则搧了一记耳光！

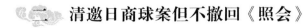
二 清邀日商球案但不撤回《照会》

上一章谈到格兰特在明治天皇前念出他写给恭亲王的信函，获同意双方派员议商。其后，恭亲王和李鸿章迭奉格兰特、杨越翰来函，随即复函致谢，并提到撤回何如璋的《照会》宜搁而不谈，相机而行。如："何公使那件文书尚是小事，琉球业经日本废灭，要他回头使中国面上过得去正自不易"[2]；又如复杨越翰函："何公使前给外务省照会，措词过火，此一时言语之失，诚如尊论；'系属细故，球事了结与否及如何了结，均与照会无干'……如其另派大员会商，前项照会撤销，尚是易事"[3]。同样，恭亲王的复函，也是"将何公使照会一节轻笔放过"[4]，李鸿章亦极表赞同。

恭亲王和李鸿章不马上撤回《照会》，是对何公使坚持正确，不作妥协做法的支持，其实，也可推想到上文黄遵宪透露《照会》是得到恭亲王、李鸿章首肯，甚至经过审阅才交付日本的，所以奕訢、李鸿章也不好推翻他们当时的决定，从而证明黄遵宪之言是可信的。至于何如璋，对日方在格兰特面前大肆抨击他的"外交失当"，依然蒙在鼓中，还在格兰特离日前数天频频往访。最后格兰特终于接见了他，但可能亦是一种礼貌而已。据何如璋的报告说："迭晤格总统，询及球事，彼总沉默不发一语，但谓此事可无庸战争。"[5]

无论清廷和美、日如何看待他，何如璋依然无怨地四处奔波。他在八月十一日上函李鸿章，谈到往见"美使平安（John A. Bingham）"，获悉他与格兰特议出一个办法：拟将琉球三分，中部（今天冲绳本岛）仍归琉球王复国，南部近台湾的宫古、八重岛交中国，北部近萨摩割隶日本，以作新设之冲绳县。[6]

这里所提的三分琉球，跟下面谈的二分琉球，有很大的差距，最终令谈判破裂。历来史家都不明三分之说从何得来，更质疑是否有此提议。笔者为解答此百年悬案，做了一番追查，终于找出源头，并在本章第五节详述，这里略为带过便是。

琉球冲绳交替考——钓鱼岛归属寻源之一

01

02

03

01　晚清重臣李鸿章，深得慈禧太后宠信。

02　总理各国事务衙门的恭亲王奕訢。

03　日本外务卿井上馨。

格兰特前总统离日后，总理衙门根据他来信的提议，"摘录原信要语"[7]，照会日本外务省。总理衙门是要把何的《照会》轻笔放过，所以去函外务省的表述是这样的："琉球一案，将从前论辩各节置而不提，愿照美国前统领（即总统）从中劝解之意办理"[8]，并请日本派大员来华妥商。

其时，日本的外务卿已改由井上馨出任。他较为温和，令何如璋的工作较易开展。中日双方经过近半年的书信往还，日本仍推说废球是内政，不大愿意派员赴华会谈，甚至提出中国派员来东京谈判。到第二年（光绪六年，一八八〇）二月，何如璋往晤井上馨，谈及琉球案一事。事后，何如璋向李鸿章作报告："（日本）情愿退让，拟以琉球南岛归中国，中岛归日本。又闻其政府将于三月间派员来华等语。[9]"这就是琉球二分法的出处。至于"派员来华"，并非谈判的全权代表，而是先来摸底听风向的委员竹添进一郎。

三 日提二分琉球和改通商条约利益均沾

这位竹添进一郎（一八四一至一九一七年，在中国简名进一）的父亲是医师，他作为熊本藩士奔走国事。后来，他加入明治政府。一八八〇年初，被委为特派委员至天津与李鸿章商谈。其后，改任天津领事，后又转至北京任公使馆的书记官。一八八二年调升为驻韩办理公使，扶植亲日势力介入甲申事变。一八八五年辞任公使，弃政从文，在大学执教，是有名的汉学者。他曾于一八七九年为救济中国大饥荒，在日本募捐购得六千石大米亲自送至中国，因而与李鸿章订交。他雅爱汉学、诗文，与李鸿章笔谈两国外交之余，还不忘谈诗论书，雅致非常。

光绪六年（一八八〇）正月，竹添进一郎至天津，二月十六日（三月二十六日）与李鸿章举行琉案谈判的准备会议。二人笔谈了半天，竹内才面呈日本的《说帖》。其内提到愿退让琉球南岛，跟何如璋从井上馨处听来的无异，但却增添修改通商条约之事。该《说帖》云：

> 会美国前统领格兰氏游历我国，为我说曰：琉球南部诸岛与台湾相接，为东洋咽喉，日本占有之，若有寝逼之势者，李中堂所忧，盖在于此也！我闻斯言，始悟中国违言之所由起矣。[10]

这里引格兰特之言，转述李鸿章忧虑琉球南部的宫古和八重岛为日本所占，遮断中国东出太平洋的门户。曾见格兰特和杨越翰多次引用上述李鸿章的顾虑，如杨越翰复述格兰特斡旋的来函："又将中堂前说琉球是各国与中国通商要路，为台湾前面门户。向伊藤等开导谓：非设法另立章程保住中国要路门户，恐此事不能了结。"[11]

李鸿章能有这样宏大的识见，能看通东海与太平洋之间的航道而作出这样的见解，还能抱有这样的忧虑，但这些见解都是美方的转述，找不到李鸿章或清政府的直接表述，令笔者有所怀疑。笔者曾研究"黑船事件"，明白美国于一八四八年在墨西哥战争中取得了加利福尼亚州，便马上开辟西岸航线横渡太平洋，直达中国东南沿海的大城市，而不必从东岸出发，横越大西洋，绕好望角经印度洋而来[12]。所以由太平洋进入中国东南沿海对美国来说更为重要。换言之，无论是中国还是日本封锁了太平洋进出中国东海的这道门户，都会给美国带来不便。于是笔者便推想美方（以格兰特前总统作代表）是假李鸿章之口，争取打开这一海上通道门户以利美国。事实上后来商议对宫古、八重两岛的割让，中国一直不表兴趣，只是想着交还琉球复国之用，即可证明李鸿章等人无此宏观远见和海防意识。最后，笔者发现一条可资证明是美国渴望打开太平洋通道的资料，这回反由何如璋来转述。事发于格兰特从日光返回东京之际，何如璋于八月四日往美国公使馆打听消息。杨越翰出见，详述格兰特在日光向伊藤博文等调处球案，并谓：

> 亚细亚中东（即中日）两国总须和好，此事两国各少吃亏，伊等必调停，使两国各有体面。统领（格兰特）再三引伸此意，彼未尝不称善也。……又言：琉球中南两部之间为太平洋商船出入要道，自未便听日本专据，有碍美国通商之局云云。[13]

太平洋进出东海的要道不能被封阻，非由李鸿章提出，而是美国为保自身利益另有所图，只不过他们利用居中调处之机，借李鸿章之口来索开通之门。

再阅竹添呈来的《说帖》，原来大有文章：

> 中国于西洋各商使均得入内地贸易，而我商民独不得同其例，是疑于厚彼薄我……中国大臣果以大局为念，须听我商民入中国内地，懋迁有无，一如西人，则我亦可以琉球之宫古岛、八重山岛定为中国所辖，以划两国疆域也。二岛与台湾最相接近，而距冲绳本岛九十里程大约当中国五百里强。度其员幅，殆琉球全部之半，实为东洋门户之所存。今以属人，于我国为至难之事。而一面我勉强为此至难之事以表好意，一面两国奉特旨增加条约，中国举其所许西人者以及于我商民……[14]

日本请求与西方各国一样，商民可以进入中国内地贸易。这是旧事重提，要从一八七〇年九月，日本派遣柳原前光来议约谈起。对于日本要求立约修好通商，初期清廷是冷淡待之，其后熟思，若却之，恐成为寻衅口实，重现嘉靖年间倭寇之乱。既然联之则为友，拒之则为敌，且同是东方邻国，正西方列强东渐，两国皆受欺压，倘能结盟共同抵御欧美诸国，正是当时李鸿章要制定联日政策的构想。但甫开始，日本抛出的条约草稿已学足西方的不平等规条。他们在第二款定出；均照泰西各国优典无异；第五款又云：悉照与外国所立通商总例办理；第十一款说：两国从前与泰西各国定约，历有成例，均可遵照。[15]

这些不平等条约，是"从前中国与英、法两国立约，皆先兵戎，而后玉帛，被其迫胁，兼受蒙蔽，所定条款，吃亏过巨……厥后美、德诸国及荷兰、比利时诸小国，相继来华立约。斯时中国于外务利弊未甚讲求，率以利益均沾一条，列入约内。一国所得，诸国安坐而享之；一国所求，诸国群起而助之。[16]"这是李鸿章的忆述。他还谈到恩师曾国藩的建议，将"均沾一条删去"[17]。其后，他和日本全权大使伊达宗城往复商议，甚至在濒于破裂时，李鸿章强硬地说："贵国既有戒心，自可无庸相强，夫中国非有所希冀，欲与贵国立约也。"[18]

最后，伊达宗城惟有照李鸿章之议，于一八七一年九月签署了《中日修好条规》和《通商章程》。但日本仍垂涎中国内地的庞大市场，所以条约签成墨未干，已要求改约。其后几年，仍然缠着希望能改约，让日本商民进入内地贸易，李鸿章又记："屡欲翻悔，均经驳斥"，而他所虑者："一开此例，势必纷至沓来，与吾民争利，或更包揽商税，为作奸犯科之事。明代倭寇之兴，即由失业商人勾结内地奸民，不可不防其渐。"[19]

李鸿章就《说帖》再约晤竹添笔谈。首先他仍然拒绝改约或加约，认为日本商民"无须入内地"。而分岛割让之议，李鸿章在向总理衙门告禀时，举出何如璋于"上年六月间函称美使与格统领密议三分球岛之说，格统领并未向日本政府言明，抑或美使背后有此议，而日本未甚画诺。因摘录子峨前函要语出示，俾相质证。看竹添语气，若闻所未闻也者。[20]"另一方面，李鸿章对日本二分球岛之议，则明确回复："中国之争琉球，原为兴灭继绝、护持弱小起见，毫无利人土地之心，乃贵国居之不疑，并分南岛与中国，中国必不敢受。至谓割南岛有伤贵国体面，无论肯割与否，中国体面早为贵国伤尽！"[21]

最后，竹添以试探李鸿章的持论已告竣，便留书李鸿章启程返日。他首先说明《说帖》中所述南部二岛居琉球全部之半者，是就中南二部言之；若合北部而言，仅居三分之一。这里很可能竹添受到质疑，而不得不作出澄清。最后，他认为"美使所说，恐非前统领之意，抑何大人与美使言语不通，重译之人无乃或失其旨乎？若使美使果有此言，敝国必不能俯就！"[22]

对此议，恭亲王奕訢也上奏："臣等思南岛归我是格兰忒（特）原议，而抹去中岛复球一层，与中国欲延球祀之命意不符，且无端议改从前屡请未许之条款，均属事不可行……李鸿章遂严词拒之而去。"[23]

密使竹添进一郎失望回国，向外务省汇报此行情况。

四 琉球案议结，条约底稿呈审批

一八八〇年四月十九日，总理衙门再照会日本，询球案开会事。日本再不能推延，于六月二十九日决定不另派大员会谈，取其便，由驻华公使宍户玑做全权代表。另回复总理衙门，表示不再提撤销《照会》事："先撤行文及派员（即由中国派员至东京）二事，贵国既不喜，敝国以保全和好为旨，必不要求贵国所不喜。今将商办事宜任之宾户玑，希秉公由恕与之商议，使两情浃洽。"[24]

日本已委出谈判代表，但奕訢不敢擅作主张，向慈禧奏请圣裁。谕旨回复，由总理各国事务衙门办理。这样就轮不到李鸿章作谈判代表，而是由恭亲王奕訢任命总理衙门大臣沈桂芬、景廉、王文韶代表与日谈判。

其时，俄国在新疆一带连番干扰，据伊犁不还。一八七九年十月，吏部左侍郎崇厚只知取回伊犁城，签下《里瓦几亚条约》、《爱珲专条》和《兵费及恤款专条》，割让霍尔果斯河以西和新疆塔城地区等一大片土地，又赔伊犁兵费及恤款二百八十万两，更免去俄商在蒙古、新疆的贸易税。崇厚签约后即自行回国，朝廷和民间闻悉条约割地赔款违训越权甚大，不予承认。朝廷更不满崇厚不候谕旨即起程回京，遂将崇厚关押，候斩定监。翌年二月，改派驻英公使曾纪泽为钦差大臣，前往俄国交涉改约。[25]

中俄在新疆潜在开战危机，日本趁势佯装与俄亲近，报章亦散播出日俄结盟的传言，令清廷有腹背受敌之忧。日本也就利用这个时机，通知中国在北京开球案谈判会议。

一八八〇年八月十八日，两国代表在北京开始举行会议，谈判往返多轮。而在此期间，总理衙门收到各大臣的进言：詹事府右庶子张之洞担心日俄联手，催促"商务可允者早允"，可免二国结盟，则俄在西北之势自阻[26]，困局可破。南洋大臣刘坤一初期的献言也和张之洞一样，为防日俄东西夹击，宜尽快了结球案。其后，他再上奏："以南两岛重立琉球，俾延一线之祀，庶不负'存亡继绝'初心，且可留为后图"[27]。而李鸿章本意如答复竹添进一郎之言，主张球案和改约分开。当时在分岛上他也不甚了解南岛（八重山和宫古）的情况，又竹添第一次说南岛已是琉球之半，不再细察竹添再来信解释南岛仅占琉球三分之一（其实三分之一也不到），急于达成联日防俄构思，便奏谓："南部两岛交还，已割琉球之半。此事中国原非因以为利，应还球王驻守。就此定论，或不至于俄人外再树一敌。"不过，李鸿章已略有所闻，尚泰王未必接受以南岛来复国，故李鸿章续禀："若球王不复，南岛枯瘠不足自存，中国设官置防，徒增后累。"[28]

综合各大臣早期的意见，就是早结球案，既可破除日俄联手之虑，更可笼络日本，共同抵御西方列强。但在了结球案方面，"皆以存球祀为重"[29]，也就是"兴亡继绝"之思。不过日本交出南岛，条件是不改约也得加约，内容都一样："一体均沾"，取得西方国家在中国的特惠。恭亲王奕訢熟思后上奏："如一体均沾一条，其势不能不允者允之……凡此，皆为顾全大局、联络日本起见。"[30]

为慎重计，在谈判上向日本申明：两岛交中国后，其土地则为中国土地，其人民则为中国人民，中国政府如何处分，贵国不得异论。[31]

清廷甘愿让出内地自由通商等利益给日本，以换取八重山、宫古二岛供琉球复国，惹来不少历史学家、特别是日本的学者批评清朝"那是为了维持面子、为了存续琉球王国的朝贡国身份，以保持中国的宗主国地位。"[32]

其实不然，中国自汉以后尊崇儒学，曾谓："半部《论语》可以治天下。"奕訢等大臣所说的"存亡继绝"、"以存球祀"和"兴灭继绝"之语，可在《论语·尧曰》得见。其原句曰："兴灭国，继绝世，举逸民，天下之民归心焉。"相信上自天子，下至科举出身的士大夫，无不熟读这些金玉名篇，牢记于心，并施之于政。

据程树德对《论语》的集释："兴灭国"的"国"，是诸侯之意，"灭国"是人无土，意谓：将被灭之国重兴起来。"继绝世"的"世"，原指卿大夫，后泛指贤者父传子、子传孙之世系；"绝世"是有土无人，意谓：贤人的祭祀，因世系断绝而废，立其旁支以为之，使其祭祀可以继续。[33]

所以清廷对琉球的"兴灭继绝"是有其传统思想根源的。作为宗藩关系的天朝，有责任保护属国，只是当年国弱力微，更未敢渡洋远征，倘是邻接的藩属如朝鲜和越南，就不会退缩，出兵驰援。因此，助琉球"兴灭继绝"，愿意让出本国的利益——让日本享受西方列强条约的"一体均沾"，以挽回琉球国的土地，绝非面子问题（也许只能算是几分薄面），同时加上防俄的因素，遂于十月二十一日和日本达成《球案条约》。该条约的内文，从日本外务省的档案可看到：

> 球岛一案，两国以专（尊）重和好，故从前议论，置而不提。
>
> 兹
>
> 大清国
>
> 钦命总理各国事务王大臣
>
> 大日本国
>
> 钦差全权大臣勋二等户
>
> 各奉上谕。
>
> 筹商办理，言归于好，又酌加条约，益敦邻谊，均得善当。即将所立条款，画押为据，以昭信守。
>
> 第一款
>
> 大日本国将琉球南部宫古、八重山二岛，属之大清国管辖，以划两国疆界，永远不相干预。
>
> 大清国从大日本国所求，不待届辛未（一八七一）年所订重修之期，酌加下文条约，以互表明好意。[34]

第二款是增约，即加上一体均沾的最惠国待遇；还有《凭单》，订明与其他国家修约时，彼此酌议。

恭亲王奕訢奏禀中的《球案条约》拟稿，其内容如下：

> 大清国、大日本国以专（尊）重和好，故将琉球一案所有从前议论置而不提。大清国、大日本国公同商议：除冲绳岛以北属大日本国管理外，其宫古、八重山二岛属大清国管辖，以清两国疆界，各听自治，彼此永远不相干预。
>
> 大清国、大日本国现议酌加两国条约，以表真诚和好之意。兹大清国总理各国事务王大臣、大日本国钦差全权大臣勋二等宍户，各凭所奉上谕便宜办理，定立专条，画押钤印为据。
>
> 现今所立专条，应由两国御笔批准，于三个月限内在大清国都中互换。光绪七年（一八八一）正月交割两国后之次月，开办加约事宜。[35]

另有增约和凭单，这里从略。

但值得注意的是，条约须经两国御笔批准，而且，沈桂芬提出希望暂缓十天才签字，因为尚有内奏手续要呈报。宍户玑表示理解，同时提出三个月内互换批准书。[36]

《球案条约》虽已达成协议，但沈桂芬非常审慎，没有马上签字画押，表示要有十天期的奏报确认。何以如此审慎？可能是去年十月，崇厚与俄国谈判，议结后即签字，原来结果与朝廷的期望差距很大。崇厚失职被关押候斩，带来的震动不可谓不小。所以沈桂芬采先奏报，俟通过后才签字。这么一拖，《球案条约》便无法签成，遂令球案变成至今未解的悬案。

五 二分琉球中琉同反对谈判破裂

光绪六年（一八八〇）十月二十一日达成的《球案条约》，须暂缓十天签字。沈桂芬携同条约的草案向奕訢汇报。九月二十五日（十月二十八日），奕訢连同《球案条约》的草案（见上文）奏请御准。因清廷除朝议外，包括各地的总督大臣皆可参议。紧接着的第二天，右庶子陈宝琛就马上上奏，提出《倭案不宜遽结折》。他甫启奏即直言："倭案不宜遽结，倭约不宜轻许，勿堕狡谋而开流弊。"强调："中国意在兴灭继绝，尚未可义始而利终"。陈宝琛掌握了南岛难以立足的情报，故不屑地说："况所割南岛皆不毛之地，置为瓯脱，则归如不归。"他对联日拒俄持不同看法，并分析说："一旦中俄有衅，日本之势必折而入于俄者……万一中国为俄所挫，倭人见有隙可乘，必背盟而趋利便者。"陈宝琛认为日本是一个没有信义的国家，他直斥道："使日本而能守约，则昔岁无台湾之师（指一八七四年出兵台湾），近年无琉球之役矣。何也？此二事皆显背条约者也。"他建议如去年日本用拖延不与商议的手法来待之："暂用羁縻推宕之法待。去年以此法待我矣，今我不急与议，彼又何辞！"[37]

其时，惇亲王等曾酌议，赞成照总理衙门所奏处理。旋又有左庶子张之洞上奏，认为："日本商务可允，球案宜缓。"在一片争议声中，最后旨令由《中日修好条规》原议人李鸿章来统筹全局，而且他"于日本情事素所深悉"，速将善全之策具奏。[38]

李鸿章从开始就指出分岛与改约应分开处理。及后，虽然他无奈接受分岛之议，但当他从向德宏处得知南岛不能自立，在达成《球案条约》草案前的两天（十月十九日），李鸿章在回答总理衙门来询时，便已呈上《请球案缓结》。所以笔者认为"球案宜缓"的最早提出者是李鸿章，而非右庶子陈宝琛，而且陈宝琛所掌握的南岛情况，估计也是参考自比他早禀报的《请球案缓结》。因此推倒《球案条约》的，不是历来所说的陈宝琛，而是更早提出"缓结"的李鸿章。

去年乔装至津、为李鸿章作《节略》驳寺岛外务卿的向德宏（幸地亲方），原来是尚泰王的姐夫，故被委以重任，以密使身份来乞师。他恳得李鸿章安置在大王庙内暂住，以避日本人耳目。由于在谈判时，宍户玑一再强调日本不会释还尚泰王与及在东京的两位王子，并似有所指地说：琉球有向、马、翁、毛四大家族，而向氏为王家之族，且在琉球"向、尚同音"，暗示向氏可立为琉球国主[39]。宍户这番话，令人想到有分化尚泰王与向德宏之嫌。对于这次谈判，李鸿章寻询于向德宏，然后转录在《请球案缓结》：

> 向德宏确系球王族属至戚，前为紫巾官，亦甚显，明白事体，忠义有宁，可谓贤矣！若图另立，无逾此者。然所称八重、宫古二岛，土产贫瘠，无能自立，尤以割南岛，另立监国，断断不能遵行，竟又伏地大哭不起，仁贤可敬，而孤忠亦可悯！尊处如尚未与宍户定议，此事似以宕缓为宜。

又分析说："从中国之力，实不敌俄，宁可屈志于俄，亦何必计及日本之有无扛帮耶？"复再否定增约："而以内地通商均沾之实惠，易一瓯脱无用之荒岛，于义奚取？既承下问，敢贡其愚。"[40]

李鸿章接旨要统筹全局之后，揆度时势，审视约稿，思索数天，书成《覆奏球案宜缓允折》，于十一月十一日呈奏。《覆奏》长达三千字，首述各大员意见；继述通商条约不宜轻让日本"利益均沾"；再复述日本废灭琉球，兼谈琉球原有三十六岛，今闻南岛归中国，即传询向德宏，并已函告总理衙门，宜缓结球案。又道及何如璋询访球王后的来书：

> 询访球王，谓如宫古、八重山小岛另立王子，不止王家不愿，阖国臣民亦断断不服。南岛地势产微，向隶中山（中山王），政令由其土人自主，今欲举以畀球，而球人反不敢受，我之办法亦穷……今得南岛以封球，而球人不愿，势不能不派员管理，既蹈义始利终不嫌，不免为日人分谤。

李鸿章续分析，即使不改约而仅分南岛，亦是"进退两难"，但如果"议改前约"，"竟释球王俾以中、南两岛复为一国，其利害尚足相抵，或可勉强允许。"[41]

最后，李鸿章总结："俄国之能了与否？实关全局。"既然如此，"何如稍让于俄"。至于"球案条约及加约，曾声明由御笔批准，于三个月限内互换。窃谓限满之时，准不准之权仍在朝廷。此时宜用支展之法，专听俄事消息以分缓急。"[42]

李鸿章受西太后器重，其《覆奏》的建议获得旨准。于是传谕曾纪泽在谈判时，"稍让于俄"；对《球案条约》的签字，则以"支展之法"应之。

李鸿章《覆奏》是在十一月十一日，已超逾暂缓十天内奏后签字之期（十月三十一日）。宍户玑当然频频来催签字，因为日本也是觑准中国东西受压，将会被迫早日签字。十一月十七日，总理衙门派总办叶毓桐到日本公使馆，递交照会：

> 钦奉谕旨……拟结琉球一案各折片，着交南北洋大臣等妥议具奏，俟覆奏到日，再降谕旨，钦此。[43]

当时，南洋大臣是刘坤一，北洋大臣由李鸿章兼任。后来刘坤一上《奏陈中外各国事势片》[44]，才三百余言，扯东及西持论不清，难怪不受重视。不过，交南北洋大臣合议，只是支展延宕之法而已。

对此，日本当然大表不满。外务卿井上馨闻悉，向宍户玑发出训令，着转知总理衙门：

> 两国全权特任之大臣，意见相同之后，即可签字。签字结束之后，即可请求批准，理应如此。签字之前，恭请上谕及听取南北洋通商大臣之意见，毫无必要。[45]

十二月二十七日，宍户玑向总理衙门照会："须期十日有所咨答。"翌年一月十一日，宍户公使至总理衙门通报即将回国。总理衙门向宍户玑解释：在缔结条约之际，无论何国，也会召开上下议院进行议论。中国交给南北洋大臣讨论，其理同此；又延期签字，各国不乏先例。但宍户玑坚持说："然两国秉权大臣既经议结，其大臣不以全权画押，却让他人参与此事，却是未闻有此一说。如此则表明秉权大臣之无权，是以无权充有权，等于欺骗对方之使臣。"并指斥说："（此为）贵国惯例，乃一国之私法，非万国会商之通义。"[46]

诚然，各国缔约，议结后待签字，是否就如宍户玑所说那样，不再生变？答案当然是"不"！观乎国与国的谈判，尽管达成条约草案，被国会推翻的绝非罕见；就算签字后也不获通过的，比比皆是。莫说百多年前的清末，今天的国际社会更如是。

一八八一年一月十七日，宍户公使通知总理衙门，宣称琉球谈判破裂，责任在于清国一方。一月二十日，他悻然离开北京，回国复命。[47]

琉球冲绳交替考 钓鱼岛归属寻源之一

迨二月二十四日，曾纪泽几经努力终与俄国达成协议，在圣彼得堡签订《中俄伊犁条约》（又称《中俄改订条约》），跟之前的《里瓦几亚条约》比较，少割了地，但多赔了钱，好是好了些，但终归又增一条不平等条约。

按照绝大多数王亲大臣的想法，"稍让于俄"实际是向俄让步，换取一条新约，避过开战，舒缓西北面的紧张局势，便可以不用向日本多作妥协。

光绪七年（一八八一）二月初六（三月五日），清帝颁上谕：

> 原议商务一体均沾一条，为日本约章所无，今欲援照西国约章办理，尚非必不可行。惟此议因球案而起，中国以存球为重，若如所议划分两岛，于存球祀一层，未臻妥善。着总理各国事务衙门王大臣，再与日本使臣悉心妥商。俟球案妥结，商务自可议行。钦此。[48]

只是日本一直未允重开会议，最终招至球案未结。所以严格来说，琉球国的归属仍有争议，仍然是悬案一宗。

再说《上谕》提出：可"再与日本使臣悉心妥商"，但宍户玑已归国，遂将旨意转至驻日何公使，命他跟宍户玑接洽。然何如璋覆禀：宍户玑回国后已解公使职，因此宜向外务卿井上馨通报。但据云井上因病离开东京休假，故一时未知照会何人。何公使续陈己见：

> 又查地球诸国交邻通义，凡所商未经画押盖印，即不为定约。户之将归也，多方催迫，谓我欺诳，不过趁中俄事急，乘机要盟，籍此鼓弄耳。及至悻悻而去！[49]

对于宍户玑的辞归，日本也有评论责宍户行事冒昧。[50]

六 琉球君臣对分岛的看法

中日两国为琉球的争议而举行谈判，在日本方面认定要吞灭琉球，化为自己的冲绳县，并软禁尚泰王及王子在东京。而清廷是一心为扶助琉球复国——兴灭继绝。李鸿章首先注意到琉球君臣的意愿。当他听到球王姐夫向德宏泣告八重、宫古二岛贫瘠，不能自立，便马上请总理衙门缓结球案，可说是推翻前议，重新谈判。这时，李鸿章省悟起三分琉球，要力争中岛（冲绳本岛）复国——兴灭国；又要议出承嗣之人——继绝世。于是，他指示驻日公使何如璋，详查尚泰王的后嗣。

何如璋认真地访查，然后有《复总署总办论为球王立后书》。内云：

> 承命详访球王后嗣。查此间所知者，球王有中城王子、宜野湾王子，去岁随王东来，其余均未能悉。因即书具密函，阴投随王之法司官马兼才，详问一切。接到复函称：王长子尚典，年十七岁；次子尚寅，年十五岁，均在东京。四子尚顺，年八岁；王叔尚健，年六十三岁；王弟尚弼，年三十四岁。其他尚有从兄弟亲族，均仍在球。惟称与球王商议，于南部宫古、八重立小王子，王意不欲。[51]

"不欲"的原因，何如璋经查访后，始明白除"各岛零星，地瘠产微"外，从前只派数名官员连同当地土人自主管理。所以"仅此区区之土，欲立一君，固难供亿。使之奉一少主，虑岛民亦未必服从……在球王固自不愿分一少子不能成国，非其所欲，亦犹人情。"[52]

尚泰王之意是南岛地小且贫瘠，岛民又多不服，怜子年少，难以胜任驾驭，反害亲儿。

何如璋叹谓："中部诸岛，日人终不愿交还。及今而有南部归我之议，我欲举以畀球，而球人反不敢受！是我之意志俱隐，而办法亦因之而穷。"[53]

其间，何如璋曾谈到去夏日本传言将首里城还球王，让他世守宗庙、陵墓，则"球祀亦可不斩"。但终归亦仅是传言，日本政府既否认、更拒绝此议。

最后，何公使大胆建议："似应请将此南部诸岛声明内属，以绝欧西诸国占地之意。然后再觅球王亲族，使之治理，与从前云贵等处之土司一体，则我无贪其土地之名，彼球王亦可分衍其支派。而此刻不必设官，亦尚无难办也。"[54]

何如璋的积极建议，绝非虚罔之思，也许受各种条件所限，故未被采纳。另何公使的《复书》中，详述宫古、八重山的群岛名，极具参考价值，谨详列如下：

> 查宫古虽合九岛，为称：宫古岛（一）外，平良峰（二）、来问（三）、大神岛（四）、地间岛（五）、水纳岛（六）、惠良部岛（七）、下地岛（八）、多良间岛（九）、总称曰宫古岛。而周回不及二百里。[55]

何如璋笔录此九岛名有两处可能是后来手民之误：来问（三）应为"来间"；地间（五）应为"池间"。

考琉球紫金大夫蔡铎于康熙年间撰著的《中山世谱》，首卷有《琉球舆地名号会纪》，内收《琉球三十六岛》及《舆图》。其中记宫古岛仅载七岛（若包括宫古岛合共八岛），没有"下地岛"。[56]

何公使续记：

> 八重虽合十岛，为称：石垣岛（一）、小滨岛（二）、武富岛（三）、波照
> 间岛（四）、入岛（五）、鸠开岛（六）、黑岛（七）、上离岛（八）、下离岛（九）、
> 与那国岛（十），总称曰八重山岛。而周回不及百里，且各岛零星，地瘠产微，
> 向隶中山（琉球中山王）。[57]

《中山世谱》的《琉球舆地名号会纪》对八重山的载录，共为九岛，其中石垣、小滨、武富、波照间、鸠间（何如璋误为鸠开）、黑岛、与那国七岛相合；何公使所记的入岛（五）、上离岛（八）、下离岛（九）是《中山世谱》所无，而《世谱》的"古见"和"新城"，则是何《覆书》中未载，也许是同岛异名，这里不再详考。

笔者摘引这些资料，是想提请注意：《中山世谱》的《三十六岛》及《舆图》，都没有钓鱼岛名，那是康熙三十六（一六九七）年的记述；将近二百年后的一八八一年，何如璋向琉球官员访询《琉球条约》草案中拟划分的南岛——即宫古和八重山，虽分别有九岛和十岛，也一样没有钓鱼岛名。据此可知，琉球国的版图，自古以来就没有收录过钓鱼岛及其列屿，因为钓鱼岛从来都不是琉球国的海岛、领土，这应该是十分清晰和明确的。

何如璋在东京跟尚泰王及其近臣等秘密接触，并听取他们在南岛复国的意见，喜舍场朝贤亦有追记当时的情况：

> 琉球分岛之事，明治十四（一八八一）年，清国政府驻在东京的公使来
> 示：日本政府答应可将宫古、八重山两岛割让给清国，然旧藩王已叙列（日
> 本）华族，不能放归，宜立其他王族为王。清国公使隐秘地向驻留在东京的

復總署總辦論爲球王立後書

十五日奉到來電遵即譯明讀悉承命詳訪球王後嗣查此間所
知者球王有中城王子宜野灣王子去歲隨王東來其餘均未能
悉因即書具密函陰投隨王之法司官馬兼才詳問一切接到覆
函稱王長子尚典年十七歲次子尚寅年十五歲均在東京四子
尚順年八歲王叔尚健年六十三歲王弟尚弼年三十四歲八子
尚有從王弟親族仍在球惟稱與球王商議於南部宮古他
立小王子王意亦不欲初意以爲南部查宮古雖小終無分支承嗣
勝於滅然繼思其言亦不無情理查宮古雖合九島爲稱

島總一帶八重島圓而周迴不及二
眼罨一帶下港一大小鑛圓島一小瀨圓島一武黑島一上崎鑛
百里八重雖合十島爲稱一石垣八間切島一入濱圓島一宮古島
向隸中山祗供貢獻所派之官不過在番館名諸之官數人餘皆選
土人爲之政令多由自主僅此區區之土欲立一君固難供徭使
之奉一少主處島民亦未必服從球王自來東後日本固無其酋
廢藩之倒核王所有給以十之一去歲由大藏省予以十四萬金
獲土懇須金在球王固自不願分一少子不能成國非其所欲

04　李鸿章引述琉球紫巾官向德宏所言，认为八重宫古二岛贫瘠，不能立国。（引自《李鸿章全集》）

05　何如璋经访询后向朝廷呈上《复总署总办论为球王立后书》。（引自《茶阳三家文钞》，1925年出版，香港中央图书馆藏）

旧藩官吏打听，试探是否可行？众官吏经商议，结果分为两派。一派拒绝接纳，因岛屿太小，难以立国；另一派认为可暂立新王，在两岛建国，待清国重现如乾隆帝般英明的君主，就可征伐日本，夺回琉球全岛，国家当能中兴。旧藩王并不高兴此议，更谓：事成之后，另立新王，不再奉我为王，将弃我而去乎？[58]

历来有关琉球的谈判，史家多集中使用中、日两方的档案、文献，忽略了琉球这个被"处分"[59]国家的声音。喜舍场朝贤作为尚泰王的侍从文书，他以上的追记应是事实。然则宫古、八重山二岛不能作立国之地，尚泰王也带有一分私心，就是担心将来成功之后，他的王位不保。其实他的球王称号早被日本废去，何以不令有为者当之？而那些诚心等待将来有像乾隆大帝般的英主来搭救的想法，倒令人觉得有点可爱！

一八八一年年底，何如璋曾两访日本右大臣岩仓具视，闻有重开琉球案谈判之意，并可"再让若干"。同时，也曾跟外务卿井上馨晤谈。另一方面，已成为天津领事的竹添进一郎又往找李鸿章笔谈，探询处理琉球有何新法？结果双方未有让步，坚持前议，开会无期。最后，何如璋在向李鸿章汇报时总结说："复国立君一层，实在不能办到，固已窥见症结。"[60]

中国第一任驻日公使何如璋，一八七七年十一月抵日，尚未履任即已沾手球案。终其四年任期，因琉球问题与日交涉，无疑最为吃重。一八八二年二月底卸任归国，琉案日趋恶化，更不利于复国，但重温这段历史，可知责不在何如璋！

七 破解由谁提三分琉球之说

一八八〇年八月在北京举行的球案会议，中日双方本已达成条约草案，但在暂缓签字十天限期前的两天，李鸿章从向德宏得知宫古和八重山二岛贫瘠，纵收回也不能复国，便紧急提出"球案宜缓"。往后，李鸿章代表清廷，拒绝二分琉球，重提何如璋来函说的三分琉球。这二分和三分之争，就直接酿成谈判的破裂。二分琉球是日本计划好的谈判策略；三分琉球仅见于何如璋呈报给李鸿章的函件。内容概略见于上文，为免翻找，今详引如下：

> 再接子峨六月二十四日（八月十一日）来函，以往见美使平安，谓已与格总统商一办法，拟将琉球三部：中部仍归球王复国，中东（中日）各设领事保护；南部近台湾割隶中国；北部近萨摩割隶日本，其新设之冲绳县即移驻北部，彼尚可以收场。格总统欲将大局说定，然后回国。其详细节目交与美使妥办，另立专条等语。想并达知钧署。今阅格兰忒（同格兰特）迭次亲笔信函及杨副将函，并未稍露割岛分属之说，或若辈背后私议，或与日本密商未经允定，抑或美使以斯言诳子峨（如璋），均不可知。[61]

何如璋转述美使平安的话，拟将琉球三分，并相信李鸿章的官署也收到这个建议。但李鸿章收到的格兰特等的信函，却未见此分岛之说，所以作出很多"或许"的推想，甚至说："格兰忒人甚诚笃，其不肯与子峨面商此事，并不欲令美使接办此议，又不欲令两国驻京（指东京）各使干预此事，用意深远。"[62]

当李鸿章和竹添进一郎做准备会议之际，看到竹添的"二分琉球方案"，即表示异议，并出示何如璋从美使平安得来的"三分琉球方案"。竹添从没有听过，抄录后速送回国。日本政府也大为紧张，"立刻命令日本驻美公使吉田清成，照会住在美国伊利诺伊州伽雷纳地区的格兰忒。结果，格兰忒回信说他不知道这件事，滨噶姆（平安）公使同样如此。"[63]

两位当事人均告否认，不禁令人生疑。于是，有日本的学者为文质问："这封信是何公使捏造的，还是李鸿章牵制日本的一个计策？不得而知，最后是不了了之。"[64]

台湾的张启雄先生亦谓："琉球三分案到底是美方所首倡者？抑何公使所藉以献策者？迄今并无进一步史料可资佐证。"[65]

笔者深信何如璋不会捏造"三分琉球"的方案，他犯不着，同时谅他也没有这个胆色。因为谎报军情、制造假情报，皆要治重罪。为免何公使蒙上不白之冤，也为免此疑案"不了了之"，笔者决定展开追查和搜证。

首先笔者要请出历来被忽视了的一位关键人物麦嘉缔出来，这样就会水落石出。

麦嘉缔（Divie Bethune McCartee，又写作麦嘉谛，一八二〇年一月十三日至一九〇〇年七月十七日），美国北长老会传教士兼医生。一八四四年来华，在宁波传教，一做就是二十八年，故能熟通中文，因而为自己加别字为"培端"。其后，他一度当上美国驻宁波领事。不久转往东京，在开成学校（东京大学前身）教授英语、博物、经济、生理和拉丁文，前后四年，故又通晓日文。一八七七年再来华，出任美国驻上海副领事。七个月后，获聘为中国驻日公使馆的参赞。一八八〇年返回美国，到一八八八年以长老会传教士身份再到日本，并从事翻译工作，又在明治学院授课，名作家岛崎藤村也是他的门生。他在日本备受尊重，获授功勋。一八九九年回归祖国，翌年在三藩市病逝，终年八十岁。在华期间，他曾抚养了一位女孩，名金韵梅（Dr.

Yamei Kin），后来，送她到美国学医，是中国第一位毕业于美国医学院的女子。她曾任清末天津妇女医院院长。[66]

高才硕学的麦嘉缔，通晓多种语言，且能用中文撰稿，他是如何受聘加入驻日使团的呢？笔者找到他的《回忆录》，听他细说当年：

> 当使团抵达上海，张大人（斯桂）来见，推荐我出任驻日公使的顾问（等同参赞），跟随他们一同赴日。聘任期三年，月薪四百两。美国驻上海总领事闻悉，同意我前去。于是我就接受了这个职务。[67]

如此说来，张斯桂副使与麦嘉缔一定有旧。张斯桂是浙江慈溪人，而麦嘉缔在浙江宁波传教二十多年，结交的机会甚多。而且张与另一位美国传教士丁韪良（William Alexander Parsons Martin）有深交，他曾为丁韪良的著书作序。基于这些原因，张斯桂便能和麦嘉缔订交。而月薪四百两，可说是天价延聘，因为当年巡抚的年薪，也仅在一百八十两左右，其高薪是教人咋舌。但从后来麦嘉缔所发挥的作用，足可证其身价非虚！

中国首次派使驻日，除了外交仪礼之外，还要觅地购房开设公使馆，这些使用外语的契约，因为同行的中国翻译未能胜任，结果均由麦嘉缔操笔[68]。就译员一事，何如璋也非常烦恼地奏报："惟前随带西学翻译自美国人麦嘉绅（缔）外，只有沈鼎钟、张宗良二员，经三处分派，翻译即不敷用……请总理各国事务衙门派同文馆翻译学生前来……至东学翻译最难其选，因日本文字颠倒，意义乖舛，即求精熟其语言者，亦自无多……"[69]

麦嘉缔已意识到中日之间为琉球的争议会渐趋激烈，他尽责地做了前期的准备工夫："四出走访东京的旧书肆，将触目所及的有关书籍和地图全部购归，并细心阅读研习。公使大人看到，开玩笑地说我太认真，劝我稍为宽缓。"[70]

麦嘉缔又谈到何如璋写了一道用词尖锐的《照会》给日本外务卿。他向何如璋暗示，日本收到此《照会》后，会向琉球加大压力。结果如他所言。其后，格兰特受恭亲王、李鸿章所托，乘来日访问之际向日本斡旋。为此，李鸿章去函何如璋，嘱他早日"将此案本末缘起摘要译呈"格兰特。这些翻译工作，也就非麦嘉缔莫属。[71]

当格兰特偕同夫人、儿子和副将杨越翰等抵登日本，东京装扮得比节日时还要华丽，以欢迎前美国总统到访。日本的官商名流轮番设宴款待，而由居留在日本的美国人组成的"美国会"（Committee of the American）当然不会怠慢，举行了热烈的欢迎盛会。被推举为"美国会"主席的，正是麦嘉缔[72]。换言之，麦嘉缔有着双重身份可以见到格兰特，而且作为"美国会"主席，更形显贵。毋怪麦嘉缔也说，这次在日本见到格兰特的日子，比在美国还要多。

格兰特和杨越翰听过李鸿章讲述中琉关系后，在日本又听到另一种说法，孰是孰非？他们除了向驻日美国公使平安了解之外，最佳人选就是曾在中日两地生活过而且对琉球颇有研究的麦嘉缔。

格兰特坦言，他本人对琉球的历史和地理没有充分的认识，但却担当起调停人来。言下之意，颇为困惑。麦嘉缔便出示日文书《冲绳志》和《冲绳历史》（主要是大琉球岛），并告诉格兰特："两方似乎都不愿意让步。尽管我很讨厌战争，但我看不到有什么办法可以和解，除非在冲绳岛最南端划一条线；另一条线划在 Mujishoshima（笔者按：拼写可能有误，这里应该是指宫古岛 Miyajima）或八重山群岛最北端，使分隔成一条大约有六十海里的狭窄通道。虽然这样的分割并不公平，但我看不到有其他和解的办法。"[73]

这是麦嘉缔在其《回忆录》所述的划线建议，他的意思是：在冲绳本岛的最南端划出一条线；同时在宫古群岛或八重山群岛的最北端划出一条线，在这两条线之间的洋面约有六十海里阔，成为一条狭窄的通道。看来这是"二分法"。虽然如此，但麦嘉缔没有详细说明哪一部分交哪一国，哪一部分又归谁。

"二分法"被首先提出。按麦嘉缔的《回忆录》所载，格兰特是亲耳听到的。与会者有杨越翰副将（详后），至于平安公使有否出席，暂无这方面的资料。这"二分法"也许已成为格兰特心目中的一个方案，并曾向日方提及，试探日本会否让步交出宫古、八重山列岛。

说到这里，仍然只有"二分法"出台，那"三分法"究竟是谁提出的呢？倘无证据，何公使就有捏造之"罪"，一时间也教人束手无策。后来，笔者再细阅格兰特文书档案第二九卷二〇三页，其中在"我曾听闻让中国能够打通进出太平洋通道"的句子后面，有注释"九"的标注，于是翻到二〇九页，看到注释是这样写的：

一八七九年七月十六日，麦嘉缔致函杨越翰，表示经过与清朝的高级官员会商，并得悉李鸿章对处理琉球的见解而作出对十二日所提建议的修正。虽然我曾经很小心表述过，但我仍然愿意修正我所提出的方案。我本身是没有足够的权力来谈这件事的——有关中国愿意让琉球与日本——我建议在这些群岛中划分一条狭窄的通道，那就是将北纬二十六度以南交给中国，因为它们靠近台湾；——而位于北纬二十九度以北的群岛和海洋，就属于日本（同时可将此称作冲绳县），因为它们非常靠近萨摩——而在北纬二十六度和二十九度之间的群岛和海洋，建成为一个中立国（恢复琉球王的君权，而这里的领土曾是他长时期统治过的）。这个中立国同时由中国和日本联合保护。[74]

麦嘉缔写这信给杨越翰时是在七月十六日，他要修正四天前的建议。四天前所提的建议或方案，是什么内容？会否就是他和格兰特商谈得来的"二分法"？因还未发现这"四天前的建议"，所以只能作此推想。但单独去看七月十六日的修正案，可以得到如下的信息：

第一，修正案显然是打算将琉球群岛三分；

第二，比起早前的"二分法"，此修正案更加清晰，建议用北纬二十六和二十九度来划线是较科学的做法；

第三，具体说明北纬二十六度以南靠近台湾的岛屿交给中国；北纬二十九度以北的群岛和海洋归日本；北纬二十六度和二十九度之间的群岛和海洋便交回琉球复国。（但划线仍有误，详后。）

用纬度线来划分，当然是十分科学的，但实领哪些岛屿才是各方最所关心的。于是在谈判时，就列举出归属岛名来。具体而言：

一分北纬二十九度以北的与论岛、冲永良部岛、德之岛、大岛和喜界岛共五岛交日本，并可将冲绳县移至于此；二分北纬二十六度和二十九度之间的冲绳本岛（亦是谈判时所常说的琉球中部），交回尚家王朝复国；三分北纬二十六度以南的宫古和八重山群岛（谈判时常说琉球极南的南岛）予中国。

这三分琉球的建议，杨越翰是藉来信而知悉的，他有没有转告格兰特将军和平安公使，不得而知，结果就是闹出"罗生门"来。

犹记何如璋呈书李鸿章，提到三分琉球，后来被诬为捏造的报告："往见美使平安，谓已与格总统商一办法，拟将琉球三部中部仍归球王复国，中东各设领事保护；南部近台湾割隶中国；北部近萨摩割隶日本……"[75]而值得注意的是"中东（中日）各设领事保护"句，正与上文麦嘉缔致函杨越翰说："这个中立国（将琉球建成中立国）同时由中国和日本联合保护"相吻合。可证麦嘉缔确与二分琉球或三分琉球有关，甚至就是提出用纬度来划界之人，因为在这方面他的科技知识是最高的。

从何公使的报告来说，格兰特和平安是知道有三分琉球这回事的。但竹添进一郎看到李鸿章抄示何的三分琉球报告后，即上报外务省，由外务省电令日本驻美公使吉田清成求询格兰特。格兰特的回复是他不知道有这件事，美国驻日公使平安亦作同样的答复。[76]

日本拿出格兰特和平安的回复，真令何如璋百词莫辩。但从上述引文来看，何如璋和麦嘉缔都是知道有三分琉球的。但格兰特和平安硬是不认，何如璋便被蒙上捏造之冤，笔者试作假设：当何如璋前往美国公使馆打听格兰特调停琉球的进展时，有两个可能的情况发生：

第一，格兰特和平安真的不知道有三分琉球这个提议。但平安跟何如璋讨论球案时，复杂的划线再加上传译的表达问题，导致何如璋也认为平安说的是三分琉球，因此在向李鸿章发的报告书中便把三分琉球写了进去；

第二，格兰特和平安都有从杨越翰方面获悉三分琉球方案，但事隔八个月后，格兰特可能不想更多地介入此争议，所以便说"不知道"。在格兰特的文书档案中，也曾提及过："有一些建议不是十分成熟，不适宜公开，所以不在这里记述。[77]"当平安得悉格兰特的态度后，他亦紧随老总统，同声说"不知道"。

上述的假设推想，当然以第二条较为接近事实。后来，当笔者重校上文的引书时，在笔记本中录有琉球史学家赤岭守前辈的一篇论文，当时匆忙间没有详细阅读。该文发表于一九九〇年举行的"第三届中琉历史关系国际学术会议"，论文名《脱清人与分岛问题》。今检出细阅，不禁大为惊喜，因为前辈的论文可以成为拙文的注脚（如此说或是有点不敬，谨在此致谢）。

赤岭先生从《琉球所属问题关系资料》中，查找出一八八〇年四月五日竹添致井上馨的密函。该函的主要内容是抄录李鸿章出示何如璋的三分案，而且用的是汉文，兹转引如下：

> 如璋于二十日往见美使，美使言：事必须了，且必须两国俱有光彩，方
> 为好看。我与统领熟商一办法，查琉球本分三部，今欲将中部归琉球复国立
> 君，中东两国共设领事保护，其南部者近台湾，为中国必争之地，割隶中国，
> 其北部者近萨摩，为日本要地，割隶日本，未知贵国允许否云云。[78]

此书函所说的三分琉球，其内容和麦嘉缔致函杨越翰与及李鸿章的《密
论何子峨》（见上文）等资料相符。但赤岭教授也和其他学者一样，提出同
样的疑问：三分琉球如何划线分割？以及三分案是怎样提出来的？赤岭氏又
从台北中央研究院近代史研究所藏的《清季外交档》中，检出《琉球档》来。
他发现里面有详述三分案的书函，内云：

> 三分案是在北纬二十七度和二十五度划线，将琉球分成三部分。何如璋
> 以北纬二十七度以北的大岛、德之岛、鬼界岛、冲永良部、与论岛的岛屿已
> 割隶萨摩，现归属于日本，设为冲绳县，这对中国来说，不伤体面。而靠近
> 台湾商船横渡太平洋的航道位置，将北纬二十五度以下的宫古和八重山等诸
> 岛割隶中国。中部以冲绳本岛为中心，是"宗朝"的所在地，让琉球复国，
> 置于中日两国保护之下。此三分案是得到平安（公使）的明确支持的。[79]

赤岭先生再分析，认为受雇于中国驻日公使馆的麦嘉缔是十分关键的人
物。只可惜赤岭先生仅考出麦嘉缔是一名翻译。他认为何如璋的三分琉球方
案，是通过麦嘉缔取自平安公使的情报，然后作成报告书上呈李鸿章的。所
以赤岭先生强调三分琉球案不是何如璋捏造，也并非李鸿章的私案，而是经

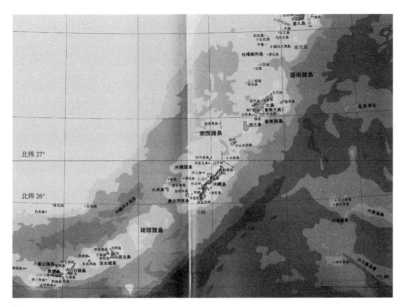

06

07

06　二分琉球与三分琉球的划分，其最大分别就是二分琉球没有北纬27°这条分界。

07　麦嘉缔（Divie Bethune McCartee）在《回忆录》中述及他受聘为公使顾问的经过。（引自网上图书馆藏书）

由麦嘉缔的听闻而传回来的。但后来井上外务卿直接向平安公使问询时，平安氏的回复是：在公在私都没有向何如璋谈及过。而格兰特回答日本驻美公使吉田清成说：有关具体的分岛案，在寄给中国的书函中，从无触及过。[80]

何以会否认？尤其是平安公使，在无法理解的情况下，赤岭先生也只能说：也许在翻译上发生过一些误解。

对赤岭教授的考证，最令笔者注意的是三分琉球所提到的纬度——北纬二十七度以北和北纬二十五度以下（即以南）。

笔者打开多种日本印行的冲绳县地图，对照纬度的划线，如以北纬二十七度来划，刚好在冲绳本岛北面和与论岛之间的海洋穿过，这样就可以由与论岛开始，包括以北的四个岛（冲永良部、德之岛、大岛、喜界岛）割隶给日本。也就是说，北纬二十七度以北的划分是符合信函陈述的。而北纬二十五度以南的宫古和八重山的划线，就出现宫古岛的一些岛屿是在北纬二十五度线以北，和陈述的割隶有所抵触。

笔者又再检视七月十六日麦嘉缔写给杨越翰的书信，提出要修正四天前的建议，（笔者认为这四天前的建议是二分案，而这次修正是三分案。台北中研院藏的《琉球档》的记录，因为在八月七日，如没有推算错误，这是又一次的修正）。其修正建议是将北纬二十六度以南的宫古和八重山划归中国，这样的划线刚好在宫古诸岛以北穿过，是符合三分案的陈述。而北五岛就以北纬二十九度以北来划线，这是完全错误的，因为北五岛全部位于二十七度至二十八点五度之间，向北上移至二十九度，已经是萨南诸岛了。

麦嘉缔这次修正，依然有误。迨八月七日，何如璋再掌握到的三分案，又轮到南部划线由对的划成错——由北纬二十六度向南划至二十五度。何以会一再重复犯错？笔者认为除了因为当年的测绘技术之外，最重要的是一些芝麻小岛，其位置和岛名还没掌握得十分清晰，稍一迁移，就真的造成差以

图解二分琉球和三分琉球之说

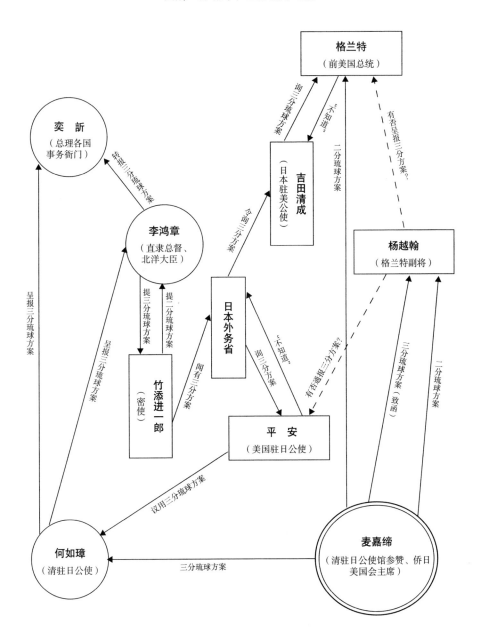

毫厘，失之千里。

虽然在划分琉球的纬度上一再有错失，却可证明三分琉球案有过反复的讨论。至于格兰特和平安何以否认提过三分琉球案，可能出于多方面的考虑，才会作出讳莫如深的答复。但笔者总算为何如璋翻了案，不致被日本某些史家诬为捏造，并追查出二分琉球、三分琉球的纬度划线者，正是中国驻日公使馆的洋参赞麦嘉缔。

八 小 结

经过查证，琉球三分之说并非虚构已如上述。下面再归纳几点，以为本章的结语。

一、在举行谈判前，日本做了准备工作，甚至两次派竹添进一郎来向李鸿章摸底，并有意无意间指定驻华公使宍户玑做谈判全权代表，做成会议地点首选公使驻地的北京，可避过强硬的谈判对手（当时来说）李鸿章。毕竟早前签订的《中日修好规条》，由李鸿章主谈，是取得成功的。结果奕訢是按常例由他的总理各国事务衙门来派员作谈判代表，没有举荐李鸿章。而派出的大臣沈桂芬、景廉、王文韶，可说对琉球毫无认识，又乏谈判技巧，就听从二分琉球之说，并同意随后可改《通商章程》，使日本能享有"一体均沾"的条款。及至谈判结束前，始由李鸿章上奏《请球案缓结》，才紧急煞停，然后交还李鸿章统筹全局，使谈判陷于被动局面，要以"支展之法"来推翻前议之草案。倘若一开始便由熟悉琉球情势的李鸿章来谈判，也许有不同的结果。

二、中国十分尊重琉球国的意愿，听了琉球密使向德宏的禀报之后，还再电令驻日公使何如璋亲向琉球君臣作咨询，听取他们对南岛（宫古、八重山）不能复国之困，然后按照他们的诉求，再在谈判桌上力争。这种充分尊重关与国（或是被侵略国）诉求的做法，是值得称许的。

三、在中华帝国的宗藩体制下，天朝怀远施仁，毫无机心，不掠土夺利，以显大国仁德。藩属有急，在力所能及的情况下，必挥军驰援，唐朝和明朝力保朝鲜便如此。至琉球案，虽无力渡海迎救，为能"兴灭继绝"，不惜让出"利益均沾"，试图换取日本对三分琉球的首肯。日本的史学界常说琉球的谈判，是中国因着西面与俄国的签约与否而有所调整，当成功签了《中俄伊犁条约》，便推翻琉球条约草案。其实主要问题不在于此，而是能否接纳三分琉球方案？在中俄订约前，李鸿章已提出："界以中、南两岛复为一国，其利害尚足相抵，或可勉强允许。"这种"让利救属（盟）"，显示出中国自古以来对四邻的护持与睦爱。

四、中、日就琉球案谈判破裂，令中国无法挽救琉球复国；但日本也无法从正式的条约中取得琉球。到今天仍然可以说是未解的悬案。而杨越翰副将似乎预感到谈判会破裂，他觉得中国的表现是无愧的：

> 万一不能了结，中国于球事始终有礼，亦无愧于各国。中国先愿与日本商量球事，足见中国重视和约，不肯轻启兵端。[81]

最后要说明的，就是整个谈判的二分琉球和三分琉球方案，所有提到的岛名，全部没有钓鱼岛名，从而知道琉球的极南部（南岛）是不包括钓鱼岛的。所以若用琉球群岛来延伸至钓鱼岛去解释为领土的一部分，是妄说，而且是完全站不住脚的。

附：向德宏登覆寺岛来文《节略》[82]

六月二十一日，琉球紫巾官向德宏准钞日本寺岛外务大臣来信，遵谕谨将逐件详细条陈，开列于左，仰祈宪鉴。

一、日本谓敝国属伊南岛，久在政教之下，引伊国史，谓朝贡日本事实在中国隋唐之际，此谎言也。考敝国在隋唐时，渐通中国，尝与日本、朝鲜、暹罗、爪哇、缅甸通商往来。至明万历间，有日本人孙七郎者，屡来敝国互市，颇识地理，因日本将军秀吉著有威名，孙乃缘秀吉近臣说秀吉曰：傥赴琉球告以有事于大明，彼必来聘。秀吉听之，致书琉球，略曰：我邦百有余年，群国争雄，予也诞降，以有可治天下之奇瑞，远邦异域，款塞来享，今欲征大明国，盖非吾所为，天所授也；尔琉球宜候出师，期明春谒肥前辕门，若惰怠期，必遣水军，悉虀岛民。敝国惧其威，因修聘焉。若据日史所言，则敝国隋唐时已属日本，何以至大明万历年间尚未入聘？其言之不实、不辨自明矣。国史附会，何所不至。至引所载太宰府遣使于南岛以下云云，安知非日本人在敝国为市者，将敝国地图画归，送呈日史馆，故铺扬而张大其说乎？且赤木为敝国地产木，至今尚无进与日本，如当隋唐时有贡，何今日反无之？事隔千余年，久远无稽，日本任意捏造，那有穷乎？

（这里是反驳日本，为达成琉球早已是日本属国的目的，竟任意捏造史话，胡说琉球早在隋唐已朝贡日本。按当时简易的通商有之，如已成为属国，向德宏质问何以到丰臣秀吉之时，又要再来聘？而太宰府（在今福冈市）的遣使，也不过是通市的商人，却用来夸大胡扯，都一一予以驳斥。但琉球与暹罗、爪哇等东南亚国家的通商，要待明朝洪永以后，非隋唐时所能航及，这是要澄清的。）

二、敝国距闽四千里[83]，中有岛屿相绵亘，八重山属岛近台湾处，相距仅四百里。《志略》所谓：去闽万里，中道无止宿之地者，误也。距萨摩三千里，中有岛屿相绵亘，敝国所辖三十六岛之内，七八岛在其中。万历三十七年，被日本占去五岛，亦在其中。《志略》所谓："与日本萨摩州邻，一苇可杭（航）者"，误也。今日本以敝国当萨摩州一郡邑，谓久属伊南岛，实属混引无稽之词，成此欺人之谭。

（日本寺岛外务大臣举出《志略》来，试图加强萨摩与琉球的"邻接"，仅"一苇可航"；又刻意疏离中国，指"去闽万里"。向德宏直斥为"欺人之谭"，特意拿八重山来说明，距台湾仅四百里（约合二百三十公里），并非万里之遥，此一误。又连消带打地指控在万历三十七年（一六〇九）被夺去五岛，才稍为靠近萨摩，正确来说不是"一苇可航"，而是三千里之距，此二误也。）

三、敝国世纪载：开辟之始，海浪泛滥，时有男名志仁礼久，女名阿摩弥姑，运土石，植草木，以防海浪，穴居野处，是为首出之君。迨数传而人物繁殖，智识渐开。间出一人，分群类，定民居，称天帝子。天帝子生三男二女，长男称天孙氏，为国君始；二为按司，官始；三为百姓始；长女为君君，次女为祝祝，均掌祝祭之官。天孙氏传二十五世，为权臣利勇所□。浦添按司名尊敦者，起兵诛利勇，诸按司推戴尊敦为君，即舜天王。舜天王父源为朝，乃日本人，遭日本保元之乱，窜伊豆大岛，嗣复浮海至琉球，娶大理按司之妹，生尊敦，即舜天王也。自舜天王至尚泰王，凡三十八代，中间或让位于人；或为所夺。如此者，几易五六姓，舜天王之统，三世已绝矣。察度王洪武年间赐琉球名；巴志王永乐年间赐姓尚，至尚泰王，或虽有嗣承，同系天朝赐国号受姓之人。尚泰王之祖尚圆王，伊平屋岛之人，乃天孙氏之裔也。日本何得认为日本之后耶？总归时异世迁，断不能妄援荒远无稽之论，为此神人共愤之事！如按此论，则美国百年前之君为英吉利人，刻下英吉利能强要此美国之地乎？地球内如美国者极多，纷纷翻案，何有穷乎？

（日本为了证明与琉球有很亲密的关系，不惜拉关系，讲血缘，说到舜天王之父是日本人源为朝，他是因保元之乱而逃到琉球，娶按司之妹而生舜天王。这是江户初期日本鼓吹"日琉同祖"而编写的一些志书，但都是无据可考的天方夜谭之说。向德宏在反驳日本的《说略》时，首先记述琉球开国之始，这和很多国家一样，都带有神话色彩。其实，琉球国要晚至中国的南宋或元朝，才开始发展成国家的规模。传舜天王之父经保元之乱来琉，那也是公元一一五六年以后的事，更何况向德宏指出舜天王的统治，仅历三世而已。所以与尚王朝谈不上有血缘关系。反而向德宏给我们重温了洪武年间，太祖将"琉求"赐名为"琉球"[84]；又在永乐年间赐国主姓尚的史事。）

四、尚宁王被（同擒）事固有之。盖因丰臣氏伐朝鲜之后，将构兵于大明，以敝国系日本邻邦，日本前来借兵、借粮。敝国不允所请，日本强逼甚严，尚宁更不承服。嗣后，（岛津）义久召在萨摩球僧，亲谕日本形势，还告尚宁王速朝德川。尚宁王不从，遂被兵，尚宁王为其所擒，此逼立誓文之所由来也。厥后，岁输八千石之粮于萨摩，以当纳款。此盖尚宁王君臣被困三年，不得已屈听之苦情也。今据日本伐朝鲜事，盖不便以骚扰中国为言耳。然事在明万历三十七年，是时敝国久已入贡中朝，即以所逼誓文、法章而言，亦无不准立国阻贡天朝之事。且天朝定鼎之初，敝国投诚效顺，迄今又二百余年，恪遵会典，间岁一贡，嗣王继立、累请册封。日本向来亦称琉球国中山王甚为恭顺，皆无异说。乃自同治十年以来，谬改球国曰球藩，改国王曰藩王，派官、派兵前来，此乃起衅天朝之所由来也。

（向德宏申诉琉球一直朝贡中国，至万历年间，尚宁王不肯屈服于日本的无理威逼，致被掳三年，虽签下誓文，但入贡中国，从未受阻。至近年才有阻贡废琉球王，争端便由此而起。）

五、神教则自君君、祝祝掌祭祝之官，时敝国已有神教。据云：岛祀伊势大神等出自日本，不知敝国亦祀关圣、观音、土地诸神，何尝出自日本也。

（琉球的神教，有自己独特的祝祭仪式，当然也有受日本影响的地方，但并不可以说成是源自日本。向德宏不服气地举出日本不常拜祀、但琉球却十分盛行祭祀的关帝、土地来，以示非源于日本。）

六、风俗，则敝国冠婚丧祭均遵天朝典礼，至席地而坐，设具别食，相沿已久，亦天朝之古制，经典详载也。焉知非日本之用我球制乎？如日本以古制私为己物，则日本亦可为天朝之物矣。至云蒸馔用伊小笠原氏之仪，尤为无据，如按此论，亦可云小笠原氏之仪，乃引用敝国之仪矣。

（日本将琉球的风俗和生活习惯凡与日本近似的，都说成源自日本，向德宏认为日本毫无根据，反问日本的器物是否源于中国、来自琉球？）

七、四十八字母，敝国传自舜天王。舜天王虽日国人所生，然久已三传而绝，何得据此为日本之物？且敝国亦多用汉文字，并非专用四十八字母也。如以参用四十八字母为据，则日本之向用天朝汉文不止四十八字母者，日本亦可为天朝之物矣，有此牵强之理乎？

（日本继续吹他们的"日琉同祖论"，而向德宏每每以去日本化来反击。其实，总的来说，日本和琉球所书写的文字，都深受中国的汉字影响，在这方面可以说双方的文字都是同祖于汉字。）

八、言语，敝国自操土音，间有与日本相通者，系因两国贸易往来，故彼此耳熟能道。若未经与日本通商，则日本不能通敝国人之言语，敝国亦不能通日本人之言语。据日本以敝国称国为屋其惹，为冲绳形似浮绳，故曰冲绳。始祖天孙氏，天孙氏天帝之子所生，非日本人也。此言语与日本何涉？不待辨而误见矣。如按此论，则日本能操敝国言语，敝国亦可云日本为敝国之物也。

（两国长久通商互市，语言和习惯都会互为影响，渐次通晓对方语言，是人类文化发展的常轨。欧洲各国土地邻接，其例多矣！但万万不能说对方能操本国的语言，则与对方的国家同源，就可以成为本国之物。若此逻辑可行，则世界大乱矣！）

九、日本谓敝国有饥，则发帑赈之；有仇则兴兵报之，以为保庇其岛民。此语强孰甚焉。敝国荒年，虽尝贷米贷粟于日本，而一值丰年，便送还清楚，无短欠。在日本只为恤邻之道；在敝国只循乞籴之文，如即以此视为其岛民，则泰西各国近年效赈天朝山西地方，以及天朝商人之施政奥国，则天朝可为泰西之地耶？奥国可为天朝之地耶？至台湾之役，彼实自图其私，且将生端于琉球，故先以斯役为之兆，何尝为敝国计哉？敝国又何乐日本代为启衅哉？

（日本向琉球赈济，不是赠米账粟，而是贷米贷粟，待丰年好收成，就须奉还。施这样的小惠，日本便无限放大，将琉球民纳入为自己的国民，岂是恤邻之道？又藉牡丹社事件，打着保护岛民的旗号，说是"有仇则兴兵报之"。但向德宏代表国家明确地指出：琉球并不高兴由日本代为出兵去台湾开战。）

十、日本谓敝国国体、国政皆伊所立，敝国无自主之权。夫国体、国政之大者，莫如膺封爵、赐国号、受姓、奉朔、律令体制诸巨典。敝国自洪武五年入贡，册封中山王，改琉求国号曰琉球，永乐年间，赐国主尚姓，历奉中朝正朔，遵中朝礼典，用中朝律例，至今无异。至于国中官守之职名，人员之进退，号令之出入，服制之法度，无非敝国主暨大臣主之，从无日本干预其间者。且前经与佛、米、兰三国互立约言，敝国书中皆用天朝年月，并写敝国官员名，事属自主，各国所深知，敝国非日本附庸，岂待辨论而明哉？

（日本常常口口声声说琉球是他的附庸国，派员驻那霸，每年收租税，是实质管治的明证；中国的册封，仅虚器而已。身为琉球国的紫巾官向德宏，难容日本信口雌黄，严词反诘。他首先列举国体、国政中的重要巨典，当推册封、赐国号、奉正朔，遵礼典，颁律例，而这些重要体制，都来自天朝、学自天朝——中国。至于国内的官守职名、人员任免、发施号令等，皆由国君和大臣来决定。再论到与美国、法国、荷兰签立修好条约，用的年号是"大清咸丰"，署名是琉球的总理大臣尚宏勋、布政大夫马良才[85]，若非独立自主的国家，如何能签订国际条约？以上种种，足证琉球绝非日本的附庸国。)

注释

1 参见赤岭守著《琉球归属问题交涉与脱清人》，收录在《第九届中琉历史关系国际学术会议论文集》，海洋出版社，二〇〇五年，页三三九。

2 参见《李鸿章全集》，海南出版社，一九九七年，页三一四六，《译署函稿》卷十《覆美国前总统格兰特·光绪五年八月初九》。

3 同注2引书，页三一四七，《译署函稿》卷十。

4 同注2引书，页三一四六，《译署函稿》卷十。

5 同注4。

6 同注2引书，页三一四三，《译署函稿》卷十《密论何子峨》。

7 同注2引书，页三一四一，《译署函稿》卷九《译送美前总统来函·光绪五年七月二十二日》。

8 同注2引书，页三一五八，《译署函稿》卷十《与日本委员竹添进一笔谈节略》。

9 同注2引书，页三一五八，《译署函稿》卷十《议球案结法》。

10 同注2引书，页三一六一，《译署函稿》卷十《日本竹添进一说帖》。

11 同注2引书，页三一三七，《译署函稿》卷九《译美国副将杨越翰来函》。

12 参见黄天著《〈满清纪事〉、〈日本日记〉的逆输入和增田涉的有关研究》，收录在复旦大学历史系、出版博物馆合编《历史上的中国出版与东亚文化交流》，二〇〇九年，页一五八至一五九；又黄天著《日本物语之黑船事件》，香港《大公报》，一九八八年三月九日至二十日。

13 同注2引书，页三一三八，《译署函稿》卷九《何子峨来函·光绪五年七月初四日》。

14 同注10。

15 参见王玺著《李鸿章与中日订约（一八七一）》，台北中央研究院近代史研究所，二〇〇六年，页四〇。

16 参见台湾银行经济研究室编《李文忠公选集》上，台湾省文献委员会，

第九章 清拟让利挽琉球 分岛不成复国难

一九九七年，页三五三，《妥筹球案折》。

17　同注 16。

18　同注 15 引书《李鸿章与中日订约（一八七一）》，页一〇七。

19　同注 16。

20　同注 2 引书《李鸿章全集》，页三一六二，《译署函稿》卷十《劝竹添进京》。

21　同注 2 引书《李鸿章全集》，页三一六三，《译署函稿》卷十《与日本委员竹添进一笔谈节略·光绪六年二月二十五日》。

22　同注 2 引书《李鸿章全集》，页三一六五，《译署函稿》卷十《日本委员竹添进一来书》。

23　参见《清光绪朝中日交涉史料》，台北文海出版社，一九六三年，页二〇《总理各国事务衙门奏请派员商办琉球案折》。

24　同注 23。

25　参见阎崇年、田珏、韩恒煜编著《中国历史大事编年·清近代》，北京出版社，一九九一年，页六〇八至六〇九。

26　参见《清光绪朝中日交涉史料选辑》，台北台湾省文献委员会，一九九七年，页二五。

27　同注 26 引书，页二七。

28　同注 27。

29　同注 27。

30　同注 26 引书《清光绪朝中日交涉史料选辑》，页二八。

31　参见张启雄著《论清朝中国重建琉球王国的兴灭继绝观》，收录在《第二届中琉历史关系国际学术会议论文集》，台北中琉文化经济协会出版，一九九〇年，页二八五；又《清光绪朝中日交涉史料选辑》页二七也有："载明分界以后，彼此永远不相干预，庶以中国如何设法存球，日本无从置喙。"

32　同注 31 引张启雄著《论清朝中国重建琉球王国的兴灭继绝观》，页二八六，引三国谷宏之言。

33 参考自程树德撰《论语集释》四，北京中华书局，一九九〇年，页一三六二至一三六三。

34 参见吴天颖著《甲午战前钓鱼列屿归属考》，北京社会科学文献出版社，一九九四年，页五四。《日本外务省档案目录》的《两分琉球》方案的图照。

35 参见《清光绪朝中日交涉史料》，台北文海出版社，一九六三年，页二四《附件一总理各国事务衙门录呈球案条的底稿》。

36 参见安冈昭男著，胡连成译《明治前期日中关系史研究》，福建人民出版社，二〇〇七年，页一一三。

37 同注26引书《清光绪朝中日交涉史料选辑》，页三一至三四，《陈宝琛奏倭案不宜结折》。

38 同注26引书《清光绪朝中日交涉史料选辑》，页三六，《军机处寄直隶总督李鸿章上谕》。

39 同注31引张启雄著《论清朝中国重建琉球王国的兴灭继绝观》，页二八五。

40 参见《李鸿章全集》，海南出版社，一九九七年，页三一八五，《译署函稿》卷十一《请球案缓结》。笔者作句读。

41 参见《清光绪朝中日交涉史料》，台北文海出版社，一九六三年，页二六至二八，《直隶总督李鸿章覆奏球案宜缓允折》。

42 同注41。又同注26引书页四一。

43 同注36引书《明治前期日中关系史研究》，页一一三引《日本外交文书》。

44 同注41引书《清光绪朝中日交涉史料》，页三〇，《刘坤一奏陈中外各国事势片》。

45 同注36引书《明治前日中关系史研究》，页一一三至一一四引《日本外交文书》。

46 同注36引书《明治前日中关系史研究》，页一一四至一一五引《日本外交文书》。

47　同注41引书《清光绪朝中日交涉史料》，页三一至三二《总理各国事务衙门奏日本使臣宍户玑回国折》。

48　同注26引书《清光绪朝中日交涉史料选辑》，页七三《上谕》。

49　参见温廷敬辑录《茶阳三家文钞》，一九二五年，《复总署论球案暂缓办理书》。笔者作句读。

50　同注49。

51　同注49引书《复总署总办论为球王立后书》。笔者作句读。

52　同注51，笔者作句读。

53　同注51，笔者作句读。

54　同注51，笔者作句读。

55　同注51，各岛前有"一"字，是古书列举之号，今删去，在各岛之后加括号数目，以便于说明。

56　参见横山重编纂《琉球史料丛书》第四卷《中山世谱》首卷《琉球舆地名号会纪》，东京美术出版社，一九七二年。

57　同注55。

58　参见喜舍场朝贤著《琉球见闻录》，东京东汀遗著刊行会，一九五二年，页一四九，原文为日文，笔者据意译出。

59　日本好用"琉球处分"来表示"废王为藩"、"废球为县"。但在琉球而言，不是"处分"，而是受害国。

60　参见《李鸿章全集》，海南出版社，一九九七年，页三二一七《译署函稿》卷十三《论球案并复核越南条议》。

61　同注2引书《李鸿章全集》，页三一四三，《译署函稿》卷九，《密论何子峨》。笔者作句读。

62　同注61。

63　同注36引书《明治前期日中关系史研究》页一一一；又同注31张启雄著《论清朝中国重建琉球王国的兴灭继绝观》，页二八二引夏威夷大学图书馆藏《琉球所属问题》。

64　同注36引书《明治前期日中关系史研究》，页一一一。

65　同注 31 引书《论清朝中国重建琉球王国的兴灭继绝观》，页二八二。

66　参见中国社会科学院近代史研究所翻译室编《近代来华外国人名辞典》，中国社会科学出版社，一九八一年，页二九八；又岩波书店编辑部编《岩波西洋人名辞典》增补版，东京岩波书店，一九八一年，页一四二五。

67　A Missionary Pioneer in the Far East : A Memorial of Divie Bethune McCartee, New York, Chicage : Fleming H. Revell Company, 1922, pp.163.

68　同注 67 引书，页一六四，麦嘉缔说：两名中国译员仅在日本营商一段短时间，所以显得不够熟练，令到我不单是公使的翻译，还要将法国的契约翻译成中文。

69　参见《清光绪朝中日交涉史料》，台北文海出版社，一九六三年，页一五，《何如璋等奏请在日本横滨等处分设理事官等折》。

70　同注 67 引书，页一六四。

71　同注 2 引书《李鸿章全集》，页三一二〇《译署函稿》卷八《覆何子峨》，又页三一二八，《译美前总统幕友杨副将来函》："昨据何钦差之参赞来见，将琉球事始末文卷译送我，即转呈前主阅看。"

72　同注 67 引书，页一六五。

73　同注 67 引书，页一六六。这里向格兰特出示的《冲绳志》，应是伊地知贞馨的新著。

74　The Papers of Ulysses S. Grant, Volume 29, Edited by John Y. Simon, Carbondale : Southern Illinois University Press, pp.209.

75　同注 61。

76　同注 63。

77　同注 74 引书，页二〇八。

78　参见《第三届中琉历史关系国际学术会议论文集》，台北中琉文化经济协会，一九八一年，页四八一，赤岭守著《脱清人与分岛问题》。

79　同注 78，原件应为中文，赤岭守作了日译，今笔者又将日文译为中文。

80 同注 78 引文，页四八二至四八三。原文为日文，笔者据意译出。

81 同注 2 引书《李鸿章全集》，页三一四二，《译署函稿》卷九《译美国副将杨越翰来函·光绪五年（一八七九）七月二十一日》。

82 同注 2 引书《李鸿章全集》，页三一三三至三一三五《译署函稿》卷九，成稿于光绪五年（一八七九）六月二十四日（八月十一日）。其内各条统一用旧式的"一"作起段，今为清晰起见，改用数字作序，共得"十条"，可谓"十驳寺岛"。笔者除作句读外并作疏解，以括号区别。

83 一华里等于五百五十九点八公尺。

84 参见桑江克英译著《球阳》，冲绳球阳刊行会，一九六九年，页一三。

85 参见《博物馆展示ガイド》，冲绳县立博物馆、美术馆编辑出版，二〇〇三年，页五七。高良仓吉、田名真之编《图说琉球王国》，东京河出书房新社，一九九六年，页一一八，《琉球美国修好条约》图照。原件藏于日本外务省外交史科馆。

第十章

向德宏哀禀求援

林世功死谏乞师

一八七五年七月十四日，内务大丞松田道之威武地来到首里城，宣读太政大臣三条实美的"琉球处分令"，震动了整个琉球王国。最令他们痛心的是割断与天（清）朝的封贡关系，仰天长叹，五百年恩德情义安可一朝忘弃！尚泰王呈上陈情书，恳请收回成命、又派池城亲方（毛有斐）、与那原亲方（马兼才）和幸地亲方（向德宏）等为陈情使，上东京呈递请愿书。他们虽然备受冷待或横遭斥退，但在一年里面，下气低声地呈上十五道请愿书。池城亲方以明治政府未允所请，终致心力交瘁忧郁而死。池的后继者续向何如璋公使和欧美驻日公使请愿。最后，因有何如璋代表中国向日交涉，而日本又对驻留东京的陈情使严密监视，琉球在东京的救国请愿行动惟有偃旗息鼓。后来，这股力量转移到中国，持续请愿求援乞师长达十年。这些秘密出走、逃脱到清国去请愿的琉球士人，日本称之为"脱清人"。他们到了中国，顾不上生计，忍辱为国，跪门哀恳，可说闻者心酸，见者动容！

一 向德宏在华领导救国请愿运动

向德宏（幸地亲方）曾联同池城亲方等人，在东京呈递陈情书。一八七六年六月，向德宏被安排回琉球，于年底率都通事蔡大鼎、通事林世功，携同尚泰王的《密咨》潜逃出境，几经波折才于翌年四月抵登福州。向德宏等的成功逃脱，是为最早的脱清人。向德宏旋将《密咨》和禀状呈交福建布政司，当清廷获悉日本阻止琉球进贡之事，即指示行将出使的何如璋，抵日后妥办球案，其详情已见上文。

至于向德宏等人，加上最后的朝贡使毛精长[1]及其随员，只能按照清朝的接待管理规条，待在福州琉球馆，静候朝廷的回音。但苦候两年多，仅闻清廷从外交途径向日本交涉，呈胶着状态。

一八七九年三月二十七日，废球置县令颁到首里城，并严令尚泰王在三月三十一日迁出王居。日本灭球的消息，很快便由那霸久米村的士族湖城以正潜登国吉船，装作海难漂流来到福州，急告向德宏[2]。惊闻巨变，向德宏马上派毛精长和蔡大鼎、林世功北上京城告急。但第二报又于六月六日驰至。那是代父先行至东京的世子尚典，将亡国之事书成密函，托闽商带至福州，交既是紫巾官、又是舅父的向德宏亲阅[3]，令迅速北上陈情。向德宏不敢怠慢，即剃发改穿清服扮成商人，延邀通事，不顾福州待命之规，星夜奔驰，直趋天津李鸿章相府，哀哀禀报：

敝世子拟即禀明钦差大臣，而日人查禁甚严，不能通达消息。不得已，托闽商带回密函，饬宏迅速北上，沥血呼天，万勿刻缓。如不能收复，（世子）惟有绝食而死，不能辱国负君，泪随笔下。宏泣读之余，肝胆几裂，痛不欲生……主忧臣辱，主辱臣死，宏等有何面目复立天地之间。生不愿为日国属人；死不愿为日国属鬼，虽糜身碎首，亦所不辞。在闽日久，千思万想，与其旷日持久，坐待灭亡，曷若剃发改装，早日北上；与其含垢忍辱，在琉偷生，不如呼天上京，善道守死……效楚国申包胥之痛哭，为安南裴百耆之号求……伏维中堂威惠播于天下，海岛小邦久已奉若神明，必能体天子抚绥之德，救敝国倾覆之危。吁请据情密奏，连赐拯援之策，立兴问罪之师。不特上自国主，下及臣民，世世生生，永戴皇恩宪德于无既。[4]

当时，日本曾传令驻华使馆，监视和捉拿"脱清人"。向德宏惶恐中又患水土病，便恳请李鸿章安顿收留，恩赐保护。李鸿章怜其落魄苦困，乃将他安顿于督府西侧的大王庙内。后来，因为日本发来寺岛外务卿的《说略》，清廷不懂回答琉球与日本的关系，便由李鸿章交向德宏作《节略》来回驳。《节略》可见本书第九章。向德宏呈递《节略》时，附上第二次哀禀（与前次哀禀相距二十天），在悲愤之余，激动地表示"愿充先锋"，"效力军前"：

> 琉球国陈情孤臣紫巾官国戚向德宏为感泣渎禀，求解倒悬事……如得兴师问罪，即以敝国为乡（通向）导，宏愿充先锋，使日本不敢逞其凶顽。宏于日国地图言语文字诸颇详悉，甘愿效力军前，以泄不共戴天之愤……[5]

上文提到向德宏初接湖城以正的急报后，即派毛精长、蔡大鼎、林世功三人北上告禀。其后，向德宏接世子尚典的密函，马上动身北行。及至毛精长等人南返福州，又有王弟尚弼从那霸派出向廷槐，再详告日本的巡查异常凶暴。八月初五、初七（九月二十、二十二日），又先后有向好问、金德辉、杨逢春等奉尚弼之命来闽，再三告急。毛精长深知情势危急，故又率蔡大鼎、林世功等上京。据蔡大鼎在其《北上杂记》中忆述：

> 业于己卯（光绪五年，西历一八七九年）八月十四日（九月二十九日），率同蔡大鼎、林世功、大文李文达、茂才蔡以正、传译通事谢维垣，驱使笃实之人陈学诚，从人仲村渠等，三更时分，坐驾河船，万寿桥放棹，次

01 "脱清人"名表（部分）。

02 苦命驸马向德宏（1843 至 1891 年），乞师不成，饮恨而终。

日黎明到马尾，转搭海定轮船，即日开洋。十七日（十月二日）至上海……
二十七日（十月十二日）移寓河北宏威客店，即与紫巾官（向德宏）议事。（紫
巾官于本年五月，至李中堂署请救，寓大王庙）时闻有美国前总统已与日王
相议割给琉球三分之一。将次日王派官来津，与李中堂妥商。九月初二日河
北启程……初五日（十月十九日）四十里至都，由沙锅门进城，寓西河沿福
来客栈。[6]

就在宏威客店，向德宏得与众人会合，交换近况。向德宏又告以哀禀之
事，并已闻说"三分琉球之案"[7]（何如璋的书函已送到李鸿章处）。向德
宏分析了情势，遂指示毛精长等人入京请愿，而他则继续留在天津向李鸿章
哀劝。向德宏在东京曾追随池城亲方向明治政府陈请，挽救国家，今番转至
中国，继续未竟之业，更身负领军之责。

毛精长、蔡大鼎等跪门请愿

毛精长、蔡大鼎、林世功等人入住福来客栈之后，即赶忙撰写请愿书，
三天后的十月二十二日，他们前往总理各国事务衙门，呈递哀禀，首述国灭
主执，民不聊生，再痛陈日人闯进世子宫，招来"巡查数十名，毒打各官，
直行胁去，至天朝钦赐御书、匾额、宝印，亦恐被其夺掠……日人封豕长
蛇，既吞国执主，复囚官害民。苛责掠夺，无所不至……一闻之下，肝胆崩
裂，相共饮泣……伏乞总理诸位大人俯怜二百年来效顺属藩，被倭凌虐，待
拯孔亟，恩准据情奏请皇上，宣扬天威，迅赐救存，以复贡典。"[8]

毛精长等马不停蹄，两天之后又再携禀前赴礼部哀求。禀词内容，与呈

送给总理衙门的禀状基本一致。总理衙门和礼部将毛精长等的哀禀转奏朝廷，并提出安顿的建议。礼部奏云：

> 毛精长系光绪元年进贡正使，蔡大鼎系同治十二年进贡都通事，林世功系同治八年入监官生……此次来京寓居正阳门外旅舍，恐不足以资防护，而示怀柔。可否仰恳天恩，准照该国贡使来京之例，令其暂在四驿馆居住，给与口粮食物，一面由臣部飞咨直隶总督，迅派妥员来京，护送回闽，用彰我国家优恤远人之至。[9]

礼部施仁，拟暂收留于驿馆。但总理各国事务衙门则不同意，他们于九月十一日（十月二十五日）传召毛精长三人："见该球官等俱中国服色，伏地哭拜不起，所言与禀内大略相同。官等善言抚慰，谕以尔国之事迭经奏明设法办理，且宜静候。该球官等唯唯而出。"经抚慰后，即以"别生枝节"为由，乃"公同量酌，拟由臣衙门发给川资银三百两，派弁送至天津，再由李鸿章派员护送回闽。"[10]

总理衙门是要毛精长等人立即离京，并经军机处传谕旨照准。毛精长等闻悉大惊，恳留不从。经总理衙门劝说，"该球官等始则不领川资，经臣衙门章京逐层谕慰，虽将川资领去，仍是求准在京暂住。"双方就此问题再三咨议。其后，闻"球官等伏地哀求，声称目下无国可归。此次数千里来京乞援，若即出京，恐本国加罪等语"[11]，已有所软化，再以毛精长卧病在床，难以催令起行，便请旨准留。也许是"无国可归；有病在身"，足令清廷大发同情心，特旨批准。

毛精长、蔡大鼎、林世功等人从一八七九年十月进京后，至一八八二年五月一日止的两年半岁月里面，一再上禀乞援。据西里喜行教授所查知的，共有十六道[12]。在这些哀禀中，虽然都是重复陈述："国亡主辱、日人凶暴、百姓受虐；国主世子被执，君民失所涂炭；奏请天恩，迅赐救存"等语，但也有因着时局的发展而作出相应的请愿。如再延期不敢回闽，是"深恐日人错认天朝已将琉球事件从缓办理，益肆鸱张"[13]；又当球案条约底稿拟定之际，毛精长等担心分南岛立国，即上禀力陈不可：

> 敝国内有三府[14]，东西宽处不过数十里，南北长不足四百里，外有三十六岛，其中八岛业于前明万历年间被倭占去，现有二十八岛皆海中拳石，穷荒特甚，土复硗瘠，物产绝少，人户稀疏，其一切衣食器物莫不仰给于三府焉。夫以三府二十八岛而立国尚难，况割土分岛，将又何以立国，既不足以立国，则虽名曰存，何异于亡？[15]

所持论调，与向德宏一致，应是北京、天津时有联系，互为呼应。

当时球案条约草案已出，琉球的陈情使不知清廷会否签约，焦急之余，便上禀请向日本公使谈判，并施加压力："传召驻京倭使，谕之以大义，威之以声灵，妥速筹办，还我君王，复我国都。"[16]

毛精长等在京苦候两年多，虽经十多次哀禀，清廷依然按兵不动，仅从外交途径与日交涉。至一八八二年四月底，毛精长等获悉新任驻日公使黎庶昌与尚泰王有书函来往，黎公使转告尚泰王，谓日本废球为冲绳县已多年，"欲全境归还，难以如愿。"毛精长深明国主不欲分岛，所以再上禀强调："不复全境，不足以立国"，而且似有不耐烦地说："若非宣示天威，无敢帖服听命。长等告急乞救，守候都下。"[17]

无论毛精长等人如何"临禀涕泣，无任延颈待命之至"，也无法打动王公大人之心。结果乞师不成，饮恨终身！

毛精长等的哀禀，言词恳切，时而慷慨，时而悲怆。他们自谓："恭诣京师，匍叩辕下泣恳救难，计今已逾二年"[18]。其凄苦之情，实堪怜悯。

清末毛澄稚见而怜之，复以诗为记：

> 飞章北渡求援夜，长跪东华请命时；
>
> 容得包胥连日哭，当年岂不畏吴知？
>
> （自注云：）琉球遗臣跪东华门外，伺大臣入朝，痛哭求救。慰之云：禁声，恐日本使臣闻之也。[19]

春秋时代楚国大夫申包胥，以吴军攻楚势危，包胥至秦求救，哭于秦廷七日夜，打动秦王之心，出兵救楚，击退吴军。

毛精长等人，确曾效申包胥，"跪东华门外痛哭七日不起，我朝终绝之。"[20]

长跪七日，哀禀两年，毛精长等人的哀求，较申包胥尤为悲切，奈何所求者——清国，亦饱受列强侵凌，自顾不暇，难以学强秦出兵救楚。

有评述禁慰问之声，恐日本公使知之，是过于畏事。但试想一下，亡国孤臣，寄人篱下，还有求于人，倘再招惹麻烦，恐难以立足，反误了大事，其苦心又有多少人知晓？

三 林世功泣血死谏乞师

跪门痛哭七天，也未能打动清廷按兵不发的本意。陈情通事林世功，最后以死来乞师。

光绪六年（一八八○）九月十八日（十月二十一日），琉球条约谈结，奏旨待批。当时的《琉球条约》是以二分琉球来定案，而李鸿章咨询过向德宏，获知宫古、八重山地小贫瘠，不足以复国，故早在九月十六日（十月十九日）已上奏《请球案缓结》。向德宏担心祖国就此二分了结，便将《条约》内情通知留居京城的毛精长、蔡大鼎和林世功等人，着他们从速行动，阻止《条约》的通过，于是便有了后来跪门痛哭哀恳的悲情场面。

二分琉球，仅剩宫古和八重山，国不成国。林世功自愧无力扭转乾坤，悲痛欲绝，便想到用死谏来作最后的乞求。

正当清廷各部大臣和总督议论是否让出"利益均沾"的条款来签订《琉球条约》之际，李鸿章则于十月九日（十一月十一日）提交《覆奏球案宜缓允折》，但不到十天，林世功就于十一月二十日清晨，泣血写下绝命《禀词》，然后自尽。

林世功的绝笔《禀词》，字字泣血，句句悲切，为纪其忠义，敬录全文如下：

> 琉球国陈情通事林世功谨禀：为以一死泣请天恩，迅赐救主存国，以全臣节事。窃功因主辱国亡，已于客岁九月，随同前进贡正使耳目官毛精长等，改装入都，叠次蒭叩宪辕，号乞赐救各在案。惟是作何办法？尚未蒙谕示。昕夕焦灼，寝馈俱废。泣念功奉主命，抵闽告急，已历三年。不图敝国惨遭日人益肆鸱张，一则宗社成墟；二则国主、世子见执东行；继则百姓受其毒虐，皆由功不能痛哭请救所致，已属死有余罪。然国主未返，世子拘留，犹期雪耻以图存，未敢捐躯以塞责。今晋京守候，又逾一载，仍复未克济事，何以为臣？计惟有以死泣请王爷暨大人俯准，据情具题，传召驻京倭使，谕之以大义，威之以声灵，妥为筹办，还我君王，复我国都，以全臣节，则功

虽死无憾矣！谨禀。[21]

　　林世功明白自己一死容易，且会惹来捐躯塞责之诮，但为了急于改变清廷对《琉球条约》的签批，纵然心情矛盾，也不惜以死相谏。林世功的殉义，有说是自刃，亦有说是痛饮水银，然后由高地跃下而死。[22]

　　林世功又担心自己的死谏会连累上司、同僚，故又作小启数语，交代因由和自己的遗愿：

　　此禀并无与人牵涉之语，虽递无妨，祈诸公裁夺施行。如曰无补于事，不必投递，则功亦未如之何。虽然与其事后递禀，有名无实，曷若事前以死请救，以全臣节裁。再：功谓奉主命告急，五载于兹，乃上不能救君，下不能存都，何以覆主命？何以对国人？世子如问父王，又将何以为对？此功所以捐生请救也！伏望诸公怜其愚而宥其罪。临命痛哭，笺此谨白。[23]

　　与林世功艰苦奋战多年、同哭同泣的蔡大鼎，惊见同僚殉死，悲恸万分，为遂遗志，强忍泪水，即日将林世功的绝笔《禀词》径送总理衙门，并附数语报明：

　　琉球国陈情都通事蔡大鼎，为报明事切，陈情通事林世功业于十月十八日辰刻自死，理合报明，并附呈该功亲笔禀词一道。

　　光绪六年十月十八日（一八八〇年十一月二十日）[24]

　　后来，蔡大鼎在其《北上杂记》中有《林子叙在京辞世记》记其事：

03

琉球詩錄卷之一

教習郡武徐　翰小勿評定

林世功
字子敘琉球國久米府人國子監肄業官生

古近體詩

憶福州寄毛兄瓦輔
窮國欷少噂煙華散林樾暗蟲鳴始悲流螢飛欲歌在再
京華游憫惆悵榕城別之子今離居蓮道愁空結大火滿將
須望舒圓又俠戔晏坐如此聯夬涼秋節

前三龍顧有感唐氣味

04

陳情通事林世功謹稟爲以一死泣請天恩迅賜賑主
存國以全臣節事竊功因國亡已于客歲九月隨
同前進貢正使耳目官毛精長等改裝入都登次簡叩
憲轅號乞賜賑救以案性是何辦法向未冡諭示所
夕焦灼寢償俱厥泣念功奉主命抵閩告急已歷三年
儆國慘遺日人益肆鴟張一則宗社成墟二則國主世
子見執東行繼有餘然國主未返世子拘留猶待期雪
救所致已未敢胡疆以藎責今晉京守候又逾一載仍
恥以圖存

05

03　同治十二（1873）年出版的《琉球诗录》，内收林世功诗作多首。（冲绳县立图书馆藏）

04　蔡大鼎的《北上杂记》刊于光绪十（1884）年，正林世功自尽后四年，内收林世功泣血死谏的请愿书。

05　紫禁城的东华门，毛精长、祭大鼎、林世功曾在此门长跪乞师。

林子叙，讳世功，在京辞世，享年四十岁。《记》有之：死有重于泰山。然林君专顾国家之存亡，乃于庚辰十月十有八日，即将其手书禀词呈递列宪，以死叩恩，具奏兴灭。列宪叹曰：此诚忠臣也！实属可悯，乃赐白银二百两，以为棺衾之资也。及二十日，挽其灵柩，送葬于张家湾，呜呼悼哉……[25]

当时的京报闻有此义节之事，亦纷纷以"忠臣殉义"来颂惜之。[26]

及至周年忌日，蔡大鼎不再忍隐不语，将亡友的绝笔《禀词》抄录，发送与有心人，并作《先子叙一周祀日记》。记云：

光绪七年，岁在辛巳十月十有八日，乃子叙一周祀日也。其逝犹昨，哀痛迫切。兹将子叙呈递总署手书禀词，以及赠同僚兄弟各启诗，玩索数次，不胜惭感之至。往古来今，有几人在焉？何人读之不泣！其忠至大，而兼孝弟，则不可得而名矣。今无广知人士，故特登载。其禀曰（已录如上）……[27]

考林世功实为明赐三十六姓闽人后裔，世居有"唐营"之称的久米村，曾在北京国子监留学近六年，归为世子尚典的侍讲。兹将其传略整理如下：

林世功，字子叙，琉球的姓氏官衔称号为"名城里之子亲云上"，又有"官生新垣"名于世。生于一八四一年。父奕保，母郑氏真鹤，皆闽人后裔，世居唐人聚居的久米村。

林世功生性聪慧，一八六五年已入选官生科（准留学生），在首里研习汉学、诗文四年。一八六八年（同治七年），与兄世忠，及首里的贵族毛启祥、葛非庆同被派往中国留学。但毛启祥却死于由闽晋京的途中。三人入读北京国子监。两年后，世忠和葛非庆又相继病故，仅剩林世功继续苦读。一八七四年（同治十三年）学成归国，旋任久米村塾师，讲授诗文经书。翌年，即被誉为国学宗师，延为世子尚典的讲师。迨一八七六年（光绪二年）十二月，风云急变，日本阻贡，尚泰王派向德宏携《密咨》潜往中国陈情告禀，林世功和蔡大鼎亦奉命同行[28]。哀哉！此去三人皆成不归之客。

林世功德学兼备，一片孤忠。他汉学渊深之外，诗才更出众，当年国子监的教习徐干批阅其诗作，多有溢美之词，兹择引如下：

拟杜工部登楼

落叶西风感远游，萧条残照上帘钩；

燕台秋色连关塞，蓟野云阴接驿楼。

万里身依天北极，三更梦落海东头；

恩波碧水深如此，肯为莼鲈动客愁。

教习评语：起从乡思说起，收从乡思反收，结构严矣，而一种忠爱深情，活现纸上，真不愧少陵嫡派。若第赏其音节，雄阔犹是皮相。

秋日杂感

长安为客几时归，魂梦空随落叶飞；

万里白云亲舍远，三秋紫塞雁行稀。

西风何处寒吹角，明月谁家夜捣衣；

惆怅游人眠不得，一镫孤影照书帏。

评语：工雅。

落叶

雨声频打万重林，半落阶前黄叶深；

寄语西风莫吹尽，留防冷气护巢禽。

教习评为：得味外味。[29]

前辈杨仲揆先生雅爱韵语，他引林世功诗后，作出品评："余考清初康熙年间，琉球曾有政治家鸿儒学者如：蔡温、程顺则、蔡铎、周新命、曾益等人，蔚为琉球史上文风鼎盛时代。然读诸人诗学作品，均远不如林世功诗之精深高远。惜以琉球亡国，子叙壮烈殉国，客死他乡，未得回国弘扬文教，绾领一代风骚。时耶命耶？"[30]

林世功写这些感怀诗时，才三十出头，其才情确不可多得。可惜惨遭亡国之变，其凄苦较之杜工部尤甚。杨仲揆先生说他的"半落阶前黄叶深"句，似"应兆于琉球之亡国"[31]。但笔者反留意他身处北京国子监那段岁月，正焦虑中国被西方列强侵凌，有着一种同忧共愤的情怀，隐约在诗中吐露出来。如《落叶》那首："雨声频打万重林，半落阶前黄叶深。"跟着那句"寄语西风莫吹尽"，何以用"西风"？可有含意？又《秋日杂感》也有："西风何处寒吹角"句，亦教人沉思片时。当然，这"西风"到了后来的爱国诗人丘沧海就不再含蓄了，而是直接吟出"西风吹起神州恨"来。

林世功除遗下绝笔《禀词》和《遗启》外，还附有两首辞世诗，读之感人心脾，天下同悲！

其一

古来忠孝几人全，忧国思家已五年；

一死犹期存社稷，高堂端赖弟兄贤。

其二

廿年定省半违亲，自认乾坤一罪人；

老泪忆儿双白发，又闻霣耗更伤神。[32]

辞世诗悲怆地道出尽忠不能尽孝，当经过痛苦抉择之后，又自罪自责。林世功可说是典型的儒家信徒，他亡身殉节，令人钦佩。虽然有评他的辞世诗，其艺境不及早前之作，但绝命诗已无暇细想，此际直言心境更胜含蓄，品诗亦应止于此。

琉球的救国请愿运动，在东京有池城亲方（毛有斐）忧愤而死。如今运动转到中国，又有林世功之死谏乞师，其悲壮尤为过之。林世功作为三十六姓闽人的后裔，为琉球国殉死，与万历年间同为闽人后裔的郑迵誓死不降引颈受斩，一样可歌可泣。他们虽已是琉球人，但华裔英灵不可忘，可风可传，是以加笔详记。

前有向德宏向李鸿章反映宫古、八重山不足以立国；继有何如璋回报尚泰王拒绝在南岛复国，最后林世功又以殉死来劝阻，恳请再传召倭使晓以大义，乞师救国。这种种强烈的反应，对清廷中止签订《球案条约》，无疑起着积极的作用。

四　八重山官员到福建求援

向德宏自从一八七九年夏接奉世子尚典的密函后，直奔天津李鸿章相府，然后受庇于大王庙内。他为争取清朝救援，稽首哭禀，费尽心血，两年下来，未获允准。而清廷又常催令回闽静候，遂于一八八一年秋，离开天

琉球冲绳交替考——钓鱼岛归属寻源之一

津，返回福州。但他仍未灰心，在福建一年，与陆续流亡而来的琉球人（所谓"脱清人"）展开救国请愿工作。

当时琉球的爱国人士，特别是士族阶层，纷纷起来反对日本的高压管治，远在南面的宫古和八重山也有抗争之声。为了表达反对分岛案，富川亲方（全名富川盛奎，汉名毛凤来，位至三司官，当年派向德宏潜往中国，他是合议人之一。琉球被吞并后，他是反日运动的领袖人物）决定潜往中国。中途他转至宫古和八重山，串连岛上的士族。由于此二岛屿是分岛案中首当其冲的部分，故毛凤来的通告，造成了一定的影响。[33]

光绪九年（一八八三）六月初八，八重山的官吏佯装遇风，飘至福州，与时在琉球馆的向德宏商讨，然后据情向总督、巡抚禀报，请派援军救琉球。该《陈情书》的联名报禀除向德宏外，还有留在福州的都通事蔡德昌和代办存留事务蔡锡书。

禀状作如下陈情：

> 本月初八日，敝国属八重山岛官宪英演，坐驾土小船，饰为飘风来闽。据称光绪五年间，日人……废国为县，并派人员盘踞本岛，剥取民财，妄劳民力，种种惨迫情形，不可言状……敝国前明洪武五年间输诚入贡中国，八重山、太平两岛亦慕王化，贡入敝国，久为敝国管辖……举国人民苦日苛政，数年来未知如何凄楚。兹以僻处岛官，痛念君民遭日毒楚，目击心伤，奋发来闽。并闻太平山岛官不日亦将来闽，其余各属岛均不屈服于日；上自内地，下至外岛，敌忾同仇，仰望天朝征日，……迅赐与一旅之师，救倒悬之苦……[34]

这是首次有南岛的八重山直接提请救援，并提到"太平山岛官不日亦将来闽"。太平山岛即宫古岛，太平岛官其后有否至闽，因再无纪事可据，未能作实。但禀状内的用词，有值得注意的是："敝国属八重山岛"、"其余各属岛"；又有"本岛"、"内地"、"外岛"等词。这里试作解释如下：

以紫巾官向德宏为琉球国的代表，撰写这篇禀状，行文用上"本岛"，当是冲绳岛；"属岛"是相对而言，指的是八重山和宫古岛及其先岛诸岛。又"内地"，也是指冲绳、首里；而"外岛"则指宫古、八重山等岛屿。何以有"内外"之分，"本属"之别？其实远在西南的宫古和八重山初不隶琉球国，后来才向琉球纳贡，冀从朝贡中取利。其情况就如琉球之对中国。但至明弘治年间，八重山因不满琉球苛索贡品[35]，有谋变之心，尚真王遂派兵船讨伐：

琉球国管辖之岛名曰宫古、次曰八重山，每岁纳贡，当此二三年间，八重山岛变心谋叛，将攻大宫古。此事传闻于首里。国王急命大里亲云上等九员为将，拨军船大小四十六艘，弘治十三年（一五〇〇）庚申二月二日，那霸开洋。十三日到八重山石垣……二十日甲辰，四十六艘之舟，分为两队，一队攻登野城；一队攻新河，于彼地两边相战。终官军得胜，奏凯而归。[36]

八重山岛被征服，纳贡如常。但琉球国长期以来仅派三数官员驻岛，一切政务，基本上是自治。所以何如璋详询法司官马兼才，得悉：宫古虽合九岛，周回不及二百里；八重山虽合十岛，周回不及百里。且各岛零星，地瘠产微，所派之官，不过数人，余皆选土人为之。政令多由自主。[37]

回看这段历史，宫古岛和八重山虽隶入琉球国，但孤悬西南海角，地小而贫瘠，因以"外岛"视之。而昔日交通落后，在管治上有鞭长莫及之叹，所以基本上让其自治，颇有别于本岛，故以"属岛"称之。

基于以上的地理条件和历史源流，如在此二岛复国，国家的规格大降，尚泰王不作考虑是有其体面原因的。毕竟他不是勾践能卧薪尝胆；而日本勇武更胜夫差，一切便由日本主导，成为定局。

五 请拨朝鲜、越南援兵救琉球

上文提到三司官之一的毛凤来，潜往福州时，途经八重山。其后，他抵闽，即北上具禀请愿。其禀状未见《琉球国请愿书集成》有收录，仅能从礼部光绪九年（一八八三）十一月初十日的奏折中看到："又光绪八年，据该国陪臣法司官毛凤来等在臣部具禀，复经臣部据情转奏"[38]。同奏折还附有光绪九年的另一道由向文光上的陈请书。

向文光（琉球名富岛亲云上）是同治七年（一八六八）的琉球进贡使。他在光绪九年七月，接到尚泰王传来的密咨，令往中国陈情告急。于是他便偷渡到福州，先据情向福建督、抚两院具奏，复剃发换清装北上，分别向总理衙门和礼部呈禀。其措词大抵和向德宏等的哀禀相若，如对日人的指控：

> 且日人所行苛政日甚一日，阖国人民苦其暴行。父离子；子离父，朝夕不胜悲叹之至。况顾日人虺蝎心肠，鬼蜮行径，敝国主暨世子既有刻刻失措之忧，而臣民又时时遭其荼毒。现刻盼天威，责申日罪，以复藩邦，犹赤子之待其父母而日急一日也……亟赐天讨，复国复君，永为中朝一属，仍修贡职，以守封疆……[39]

琉球情况是日急一日。而这里的用词有一字之异是十分值得注意的："永为中朝一属"的"一"字。自一六〇九年被萨摩侵攻之后，琉球怯于萨藩，被迫"两属"。及至明治废球为县，再不谈两属，硬是要吞球。琉球国根本就不愿意被吞并，亦已讨厌"两属"，一心想追随仁高义厚的中朝（中华天朝），所以在复国复君之后，决定"永为中朝一属，仍修贡职，以守封疆"。

然而，今日的天朝，已非昔日的康乾盛世，可以文韬武略，顾盼自雄，而是上无英主，下无贤相，沦为贪污腐败的一个病弱中国。西方列强则争先恐后地东来分割。法国觊觎中国滇桂多年，但首要占取越南，遂有中法之战。

从一八七三年起，法军已进犯越南，幸有刘永福的黑旗军所阻。但至一八八三年，法军攻占顺化，迫清廷签署《顺化条约》。一八八四年六月，法军又攻取谅山。由于越南亦为中国的朝贡国，逼于无奈，清廷一面派张之洞南下主持战局，又令李鸿章与法使谈和。一时间和战无计，自然进退失据。

法军攻占谅山后，续挥军侵犯广西。他们又派孤拔率领远征舰队进入福建马尾军港。其时，由日本驻节回来的何如璋，出任船政大臣，张佩纶则任海防大臣。他们为免影响李鸿章的和谈，竟天真到见有敌舰泊港也不备战。结果在八月二十三日，惨遭袭击，死伤七百多人，毁军舰七艘，运输船沉没近二十艘，福建海军在半小时内如做梦般覆灭，何、张后来被革职。惊闻遇袭，清政府匆匆于八月二十六日向法国宣战。法国海军舰队转航攻台，夺基隆港。犹幸南面陆战反击胜利。翌年（一八八五）二月，清将潘鼎新弃守镇南关，老将冯子材率部奋战，并围截法军。三月二十五日发动总攻，毙敌千余人，法军全线崩溃。镇南关大捷，乘胜收复谅山。而刘永福在临洮又取得大胜。虽然如此，李鸿章却于六月九日，与法国公使巴德诺在天津签订了又一条不平等条约——《中法新约》，正式承认法国侵占越南。查实这场战争是：中国不败而败；法国不胜而胜。用今天的话来说，真是"乌龙战果"，毋怪当时国人都大为气愤!

中法开战,法国海军取得胜利。日本趁机活动,曾一度邀法国海军合作,同往朝鲜,虽不成功,但仍然策动亲日的开化党(日本称"独立党")政变。一八八四年十二月四日,开化党在日本公使竹添进一郎的指挥下,并由日本军配合,攻占王宫。支持闵妃的后党即事大党,向驻朝清军求援。两日后,吴兆有、张光前率清军三千,杀入王宫,驱逐日军。日本公使馆被焚,竹添公使逃往仁川。其间,丁汝昌率超勇、扬威二舰及旅顺陆军抵朝。对此次事件,史称"甲申事变"。

事后,日本作势准备从长崎发军舰前往朝鲜。其时,李鸿章正忙于处理中法战争的攻守,骤闻朝鲜吃紧,即向日本解释是前线擅作主张的行动,希望和谈解决。

首先在一八八五年一月九日,朝日签订了《汉城条约》,朝鲜对日谢罪、赔偿、惩凶。而心烦意乱的李鸿章,四月三日与伊藤博文在天津会谈,可能为集中精力和法使谈判,迅速于四月十五日便与日本签订了《天津条约》,订明双方同时撤兵,今后朝鲜如再生事故,两国或一国派兵,必须事先知照。这样就等同承认中日共同保护朝鲜,同时也为日本在发动甲午战争埋下一条伏线。

这时,琉球的救国人士看到清廷在中法战争中为越南而出兵;"甲申事变"中又派军为朝鲜平乱,打退日军,令他们精神为之一振,感到曙光初露,只要再努力请愿哀禀,"天兵"就会飞渡。他们又探得在新疆收复伊犁的陕甘总督左宗棠正巡访天津,他对外作风强硬,新任为钦差,将会调派到福建督办海军。向德宏等五人,于光绪十年(一八八四)十月初二赶赴天津,拦门哀禀:

嗣因钦差侯中堂驾莅津门，宏复叩辕禀见……侯中堂为朝廷之柱石，兹以法事节钺临闽，德威所播，自塞法心。况日人于敝国及朝鲜先肆蚕食，故法人于越南即欲鲸吞，乃朝鲜、越南均蒙保护。敝国效顺二百余年，一旦为日所灭，宗社永为丘墟，君民久罹荼毒，惨无天日……泣恳侯中堂体皇上怀柔之至仁，悯属国灭亡之惨恸，奏请皇上广德，被越南之宏恩，复波及于敝国，移征讨法夷之天兵，以讨平乎日人……[40]

具禀人除向德宏和都通事蔡德昌、郑辉煌和金德辉外，还有一年前刚从琉球潜逃到来的宗室按司向有德（浦添朝忠），他在琉球也是反日运动的领导者之一。

此次具禀，因应形势，提请移援越之兵往救琉球。他们痛感此际正是琉球国的一线生机，期盼清廷乘势调兵救琉，不致厚彼薄球，所以在接着而来的三个月，向德宏等八次上禀（如加上此禀，共为九禀，参见附表），哀求出兵救球。从现存资料来看，这一连八禀，可以说是他们在华救国请愿运动的最后冲刺、最后哀鸣！

向德宏等五人在天津叩谒辕下，五日后获覆示已收。他们感激不已，寄厚望于左宗棠。又紧随左相的旌旗南下至福建，于光绪十一年（一八八五）二月廿四日（四月九日）二次上禀，除复述亡国之惨，更谏请兵船赴球，与琉球人民合力驱逐日人：

简派兵轮船二、三艘，先往敝国问罪日人。敝国虽懦，人民久矢敌忾同仇，仰见王师下临球境，自当揭竿斩木，效死前驱（驹），尽逐日人出境。[41]

同时又述说向有德会在琉球做内应；向德宏熟知日本情况，可充向导。

琉球冲绳交替考 钓鱼岛归属寻源之一

而此时中日正就甲申事变在天津举行谈判。向德宏和向有德为争取左宗棠支持调兵，于同日联名再上《密禀》，"透露"军情，更献计征日，还附呈《琉球全图》。该《密禀》首先阐述琉球地理位置的重要性："敝国虽孤悬海外，自闽、台湾经敝国属岛八重山、太平、姑米、马齿等山直达琉球，实与中国气脉贯通外，各国往来中国者，均通敝国洋面。"又透露已有带水在闽，而首里城日兵不过一二百人："敝国海道颇为艰难，已选熟习水道者留闽，以备引导。陆地则首里城郭地势高耸，城垣颇坚，现虽为日所据，日兵不过一二百人。预遣干员入城，尽驱出城。人民久苦日虐，敌忾同仇，亦当效死从事。若日船、轮船续到为助，则彼国空虚，中国自上海、天津等处直取日本，攻其无备，易如反掌……敢冒死献刍尧（荛）之见，当否？俯赐裁夺。谨附琉球全图一副，恭呈钧览。"[42]

游说中国出兵，当然极言取胜之易。笔者则注意到"自闽、台湾经敝国属岛八重山、太平、姑米、马齿等山直达琉球"句。属岛八重山、太平（即宫古岛）已详上文；而姑米又名古米，今之久米岛（详见本书第一章），是琉球与中国间的海界岛。在姑米之东、冲绳本岛以西就是马齿（全称马齿山、今庆良间）。向德宏等陈述的这条海道，从中国福建、台湾经过琉球的属岛，有的是"八重山、太平、姑米和马齿"，就是没有钓鱼岛及其列屿。向德宏是紫巾官兼尚泰王的姊夫，亦即是有宗室关系的按司，他们对本国版图及属岛方位了如指掌，所说"直达琉球"，其实按闽、台开洋往琉球本岛，是不必南下至八重山和宫古岛的，但他们为了详细告知中国，故列出西南诸岛来。至于不是琉球属岛的，当然不会胡乱列出，所以自然不会有钓鱼岛、黄尾屿、赤尾屿等的岛屿名。总而言之，向德宏和向有德在《密禀》中的陈述，是起着官方文书的作用。而这一年正是光绪十一年，即一八八五年。

上述向德宏等人向左宗棠连发禀状和《密禀》的同时，又向闽浙总督杨昌浚呈禀，其内容大致和呈给左宗棠的禀状一样。

　　这里要略述一下琉球本国的反日运动。反日运动使日本施政维艰，为缓和关系，一八八四年八月日本让阔别家乡五年的尚泰王返回首里祭庙拜陵、看望臣民，但要他劝阻官员和士族停止反日活动。尚泰王照做了，但有否认真劝说，真是天晓得。其中反日的主要领导者津嘉山亲方（向龙光）和尚泰王展开了论战，似乎尚泰王是无法说服津嘉山，因为后者认为"就算没有君令，为了国家依然会抗争！"一八八五年一月二十四日，尚泰王离开那霸回东京后，津嘉山亲方便于四月九日率都通事郑辉炳等，从与那原津乘小船偷渡出境，于四月十七日成功抵达琉球馆。向龙光迫不及待马上和向德宏、向有德等八人联名上禀，恳请左宗棠赐助，趁"日使在京议朝鲜事，请将敝国之事一并受议。倘日人仍然狡逞，乞天朝迅赐援逞，震奋处霆，扫清云雾，敝国得复国复君。"[43]

　　虽然连番向左宗棠上奏，但左宗棠正为重建福建水师而筹谋，难以分神处理球案，况权力亦有所限。此时，向德宏意识到李鸿章正与伊藤博文在天津会商朝鲜之案，便"由福州星驰北上"，汇同一直在津"守候有年"的向文光，再向李鸿章泣禀，很不满地指出"朝鲜有事，两蒙王师恩佑"，琉球却落空：

　　　　敝国与朝鲜均列天朝屏翰，世沐皇仁。朝鲜有事，两蒙王师恩佑，转危为安。敝国献琛纳贡，史不绝书，亦复罔有缺失，乃倭人作威肆虐，真如火热水深，不闻有一旅一戎兴言征讨。天朝之万几（机）鲜暇既知之矣。正恐倭焰益张，为患日大……伏求天使大人迅赐密请皇猷，声罪致讨，锄暴安良，俾敝国重整河山，国王再见天日，永守藩封之旧恪，修贡职之常则……[44]

李鸿章与伊藤博文的谈判，只花了十二天时间便签订了《天津条约》，双方还订明同时撤兵。翻阅李鸿章与伊藤正式会谈留下的记录《答问节略》，是无一语言及琉球[45]，难怪会令琉球的救国者大失所望。但他们刻不容缓，再由三司官之一的毛凤来带领蔡大鼎和王大业，在京城向庆郡王奕劻哀禀，恳求"中外为家，一视同仁"，出兵征日。禀状中亦充满怨愤之词：

> 朝鲜有事，天朝两次立赐发兵定乱，彼国家危而复安。敝国被难多年，尚未蒙救援，深恐倭口议认天朝已将琉球置于不顾，益肆鸱张，祸患滋生。[46]

同一时期（光绪十一年五月），向德宏和都通事魏元才，在天津再向李鸿章叩禀，凄婉地说道："宏奉主命来津求援，瞬将十年"，继述中法战事已息，"沥情再叩相府，呼号泣血"，恳将留球之"日人尽逐出境"。[47]

忠鲠的向德宏，上了这道禀状之后，前思后想，感慨万千，再奋笔直书，单独具名，速呈李相府。这道哀禀，是目前所知琉球救国人士在华递呈的最后禀状。当然，这绝非是最后之禀，将来或许会再有发现。向德宏独名哀禀的内容，基本上与早前和向有德联名上给左宗棠的《密禀》相同，如安排带水在闽听候，又透露日本在首里的驻兵和献上琉球地图等。而稍有异于前者，是中法已签约，故强调："兹幸法事已定，各处海岸概见无虑，早移备法之兵攻日，时势可乘一大机会也！"[48]

无论琉球的爱国人士如何跪门哀禀，泣血求恳，老朽的清朝亦已任由列强宰割，对惨遭灭亡的琉球国，就更难渡海搭救了。

六 清廷密议东征结球案

　　清王朝是否真的厚朝鲜而薄琉球，甚至对琉球的哀禀充耳不闻，完全不议不论，无动于衷呢？此又非也！在光绪八年（一八八二），清廷曾有过派船舰挽救琉球的密议。

　　光绪八年，朝鲜发生"壬午政变"。是年七月二十三日，守旧的大院君李是应反对闵妃的改革，利用部分军队的不满，杀入王宫夺权，又杀掉日本军事教官。闵妃向清廷求援。日本外相井上馨率舰往朝鲜，中国亦出兵。八月十日，丁汝昌率军舰赶至仁川，二十日吴长庆率部抵朝鲜，诱捕大院君，复闵妃政权，擒杀乱党数百人，将政变平息。虽然清廷扶持了闵妃政权，但日本取得了朝鲜的赔款，并声称与中国同样有出兵平乱之权。

　　"壬午政变"中国出兵快速，是得力于新敷设的电报，使通讯、政令的传递较之飞马加急快得多。有此小捷，工科给事中邓承修便上奏：朝鲜乱党已平，请乘机完结球案。他满有信心地说：

　　　　（日本）水师不满八千船舰，半皆朽败；陆军内分六镇，统计水陆不盈四万，又举非精锐。然彼之敢于悍然不顾者，非不知中国之大也，非不知中国之富且强也，所恃者，中国之畏事耳。

　　然后述说平定朝鲜政变之快速，可以：

　　　　宣示中外，特派知兵之大臣驻扎烟台，相机调度。不必明与言战，但厚集南、北洋战舰，势将东渡，分拨出洋梭巡……布置已定，然后责以擅灭琉

球，肆行要挟之罪。臣料日人必有所惮而不敢发，不惟球案易于转圜，即泰西各国知吾军势已张，不讳言战……[49]

邓承修主张中西之交"不妨虚与逶迤"，但对日本"不宜有纤毫迁就"[50]。其强硬敢干之风可取，但仍然认为中国富且强，是不讲事实的谄媚之词。

果然，慈禧马上传谕军机处，着李鸿章、张佩纶酌度情势，妥为奏覆。

张佩纶识见不高，说了一大堆陈词滥调的话，接着提出："李鸿章、左宗棠均中兴宿将，粤、捻、回三役卓著勋劳，可否饬令该大臣等会同彭玉麟及沿海各督、抚，迅练水陆各军，增置铁船，慎选将领，必备进窥日本。"[51]

到最后又是由李鸿章来解说。居丧百日后复出的李鸿章，先分析了北洋、南洋、福建各个舰队的情况，然后推说难以抽调舰船到烟台。他又称曾晤左宗棠，左亦说："长江要口乏船分布，碍难再调。"李又作出比较：中国各舰队"分隶数省，畛域各判，号令不一，似不若日本兵船统归海军卿节可以呼应一气。"他稍作总结说："且所谓知兵大臣者无夙练之水师，无经事之将领以之为用，船少力孤，情见势绌，不能服远，转恐损威。"同时，他又推翻移驻烟台之议。因为烟台尚未架设电报，呼应不灵，旬日难得回音。[52]

其后，李鸿章再奏答，更明言东征无把握："若必跨海数千里与角胜负，制其死命，臣未敢谓确有把握。"[53]

李鸿章未敢跨海东征，首先是看到各舰队的总督拥兵自重，不想招致损失，万一强令出征，不听号令，或迟疑不合作，断难取胜。而最重要原因，是李鸿章深知中国当时的舰队数量、装备虽绝不逊于甚至稍优于日本，奈何没有将才、尤其是善打海战的将领，试问又有谁敢请缨上阵，率舰队跨海东征？他说没有把握，自系实情。但又深刻反映出清廷已无可用之将才，特别是懂得西方战术，能统领舰队作海战的，可以说是完全点不出名来。

七　尽忠饮恨不归客

从一八八二至一八八四年，有大批琉球爱国者（以士族为主）冲破日本的封锁，流亡到中国，参加救国请愿运动。这时期逃到中国的琉球人（日本称"脱清人"），据统计约有一百二十四人[54]。造成这么多人逃往中国的原因有三：一是废球为县，开始改革，琉球的士人失去自己原有的权益，有人留在琉球进行反日抗争；也有人逃往中国，进行请愿救国运动。二是中日在谈判中有分割琉球之议，为游说中国不可签约，士人便纷纷西渡。三是中国先后出兵驰援越南和朝鲜，为推动中国同样用武力来介入球案，士人便跨海前赴福州请愿。这些人在中国四出请愿，跪门求禀，泣血申诉，穷困潦倒，尊严全失，不少更饮恨终身，成为不归之客。下面引其中几位苦命人与大家相见。

（一）向德宏

向德宏，琉球官爵名幸地亲方朝常，生卒年不详。他是尚泰王的姊夫，故深受信任和重用。一八七五年一月，向德宏奉召到东京听取断绝与清朝封贡关系的通知，另有二官员是池城亲方和与那原亲方。其后，向德宏协助池城亲方在东京向明治政府请愿，请撤销阻贡以延续与中国五百多年的宗藩关系。一八七六年底，他携尚泰王《密咨》潜赴福州，向督抚咨禀。同行还有蔡大鼎和林世功。向德宏在福州苦候两年余，至一八七九年五月，闻悉琉球被废而亡国，尚泰王被胁迫上东京而为臣虏，向德宏剃发穿清装，直奔天津李鸿章府，伏地哀禀，"涕泣出血"[55]。李鸿章怜其"资斧（行旅费用）告匮，日食不继，量加济助"，更赞叹说："其忠贞坚忍之操，视申包胥殆有过焉"；实在"仁贤可敬"[56]。但往后的日子，更是苦不堪言，向德宏作为救国请愿运动的领导者，南来北往，颠沛流离，哀禀又哀禀，其间左右了二分琉球的草案签署，但无力改变清廷的既定国策——坚拒渡洋出兵，致复国无望。大概在一八八六年之后，向德宏尽忠饮恨，客死异乡。

以上有关向德宏的生卒年和身世，因为时代更替而多有掩埋而不详。直至二〇〇一年，有学者在夏威夷的向德宏后人家中，看到向德宏的灵牌位，才访得较多的生平纪事。

向德宏于道光二十三年（一八四三）九月二十八日在首里仪保出生，逝于光绪十七年（一八九一）四月十七日，时年四十九岁[57]。其父向统绩（幸地朝宪）曾出任三司官，有此显赫地位，因而向德宏获婚配尚育王的女儿兼城翁主（尚泰王之姊）。婚后，育有三男二女，长子朝瑞，与父向德宏同渡清，追随左右。[58]

向德宏虽贵为驸马，但不敢骄纵，益勤勉奋发，且才思过人，故能累官至"亲方"。他衔命潜赴中国，陈情哀禀，乞师救国，虽未能求得积弱的清朝出兵，但他已是"鞠躬尽瘁，死而后已"。他上禀李鸿章时曾泣书："生不愿为日国属人，死不愿为日国属鬼"[59]。而此誓立下，不作渝改。向德宏誓言不死无归[60]，与远在首里的公主妻房顿成苦命鸳鸯，实在悲情得可以。

如其矢誓，向德宏于一八九一年在中国饮恨而终。其子朝瑞将他安葬在福州，然后返回故乡。但向德宏的忠骨并非就这样长眠异国他乡，因为太孤苦了。一九一四年八月，向德宏的夫人兼城翁主亦告寿终。看来朝瑞是不忍双亲到死不能相见，而死后仍然要分葬异地，于是重赴福州，将父亲向德宏的遗骨迁送回那霸，与兼城翁主合墓于幸地家族墓园。但后来因开路、再迁葬至冲绳大学附近的长田墓地。[61]

向德宏的爱国情操令李鸿章亦深表敬佩。而另一方面，著名的爱国诗人黄遵宪由日归来，也许因为和向德宏有过几面之缘，二人又同是忧怀国事的丹心赤子，他对向德宏的心境十分怜悯，并有诗为记：

> 波臣流转哭途穷，犹自低徊说故宫；
>
> 中有丹书有金印，蛮花仙蝶粉墙红。

黄遵宪并有诗注："向德宏。向、马皆世族。德宏仅一微官，然间关渡海，屡求救援，国亡后誓死不归。或言今犹寓闽中云。王宫有花名胡蝶红，亦德宏所言。"[62]

向德宏悲情的一生，令人歔歔再三！

（二）蔡大鼎

蔡大鼎，琉球名伊计亲云上。他是明赐闽三十六姓的后裔，字汝霖，生卒年亦不详，但据上里贤一从《北上杂记》蔡大鼎的自述来推算，他生于一八二三年[63]。同治七年（一八六八），琉球派向文光为进贡使，蔡大鼎被委为都通事随行，同船还载着四名官费留学生，其中一人便是林世功[64]。蔡、林二人因此有旧，故在一八七六年底再同船随向德宏往中国时，便成为莫逆之交。其后，二人受向德宏指派，随毛精长往北京向总理各国事务衙门陈情，曾长跪东华门，苦苦恳求，最终林世功死谏殉节。蔡大鼎为战友呈递绝命禀词，复继承其遗志，哀禀乞师，直至倒下。估计他是在一八八六年以后客死北京。蔡大鼎也能诗，一八四八年已有《漏刻楼集》，随贡使访华后，先后成《闽山游草》和《续闽山游草》，一八七六年又有《北燕游草》。最后的著述就是哀禀陈情的《北上杂记》[65]。而蔡大鼎亦有子蔡锡书同行，故其遗稿得锡书携返，并整理梓行。

（三）毛凤来

毛凤来（一八三二至一八九〇年），琉球名富川亲方盛圭。他是琉球最高品位的三司官之一，也曾在东京联同马兼才（与那原亲方）奔走陈情，进行了两年多的琉球救国运动。一八七九年日本废灭琉球，他一度出任冲绳县厅的顾问，但至一八八二年四月，借机亡命中国。他与向德宏汇合，分头出动请愿陈情。毛凤来主要在北京指挥请愿工作。他满身爱国热诚，是不折不扣的热血男儿，也可能是终日热泪盈眶，终致双目失明，在北京放浪多年，成为不归之客。

（四）毛精长

毛精长，琉球名国头亲云上盛乘。同治十二年（一八七四），他率贡使团至北京。翌年，日本严令琉球断绝与清朝的封贡关系，毛精长有去无回，留在中国协助向德宏进行救国请愿运动。他南北奔走，耗尽心力，一八八四年十月，客死福州琉球馆，终年五十九岁。[66]

亡国恨，复国难，饮恨终，客死异乡的琉球爱国魂，又岂止上述数人，有更不幸的是父子双亡，如被称为反日领袖的向龙光（津嘉山朝功），于一八八五年偕同长子向廷选潜至中国，双双成为不归客；又另一位领袖向志礼（义村朝明），也与长子向明良一起，于一八九六年亡命中国，结果先后在他乡身故。[67]

八 小 结

　　虽然有一些史家评说万历三十七年（一六〇九）萨摩藩掳王逼签降书，琉球已经亡了国，因政治、经济大权操控在萨藩之手，无独立国格可言。琉球国隐忍不向明、清明言，是三百年的大骗局[68]。但笔者并不认同此说法，因为琉球仍然可以自主地管理国家，对外还可以请封，维持与中国的封贡关系，更能独立地与欧美等国家签约，都足以显示出国家的独立自主。

　　琉球的真正亡国，是在一八七九年日本废琉球国并划为日本的冲绳县，强制琉球王至东京幽禁，直至老死。[69]

　　琉球五百年来慕华崇儒，故深受忠君爱国的儒学影响，陈情使和"脱清人"的救国、复国之心炽热。他们亡命偷渡到中国，跪门泣血，哀禀乞师，远超申包胥哭秦廷七天。

　　他们都是苦命人，没有国家，没有尊严，没有前途，穷困潦倒，到最后饮恨终身，成为不归之客。本来他们有的是风骨节义，但都随着国亡家毁，亦未能广为流传。

　　面对琉球的哀恳乞师，甚至自尽死谏，清廷只有怜悯，始终兵戎不动。另一方面，朝鲜求援，对手国同样是日本，清廷却迅速出兵救助，令琉球一众救国者失望、愤怨。究其原因，中国与朝鲜陆地接壤，越南也是，但与琉球则隔洋相望。本已衰弱的清廷，对外战争几乎每战必败，尤不善于水战，渡海远征，连强如元世祖忽必烈也两遭惨败，又有谁敢泛海征战呢？虽然一八八二年朝鲜的壬午事变之后，给事中邓承修曾提出集南、北洋军舰往征日本，但和议无人，遂成纸上谈兵而已。后来更加上法国海军在马尾港将福建舰队全歼，于是谢绝渡洋救琉球几乎已成为既定方针。就算在外交层面上，也表现得十分软弱。李鸿章拉拢日本，一再让步，在与伊藤洽谈天津条约时，更不提球案，是有负琉球的重托。

最后再补述毛精长、蔡大鼎和林世功在北京多次向总理衙门跪禀，其时正举行球案谈判。但恭亲王以至谈判的全权大臣沈桂芬、景廉、王文韶等，并没有像李鸿章般传讯向德宏，找来毛精长等人询问琉球的地理情况，以及有何意见、要求？一般来说，做足会谈前的准备工夫，就能掌握谈判的节奏和进退。但官僚的总理各国事务衙门王亲大臣就是瞧不起琉球的亡国遗臣，没有征询传见，终至谈了一个二分岛案来不获接受，须以延宕之法来补救。如此官僚、马虎、不负责任的王亲大臣满布朝廷，何只负了琉球，同时也误了自己的国家！

表六 琉球向清朝求援呈禀一览表

——引自西里喜行著《琉球救国请愿书集成》，并作整理和翻译。谨向西里教授致谢。

编号	提出日期	呈递官署	提请者	禀状内容提要	收录禀状出处
一	一八七六年十一月三十日光绪二年十月十五日	福建等处承宣布政司	琉球国中山王尚泰	因日本阻贡，故未能派出接贡船和庆贺使，并通知派出向德宏等详告情状。	松田编《琉球处分》一七一至一七二页。《冲绳县史》一五，四○至四三页。
二	一八七九年七月三日光绪五年五月十四日	北洋大臣李鸿章	琉球国紫巾官向德宏	接获世子密函、惊悉琉球已遭灭亡。请速赐拯援，兴问罪之师。	《李文忠公全集》译署函稿九。王芸生编，长野等译《日支外交六十年史》第一卷，一八四至一八五页。

编号	提出日期	呈递官署	提请者	禀状内容提要	收录禀状出处
三	一八七九年七月二十三日光绪五年六月五日	北洋大臣李鸿章	琉球国紫巾官向德宏	为求复国，请兴问罪之师，向德宏愿当向导，甘作先锋。	《李文忠公全集》译署函稿九。王芸生编，长野等译《日支外交六十年史》第一卷，一八七至一八九页。
四	一八七九年十月二十二日光绪五年九月八日	总理衙门恭亲王奕訢等	毛精长、蔡大鼎、林世功	王弟尚弼派员来闽传述日人在首里囚官害民，请速赐救存，以复贡典。	冲绳县立图书馆东恩纳文库藏《北京投禀抄》。
五	一八七九年十月二十四日光绪五年九月十日	礼部恩承、徐桐等	毛精长、蔡大鼎、林世功	内容同四呈递总理衙门相若。	《北京投禀抄》。《清季外交史料》卷十七。《清光绪朝中日交涉史料》卷一。
六	一八七九年十月二十九日光绪五年九月二十七日	总理衙门恭亲王奕訢等	毛精长、蔡大鼎、林世功	请求暂准留京，莫强遣回闽。	《北京投禀抄》。
七	一八七九年十一月十日光绪五年九月二十七日	总理衙门恭亲王奕訢等	毛精长、蔡大鼎、林世功	恳请体恤恩准暂留北京，若未能成事，即行回闽，是罪上加罪。	《北京投禀抄》。
八	一八八〇年一月二日光绪五年十一月二十一日	总理衙门恭亲王奕訢等	毛精长、蔡大鼎、林世功	国灭主辱，来京告急，已及三月，请速赐拯救，以存藩土。	《北京投禀抄》。
九	一八八〇年八月十三日光绪六年七月八日	总理衙门恭亲王奕訢等	毛精长、蔡大鼎、林世功	琉球再传来日人苛政惨状，请速赐救存。	《北京投禀抄》。

编号	提出日期	呈递官署	提请者	禀状内容提要	收录禀状出处
一〇	一八八〇年九月八日光绪六年八月四日	总理衙门恭亲王奕訢等	毛精长、蔡大鼎、林世功	迭次冒叩,惟念守候多年,赐救无期,请传召驻京倭使,谕以大义,还我君,复我国。	《北京投禀抄》。
一一	一八八〇年九月二十八日光绪六年八月二十四日	总理衙门恭亲王奕訢等	毛精长、蔡大鼎、林世功	闻有分岛之案,倘如此不足以立国,何异于亡。	《北京投禀抄》。
一二	一八八〇年十一月十八日光绪六年十月十六日	总理衙门恭亲王奕訢等	毛精长、蔡大鼎、林世功	请再传召驻京倭使,谕之以大义,还我王,复我国。	《北京投禀抄》。
一三	一八八〇年十一月二十日光绪六年十月十八日	总理衙门恭亲王奕訢等	林世功	以死相谏乞师,留绝笔禀词。	《北京投禀抄》。《尚泰侯实录》四二八页。《北上杂记》。
一四	一八八〇年十一月二十日光绪六年十月十八日	总理衙门恭亲王奕訢等	蔡大鼎	禀报林世功自尽,并留下亲笔禀词。	《北京投禀抄》。
一五	一八八一年二月二十二日光绪七年一月二十四日	驻日清国公使许景澄	毛精长、蔡大鼎	出使日本之后,请与日本政府谈判将琉球复旧。	《北京投禀抄》。
一六	一八八一年三月十五日光绪七年二月十六日	大学士、左宗棠 礼部、总理衙门	毛精长、蔡大鼎	反对太平山、八重山另立世子为王,请派一旅之师解救倒悬之困。	《北京投禀抄》。

琉球冲绳交替考 · 钓鱼岛归属寻源之一

编号	提出日期	呈递官署	提请者	禀状内容提要	收录禀状出处
一七	一八八一年四月十六日光绪七年三月十六（十七）日	礼部、总理衙门	毛精长、蔡大鼎	慈安皇太后崩逝，因遭国难，未敢擅自举哀，待命谨禀。	《北京投禀抄》。
一八	一八八一年十一月十七日光绪七年九月二十六日	总理衙门恭亲王奕訢等	毛精长、蔡大鼎	泣恳救难以逾二年，倘得天朝一旅之师往讨，全土可复。	《北京投禀抄》。
一九	一八八二年五月一日光绪八年三月十四日	总理衙门恭亲王奕訢等	毛精长、蔡大鼎	新任驻日公使黎庶昌询及分岛之事，特请总署转示黎公使反对分岛，请赐一旅收复全土。	《北京投禀抄》。
二〇	一八八三年光绪九年	礼部恩承、徐桐	毛凤来	（内容未详）	《清光绪朝中日交涉史料》卷五，一九〇页。
二一	一八八三年七月三十日光绪九年六月二十七日	福建当局	向德宏、蔡德昌、蔡锡书	向德宏引八重山官吏宪英演来闽，亲述岛民亦亟盼清廷兴师救琉球。显示内地外岛敌忾同仇。	竹原孙恭《城间船中国漂流颠末》，九三至九四页。
二二	一八八三年十二月三日光绪九年十一月四日	礼部恩承、徐桐等	向文光、魏元才等	向文光接奉琉球王密咨，即转呈督抚，复上京至礼部陈情，恳早日赐救，永为中国之一属。	《清季外交史料》三七卷。外务省外交史料馆藏《清国外交秘史》卷三。

编号	提出日期	呈递官署	提请者	禀状内容提要	收录禀状出处
二三	一八八四年十二月（一八八五年一月）光绪十年十一月	督办福建军务左宗棠	向德宏、向有德、蔡德昌、郑辉煌、金德辉	请以征讨在越南法军之师，往讨日本，保护琉球。	台北中央研究院近代史研究所藏《清季外交档》（"琉球档"）。
二四	一八八五年四月九日光绪十一年二月二十四日	督办福建军务左宗棠	向德宏、向有德、蔡德昌、郑辉煌、蔡以让	请简派兵轮二三艘往琉球问罪日人，琉球国民必揭竿而起，可尽将日人驱逐出境。	《清季外交档》（"琉球档"）。
二五	一八八五年四月九日光绪十一年二月二十四日	督办福建军务左宗棠	向德宏、向有德	密禀左宗棠，请派兵轮救琉球，兹已安排带水在闽听候，又述说琉球的日本驻兵仅一二百人，并献上琉球全图，冒死进言。	《清季外交档》（"琉球档"）。
二六	一八八五年三（四）月光绪十一年二月	闽浙总督（杨昌浚?）	向德宏、向龙光、向有德、蔡德昌、郑辉炳、蔡以让、杨绍荣	越南、朝鲜有事皆已出兵救助，请亦出兵救琉球。	《清季外交档》（"琉球档"）。
二七	一八八五年四（五）月光绪十一年三月	督办福建军务左宗棠	向龙光、向德宏、向有德、蔡德昌、郑辉煌、郑辉炳、蔡以让、杨绍荣	新从琉球偷渡至闽的向龙光，陈述琉球人被虐惨状，并企盼能像处理越南和朝鲜般出兵救助。而正于京城议商朝鲜之事，请与日使也谈论解决琉球一案。	《清季外交档》（"琉球档"）。

编号	提出日期	呈递官署	提请者	禀状内容提要	收录禀状出处
二八	一八八五年五(六)月光绪十一年四月	清国全权大臣李鸿章	向德宏、向文光、魏元才	朝鲜两蒙王师救助，但琉球正处水深火热之中，却不闻有一旅一戎派遣，请赐王师，俾能重整山河复国救君。	《清季外交档》("琉球档")。
二九	一八八五年六(七)月光绪十一年五月	总理衙门庆郡王奕 等	毛凤来、蔡大鼎、王大业	朝鲜有事，朝廷两次派兵平乱，请中外为家，一视同仁，乞将防守法军之师移征日本，救主复国。	《清季外交档》("琉球档")。
三〇	一八八五年七月十日光绪十一年五月二十八日	北洋大臣李鸿章	向德宏、魏元才	中法战事已息，应是琉球复苏之时，再泣血叩请出兵，将驻守琉球之日兵尽逐出境。	《河北第一博物院画报》第七〇期(中华民国二十三年八月十日)。
三一	一八八五年七月十日光绪十一年五月二十八日	北洋大臣李鸿章	向德宏	详述闽、台赴琉球所经之岛屿，极具战略意义，请即派兵船征日，已安排带水在闽听候，并献上琉球全图，盼早日赐助。	《河北第一博物院画报》第七一期(中华民国二十三年八月二十五日)。

注释

1　毛精长，琉球名国头亲云上。他是一八七四年底按两年一贡惯例来到中国的进贡使。但翌年日本即强令琉球断绝与清朝的封贡关系，因此琉球无法派出接贡使船。毛精长等人无船接载回国，滞留福州，后来便加入向德宏的请愿救国队列中。

2　据向德宏的请愿告禀所述，他是在闰三月接到湖城以正的急告。按闰三月当在四月二十一日以后之事。

3　向德宏娶尚泰王之姊（尚育王四女）为妻，故向德宏在上请愿书时，有以国戚自称。

4　参见《李鸿章全集》，海南出版社，一九九七年，页三一三一至三一三二，《译署函稿》卷九《琉球国紫巾官向德宏初次禀稿·光绪五年三月十四日》。笔者作句读。

5　同注4引书页三一三二至三一三三《译署函稿》卷九《琉球国紫巾官向德宏二次禀稿·光绪五年六月初五日》。

6　参见杨仲揆著《琉球古今谈》，台湾商务印书馆，一九九〇年，页八二；又参阅《林世功·林世忠集》，京都オフィス·コシイシ出版，一九九八年，页四七。

7　参见赤岭守著《脱清人と分岛问题》，收录在《第三届中琉历史关系国际学术会议论文集》，台北中琉文化经济协会，一九九一年，页四八四；又《林世功·林世忠集》，页四七。

8　参见西里喜行编《琉球救国请愿书集成》，东京法政大学冲绳文化研究所，一九九三年，页五四，笔者作句读。

9　参见《清光绪朝中日交涉史料》，台湾文海出版社，一九六三年，页一八，《礼部奏录呈琉球官毛精长等禀词折》。

10　同注9引书，页一八，《总理各国事务衙门奏琉球耳目官毛精长到京乞援折》。笔者作句读。

11 同注 9 引书，页一九，《总理各国事务衙门奏琉球官不愿出京片》。

12 同注 8 引书。

13 同注 8 引书，页六二。

14 三府是指冲绳本岛分为岛尻、中头、国头三府。

15 同注 8 引书，页七一至七二。

16 同注 8 引书，页七四。

17 同注 8 引书，页九〇。

18 同注 8 引书《琉球救国请愿书集成》，页八八。

19 同注 6 引书《琉球古今谈》，页八二，杨仲揆引彭国栋著《中琉诗史》。

20 同注 19 引书，页八三。

21 同注 8 引书《琉球救国请愿书集成》，页七五至七六并扉页图照；又同注 6 引书，页八四。

22 参见阿波根朝松编《琉球育英史》，那霸琉球育英会，一九六五年，页六三。

23 同注 6 引书《琉球古今谈》，页八五。

24 同注 8 引书《琉球救国请愿书集成》，页七八。

25 同注 6 引书《琉球古今谈》，页八三至八四。

26 参见池宫正治、小渡清孝、田名真之编《久米村——历史と人物》，那霸ひるぎ社，一九九三年，页二二六。

27 同注 6 引书《琉球古今谈》，页八四。

28 参考自注 26 引书，页二二四至二二五；又同注 22 引书《琉球育英史》，页六二至六三及七六。

29 以上各诗引自杨仲揆著《琉球古今谈》，页八七至九〇；又《林世功·林世忠集》，京都オフィス·コシイシ出版，一九九八年，页六五至二四四。

30 同注 6 引书《琉球古今谈》，页九〇。

31 同注 6 引书《琉球古今谈》，页八八。

32 同注 6 引书《琉球古今谈》，页八五；又同注 8 引书《琉球救国请愿者集成》，页七八；同注 22 引书，页六四。

33　同注 8 引书《琉球救国请愿书集成》，页九八。

34　同注 8 引书《琉球救国请愿书集成》，页九五。

35　参见崎间敏胜著《海东小国记》，那霸系洲安刚出版，一九六七年，页二四四至二四六。

36　参见《蔡铎本中山世谱》，冲绳县教育委员会，一九七三年，页一四一至一四二。原文为汉文，笔者作句读。

37　参见温廷敬辑录《茶阳三家文钞》，一九二五年，卷二《复总署总办论为球王立后书》；又第九章已详细引录。

38　参见《清光绪朝中日交涉史料》，台北文海出版社，一九六三年，页九六，《礼部奏琉球因遭日本凌虐禀请天讨复国据情转奏折》附件。

39　同注 38；又同注 8 引书《琉球救国请愿书集成》，页九九至一〇〇。

40　同注 8 引书《琉球救国请愿书集成》，页一〇三至一〇四。

41　同注 8 引书《琉球救国请愿书集成》，页一〇九。

42　同注 8 引书《琉球救国请愿书集成》，页一一三。

43　同注 8 引书《琉球救国请愿书集成》，页一二二。

44　同注 8 引书《琉球救国请愿书集成》，页一二八。

45　参阅《李鸿章全集》卷十六、十七《译署函稿》收录多篇《与日使伊藤问答节略》。

46　同注 8 引书《琉球救国请愿书集成》，页一三三。

47　同注 8 引书《琉球救国请愿书集成》，页一三七。

48　同注 8 引书《琉球救国请愿书集成》，页一四〇。

49　参见《清光绪朝中日交涉史料选辑》，台北台湾省文献委员会，一九九七年，页七八至七九。

50　同注 49。

51　同注 49 引书，页八〇，《翰林院侍读张佩纶奏请密定东征之策以靖藩服折》。

52　同注 49 引书，页八三至八六，《北洋通商大臣李鸿章等奏遵议邓承修条陈球案折》。

53 同注49引书，页八九，《北洋通商大臣李鸿章覆奏宜先练水师再图东征折》。

54 参见赤岭守著《琉球归属问题交涉与脱清人》，收录在《第九届中琉历史关系国际学术会议论文集》，海洋出版社，二〇〇五年，页三四二。

55 同注45引书，页三一八五，《译署函稿》卷十二《请球案缓结》。

56 同注55。

57 参见后田多敦著《琉球救国运动：抗日の思想と行动》，冲绳出版舍Mugen出版，二〇一〇年，页一四一，引琉球大学比屋根照夫等的报告书。若以足龄计算，向德宏逝世时是四十八岁。

58 同注57引书，页一四一。

59 同注4引《琉球紫巾官向德宏初次禀稿》。

60 同注57引书《琉球救国运动：抗日の思想と行动》，页一四六。

61 同注57引书《琉球救国运动：抗日の思想と行动》，页一四六，一五〇。

62 同注57引书《琉球救国运动：抗日の思想と行动》，页一四八，引自《人境卢诗草笺注上》，上海古籍出版社，一九八一年，页五八七。"波臣"是指琉球陈情使向德宏。"故宫"是指已亡国的琉球首里王宫旧苑。"中有丹书有金印"，是指明、清天子所赠的圣旨、墨宝，并钦赐国王金印。

63 参见上里贤一著《蔡大鼎——琉球复旧运动を展开》收入在《久米村——历史と人物》，那霸ひるぎ社，一九九三年，页二一九。

64 参见赤岭城纪著《大航海时代の琉球》，冲绳タイムス社出版，一九八八年，页四五。

65 同注63引书，页二二〇。

66 参见那霸市史编集室编《那霸市史通史篇》第二卷，那霸市役所，一九七四年，页一四三。

67 同注57引书《琉球救国运动：抗日の思想と行动》，页一五八。

68 同注6引书《琉球古今谈》，页六七。

69 琉球末代君主尚泰王于一九○一年八月十九日在东京薨逝，享年五十九岁。死后运回他的故国（现冲绳县），安葬于尚王朝的玉陵。

第十一章

甲午战败绝琉球

冲绳血战成炼狱

日本一步步吞灭琉球，琉球为求复国首先派出陈情使在东京呼号，恳请明治政府收回废球为县的命令，一切复旧，结果自然是被日方斥退。他们转而向驻日外国使馆求助，但又为日本从中挡隔，西方诸国也就默不做声。而在中国进行的救国请愿运动，如上章所述，清廷终因无把握跨海远征而弃用军事介入，照旧以外交谈判来争取琉球复旧，在拒签《球案条约》之后，谈判遂告中止。至于琉球国内，虽无武装反抗，但也掀起过一场反日复国运动。

一 琉球国内的反日复国运动

一八七九年四月，松田道之强令尚泰王迁出首里城之后，便开始推行新政，但遭到琉球的官员和士族抵制，拒绝遵守政令。松田便想到由尚泰王来发令，呼吁臣民遵从新政。但三司官回复尚泰王已备受屈辱，还有何颜面再发号施令。虽然松田曾威吓：藩王如不合作，是违抗日本的命令，会受到处分。纵然如此，琉球君臣硬是不顺从，松田一时间也不敢使蛮。

当时，前三司官龟川亲方盛武为反日抗命派领袖，琉球旧官罢政后，常聚在龟川家共商救国大事。琉球人二百多年来惧萨摩如虎，生性懦怯，所以他们没有提刀握枪来反抗，而是采取不服从明治政府政令的消极抵抗方式。各士族联署血书，誓死不当新政府的官吏，有违者杀无赦。如因此惨遭日本毒手，便将筹集好的安家费抚恤其妻儿[1]。他们的信心所以如此坚定，主因是深信清廷一定会派兵来救援。

一八七九年八月，首任冲绳县令锅岛直彬不再怀柔容忍，以铁腕对付不合作、不服从命令的反日人士。他为了立威造势，将龟川派的主要干将与那城按司、津嘉山亲方（向龙光）和泽岻亲方等十余人抓起来，又在各区搜捕了多名活跃分子，施以严刑拷问。其中最广为人知的刑讯手段，就是将双手反缚，悬吊在屋梁下，然后用棍棒拷打，使受刑者皮肉绽破，哀叫之声传至远街，令人闻之战栗震慑[2]。就这样持续施以各种酷刑，直至反日人士"悔悟"为止，但仍须签下《恭顺声明》，表明今后听令合作，才可获释。

其实，这是棍棒打出来的恭顺，仅是一纸虚文，表面顺从而已。他们之中有很多人趁机潜逃往中国，成为一大批"脱清人"。如一八八二年一月，富名腰朝卫和与那岭真雄，在新垣乘船脱逃到福建。同年三月，三司官富川盛奎（毛凤来）、国场大业（王大业）亦潜逃到闽。同一时期，湖城以恭、国吉蒲户、阿波连承阴等，亦登上国吉船偷渡到中国。

这些脱清人逃到福建后，申诉日本人的酷刑拷打："上自法司等官，下至绅耆士庶，外而属岛监守官……等，多被倭人劫至各处衙署，严行拷审，或有固执忠义自刎而死者……"[3]

也有人逃到中国参加救国运动之后再回返琉球，即被日官探悉拘捕，惨遭严刑拷问。其中龟山里之子亲云上，便是于一八七九年六月归国，被日警逮捕后，严刑迫供致死。[4]

另一方面，日本的自由民权运动愈演愈烈[5]，由于自由民权动有志之士对琉球被吞并、分割表示同情，给琉球的士族阶层带来了憧憬。特别是在一八八四年朝鲜的甲申事变后，自由民权运动家植木枝盛闻说日本和中国要两分琉球，即提出强烈反对。他认为这是"残忍酷虐"、"野蛮不文"之举。植木进一步指出应该让琉球独立，中国和日本宜携手并进，开创出亚洲的"同等主义"和"开明主义"[6]。但最终自由民权运动未能夺得日本政权，令琉球的士族阶层一朝梦碎。

也是在甲申这一年，西村舍三接任冲绳县令。他一方面以铁腕对待反日复旧运动，宣布复旧运动等同"国事犯"。另一方面，他又施展以柔克刚之策。二月十六日，先让尚泰王嫡子尚典还乡，四月尚典回东京后，明治政府更破例批准尚泰王回琉球祭祀王陵、探视臣民。但行前须立下誓文二则：一是不得蛊惑人心，更要对士族旧官作出劝谕；二是人心不稳出现乱局之际，必须马上直接返回东京。[7]

明治政府这一着，就是要利用尚泰王来收揽琉球人心。八月，当尚泰王回到阔别五年的故国，出迎的臣民云集渡头，欢欣雀跃。接下来是一个个迎接旧主的盛宴，君臣对饮，彻夜达旦，弦歌高奏，烟火耀天。如此欢乐情景，仿如隔世往事。为求与民同乐，在那霸湾三里，摆放了三十六个大坛，盛满琉球佳酿发泡酒，让人民纵情痛饮。[8]

经过连番的酬酢宴饮，尚泰王谈到自己虽幽禁在东京，但生活却十分自怡，备受明治政府关注和护佑，所以对明治新政表示拥护。他更发出"谕达"，呼吁旧士族支持明治新政，不要再做"脱清人"，逃到中国去进行复旧运动。又传召士族的主脑小波津亲方、津嘉山亲方（向龙光）、神山亲云上三人，详述明治政府的恩厚，所以应该停止复旧请愿运动，并敦嘱神山亲云上将"谕达"转告给旧亲方龟川及有关人士。[9]

冲绳县的警部武石氏见状，便洋洋得意地说：今后是听君命还是听津嘉山的命令？但士族中有识之士仍反驳称：旧君因幽囚于东京，不得不按大和

（日本）政府的命令发出"谕达"，是有所忌惮之故。这是表面工夫，所以还是要听津嘉山的命令。[10]

事实上，志士的气概是敢违君命的。他们慷慨忧国之余，纵身万里波涛，潜逃赴清，寻求复国之道。当尚泰王回国探视满一五十天之后，于一八八五年二月，再登船辞国而去。过了一个月，津嘉山亲方（向龙光）也潜逃往中国，违反所谓的君令，在中国进行救国请愿运动。对这些坚持救国复旧的志士，西村舍三向东京呈交报告书时，咬牙切齿地称之为："不懂时势之顽物"。[11]

尚泰王作为旧士族的君王，却否定复旧运动，令众士族顿感孤立困惑。后来他们也认清情势和尚泰王的处境，以其谕达和密函作比较，便可知是委曲之词。并非旧君的真正精神。为了复国，他们不听君令，反而希望尽快解救出囚中的君主，复兴社稷。

无论是在中国进行救国请愿运动的苦命人，或是留在琉球坚持救国复旧运动的志士，他们寄予一丝希望的，就是中国出兵救援。

二 甲午战败后清不再谈球案

自从一八八〇年《琉球条约草案》被清廷搁置拒签之后，日本就采取避谈球案之策，关起谈判的大门，反正琉球已被划为本国第四十三个县，完全没有急于谈判的需要。虽然在一八八二年的二三月间，李鸿章和日本驻天津的领事竹添进一郎以及黎庶昌公使在东京跟井上馨等外务官员，均谈及如何解决琉球的方案。李和黎更具体地表示可以接受分宫古和八重山二岛，但要让出中岛的首里城给尚泰王，以达成兴灭国、继绝祀。这当然为日本所拒。

01

02

03

01　龟川亲方。

02　废藩置县之后的琉球士族。

03　1896 年印行的《冲绳风俗图会》，其中描写已成冲绳县人的琉球遗风。

当中法战争激战之际，黎庶昌担心日本趁机进军，情急之下曾提出过放弃琉球以换取日本不干涉朝鲜国事的建议。但这并非清廷所定的谈判策略[12]。后来黎庶昌第二次出任驻日公使时，提出新建议："趁修改条约之际，将球案一宗彼此说明，别订一亲密往来互助之约。"[13]

自从甲申事变之后，中日都意识到朝鲜半岛稍有异动，即会引起两国兵戎相见。而朝鲜方面也懂得靠近英、美大国，可以得到护佑。同时，俄国亦在北面虎视眈眈。局势如此复杂，中国和日本都在加强海军装备。

清廷为加强统一指挥海军，于一八八五年十月成立"总理海军事务衙门"，任命醇亲王奕譞为总理海军事务大臣，庆郡王奕劻和李鸿章会同协理。计划是首先加强北洋水师，然后再发展南洋、粤洋水师。三年过后，这个海军事务衙门的大权已落入李鸿章手中。他向英、德购买铁甲军舰增强北洋海军，又开办水师学堂，建军港，加炮台。

表七　一八九〇年中国北洋舰队和日本常备舰队的比较

——一八九〇年三月二十八日[14]

清北洋舰队		
舰　名	吨　数	马　力
定远	七四三〇	六二〇〇
镇远	七四三〇	六二〇〇
来远	二八五〇	三六〇〇
敬远	二八五〇	三六〇〇
清远	三三五五	二八〇〇
到远	二三〇〇	五五〇〇

舰名	吨数	马力
超远	一三五〇	二六七七
靖远	二三〇〇	五五〇〇
日本常备舰队		
舰名	吨数	马力
浪速	三七〇九	七三二八
高穗	三七〇九	七三二八
扶桑	三七七八	三九二二
大和	一四七六	一六〇〇
葛城	一四七六	一六〇〇
武藏	一四七六	一六〇〇

善于学习外来文化的日本，明治维新改革效法欧美，首先普及教育，继而在经济上加快殖产兴业。军事上推行富国强兵，取得飞跃进展。他们同时也学会了西方的帝国主义，对外扩张侵略。他们争夺朝鲜半岛之心，早已图穷匕见，也明白早晚一定要和中国开战，而且将来还要攻取中国，实现当年丰臣秀吉的遗愿。因此，日本也制定了侵略扩张的"大陆政策"。为达成这一宏愿，便大力扩充军备，特别加速发展海军。为了进一步加强海军装备，一八九〇年特意公开日本舰队和中国北洋舰队的战力比较（见表七），以表示敌强我弱，需再拨军费增购战舰。

同时，《东京日日新闻》还指出，北洋舰队之外还有南洋舰队，总数合起来，中国舰队约共六十艘。[15]

战力虽是如此，但行军布阵，还得看将才的运筹帷幄。而且日本已处心积虑，密谋出兵，一心只候时机的到来。

迨一八九四年春，朝鲜东学党起事，发动民众大败官军。韩王见势危，急向中国求援，盼能如前平定甲申事变般出兵救助。中国担心出兵之后，日本按照中日《天津条约》的协定亦跟随出兵。于是再三向日本说明，是应韩王所请派兵驰援，平乱后当即撤军。日本表示理解，更希望中国"速代韩戡乱"。原来日本早已部署好，诱使中国先行出兵，他们便暗中调派更多的军队前往朝鲜，然后藉词不撤军，要将朝鲜半岛控制。其内情是：

六月二日，日本驻朝鲜代理公使杉村浚打电报给外务省，告知韩王已向中国请求援兵。日本内阁马上召开扩大会议，请参谋总长炽仁亲王、参谋本部次长川上陆军中将列席，商议派兵朝鲜。并将阁议呈明治天皇，取得谕准。"因此我（外务大臣陆奥宗光）便要大鸟圭介公使（驻朝鲜公使）作随时返住所的准备，并与海军大臣（西乡从道）密商，令大鸟公使搭乘军舰八重山，要该舰多载若干海军士兵，训令该舰及其海军士兵统受大鸟公使之指挥；同时由参谋本部密令第五师团长，要其抽调一部分军队，赶紧作出兵朝鲜的准备。更密令征用邮轮公司等的运输及军需，很短时间内完成了一切所需的准备。由于这些庙算皆属于外交军事机密，局外人自无从得悉。"[16]

而中国在六月七日，才训令驻日公使汪凤藻照会日本，表示按照《天津条约》的协议，知会出兵朝鲜事。但实情是日本已于六月五日，密令大鸟公使乘军舰八重山由横须贺出发，并电令数艘停在釜山港的军舰速往仁川。[17]

中、日同时出兵朝鲜，平定东学党后，须为双方撤军问题展开谈判，又请来英、美公使调停。但这时（六月底），日本结集在朝鲜的兵力已有万人，正伺机发动战争。就在七月二十五日，集结在牙山口外的日本军舰，突袭中国运兵船，击沉高升号，溺死千余人。一味求和避战的清廷，被迫对日宣战。但李鸿章等人始终决心不足，其部属虚与委蛇，采观望态度，招致平壤溃败，惟左宝贵顽抗战死。接着大连旅顺失守。九月十七日便有中日黄海大战，两军正面交锋：丁汝昌率北洋舰队（共十三艘）为运兵船护航完毕折返，遇上日本联合舰队（共十二艘），双方布阵发炮激战五小时，是为十九世纪亚洲最激烈的一场海战。北洋舰队火力占优，日本则胜在船速高，易于回旋。结果北洋舰队有四舰被击沉，主力定远和镇远舰均受创，日本的旗舰松岛也受到痛击，但未有战船沉没。尽管黄海之战北洋舰队损失较重，但未致大败。最关键在于威海卫炮台被攻占：一八九五年一月三十日，日军发动总攻，夺取了威海卫的南北炮台，然后反过来联合海上的日舰，从海陆两面夹击，炮轰泊在港口的北海舰队，令整支舰队惨遭歼灭。

甲午战争之败，在于李鸿章长期求和惧战，到最后退无可退，才临时应战，完全缺乏部署，加上大多将领贪生怕死，军纪松懈，早为日本悉破，故敢于开战。正是将帅无谋，累死三军。而甲午战败后，加速了清朝灭亡。同时，日本亦试出中国如暮年的老拳王，不堪一击。在往后的五十年里，疯狂侵略中国，就是看到中国已经病弱至毫无招架之力。

甲午战败后又换来一纸不平等条约——《马关条约》。其中包括向日本赔偿军费二万万两白银，并割让辽东半岛、台湾岛及其所有附属岛屿和澎湖列岛。

中国甲午战争失败，顿时令琉球复国梦破。他们一直盼望"天朝"出兵救援，讵料仅此一战，大清帝国海、陆军同告败北，而且败在吞并他们国土的日本手上。中国亦自身难保，赔款又割地，割出的台湾岛比琉球国还要大十数倍。琉球的救国人士，痛感时不予我，是无望，更是绝望！

复国无望，琉球人最后做出新的请愿。一八九六年，由公同会发起冲绳岛共七万人联署，要求释回尚泰王出任冲绳县知事。他们派出九名代表前赴东京，向明治政府递信请愿。日本内阁当然明白这是变相的降格复辟，一口便拒绝了^[18]。此后至第二次世界大战止，琉球的复国运动便转趋低沉，仅余微弱之声了。

三 日在琉球施行殖民同化管治

首先在这里简单地回顾一下琉球被吞灭前的经济状况。自从一六〇九年萨摩藩进犯，将尚宁王掳去迫写降书后，萨藩向琉球强收租税，沾手对明、清的朝贡贸易，攫取大部分的利益，又阻止琉球出船跟南洋诸国贸易。在萨藩的高压盘剥之下，本来是海商小王国的琉球，失去了朝贡贸易和在南洋互市的丰厚利润，还要继续承担接待册封使来琉球的巨额开销，更要支付参谒萨藩和江户幕府的庞大费用，因而国库空虚。在地理上，琉球处于台风北上的通道上，每年夏季，迭遭台风侵袭，严重影响农作物的收成，加上种植技术落后，所以常常出现粮荒。如一七〇九年的大饥荒，当时琉球人口约十五万，饿死者竟达三千人^[19]。早在一六〇五年，琉球进贡船的官员总官野国，从福建带回番薯种子移植到琉球，自此番薯几乎成为琉球人的主食。但连番薯也长不出来的日子，便以非食用的苏铁来充饥。生产力方面，琉球国享受俸禄的士族不少，占人口近分之二十。无俸禄的民家，男的不事生产，由妇女来支撑，造成生产力不足，经济严重落后。而琉球的辅国贤相自蔡温之后，年来竟无治国之才可用，国力日衰，经济崩溃，民不聊生，国家前路一片彷徨迷惘。

迨一八七九年日本废球为县，早期在推行新政时亦举步维艰，遇到不少阻力。甲午战争后，琉球人复国的希望化为泡影。已是形势比人强的日本，遂大力推行殖民统治，实施同化教育。

日本首先进行土地整理，收回食禄俸地，与日本各县同制：耕地民有，山林尽归官有。同时开拓新的农地，大量种植甘蔗。经过大力开拓，一八九九年的琉球耕地面积已是十一年前的三倍。甘蔗产量提高，制糖业随之发展起来。盖建厂房、购置机械的资金则是来自县外，即日本各县到琉球投资发展，并得到县政府的优惠待遇和保护，从中剥夺了当地农民的生产成果，是不折不扣的殖民地经济侵入。同时发展起来的，还有漆器、陶瓷和泡盛酒制造业等。

虽然农、工业取得发展，但琉球人的生活并未有大改善。因为他们的报酬被压得很低。根据统计，冲绳农民的收入仅为全国平均值的四分之一[20]。这些微薄的收入，还得缴付繁重的国税，加上日本接连用兵，不断增加军费，杂税繁重加之物价上涨，冲绳农民生活十分困苦，有八成的农家负债，其苦况可想而知。[21]

在教育方面，日本加强推行普及小学义务教育，其用意是要同化琉球人。日本皇民化教育包括：使用国定教科书，教授日本标准语，提倡忠君（明治天皇）爱国，鼓吹国家主义。在战时更力推军国主义教育。中日战争爆发后，马上将内阁会议决定的"国民精神总动员实施要纲"落实到学校去。一九三九年，更规定青年学校（满十三岁以上至十八岁）进行军事训练义务化，而小学五年以上的男童须接受武道为正课。这些战时教育的措施，《那霸市史》毫不讳言地称之为"军国主义教育"[22]。学校内进行军训，首里市第三国民学校更指挥学童耕作，经营起"建国农场"来，又强迫捐款献金，每月奉献番薯一次，以支持前线。[23]

亡国的琉球人，又惨受歧视。他们在冲绳县内找不到生计，便远走他乡，甘愿从事最低下的工作。最热门的谋生地点是大阪，其次是和歌山、东京等。他们待遇微薄，饱受歧视，有一些公司门前还挂上"严禁冲绳人和朝鲜人"的木牌[24]，因而造成很多纠纷。为了反歧视和保护同乡的权益，他们成立了"关西冲绳县人会"，更在大阪、京都、兵库、和歌山等纺织厂设立了支部。而这些抗争，又与日本的左翼劳工运动结合起来，不少"冲绳人会"的领袖，也加入了日本的社会主义政党，融入日本的全国劳农运动中去。[25]

也有不少琉球人漂洋出海，前往中国（包括台湾）、南洋和夏威夷、巴西等地做苦工。

夏威夷本来也是一个王国，但于一八九八年八月十二日，与琉球遭逢同一命运，为美国所吞并。因为美国距夏威夷颇为遥远，为加速开发，所以大量接纳移民。冲绳县更在夏威夷被吞并前订立了"合约劳工移民"，所以在一九〇〇年便有第一批共二十六人的冲绳劳工出发到夏威夷。其后，乘着"自由移民"的政策，更多的冲绳人漂过大洋，前往夏威夷谋生。另一方面，到南洋和巴西的人也非常多。

根据统计，一九四〇年日本留居海外的国民以县别计，最多的是广岛县民，约有七万二人；次为熊本县民，第三位就是冲绳县，约有五万七人。若再以人口比率计，广岛县是十分之三点八八，熊本县是十分之四点七八，而冲绳县则是十分之九点九七，高居首位。换句话说，即十个冲绳县人，便有一人移居海外[26]。又有谁料到这五万七移居海外的冲绳人，幸运地避过了惨烈的冲绳浴血战。

四　美军狂攻冲绳，琉球人四死其一

日本取得甲午战争胜利之后，信心大增，再锐意加强军备。一九〇四年的日俄战争令欧洲强国俄罗斯也告俯首称降，震惊了全球。日本更加骄横矜肆，穷兵黩武，走上了军国主义之路。往后吞并韩国，连番侵华，终于爆发中日战争。其间，日本更出兵南洋，偷袭珍珠港，掀起了太平洋战争。第二次世界大战末期，德国投降，美军回师反攻日本，夺取了硫磺岛之后，便与日本展开争夺冲绳岛的激烈战争。

日本是一个岛国，不能从陆路进攻，但大洋辽阔，需有基地作暂驻和补给。以美国为首的盟军，作了战略上的部署，就是欲攻本州，先取冲绳。日本亦深悉美军剑指冲绳岛。一九四四年八月，日本制定了"决号作战计划"，将冲绳布置为本土决战的"前缘阵地"，派出第三十二集团军驻防。他们的计划是：如果能给来攻的盟军一个痛击，便可以展开"一击讲和论"。不过他们也预料到自己胜算不高，终归要全力死守，将一草一木也发挥出战斗力来，为"本土决战"争回准备的时间，所以冲绳岛的防守战仅是一着"舍石"而已。[27]

前琉球国被利用为"舍石"，他们经历了三个月的惨烈战争，死于炮火的军民人数达到二十万。后来由于美国出动两颗原子弹，日本不得不放弃"本土决战"，宣布无条件投降。因此冲绳岛之战，也就成为日本本土唯一的地面战，这对被卷入这场不义战争的琉球人来说，不但是一场恶梦，更是刻骨铭心的烙印。

战云密布，美国军舰困集外洋，恶战难免。一九四四年七月七日，冲绳县政府决定安排十五岁以下的学童和六十五岁以上的老人疏散离开冲绳岛，前后共八万多人分批乘船离去。同年八月二十一日，对马丸载着撤离的妇孺学童、老年病弱者合共一千七百八十八人，当离开那霸港后，即为美军潜水艇追及，发射鱼雷袭击，仅八分钟对马丸便告沉没。死难的学童达到七百六十七人（仅五十九人获救），其他死难者也有六百八十八人（另船员二十四人，炮兵队员二十一人）[28]。这一惨剧也就成为冲绳岛攻防战的序幕。

同年十月十日，美军发动空袭，由清晨六时三十分至下午二时四十五分，连续五轮轰炸，弹如雨下，那霸市彻底被毁，焚烧三昼夜，王城寺庙等古建筑顷刻变为废墟，全市九成建筑物化为颓垣败瓦，遇害军民六七十人。这次"十·十"空袭毁灭性的破坏，令处身冲绳岛的军民精神大受打击。

负责守岛的第三十二集团军，由多个师旅团和大队组成，配备了野战高射炮、野战重炮和迫击炮等防御武器，共约七万人，由牛岛满中将任总司令，统率全军。[29]

大敌当前，为了加强防御，急令全岛深挖战壕和防空洞。如此浩大的军事工程，司令部和县政府启动了《国家总动员法》，召集全岛居民，不分男女（十六岁至六十岁，妇女至四十五岁止）参加防卫工事。后来，妇女还担负食粮、燃料的供应队，而女子高中和师范学校的学生被编配到陆军医院当护士生，在战事最火热时，一位护士生要护理三十名伤重者，其心身之疲劳可想而知。至于挖壕修工事的粗重劳务，每日出勤十一小时，更是疲惫不堪。

一九四五年三月，日军又征集十七至四十五岁的男子，运送弹药和粮食，但战情紧急时，这些后勤兵亦扛枪上阵。根据记录，这些被征召的后勤兵约有二万二人。[30]

以美军为首的盟军，经已取得制空权，并包围了冲绳岛。所派出的兵力，叫人吃惊：战斗用的舰艇三一十八艘，补给舰艇一千一百三十九艘，官兵共约五十万人，登陆作战十八万三千人，堪称亚洲海军陆战史上最强大的阵容。为了湾泊舰艇并取得据点，一九四五年三月二十三日，美军开始进攻庆良间诸岛，舰队隔海炮轰，空军低飞扫射，很快便拿下了渡嘉敷岛、座间

04

05

04 1945 年 4 月 1 日美国进军冲绳岛，图为正于读谷海岸抢滩登陆的舰群。

05 美军的炮火照亮黑夜，交织如网，又似是雷打电闪。

昧岛和庆留间岛等小岛。四月一日晨，美海军陆战队四师团六万人抢登冲绳岛中部读谷山村、北谷山村的海岸。两日后，抵达中城湾，将冲绳岛横向分割，然后分兵向南北挺进。四月五日，在宜野湾村大山高地和日军开战，四月九日，战线延至嘉敷高地，炮火连天，激战半月，美军才夺得此高地。其时，北部亦已荡平，美军集中兵力，调派坦克装甲车、野战重炮，部署南下总攻。日军拼死顽抗，据险还击，令美军难得寸进。其后，美军发动一轮又一轮的总攻，更出动火焰炮、燃烧弹来扫荡，令埋伏于战壕和防空洞内的日军难以逃躲，葬身于火海。五月十一日，美军迫近首里，再与日军大战。五月二十五日，美军第八次空袭总攻，两天后，日本第三十二军司令部撤出首里，经津嘉山移至摩文仁。美军穷追不放，六月十三日，日本海军驻在冲绳小禄的根据地被围，全军被歼灭，大田少将自尽。六月十八日，第三十二军司令部以大势已去，向上级第十方面军发出《诀别电文》。就在这一天，美军司令巴克纳中将（S. B. Backner Jr.）赴前线视察时，被射来的冷炮轰开的巨石击中身亡。但三天后，美军已控制全岛，发出占领冲绳的宣言。六月二十三日，第三十二军最高司令牛岛满中将和参谋长长寿吉少将，在最南端悬崖边的司令部战壕入口处切腹自尽。随着牛岛满的自尽，仿如人间炼狱的冲绳岛争夺战亦告结束。[31]

这场惨绝人寰的"替身战"[32]，将琉球人送上了战场，惨成炮灰，死亡人数极为惊人。参战的日军几乎死尽，但原来岛上的居民即冲绳人死得更多，只是因为这场仗对日本来说不是十分光彩，说到底是有愧于冲绳人（琉球人），所以有很多史书没有提出很明确的统计数字，一些史家也避而不谈。犹幸冲绳岛的学者陆续将他们的研究发表出来，笔者借此参考了一些有数字记述的专著，整理如表八，以作比较。

表八　冲绳浴血战的死亡人数统计

序号	美军死亡人数	日军死亡人数	冲绳县人死亡人数	引典
一	—	—	非战斗人员一六五〇〇〇人（笔者注：这里应该包括很少部分的外县人。）	《冲绳——新风土记》，岩波书店出版，一九五八年，目次页。
二	—	—	平民一〇〇〇〇〇人（笔者注：这里应该包括很少部分的外县人。）	《一亿人の昭和史（三）太平洋战争》，每日新闻社出版，一九七〇年，页二二四。
三	—	军人、军属约九四〇〇〇人（其中冲绳县出身者二八〇〇〇人）	协助战事五五〇〇〇人一般居民约三九〇〇〇人 　二八〇〇〇人 合约一二二〇〇〇人	《历史家はだぜ"侵略"にくだわるか》，日本历史学研究会编辑出版，一九八二年，页四一。
四	—	陆上兵力一二〇〇〇〇几乎全部阵亡	—	《日本近现代史辞典》，东洋经济新报社出版，一九七八年，页七七。
五	—	军民死亡人数共约一八八〇〇〇	其中约有一〇〇〇〇〇人	仲里效、高良仓吉著《冲绳问题とは何か》，弦书房出版，二〇〇七年，页八六。
六	一二五二〇人	军民死亡人数共一八八一六六人	其中冲绳县出身军人军属二八二三八人；冲绳县参与战斗五六八九一人；冲绳县一般居民三七一三九人；合计一二二二五八人	冲绳县平和纪念馆。
七	一二〇八一人	一八八一三六人	其中冲绳县出身军人军属二八二三八人；冲绳县参与战斗五五二四六人；冲绳县一般居民三八七五四人；合计一二二二三八人	柏木俊道著《定本冲绳战》，彩流社出版，二〇一二年，页一九八引自"冲绳县生活福祉部援护课"的一九八〇年调查数据。

据上述统计可知日军死亡人数是美军的十倍以上，几可说是全军覆灭。而冲绳县人的死亡人数，有流传说是十四至十五万，而官方认定的是十二万多，但其惨况可与原子弹下的广岛和长崎并列（如以军民死亡人数合计则过之）：

广岛原子弹下的亡魂约十四万人（误差　一万人，其中军人二万）。

长崎原子弹下的亡魂约七万人（误差　一万人）。[33]

若用当时冲绳县的人口计算，这场残酷的战争令冲绳人（本来是琉球人）四死其一，甚至有说三死其一[34]。出现异议的原因，主要在于战时冲绳岛上究竟有多少人口。

根据冲绳县出生的岛越皓之所述，在二十世纪三十年代，冲绳县的人口已达六十万[35]。骤闻此数字，似觉不吻合，但稍作分析，将陆续移民往夏威夷、南洋、巴西和其他国家的五六万人减去，留下来的有五十多万人，其后疏散了八万多人到其他县避难，剩下便只有四十余万人。所以柏木俊道在其著述中也说："一九四五年初，冲绳本岛还有县民四十万以上，主要集中在中南部居住。[36]"综上所述，冲绳岛在开战前住着四十万人可成定说。同时还有可作支持的数据：就冲绳战结束后三个多月的十月十日人口统计，共有三十二万五千七百六十九人[37]，这正是四十多万人减去战死、遇难的十二万二千余人所得的幸存者人数。

用开战前住有四十多万人来计算，确是四死其一，但原有人口六十万，就不能算作四死其一。这是对的。但如果以十五年侵略战来做统计，冲绳人参军和到南洋开拓而死于异国的亦有二万多人，合计起来，冲绳县的死亡人数共为十四万九二三十三人[38]，也接近六十万的四分之一。

花了这么长的篇幅来述说冲绳县人在这次战祸中死去十多万人，主要是痛惜琉球被吞灭后，琉球国民才会被卷入这场不义的战争中，而且悲惨至四

06

07

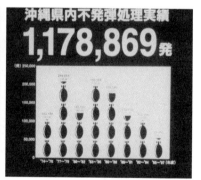

08

06　经过狂轰滥炸的那霸市，再难找到一栋完整房舍。

07　姫百合女学生曾藏身的洞穴（笔者摄）。

08　战后历年处理未爆的炮弹共计超过一百一十七万个，可以想象其中战况之惨烈。

死其一，所以有研究者伤感地说：相信全民（全县民）没有人是不与死难者有着亲属的关系，故全民皆是遗属！

五　战事余波：强制集体自杀的诉讼

日本自明治维新后，富国强兵，对外用武，胜战连场，军国主义遂告抬头。他们灌输忠君爱国思想，歌颂军人的高尚情操："宁死不屈"、"宁作玉碎，投降可耻"、"苟活不如殉国"。所以在冲绳争夺战中，日军死亡数字如此巨大，就是战死的战死，自尽的自尽，几至全军尽殁。同时，参与救护和支援工作的中学生，在结束抵抗解散之后，仍然也有很多做无谓的牺牲——自尽。其中最为惨烈的是充当陆军医院护士生的女学生，她们肩负一人照护三十个伤患将兵的重务，这对正职的护士来说也是无法支撑，何况是十五六岁的少女。她们饱受煎熬，随军东撤西逃，部分死在枪炮之下，但解散后，不幸地又走上自尽之路。为纪念这批纯洁的女学生，冲绳县立下"姬百合之塔"来祀之[39]。这些"姬百合女学生"和另外由青少年学生组成的"铁血勤皇队"，在无情的战争中，结束了他们年轻的生命。在统计上，他们被列入"参与战斗"（或协助战事）死者的一部分（见表八）。

"宁为玉碎，自尽殉国"是某些军人的追求，但平民姓也被强制"集体自决"，竟成为战事的余波，六十年后更引发诉讼。

原来死于战争中的冲绳县住民，并非全部为美军所杀；有部分人反而是被自己的军队——日军所逼死的。

自从"十十"空袭后，日本第三十二军深感美军强大——兵力三倍于己以上，而且武器精良。死守冲绳岛，拖延美军进攻本土，已是东京大本营

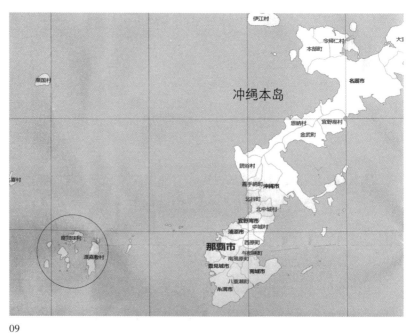

09

10

11

09　座间味岛和渡嘉敷岛位置图。

10　1950 年出版的《铁之风暴》。

11　有"冲绳学之父"称号的伊波普猷。

交下的军令。在战争年代，军人可以操控一切。其时，冲绳县的粮食配给，也由军方插手管理。他们为求守得更加长久，便下达"军官民共生共死"的命令。首先揭露有此命令发布的是冲绳国际大学名誉教授安仁屋政昭。他在一九八八年二月为家永教科书诉讼案出庭，以研究冲绳战学者身份作供[40]，他的证言极具权威性和受到尊重。冲绳岛战役展开后，日军根本无法抵御，形势极为恶劣。他们为了集中力量打所谓的"持久战"，将物资和粮食优先供给军队，又拒绝让平民姓躲入战壕，因为这样会妨碍布防，更极端的是饬令非战斗人员早些自尽，以确保军人有多些食粮可以持久作战[41]。在军国主义横行的时势下，军人为达到他们的目的，冷酷无情地迫令村民"集体自尽"[42]。据不完全统计，在冲绳岛和附近岛屿被迫集体自尽的村民，约有数千人[43]。他们很多都是全家自杀，共赴黄泉，当时悲惨的情状，经历者大多不想再忆述：父杀子、子杀父、棒杀亲儿、勒毙爱女、手刃妻子后自刎……听之已令人震惊和战栗——战争是何等的恐怖，人性因此而扭曲！

发生在座间味岛和渡嘉敷岛的强制集体自尽，是集体自尽中的典型事例，早为传媒报导，史书记述，亦因此而惹起诉讼。

一九四五年三月二十六日，美军先攻冲绳本岛东南部的庆良间诸岛（由十余岛组成），以作为后勤据点，策略上首取座间味岛。但在前夜，岛上村民已接到急赴忠魂碑前集合的命令。后来，在"产业组合壕"等八个壕坑内，发现大批集体自杀的尸首，有用手榴弹一齐自轰而死的；也有用布带勒毙的。而玉城校长夫妇因未被手榴弹炸毙，校长以剃刀割妻子颈项，于心不忍，力有不足，致妻子呼叫："爸爸（夫君之意），还是不行，还是不行！"最后双双刎颈而尽，情景实在骇人，闻者每每悲痛至不能平复。事后统计，座间味岛集体自尽者共为一百七十八人。[44]

翌日（二十六日），又有庆留间岛民众集体自尽。三月二十八日，美军准备向座间味岛东南面的渡嘉敷岛进攻。是夜，守岛最高指挥陆军海上挺进第三战队队长赤松嘉次命令岛民到阵地前集合，约有八百人到来，获分发手榴弹，着令集体自尽。结果有三百二十九人同时自杀，占当时岛上人口的四分之一。[45]

后来，美军攻上渡嘉敷岛，随军记者在北山发现六至八处地方被手榴弹炸裂，当时仍然冒着焰火硝烟，倒下的妇孺颈上都绞缠着布带，衣服被炸得破碎，在尸丛中还传来气息将断的小孩哭叫声。这是难以想象的悲惨情景。消息迅速发出，四月二日美国的《洛杉矶时报》抢先刊登，令世人大为震惊。[46]

战后，《冲绳时报》两名记者经过采访和搜集资料，于一九五〇年撰写成《铁之风暴》，是早期有关冲绳战争的重要纪实著作。后来，家永三郎教授撰述的《太平洋战争》和诺贝尔文学奖得奖作家大江健三郎撰著的《冲绳笔记》(一九七〇年出版，以后续有再版)，都不约而同地引用了《铁之风暴》的资料，然后深刻地对"强制集体自尽"这一人类黑暗史做出批判。

战后六十年，当年驻守座间味岛的第一战队队长梅泽裕（年近九十），联同驻防渡嘉敷岛的第三战队队长赤松嘉次的胞弟，入禀大阪法院，控告作家大江健三郎和岩波书店，在其出版的《冲绳笔记》中，"诬指"他们（梅泽、赤松）下命令要岛民集体自尽，与事实不符，名誉因而受损，追究责任，并要求赔偿。他们所持的理据是：当年没有下过命令，也没有证人、证据可以证明他们曾发过迫使岛民集体自尽的命令。岛民的自尽，是不愿被掳受辱，宁可殉国死也要力保尊严。

这宗所谓"冲绳集体自决冤罪诉讼"，何以在战后六十年才提起？而大江健三郎的著述，亦早在一九七〇年已出版，因何在三十五年后才兴讼？同时何以不控告其他的著作和作者？（而且有更加早的著述，特别是《铁之风

琉球冲绳交替考·钓鱼岛归属寻源之一

暴》）这一连串问题，初时令人有丈八金刚摸不着头脑之想。但经过分析，除了可以接纳原告所说有些出版物的作者已逝去而不予控告外，推迟的原因主要是当年的知情者多已故去，而原告经多年来在一些证人、证供上做了手脚，从而具备翻案的"证供、证词"。

另一个隐藏的目的，就是政治上的"历史修正"。且看支持"冲绳集体自决冤罪诉讼"的团体，就可略知一二。他们包括："自由主义史观研究会"、"昭和史研究所"和"靖国应援团"等。

由于被告是获诺贝尔文学奖的大作家大江健三郎和著名的学术出版重镇岩波书店，因而官司备受瞩目。背景不同的传播媒介，早已壁垒分明地在法庭外大打笔战。

二〇〇五年十月二十八日首度开庭，双方请来学者、作家或作供，或提报告，更重要的是找出当年的幸存者来忆述提证。正当庭上针锋相对，想不到庭外的"战"火更加激烈、震撼！

因为有了"冲绳集体自决冤罪诉讼"，文部科学省在审定二〇〇六年度教科书时，对已成通说的"强制集体自尽"提出审查意见，认为"冲绳战的实态描述恐怕有误"，目的是要删除集体自尽有关"军令"的用语。原来我们熟悉的日本篡改教科书问题，在日本右翼人士中常常提出要严防"自虐史观"，他们神经最紧张的是"南京大屠杀"、"慰安妇"和"冲绳强制集体自尽"这三大问题。所以有篡改之说，是因为有不少执笔撰写历史教科书的教授、学者忠于史实，有良知地秉笔直书。但送检后，往往遭到文部省（今改为文部科学省）的教科书调查官留难，提出"修正"、删改，致三改四易其稿也不获通过。因而便有家永三郎教授兴讼，控告教科书的审定制度违宪。所以我们必须明白现在日本采用的教科书，在编写过程背后是有一批有良知的学者长期与审查官角力的，但前者往往被审查官刁难，以致出现篡改的情况。

回说文部科学省因为有讼争，发出指引要删除集体自尽的有关"军令"的用词。但当时案件尚在审理中，成说是否有误，有待裁定，没必要马上更易。但文部科学省固执不听。消息传出，抗议声四起，各地纷纷举行集会、论坛。二〇〇七年四月，国会也为此而展开论战。虽然右翼的刊物为此次教科书的审定摇旗呐喊，但冲绳县的人民亦愈加愤慨。二〇〇七年九月二十九日，冲绳县十一万民众在那霸市集会，要求文部科学省"撤回审定意见"。如此声势浩大的抗议集会，是冲绳人的怒吼，亦是一九七二年交回冲绳后最大的一次群众运动。

再说法庭上的战况，双方经过十三轮的激烈答辩，二〇〇八年三月二十八日，大阪地方法院作出判决：原告人梅泽、赤松二氏败诉。法官深见敏正的判词指出，虽然没有证据证明梅泽、赤松有直接下命令着岛民集体自尽，但从种种证供，特别是分发手榴弹给各人，在当时来说，手榴弹是重要的武器，受到严格管理，倘无战队队长的命令，绝不会那么容易分派给岛民，同时又没有教他们杀敌，所以分发手榴弹是叫他们自尽，是可以推想为命令。[47]

很多幸存者还忆述当时分发手榴弹共两颗，教以一颗用来炸来捕的敌人；另一颗用来自尽。他们更带着怨愤说："没有日本军驻扎，就不会发生集体自尽这样的惨事！"（粟国岛和渡名喜岛就没有发生这样的惨剧）[48]。但事情最讽刺的是，那两位"叫人去死"的战队队长并没有自尽殉国，竟落在美军手上，并一直活到高龄。

但梅泽和赤松二人不服输，上诉至高等法院。同年十月三十一日，大阪高等法院二审判决：因无可靠的新证供，故维持一审的判决。[49]

大江健三郎听闻判决结果后发表感言："我三十八年前写成的《冲绳笔记》，是我自觉有责任去认识冲绳的民众在日本近代化历史中，付出了多方面的牺牲。在冲绳战争中，渡嘉敷岛和座间味岛的七百岛民，是因为军方的参与（通过新证供的陆续披露，无疑是近乎强制性的）才会集体自尽的，这可说是冲绳民众牺牲的显例……我对这次裁决的基本态度是，至今仍然希望以一个作家的身份来维护《冲绳笔记》可以继续得到阅读。原告兴讼的政治目的是十分清楚的。那些'殉国死'、'美丽尊严死'是蒙骗悲惨牺牲者的言辞，并企图以此来复兴民族的气运。经过这次斗争，我余生无多，但仍打算以作家的写作为生。"[50]

六 小 结

甲午战败，是中国继鸦片战争失败之后，造成的又一次重大冲击，也因为这一战的溃败，壮了日本的胆，往后五十年疯狂地一次又一次杀入中国，令中华民族陷入前所未有的灾劫。

甲午战争失败，中国割地赔款求和，自身难保，也就无力争球。与此同时，因为割让了台湾，日本更肆无忌惮地扫走琉球至台湾之间的诸岛、列屿，其中当然包括钓鱼岛列屿，酿成以后的争端（拙著《钓鱼岛主权论考》再作详细论析）。而当一九一〇年日本又强行吞并朝鲜之后，便完成了李仙得给他们献策的"明月弯战略"——西取朝鲜，南吞琉球，再占台湾，和本身日本四主岛合起来，呈弯月形，围锁中国东海及其沿岸。

琉球不能再祈求中国来搭救，中国亦已有心无力。复国无望，琉球国已成过去，笔者的笔锋亦被历史的轮轴带动，由"琉球"写作"冲绳"。日本将琉球收编为县，进行殖民统治，教育上推行普及的皇民化教育，民智得到提升；经济上进行土地改革，减少了特权阶层的土地占有和不事生产的寄生人群，生活似较萨摩藩欺压琉球时舒泰。有"冲绳学之父"称号的伊波普猷（一八七六至一九四七年），出生于废球置县前的琉球。他认为琉球人在萨藩的欺压下，驯服地过了三年奴隶般的生活。而一八七九年废球置县是琉球人的一种奴隶解放[51]；他欢呼般地说："琉球王国已经营养不良，半死的琉球王国正在坏灭，所以琉球民族苏生是值得高兴的，这样一来，就要欢迎废藩置县（琉球处分）了。[52]"他又强调："琉球处分的结果，是所谓琉球王国灭亡，但琉球民族加入日本帝国后，从此得到苏生。"[53]

但冲绳岛的毁灭战，令本来是一个和平的琉球王国无辜卷入战灾。平民有参战而死；有强制集体自尽而全家丧生；有被赶出战壕被美军轰死；有被诬指为间谍而遭杀害，导致县民（琉球人）四死其一。而岛上亦遭毁灭性的破坏，林木大部分被烧毁，杂草于战火后蔓生，影响了生态。至于城镇村落，"悉为废墟，家不似家，再难找到一户似样的家宅。[54]"此际的伊波普猷对一直讴歌奉承的帝国、圣天子大感失望，首先同意将"报国冲绳协会"的会名中"报国"二字摘去。到了一九四五年十二月九日，他在东京的"救济回流民众冲绳县人大会"上，甫开口即愤怒地叫骂："发动无谋之战，让国民倒下、受伤，遭受家破食粮缺的烦恼；尤以我冲绳本岛几乎全化灰烬，我们的兄弟现今如何生活，是否安危？仍未能确知。"他一反拥护军国主义的态度，发出"要用民主主义来重建冲绳"的呼叫声。[55]

当然，冲绳县人民是绝对不会忘记这场悲惨的战祸的。他们痛恨战争，在十一万人的大会上（二〇〇七年）一次又一次地呼唤："不要再有战争！"他们希望美军基地撤出冲绳，因为这是会触动他们伤痛的神经的。今天，冲绳问题、美军基地问题，似乎仍未完全解决。

注 释

1 参见喜舍场朝贤著《琉球见闻录》，东京东汀遗著刊行会，一九五二年，页一三二。

2 同注 1 引书，页一四四。

3 参见西里喜行编《琉球救国请愿书集成》，东京法政大学冲绳研究所，一九九三年，页五四、五八。

4 参见那霸市史编集室编《那霸市史》通史篇第二卷，那霸市役所出版，一九七四年，页一二九；又同注 1 引书，页一三九。

5 日本的自由民权运动（一八七四至一八八九），是日本最早的一场资产阶级革命运动。一八七四年他们提出建立民选议院，后来归纳为三大诉求：开设国会、减轻地租和改正不平等条约；同时要求确保人权，打破官僚专制。运动的骨干除了士族民权家外，还有下野的板垣退助、江藤新平、副岛种臣等。运动席卷全国，结社集会，自发举办学习会、讨论会，更发动了激进的夺取地方政权的革命运动，先后爆发了群马事件，加波山事件、秩父事件、饭田事件。最后，虽然运动的诉求未能全面取得实现，但对日本以后的文化运动、思想运动起着深远影响。

6 参见色川大吉著《自由民权》，东京岩波书店，一九八一年，页二二七至二二八；又注 4 引书，页一二九至一三〇。

7 同注 4 引书，页一三五。

8 同注 7。

9 同注 4 引书，页一三七。

10 同注 9。

11 同注 4 引书，页一四〇。

12 日本有一些史学家以黎庶昌公使曾谈过用放弃琉球来换取日本不插手朝鲜事务，来质疑中国坚持存"球祀"的信心。

13 参见台湾银行经济研究室编《清光绪朝中日交涉史料选辑》，台北台湾省文献委员会出版，一九九七年，页一○○收入《出使日本大臣黎庶昌密陈日本近日情形片·光绪十六年十一月廿一日》。

14　参见武藏直大编注《新闻记事に见る激动近代史》，东京ブラフ社，二○○八年，页一一七收录一八九○年三月二十八日《东京日日新闻》。

15　同注 14。

16　参见陆奥宗光著，陈鹏仁译《甲午战争外交秘录》，台湾海峡学术出版社，二○○五年，页三。"庙算"，即内阁的谋算。

17　同注 16 引书，页九、一一。

18　参见同注 4 引书，页二八六至二八七；又东恩纳宽惇著《南岛论考》，东京实业之日本社，一九四一年，页二。

19　参见鸟越皓之著《琉球国の灭亡とハワイ移民》，东京吉川弘文馆，二○一三年，页五四。

20　同注 4 引书，页五五二。

21　同注 20。

22　参见同注 4 引书，页六八三至六八五。

23　同注 4 引书，页六八五。

24　同注 4 引书，页五七七。

25　同注 4 引书，页五七五至五七九。

26　同注 19 引书，页一五。

27　"本土决战"是指在"本州岛决战"。这样的用语，似乎和冲绳岛依然有内外之别。"舍石"是日本下围棋的用语，即"弃子"之意。

28　参见柏木俊道著《定本冲绳战》，东京彩流社，二○一二年，页五二。

29　同注 28 引书，柏木俊道著《定本冲绳战》，页三八〔表一—四〕。图表列出各师旅团的人数，并没有作统计，笔者加算其总数为六万八五二十人。当然在战争时还会遣兵调将，人数会有差异。

30　同注 4 引书，页六九八。又同注 28 引书《定本冲绳战》页六〇，人数作二万二二二十人。

31　参考自柏木俊道著《定本冲绳战》，页二五九至二六〇的《冲绳战年表》。

32 参见杨仲揆著《琉球古今谈》，台北台湾商务印书馆，一九九〇年，页二六七。

33 参见《原子爆弹の记录——广岛·长崎》，东京被爆の记录を赠る会编辑出版。

34 参见读卖新闻西部本社文化部编《冲绳问题とは何か》，东京弦书房，二〇〇七年，页八二。著者之一仲里效出生于冲绳县南大岛，认为冲绳之战，县民四死其一；另一方面栗原佳子著《狙われた"集団自决"》，东京社会评论社，二〇〇九年，页一三："四十万县民之中，有十五万人牺牲"若以此计算，就是三死其一。

第十一章 甲午战败绝琉球 冲绳血战成炼狱

35 同注 19 引书《琉球国の灭亡とハワイ移民》，页五八，但移民数字有其他学者的不同统计数字，可参阅本书《总论》的第二节。

36 同注 28 引书《定本冲绳战》，页五三。

37 同注 4 引书《那霸市史》，页七三三。

38 笔者视访冲绳县和平纪念碑，并抄录碑上所刻的数字。又参见《定本冲绳战》，页一九七。另外补充说明当时日本发动大东亚战争，除挥军征战外，更动员甚至强制国民前往占领区进行拓殖，既负责开拓生产，又可推行殖民地统治。

39 同注 4 引书《那霸市史》，页七二二。

40 参见栗原佳子著《狙われた"集団自决"——大江、岩波裁判と住民の证言》，东京社会评论社，二〇〇九年，页四〇。

41 同注 40 引书，页二三，引中野好夫、新崎盛晖著《冲绳问题二十年》，页四。

42 日文原写作"集団自决"，笔者现译为"集体自尽"。"集体自尽"一词前面，是否要加上"强制"或"军队命令"等定语，否则暗示"集体自尽"是出于整体的自愿，这是与史实不符的，因而在日本教科书审议上长期出现争议。

43 同注 40 引书，页一三、四六。

44 同注 40 引书，页四七、一六一。玉城校长夫妇的自尽，由目击的生还者忆述。

45　同注 40 引书，页五八、一七五。

46　同注 40 引书，页一八二至一八三。

47　同注 40 引书，页二一七至二一九。

48　同注 40 引书，页九、一一二。

49　同注 40 引书，页二六二。

50　同注 40 引书，页二六五，原文为大江健三郎感言，笔者据日文翻译。

51　参见伊波普猷为《琉球见闻录》所作的《代序——琉球处分是一种奴隶的解放》。

52　同注 19 引书，页六三引伊波普猷著《古琉球》。

53　参见西里喜行著《琉球＝冲绳史における"民族"の问题》引《伊波普猷全集》第二卷四九三页。西里论文收入在《新しい琉球史像——安良城盛昭先生追悼论集》，冲绳榕树社，一九九六年，页一九七。

54　参见伊佐真一著《伊波普猷批判序说》，东京影书房，二〇〇七年，页八六，引一九四五年六月三日《每日新闻》特派员在冲绳的报道。

55　同注 54 引书，页一一六，引伊波普猷在大会上的发言。伊波在一九四七年八月十三日脑溢血而终，享年七十一岁。但他自执笔开始便一直谄媚日本帝国，多番形容日本吞并琉球是使琉球人从奴隶中得到解放，所以战败后，他如何面对曾经颂歌的军国？有伊波的后辈，亦批判他的表达有不少暧昧之处，甚至难以置信。

第十二章

联国托美管琉球

战略部署球交日

自一九三七年七七卢沟桥事变之后，日本全面发动侵华战争，先后攻占了中国东南各省，半壁河山瞬即沦陷。日军所到之处，疮痍满目，奸淫杀戮，其暴虐行径令人发指。中华民族惨遇空前灾劫。际此民族存亡之秋，中国人民再无退路，唯有冒死顽抗，保卫河山，纵未能一朝光复，但已做好持久战的打算。

中国的全面抗战，不乞降求和，令日本的图谋大失预算。他们一心原以为可以势如破竹，两三年就能征服中国全境，然后大举挥军东南亚，圆其现独霸亚洲的梦想。但遇上中国顽抗打持久战，百多万大军如泥足深陷，不能拔走。中国作为同盟国的成员，对消耗主要轴心国日本的战力，起着巨大作用。因此，在举行开罗会议和签订《波茨坦公告》时，积弱百年的中国，亦获得超级强国的邀请，参与有关工作。

一 日本投降接受《开罗宣言》和《波茨坦公告》

一九四三年中，以美、英、苏为首的同盟国，在欧洲战场上已基本将德军制压。八月，美国总统罗斯福和英国首相丘吉尔在加拿大魁北克密会，讨论今后国际时局的发展，并同意召开美、英、中、苏四强会议。

同年十一月二十三至二十七日，美、英、中三国高峰会议在埃及首都开罗举行。因苏联持不同意见未有出席，改而参加稍后于伊朗德黑兰举行的美、英、苏峰会。是次开罗历史之会的出席者有：美国总统罗斯福（Franklin Delano Roosevelt）、英国首相丘吉尔（Winston Churchill）、中华民国政府主席蒋介石（由夫人宋美龄陪同赴会）。会议讨论了欧战即将结束，接着如何集中盟军的力量围攻日本，同时制定处置日本的基本方案。十一月二十七日，商定《开罗宣言》的内容。十二月一日，由美国白宫统一向世界公布[1]；十二月三日，中文本亦见于中国各大报章。

兹录《开罗宣言》的全文如下：

> 罗斯福总统、蒋介石委员长、丘吉尔首相、偕同各该国军事与外交顾问人员，在北非举行会议后，发表概括之声明如下：
>
> 三国军事方面人员关于今后对日本作战计划，已获得一致意见，我三大盟国决心以不松弛之压力，从海陆空各方面加诸残暴之敌人，此项压力已经在增长之中。我三大盟国此次进行战争之目的，在于制止及惩罚日本之侵略，三国决不为自己图利，亦无拓展领土之意思。三国之宗旨，在剥夺日本自从一九一四年第一次世界大战开始后在太平洋上所夺得或占领之一切岛屿；使日本所窃取于中国之领土，例如东北四省、台湾、澎湖群岛等归还中华民国；其他日本以武力或贪欲所攫取之土地，亦务将日本驱逐出境；我三大盟国稔知朝鲜人民所受之奴隶待遇，决定在相当时期，使朝鲜自由独立。
>
> 根据以上所认定之目标，并与其他对日作战之同盟国目标相一致。我三大同盟国将坚忍进行其重大而长期之战争，以获得日本之无条件投降。[2]

《开罗宣言》是三大同盟国领袖商讨对日作战和打败日本后对日处分的

声明，这次会议并非分赃会议；也不同于以前帝国主义在会上瓜分别国版图，而是要取回日本在第一次世界大战后所抢夺的领土，仅将失去的夺回，所以"无拓展领土之意思"。但用词上颇带愤怒，如"剥夺日本自从……"；又如"务将日本驱逐出境"。至于亟欲夺还的领土，可分为三部分：

一、"日本自从一九一四年第一次世界大战开始后在太平洋上所夺得或占领之一切岛屿。"这批岛屿，主要是英、美二国原先在东南亚拥有的殖民地，同时也包括原由荷兰占有的印尼诸岛。第二次世界大战后，这些岛屿亦已纷纷独立。

二、"使日本所窃取于中国之领土，例如东北四省、台湾、澎湖群岛等归还中华民国。"这里没有言明一九一四年第一次世界大战之后，而是"所窃取于中国之领土"，有包括一切窃取中国领土之意，特别提到"东北四省"，这四省是"奉天、吉林、黑龙江和热河"合组而成的"伪满洲国"，是日本先侵占然后建成的傀儡政府，不能视作"非中国领土"而由其独立，所以点名归还。更特别提出归还"台湾、澎湖群岛等"，因为这是甲午战争失败后，按《马关条约》割让给日本的。但那是在强压下签订的不平等条约，应予废除，务须交还。同时，最重要的是，钓鱼岛列屿是由台湾管辖的，所以"台湾、澎湖群岛等"的归还，是包括钓鱼岛列屿的。

三、"其他日本以武力或贪欲所攫取之土地，亦务将日本驱逐出境"。这里没有明确指出土地的名称，事实上日本为建立他们的"大东亚共荣圈"而攫取了大批土地，在当时一片战乱的局面，同盟国亦不能一一列出具体地名，所以便写成"以武力或贪欲所攫取之土地"来概括，亦即是"不义取得"、"武力取得"的都要交还，并被"驱逐出境"。这里不禁使人联想到琉球。

最后指名提到"稔知朝鲜人民所受之奴隶待遇，决定……使朝鲜自由独立"，因朝鲜被日本侵占前是一个王朝，所以没有收回这回事，而是让朝鲜自行独立。

现时坊间流传一种说法，称开罗会议期间，罗斯福总统曾询问蒋介石是否想收回琉球，蒋介石没有答"是!"反而建议与美共管，徒令千载难逢之机失之交臂!

有关这段传闻，日本专门研究战时外交史的田村幸策，曾在《波茨坦公告》发布后，冒着生命危险写下密函，转呈当时的首相铃木贯太郎，扼要地分析了时局，恳请接受《波茨坦公告》，不要成为毁灭日本的大罪人。他在其专著《太平洋战争外交史》中说："一九四三年十一月二十三日晚上八时，罗斯福总统和蒋介石总统（笔者注：即委员长，下同）单独会谈（丘吉尔首相没有参加），并就日本将来极其重要的事项交换了意见……但美国后来没法找回这份单独会谈的记录。至一九五六年，由中国政府（笔者注：即台北）提供该次会谈纪录的中文及其英译文本，现收录于美国外交文书档案中。"[3]

是次会谈纪录涉及的重大问题凡十项，这里摘出有关中国领土和琉球部分：

"五、有关领土的归还，蒋总统和罗斯福总统同意将日本用武力夺取得来的东北四省（奉天、吉林、黑龙江、热河）[4]、台湾、澎湖（群）岛于战后一定归还中国；同时一定包括辽东半岛和旅顺、大连二港。接着，罗斯福总统谈到琉球诸岛问题，并一再询问中国想不想要琉球。蒋总统回答：'琉球由中美两国共同占领，最终是由国际机构信托统治，希望交由中美两国联合施政。'进而罗斯福总统提到香港问题，对此，蒋总统表示：审议本件之前，请总统（罗斯福）先和英国当局商议。"[5]

细味蒋介石和罗斯福的谈话，可以理解蒋介石的态度为：

一、凡被日本夺去的中国领土就一定要归还，没有半点含糊；

二、对收取琉球一案，表现得谨慎，不想被罗斯福（美国）感觉到中国有领土的野心，而这也是贯彻过去中国对属国的既有立场。

从今天看当年，有评论蒋介石的答话是错失良机。但有谁知道其后局势的发展错综复杂，最终还是由有实力的一方来主导。

至于没有邀请丘吉尔首相参加，原来涉及香港的问题。罗斯福总统是想先听取中国方面（以蒋介石为代表）的意见，再经过归纳调整，才举行中、美、英三国元首会谈，便于达成协议，作出重要的《开罗宣言》。

对于《开罗宣言》，日本早期是嗤之以鼻的，因为当时的战情，日本并未处于劣势。但随着盟军大反攻，战事逆转，一九四五年三月，以美国为首的盟军群机尽出，狂轰东京、横滨、名古屋、大阪和神户等大城市，造成重大伤亡，单是三月十日的"东京大空袭"，便有近九万人被炸死或烧死。其间，虽然罗斯福总统于四月十二日突然急逝，但继任的杜鲁门总统（Harry S. Truman）并无放松，继续加压，并于六月二十三日攻取了冲绳。而在此之前的五月八日，德国向盟军投降。七月十七日，美、英、苏三国元首（杜鲁门、丘吉尔、斯大林）以胜利者的姿态，践登德国，在波茨坦举行高峰会，商讨战后国际新秩序方案。七月二十六日，美英两国首脑邀同中国蒋介石委员长联名，对日本发布了《波茨坦公告》（又称《波茨坦宣言》），催促日本早日接受《公告》，无条件投降。但日本内阁中强硬派的军人仍占多数，拒绝无条件投降。八月六日、九日，美国接连向广岛和长崎投下原子弹，予日本毁灭性的打击，加上苏联亦在八月九日对日宣战，进军伪满洲国。八月十四日，日本举行御前会议，在面对不但亡国还可能灭族的极度危机下，由裕仁天皇"圣断"，接受《波茨坦公告》，无条件投降。

一九四五年七月二十六日发布的《波茨坦公告》，是针对日本发动侵略战争促其早日投降接受惩处的重要历史文件，具有巨大的法律效力，影响深远，同时可以厘清今日的争端，因此有必要全文引录如下：

波茨坦公告

一、余等美国总统、中国国民政府主席及英国首相，代表余等亿万国民，业经会商并同意，对日本应予以一机会，以结束此次战争。

二、美国、英帝国及中国之庞大陆海空部队，业已增强多倍，其由西方调来之军队及空军，即将予日本以最后之打击。此项武力，受所有联合国之支持及鼓励，对日作战，不至其停止抵抗不止。

三、德国无效果及无意识抵抗全世界所有之自由人之力量，所得之结果，彰彰在前，可为日本人民之殷鉴。此种力量，当其对付抵抗之纳粹时，不得不将德国人民全体之土地、工业及其生活方式摧残殆尽，但现在集中对付日本之力量，则较之更为庞大，不可衡量。吾等之军力，加以吾人之坚决意志为后盾，若予以全部实施，必将使日本军队完全毁灭，无可逃避，而日本之本土，亦终将全部摧毁。

四、现时业已到来，日本必须决定是否仍将继续受其一意孤行，计算错误，使日本帝国已陷于完全毁灭之境之军人统制，抑或走向理智之路。

五、以下为吾人之条件，吾人决不更改，亦无其他另一方式，犹豫迟延，更为吾人所不容许。

六、欺骗及错误领导日本人民，使其妄欲侵服世界者之威权及势力，必须永久铲除。盖吾人坚持，非将负责之穷兵黩武主义驱出世界，则和平安全及正义新秩序势不可能。

七、新秩序成立时，及直至日本制造战争之力量业已毁灭，有确实可信之证据时，日本领土经盟国之指定必须占领，俾吾人在此陈述之基本目的，得以完成。

八、《开罗宣言》之条件，必将实施，而日本之主权必将限于本州、北海道、九州、四国、及吾人所决定其他小岛之内。

九、日本军队在完全解除武装以后，将被允许返其家乡，得有和平及生产生活之机会。

十、吾人无意奴役日本民族，或消灭其国家，但对于战罪人犯，包括虐待吾人俘虏者在内，将处以法律之裁判，日本政府必须将阻止日本人民民主趋势之复兴及增强之所有障碍，予以消除，言论宗教及思想自由，以及对于基本人权之重视，必须成立。

十一、日本将被允许维持其经济所必需及可以偿付货物赔款之工业，但可以使其重新武装作战之工业，不在其内。为此目的，可准其获得原料，以别于统制原料，日本最后参加国际贸易关系，当可准许。

十二、上述目的之达到，仍依据日本人民自由表示之意志成立一倾向和平及负责之政府后，同盟国占领军队当即撤退。

十三、吾人警告日本政府，立即宣布所有日本武装部队无条件投降，并对此种行动有意实行，予以适当之各项保证，除此一途，日本即将迅速完全毁灭。[6]

《波茨坦公告》的内容，较之《开罗宣言》更加具体、更加清晰，也更加坚决。有一些所谓学者硬指《开罗宣言》没有联署签字，仅用新闻来发布，其法律效力成疑。究竟是哪些人想将《开罗宣言》漂洗为白纸，是不言而喻的。试问三国元首将会谈的决议联名公布还能没有制约力吗？问题的关键在于被针对的日本是否接受三国元首发的《宣言》？如果不接受、不承认，就仍然可以争议，但最终日本接受了同是美、英、中三元首发出的《波茨坦公告》[7]，无条件投降；而《波茨坦公告》第八条清楚订明："《开罗宣言》之条件，必将实施。"

据此，日本就须遵照《波茨坦公告》的第八条延伸承认《开罗宣言》。换句话说，《开罗宣言》已成为《波茨坦公告》内容的一部分，所以强指《开罗宣言》没有法律效力是徒劳的！

《开罗宣言》明确公布："使日本窃取于中国之领土，例如东北四省、台湾、澎湖群岛等归还中华民国。"而钓鱼岛列屿是由台湾管辖，所以"台湾、澎湖群岛等"的归还，毫无疑问是包括钓鱼岛列屿的，那是五十年前甲午战争失败后割让台湾时一并被夺去的。

第八条后一段的条文，更严格订定日本投降后的领土范围："而日本之主权必将限于本州、北海道、九州、四国、及吾人所决定其他小岛之内。"既然这四岛之外的土地和岛屿已非日本的主权范围，钓鱼岛列屿当然非日本主权，就连"废球为县"的冲绳县，也由联合国交美国托管，成立了"琉球政府"，并没有用上"冲绳"之名。

《波茨坦公告》明确规定了战后亚洲的版图和秩序，是所有关与国都应该遵守的，其中第八系仍然可以应用到今天中日钓鱼岛争议上。还有第五条也是值得注意的："以下为吾人之条件，吾人决不更改，亦无其他另一方法，犹豫迟延，更为吾人所不容许。"

"以下之条件"，是指六至十三条，都"决不更改"；日本在《降书》中也表示忠实执行：

> 六、余等兹代表天皇与日本政府，及其继承者，担任忠实执行《波茨坦宣言》之各项条款，并发布及采取经盟邦统帅或其他经指定之盟邦代表，为实施宣言之目的，而所需之任何命令及任何行动。[8]

PRESS COMMUNIQUE

PRESIDENT ROOSEVELT, GENERALISSIMO CHIANG KAI-SHEK AND PRIME MINISTER CHURCHILL, TOGETHER WITH THEIR RESPECTIVE MILITARY AND DIPLOMATIC ADVISERS, HAVE COMPLETED A CONFERENCE IN NORTH AFRICA. THE FOLLOWING GENERAL STATEMENT WAS ISSUED:

"THE SEVERAL MILITARY MISSIONS HAVE AGREED UPON FUTURE MILITARY OPERATIONS AGAINST JAPAN. THE THREE GREAT ALLIES EXPRESSED THEIR RESOLVE TO BRING UNRELENTING PRESSURE AGAINST THEIR BRUTAL ENEMIES BY SEA, LAND AND AIR. THIS PRESSURE IS ALREADY RISING.

"THE THREE GREAT ALLIES ARE FIGHTING THIS WAR TO RESTRAIN AND PUNISH THE AGGRESSION OF JAPAN. THEY COVET NO GAIN FOR THEMSELVES AND HAVE NO THOUGHT OF TERRITORIAL EXPANSION. IT IS THEIR PURPOSE THAT JAPAN SHALL BE STRIPPED OF ALL THE ISLANDS IN THE PACIFIC WHICH SHE HAS SEIZED OR OCCUPIED SINCE THE BEGINNING OF THE FIRST WORLD WAR IN 1914, AND THAT ALL THE TERRITORIES JAPAN HAS STOLEN FROM THE CHINESE, SUCH AS MANCHURIA, FORMOSA, AND THE PESCADORES, SHALL BE RESTORED TO THE REPUBLIC OF CHINA. JAPAN WILL ALSO BE EXPELLED FROM ALL OTHER TERRITORIES WHICH SHE HAS TAKEN BY VIOLENCE AND GREED. THE AFORESAID THREE GREAT POWERS, MINDFUL OF THE ENSLAVEMENT OF THE PEOPLE OF KOREA, ARE DETERMINED THAT IN DUE COURSE KOREA SHALL BECOME FREE AND INDEPENDENT.

"WITH THESE OBJECTS IN VIEW THE THREE ALLIES, IN HARMONY WITH THOSE OF THE UNITED NATIONS AT WAR WITH JAPAN, WILL CONTINUE TO PERSEVERE IN THE SERIOUS AND PROLONGED OPERATIONS NECESSARY TO PROCURE THE UNCONDITIONAL SURRENDER OF JAPAN."

01

POTSDAM DECLARATION

July 26, 1945

1. We—the President of the United States, the President of the National Government of the Republic of China, and the Prime Minister of Great Britain, representing the hundreds of millions of our countrymen, have conferred and agree that Japan shall be given an opportunity to end this war.

2. The prodigious land, sea and air forces of the United States, the British Empire and of China, many times reinforced by their armies and air fleets from the west, are poised to strike the final blows upon Japan. This military power is sustained and inspired by the determination of all the Allied Nations to prosecute the war against Japan until she ceases to resist.

3. The result of the futile and senseless German resistance to the might of the aroused free peoples of the world stands forth in awful clarity as an example to the people of Japan. The might that now converges on Japan is immeasurably greater than that which, when applied to the resisting Nazis, necessarily laid waste to the lands, the industry and the method of life of the whole German people. The full application of our military power, backed by our resolve, will mean the inevitable and complete destruction of the Japanese armed forces and just as inevitably the utter devastation of the Japanese homeland.

4. The time has come for Japan to decide whether she will continue to be controlled by those self-willed militaristic advisers whose unintelligent calculations have brought the Empire of Japan to the threshold of annihilation, or whether she will follow the path of reason.

5. Following are our terms. We will not deviate from them. There are no alternatives. We shall brook no delay.

6. There must be eliminated for all time the authority and influence of those who have deceived and misled the people of Japan into embarking on world conquest, for we insist that a new order of peace, security and justice will be impossible until irresponsible militarism is driven from the world.

7. Until such a new order is established and until there is convincing proof that Japan's war-making power is destroyed, points in Japanese territory to be designated by the Allies shall be occupied to secure the achievement of the basic objectives we are here setting forth.

8. The terms of the Cairo Declaration shall be carried out and Japanese sovereignty shall be limited to the islands of Honshu, Hokkaido, Kyushu, Shikoku and such minor islands as we determine.

9. The Japanese military forces, after being completely disarmed, shall be permitted to return to their homes with the opportunity to lead peaceful and productive lives.

10. We do not intend that the Japanese shall be enslaved as a race or destroyed as a nation, but stern justice shall be meted out to all war criminals, including those who have visited cruelties upon our prisoners. The Japanese Government shall remove all obstacles to the revival and strengthening of democratic tendencies among the Japanese people. Freedom of speech, of religion, and of thought, as well as respect for the fundamental human rights shall be established.

02

01 《开罗宣言》的英文文本。
02 《波茨坦公告》的英文文本。

《降书》承诺"忠实执行《波茨坦公告》，以至其继承者。"时至今天，重温《开罗宣言》、《波茨坦公告》、《日本降书》这些极其重要的文献，是有助于解决日本与中国和韩国的海岛主权之争，只是美国和日本的为政者别有用心地善忘了！

美国主导的旧金山对日和会与和约的签订

随着日本投降，第二次世界大战宣告结束，但战火并未因此而熄灭，原因是被欺压的各民族为挣脱殖民统治纷纷起来抗争；亦有因为信奉资本主义和共产主义的不同而酿成内战。中国国共之争也很快打起来，到一九四九年十月，中国共产党领导的解放军，击退装备优良的国民党军，在北京宣告成立中华人民共和国，震动了世界。蒋介石领导的国民政府则败守台湾。与此同时，东欧亦有很多国家共产化，并加入苏联的国际共产阵营。以美国为首的资本主义国家，开始担心"赤化"会染遍全球，便密谋围堵制裁，于是形成了战后西方先进国和苏联共产国际的冷战期。

日本投降后，盟国即派军进占日本。这支军队后来随着联合国的组成而改称为联合国派驻军，但实际上一样都是美国的军队。联合国进驻军的最高司令麦克阿瑟（Douglas MacArthur），俨然裕仁天皇的"太上皇"，极具君临天下的气势。这个时期，日本已丧失主权（内无治权，外无建交权），直到一九五二年四月底旧金山和约生效止的六年八个月，日本史学界称之为"占领时代"。

麦克阿瑟首先将日本军队解体，逮捕战犯，协助东京军事法庭的开审，而最重要的工作是制定新的《日本宪法》，以取代充满皇国思想及天皇绝对主义的《大日本帝国宪法》，推行民主，改革教育。但另一方面，对劳工运动的发展亦极其关注，甚至下达命令禁止"二一总罢工"[9]。说穿了，就是因为担心具有共产背景的工会组织会带来影响。

不过，朝鲜半岛的新情势，就更触动美国的神经。犹记《开罗宣言》第三项指明："决定在相当时期，使朝鲜自由独立。"当第二次世界大战结束，盟国曾计划由中、美、英、苏暂管，用五年时间培植出一个独立自主的朝鲜政府。后因美、苏对立，在北纬三十八度，即现在常说的"三八线"划分南北。一九四八年八月十五日，南方的大韩民国成立，并选出李承晚出任总统；九月九日，北方亦由金日成率领，成立朝鲜民主主义共和国。一九五〇年，朝鲜欲解放南北，统一半岛，于六月二十五日，挥军南下，三天就已攻取汉城，直指洛东江。美国见韩国势危，急令驻日的联合国军（即美军）出兵。九月十五日，麦克阿瑟派海军陆战队由朝鲜半岛西岸的仁川登陆，迅速越过三八线，仅一个多月，美军已推进至鸭绿江和图们江一带，占领楚山，炮弹也落到中国的领土上。中国审度形势，决定派军渡过鸭绿江，展开抗美援朝的争夺战。中国援军面对美国先进的武器和空军的轰击，仍奋勇苦战。一九五一年一月，力拒美军，收复失地，重回三八线。接着，双方在三八线争持，边打边谈判。

朝鲜半岛激战，日本便成为美军的后勤补给基地。一时间急需物资如：有刺铁线、燃料罐、各种车辆的零部件、衣履、毛毯、麻袋，都得赶急大量生产，令战后日本一蹶不振的制造业因"朝鲜特需"，带来"特需景气"，令日本取得战后最大的经济复苏。"特需品"继续有增无减，木材、土敏土（即水泥）等建造材料需求大增，及至旧金山和约签订前，美国已容许日本生产军火，以供前线使用。[10]

麦克阿瑟因要调动驻日军队前往朝鲜半岛，对日本的管治工作带来影

琉球冲绳交替考 ○ 钓鱼岛归属寻源之一

响，于是便放宽占领期的政策，令日本征募七万五千人成立警察预备队，同时建立海上保安厅，招募八千人。这无疑是替日本"松绑"。原来美国不但要为日本"松绑"，而且要使日本加入他们的反共队伍，将日本建造成阻截中共的"防波堤"。但战败国的日本仍受《波茨坦公告》制约，为使日本走出"占领时期"，得到独立，重回国际社会，必须举行和谈，签订和约。其实美国早在朝鲜战事爆发后三个月（一九五〇年九月十五日），杜鲁门总统已发表了"对日讲和构想"，见于当年的《纽约时报》：

（主要）有四项重点：一、对日本的重建军备不给予任何限制，同意该国最大限度的经济、通商自由，并促使其参加联合国及反共共同体；二、为了保护日本免于遭受远东之地的侵略，针对美军驻守日本一事，寻求日本的许可；三、为了设置美军基地，缔结日美两国之间的协定；四、由于没有武装和战力的日本将成为远东之地的"武力真空"，有诱使他国侵略的危险，所以重建一个"适当武装"的自由国家日本，是美国的主要目的。[11]

消息传出，各国皆议论纷纷。其中一个问题重点——是台湾的"中华民国"还是大陆的中华人民共和国代表出席和会？美国当然是支持台湾，但英国则认为新成立的中华人民共和国更具代表资格。西方阵营的老大和老二的意见竟然不一致，最后还是由老大美国拍板——干脆不作邀请，没有中国代表算了！

这就是不用讲理的大国霸权主义，尽管很多国家质疑，苏联更带头反对，印度、缅甸也附和，但也阻挡不了美国的一意孤行。一九五一年八月十五日，中国总理兼外交部长周恩来，发表了《关于美英对日和约草案及旧金山会议的声明》。《声明》首先指出：

联合国宣言（一九四二年一月一日）规定不得单独讲和，《波茨坦协定》

规定"和约的准备工作"应由在敌国投降条款上签字之会员国进行……竟由

美国一国包办了现在提出的这一对日和约草案的准备工作……美国政府这一

违背国际协定的行动，在英国政府支持之下，显然是在破坏日本与所有与它

处于战争状态的国家缔结全面的真正的和约，并正在强制日本与某些对日作

战国家接受只有利于美国政府自己而不利于包括美日两国在内的各国人民的

单独和约。[12]

琉球冲绳交替考
钓鱼岛归属寻源之一

　　接着，周恩来提出五项声明与质疑，其中包括阐述中国人民在抵抗和击败日本的侵略是"经过了最长期的艰苦奋斗，牺牲最大，贡献最多"，但美英的草案却将战争与赔偿期规定在"一九四一年十二月七日起至一九四五年九月二日止，而将一九四一年十二月七日以前中国人民独力进行抗日战争那一时期完全抹煞。[13]"同时，也提到有关赔偿问题。

　　最后，周恩来代表中国作出严正声明："对日和约的准备、拟制和签订，如果没有中华人民共和国的参加，无论其内容和结果如何，中央人民政府一概认为是非法的，因而也是无效的。"[14]

　　但在美国的主导下，旧金山和约会议如期在一九五一年九月四日举行。出席会议的国家共五十二个，中国被排斥在外，印度和缅甸则不满和约会议的安排，拒派代表参加。首日杜鲁门总统作了开场演说，翌日，苏联外长葛罗米柯（Andrei Gromyko）在演说中抨击美国主导会议，没有打算从日本撤军，将日本拉入反共阵营。九月八日《旧金山和约》签订，与会国中仅有苏联、波兰、捷克拒签。

　　说到旧金山和约会议是美国主导一点也不假，单看签订和约的前天，由战败国日本首相吉田茂发表同意和平演说的讲词，竟遭到美国方面的一再修

改，才狼狈地誊写，然后登台宣读[15]，这就令人清楚明白何谓超级强国！

日本和四十八个国家签署了《旧金山和约》之后，不到六个小时，马上又和美国签订了《日美安保条约》。

由于对日战争中的最重要盟国——中国，被拒于会议门外，加上苏联的拒签，全面讲和未能算是得到实现，造成了以后很多纷争。

《旧金山和约》是由序文、七章二十七条组成。七章顺次为：和平、领土、安全、政治及经济条款、要求及财产、争议之解决、最后条款。其中第二章领土和第三章安全是最具争议的部分。

第二章领土内的第三条："日本对于美国向联合国提出将北纬二十九度以南之琉球群岛、孀妇岩岛以南之南方诸岛（包括小笠原群岛、西之岛与火山群岛）及冲之鸟礁与南鸟岛置于联合国托管制度之下，而以美国为唯一管理当局之任何提议，将予同意。"[16]

这里虽然订明"日本对于美国向联合国提出……（参照上引文）将予同意"，似是指琉球群岛等诸岛是与日本有着主权关系，但明显与《波茨坦公告》的第八项有所抵触，因为第八项明确标示："而日本主权必将限于本州、北海道、九州、四国、及吾人所决定其他小岛之内。"所以没有签约的国家就可质疑冲绳岛的归属问题，何况《和约》第三条写明"置于联合国托管制度之下"，而美国却未经联合国批准和授权，擅将冲绳岛交付日本，令冲绳岛的归属未有足够的法理支持。

第三章安全内的第六条甲："各盟国所有占领军，应于本约生效后尽早撤离日本，无论如何，其撤离不得迟于本约生效后九十日之期。但本项规定并不妨碍外国武装部队依照或由于一个、或一个以上的盟国与日本业已缔结或将缔结之双边或多边协定，而在日本领土上驻扎或留驻。"[17]

美国布置好这一条文，亦预先跟日本谈妥驻军的《日美安全保障条约》

（简称《日美安保条约》），所以便能在《和约》签署后数小时，又再签署《安保条约》。其主要内容有：

美国陆海空军可在日本国内及其周边驻留，《条约》的失效须要美国确认。驻留的美军可出动维持远东的和平和安全，并防止日本受到外来武力的攻击；亦会接受日本政府的邀援协助镇压日本国内的骚动和内乱。

后来，美国以日本缺乏防卫能力，单方面依靠美国保卫，有违双边防务的法案[18]。于是美国便要求修订条约，对日本政府来说，这真是求之不得，因为可以借此发展自卫队。一九六○年一月，条约得到修订，并更名为《日美相互协力及安全保障条约》。其主要改动为：日本基于日美相互援助，可尽力维持发展自卫能力，在日本施政的领域内，日美任何一方如受到武力攻击，应共同对抗，行动一致。

新的《安保条约》改订后，日本的自卫队得到发展。但民间的有识之士却并非这样想，他们担心日本会卷入美国的军事行动中，而且美国的长期驻军，携带核武器的军舰泊港等问题，令日本的反《安保条约》运动，断断续续地进行了半个世纪。

回说《旧金山和约》在美国一手包办下得以签订，中国外交部长周恩来再于一九五一年九月十八日发表绝不承认《旧金山和约》的声明:《中华人民共和国中央人民政府外交部部长周恩来关于美国及其仆从国家签订旧金山对日和约的声明》提到：

美国政府却公然违反一切国际协议，排斥中华人民共和国，于一九五一年九月四日召开了一手包办的旧金山会议，并于九月八日在这一会议上，签订了对日单独和约。我全国人民对此无不表示愤慨和反对。中华人民共和国中央人民政府认为有必要重申一九五一年八月十五日授权本人发表的《关于

04

03   05

03 日本接受《波茨坦公告》无条件投降。1945 年 8 月 30 日，盟军总司令麦克亚瑟踏进日本领土，
    领导军管日本的工作。
04 冲绳岛在战后的五年，人们大多在收容所内度过。
05 1951 年 9 月 8 日，在美国的操控下，举行了旧金山和约会议。日本首都吉田茂亲自与各国签订
    和约。

中華人民共和國中央人民政府外交部部長周恩來
關於美國及其僕從國家簽訂舊金山對日和約的聲明
（一九五一年九月十八日）

06

07

08

06 中国未被邀请参加旧金山和约会议。1945年9月18日，中国总理兼外交部长周恩来发表声明，拒绝承认旧金山和约。（引自1951年9月19日《人民日报》）

07 在美国的主导下，联合国同意琉球群岛由美国托管。美国便成立了"琉球政府"。

08 "琉球政府"之上还有美国军方派员组成的"民政府"。

美英对日和约草案及旧金山会议的声明》继续有效，同时，并授权本人再就此事发表下列声明。

该《声明》共有四项，在第四项最后再强调："旧金山对日和约由于没有中华人民共和国参加准备、拟制和签订，中央人民政府认为是非法的、无效的，因而是绝对不能承认的。"[19]

美国强取托管琉球之权建永久基地

在无情战火中历劫余生的冲绳人民，战后面对一片焦土，既惊惶又悲痛，也难掩愤恨之情，甫抬头，又觉前路茫茫，慌乱不知所措。后来，由美军划地收容，但都是上无片瓦，只能倒卧战壕或家畜棚下蜷睡。虽然环境恶劣，但没有枪炮声的静夜反可酣睡得似冬眠。

初期，没有活可干，由美军分派微薄的救济品度日。其后，开始为美军洗濯衣物和清洁打扫，有能者，女的当上军医院的助护，男的当上运输司机，是依存美军为生的阶段。

美国最主要目的是将冲绳作为基地使用，驻扎军队，因此对于冲绳的民事，希望让当地人来自治。战后不久，美国便成立了"冲绳咨询会"，由居民选出，美国军部再领导，分配主责事项。翌年四月，组成"冲绳民政府"。一九五〇年十一月，改组为"冲绳群岛政府"。

随着形势的发展，美国召集旧金山对日讲和会议，并一手包办起草了对其有利的《和约》。根据该约的第三条："将北纬二十九度以南之琉球群岛……置于联合国托管制度之下，而以美国为唯一管理当局之任何提议，将予同意。"美国是"托管制度之下"的"唯一管理当局"已成事实，与"强取"并无分别。其实，早在条约《草案》抛出之前，美国已于一九五〇年初成立"临时琉球咨询委员会"。一九五一年四月，《草案》出台的同时，"琉球临时中央政府"亦告登台。迨《旧金山和约》即将生效，"琉球政府"已于一九五二年四月一日成立。

这里有值得注意的地方，就是战后的五年，使用的是日本吞并琉球后改称的"冲绳"，但美国起草并通过的《和约》却用上"琉球群岛"，而非"冲绳"，是知美国还没有忘记冲绳本来就是琉球国，同时亦参照了《开罗宣言》和《波茨坦公告》的条文，清楚分别开日本主权仅为四岛——本州、北海道、九州、四国，其他掠夺的土地就回归历史。遵照《旧金山和约》，美国采用"琉球"名来成立政府，使消失了七十年的琉球，重回国际舞台。

朝鲜战争勃发，美国参战，琉球（冲绳）本岛成为重要后勤基地，当时日本承包制造军需品，琉球则是美军休假的乐园，于是服务美军的行业便有机会发展起来。首先是洗衣业，接着有餐厅、酒吧、洋货办馆，甚至押店当铺，无不大为兴旺。依存美军的服务业向广度和深度发展。

经历韩战后，美国在远东的军事部署不再迟缓，尤其对琉球（冲绳）的利用，是作长期打算的。由于战后的过渡期已结束，不能再以军管为名来占用基地，美国便透过琉球政府向民间大面积租用土地。初期，美国军部是强行划地租用，更压价每坪（约合三点三平方米）年租一点八美元。后来，琉球人年年抗争，租金才得到调整。据统计，一九七二年归还琉球时，基地年租金总额约为一百二十三亿日元，涉及的地主达到三万七千人，若将基地租金、军部雇员工资和军人、军属的消费等合计，约有七百六十六亿日元，是全琉球人收入的百分之十五点五[20]，这段时期被称为依存基地生活阶段。当然，琉球也逐渐恢复战前的轻工业，如蔗糖、海产加工、陶瓷、酿酒等，美国每年亦会拨款资助琉球，一九五〇年，更在首里城兴办琉球大学，振兴文化教育。

如非战祸，琉球人都很长寿。摄影家比嘉康雄的祖母刚巧生于琉球被吞并的一八七九年，到划归日本的一九七二年，正高寿九十三岁。比嘉康雄打趣地问祖母：以曾经历的"日本时代"和战后的"美国时代"，何者较佳？他的祖母答道："日本时代"没吃的，没穿的。现在（"美国时代"）有好东西吃，穿的衣物还很多哩！那当然是"美国时代"好！[21]

原来庶民百姓心中的好与坏就是吃得好，穿得好，生活好就这么简单！其他问题对他们来说，可能太复杂了。

四　琉球人民的反美、反基地和复归运动

战后，美国对琉球施政，初期主动实施民主政治。一九四五年九月，便已公布妇女拥有选举权和被选举权，这比起日本本土来得还要早[22]。迨一九四七年五月五日，举行了"冲绳建设恳谈会"，与会者包括其后马上成立的"冲绳民主同盟"的仲宗根源和桑江朝幸、山城善光，以及"冲绳人民党"的濑长龟次郎，"社会大众党"的平良辰雄，也有保守派的当间重刚等，都是后来四五十年代活跃于政治舞台的人物。他们大部分在战前已参加政治活动，是社会主义者，因此受到打压，甚至被关押。其中有部分人曾在日本本岛参加社会主义运动，受到日本共产党的影响，战后回到冲绳组织会党。[23]

初期，各党派对冲绳的前途问题纷纷发表了政论，但主张回归日本的，竟然一党也没有，几乎全部举手赞成冲绳独立，尽管未能马上独立，经过一

段时期的信托管治，待制定宪法，便可以成立冲绳人民自治政府，并由自治过渡到独立。其中，人民党更提出日本要对受害的冲绳人民做出赔偿；还异想天开地希望麦克阿瑟领导的联合国军（美军），"能像解放军般能将他们从日本皇军统制之下解放出来。"[24]

但时局不变。一九四九年中国政权更迭，由共产党执政；不旋踵，朝鲜战争爆发，令美国对远东的战略部署有了新的盘算。他们盯上了冲绳岛，要让这里成为美国长期的军事基地。这么一来，冲绳人民党等的美梦成为泡影。

根据《旧金山和约》，美国是联合国指定的唯一托管琉球的管理当局。《和约》签订后，美国马上着手改组琉球的政治架构。他们于一九五一年底，将军管政府改组为"琉球列岛美国民政府"简称"民政府"（USCAR），民政长官由驻东京的远东军总司令部（GHQ）首长兼任，派驻冲绳的是民政副长官。翌年四月一日，组成"琉球政府"，民政府颁布了第十三号《琉球政府的设立》，明确公布："琉球政府在琉球可以全权行使政治权、但必须遵从民政府颁布的布告和法令来施行。"同时，"琉球政府的行政主席是由民政副长官任命"，又指明："民政副长官在必要的情况，可以禁止、拒绝琉球政府和其他行政团体以及代行机关所制定有关法令的施行，从而命令公布他认可和适当的法令。"换言之，琉球政府并非自治体制。一九五四年八月二日，美国总统更发出《有关冲绳统治的指示》，表明冲绳统治的责任归国防部长，国防部长再委任陆军长官以至远东军总司令来执行。[25]

美国在琉球（冲绳）试行民主政治，当遇到亚洲的共产组织活跃起来，就担心"赤化"，致管制"先松后紧"。一九五四年，为了防共，美国民政府指示立法院提案成立"共产主义政党调查特别委员会"，经过连番激辩，作出了《人民党与日本共产党有联系》的报告，令民政府可以借机将人民党的"外国人"（非琉球出生）驱赶出境。是年八月二十七日，在刚当选为丰见城村长的又吉一郎家中逮捕了人民党员鼻义基，事缘鼻义基是"外国人"（奄美大岛出生），且与共产党有来往，须缉拿并驱逐出境。而又吉一郎涉嫌窝藏罪犯，同告逮捕。人民党的总书记濑长龟次郎，亦为立法院议员，也牵涉该案而被捕。十月二十一日，濑长和其他十九人均被判有罪，濑长的刑期为两年。[26]

一九五六年四月九日，坐牢超过三分之二刑期的濑长获释，刚巧遇上补选那霸市长。他受党员拥戴，出马参选，与保守派的仲井间宗一竞逐。美国民政府恐怕濑长胜出，到处派传单来抹黑、滋扰竞选演说会场，手法卑劣。结果濑长仍以多二千票险胜，当选为那霸市长。[27]

民政府就是不喜欢这位"红色市长"，他甫上任，马上开动一切机构来干扰施政。首先指示银行冻结那霸市的存款，停发特别补助金，更发动财经界联名反对濑长出任市长，称他因是共产主义者既反美又反民政府，所以拒绝与新市长合作，不作融资，不代存款。面对财经封锁，濑长的施政举步维艰，但他仍坚持建立民主市政，每月举行集会，向市民报告工作，受到广大市民的拥护和支持。市民更自发增加税率，赶快纳税支持市府的财政。一九五五年六月，民政府策动市议会对濑长市长投不信任票，并获得通过。濑长没有退却，马上解散市议会举行大选。此时，人民党与社大党结成"民主主义拥护连络协议会"，简称"民连"，参与大选，一跃而夺得十二席，令亲美的保守派只有少数多数的十七席（市政府的议席共为三十席），再无法达到通过不信任案的三分之二票数。美国民政府已没有耐性，干脆亮出他们的"尚方宝剑"来，紧急更改《选举法》和《自治法》；一方面解释只要有过半数的议员同意，便可通过不信任案；另一方面以濑长曾重罪入狱，应剥夺其被选举权，因此他的当选可视为无效。有了这两条新法令，一九五七年十一月二十五日的不信任案自然顺利获得通过，濑长即被革除那霸市长之职。[28]

美国号称世界最民主的国家，向来对选举力主公平、公正，但原来一旦触动到他们的大国霸权利益时，也会不择手段将非亲美的当选者拉下马来。今天重温这段历史，听着美国在指点某地、某国的选举不公，岂不是十分讽刺吗？

重选市长，结果又由民连支持的社大党支部长兼次佐一获胜。紧接着举行立法院选举，民连由一席跳升至五席，社大党也夺得九席。有评论认为这是濑长市长带来的"民连热"，是琉球民主胜利的第一篇章。但政情多变，大好形势下竟闹出分裂：兼次佐一市长率同那霸支部的干部脱离社大党，创立"冲绳社会党"。不久，兼次市长又与民连由分歧发展到对立，终至各走各路。[29]

美国受托管治琉球共二十七年，由一九四五年至一九五六年六月，是美国绝对权威的高压管治期；一九五六年六月至一九六七年二月是反美抗争期；一九六七年二月至一九七二年五月交付日本止，是为美国退让期。

一九五五年，美国继续强行租地，又相继发生了"由美子事件"和"悦子事件"[30]，琉球（冲绳）反美情绪增加。一九五六年六月八日，美国就租地问题发表了普赖斯（M.C.Price）的调查报告，强调美国基于远东的战略部署，有必要在冲绳设置军事基地，为此当然要征用土地，而且贮藏原子弹头等武器的权利也是不容推翻的。报告发表后，全岛居民大为激愤，冲绳各地二十万人（当年总人口约为八十万）集会反对，提出租地四原则：[31]

一、坚决反对一次性付款，永久使用土地；

二、现已征用的土地应作出适当补偿，并应接纳地主的合理要求，逐年评价，按价付租；

三、美军所使用的土地，如受到破坏，应给予合理赔偿；

四、已占用的土地迄今仍未使用的，应从速发还地主。

但美国亦不示弱，陆海空三军突然宣布禁止美军及其军属光顾酒吧、红灯区、当铺及办馆等，当即令这些行业门可罗雀，大为惊恐。由于经济受到震动，坚持斗争的决心也随即动摇，而且运动内部出现分化，所以运动未算成功。

但到了一九五八年，《日美安保条约》即将进行修约，美国为缓和对立的气氛，暂停执行一次性付款永久使用的办法，又邀请琉球派代表到美国访问，共商解决办法。一九五九年一月二十二日，美国民政府宣布成立"琉球列岛美国土地裁判所"，处理基地租务的争议，又成立土地评价委员会，评估基地的租金。美国的让步，令琉球人小胜一场。

另一方面，在战后十年，琉球曾发出过独立的呼声，但毕竟经过日本近七十年的殖民统治和皇化教育，此时琉球的有识之士，已没有前代救国请愿志士（如向德宏、林世功和毛凤来等）般坚毅苦斗。他们发出独立的呼声愈来愈微弱。也许他们除构思独立之外，还有过三种考虑：

一是归附中国。曾有记载说一九四六年十月二十八日，琉球青年同志会曾呈函国民政府，要求归附。由于当时琉球正为美军所占，国民政府不便回应。至一九四八年，青年同志会也改组为琉球革命同志会，再为归附的请求上函国民政府，蒋介石作出的批示是寄望琉球革命同志会取得琉球政权后，才能谈得上归附。其潜台词依然是美国仍在管控琉球。及至一九四九年，国民政府败退台湾，琉球归附的考虑较前复杂，逐渐也淡退下来。

二是继续由美国托管，依存于军事基地；

三是回归到日本。

其后，琉球人抉择的过程如下：

一九五九年美国虽然在租用土地上做出了让步，但他们驻军的行径仍然惹起民愤。六月三十日，美国战斗机堕落在石川市的宫森小学，造成十七名学童死亡、二百多人受伤的惨剧；同年的十二月二十六日，又有妇女被射杀。于是一股"反美军统治，不要基地"的民众运动又活跃起来，同时结合日本"反安保斗争"的学生运动，以琉球大学生为主要力量的"冲绳县祖国复归协议会"于一九六〇年四月二十八日成立，并马上给六月十九日来访的艾森豪威尔总统（D. D. Eisenhower）一个尴尬的场面——琉球大学生发起"反基地"的抗议集会与军警发生冲突，令总统的坐驾高速疾走。青年学生往往是群众运动的先锋队。在日本各地就读大学的冲绳学生纷纷结社立会。一九六三年，京都大学的十多名冲绳学生成立了"榕树之会"，就着冲绳的前途问题，定期交流，出版刊物，其他大学的冲绳学生亦受到影响，组成学生会。其后，发展为关西冲绳县学生会和东京冲绳县学生会，并举行由东京至鹿儿岛的"冲绳返还行进"运动，更于一九六六年四月二十八日，在北纬二十七度线上举行海上大会，宣示"复归日本"的要求，影响极其深远。[32]

踏入六十年代，日本经济进入明治之后的第二个高速成长期。百业兴旺，人民生活得到改善，较战前更见安稳。一九六四年东京首次举办奥运会，带动经济更加飞跃前进，而更为重要的是国民重拾信心，看到光明的未来。冲绳县人（琉球国民）眼见日本列岛一片欣欣向荣，回归日本之心逐渐压倒其他方案，成为主流。

恰在此时，美国又积极介入越南战争。一九六五年，美国出动 B52 重型轰炸机向北越狂炸。初期，美国谎称 B52 轰炸机为避台风而来到冲绳，其后转为常驻，更由冲绳频频出动，飞往越南"北爆"。惨受其害的北越民众，获悉这些轰炸机是来自冲绳岛，便怨愤地称冲绳为"恶魔之岛"。冲绳人亦感到如处身前线的基地，于是"反美、反战、反基地"的呼声就更加一浪高过一浪。[33]

一九六七年二月，为了控制教师和公务员参与政治活动，琉球立法院准

09

10

11

09　瀨长龟次郎出狱后参选，成为"那霸红色市长"，但很快便被美国的"民政府"拉下台。

10　1959 年 6 月 30 日美军战斗机坠落在石川市宫森小学，酿成十七名学童死亡的惨剧。

11　1960 年 6 月 19 日群众和大学生向到访的美国总统艾森豪威尔抗议，反对美国军事基地的设立。

备表决《地方教育区公务员法和教育公务员特例法》(简称《教公二法》),却为一万五千民众所阻,令议员无法进入会场而流会。二月二十四日再表决时,二万民众将立法院包围,并冲入大堂,与警卫发生冲突。议长中止会议,但议员仍不能脱身,便请琉球政府行政主席松冈政保致电美国民政府,请派直升机前来救援。但民政府以这是琉球内政问题,非他们所管,拒派机救助。松冈和议长闻言,大感错愕。经此一役,美国已无心亦乏力管控琉球,便打算交与日本管治。这就是美国在琉球的退让期。

一九六八年底,反美、反基地愈演愈烈,各团体联合组成"保护生命县民共斗会"(又名"撤出 B52,禁止原子能潜艇泊港县民共斗会议")。翌年二月四日,定出全岛总罢工计划,以达到上述要求。当时刚当选的行政主席屋良朝苗,本来就是冲绳教职员会会长,面对自己原基层发起的运动,大为困惑。他多方调停,希望"共斗会"给美军一定时间移走 B52 轰炸机;又表示日本正与美国交涉复归问题,困难重重,所以请暂停总罢工。各团体听从劝告,但又将运动诉求转向"废除安保,撤去 B52,立即无条件全面回归",似有不胜无归之势。[34]

五　美作战略部署擅将琉球交日本

美国积极介入越南战争,无疑是铸成大错。他们派出的地面军队,遇到北越顽抗,伤亡甚巨,为迫使北越早日投降,美国故技重施,出动 B52 重型轰炸机来疯狂投弹,以收速战速决之效。但北越以游击战来消耗敌人的战力,令美国在越战堕入泥足深渊。其实,不止冲绳人在反战,美国国内反越战的怒火更加炽热,全球也掀起反美、反越战之声。美国在国际上窘态十足，经济也告下滑。他们在冲绳不但要支付庞大的军事基地费用，还要平息民愤，处处不讨好，美军对继续使用冲绳岛军事基地，再重新检讨，调整策略。

日本方面，首相池田勇人于一九六四年九月急病住院，让位佐藤荣作。新首相于翌年初访问美国，拟为冲绳问题展开会谈，但不得要领。佐藤为自己定下目标，要在任期内收回冲绳。一九六五年八月十九日，他作为战后第一位访问冲绳的首相，在那霸机场发表讲话："只要冲绳一天未能实现回归祖国，就我国而言，战争便还没有完结。"决心似是很大。一九六七年底，佐藤访美，第二次与詹森总统会谈。其间，佐藤在记者俱乐部发表演说，为美国的越南政策做了辩解，并表示支持，令詹森总统十分高兴，所以回应了冲绳问题，表示可以"继续协商"，"两三年内"定出归还的时间表。[35]

一九六九年初，共和党尼克松（R. M. Nixon）大选胜出，就任第三十七任美国总统。尼克松在其任内，最为世人熟知的是一九七二年访华，亲自打开中国之门，全球瞩目。而在日本人心目中，最深刻的当推归还琉球群岛。上述两宗惊世之作，同于一九七二年上半年发生。

尼克松深明自己的首要任务是收拾越战残局，并有冲绳基地问题。但美国如欲继续维持世界霸主的地位，他们认为冲绳军事基地是绝对不能放弃。冲绳，即琉球，按《旧金山和约》第三条规定：联合国委托美国为唯一的管理当局。也就是说，冲绳并非美国之物，美国仅是管理者。美国如要继续管理冲绳，就得平抚岛民，而岛民的反战、反基地，与美国保留基地的想法完全南辕北辙。倘若不当管理者，减少与岛民的正面摩擦，而又能维持原有的基地，对美国来说是最理想的状态。

冲绳本是琉球国，第二次世界大战后，曾有机会像其他殖民地或被吞灭的国家那样得到独立。是美国出于私心，假联合国之名，用托管的形式来建造他们的军事基地。现在管理得不好，按理是要将管治权交还联合国，再由联合国开会决定琉球的前途。但美国就是担心联合国的决定将会对自己没有保障，于是干脆不交还联合国，自作主张，实行霸主定案。

将琉球交与谁？以尼克松为首的美国政府必曾作过多方考虑。其中当然少不了以下的方案：

一、交还琉球人民建国独立

美国不是不知道冲绳原是琉球国，至少托管之地也是"琉球群岛"，管治时成立的政府亦以"琉球"为名，因此让其独立是顺理成章之事。对此做出反对的，相信只有日本而已。但作为美国，估计有三个方面考虑，一是琉球独立后，会否愿意继续提供土地作军事基地？似乎并不乐观。二是独立之后，以目前（即当时）琉球的形势，左派组织力量强大，琉球极易倒向共产阵营，非美国和其他资本主义国家所愿见。三是独立后的琉球，难免有各种外国势力前来伸手，届时美国是否能够继续掌握琉球？不无顾虑。

二、将管治权交还联合国

按照美国一手包办的《旧金山和约》订明：美国是唯一受托管理琉球的国家。美国受托之后，如不再管治琉球，理应交还联合国，由联合国开会决定处理方案。但美国担心联合国的决定会带来难以预知的结果，届时反对，倒不如不交还。

三、托付给中国

中国与琉球有五百多年的宗藩关系，而且当琉球被日本吞并时，曾一再向中国求援，更愿意归入中国，所以将琉球交中国管治，甚有历史情缘。但美国一定不会托付给敌对的中华人民共和国，至于台湾的"中华民国"，虽是盟友，但自从他们败守台湾之后，美国对其能力已有所怀疑，他们能否管得好、保得住琉球？美国不无担心。

也许评估了上述的情势，美国再分析日本这个角色，认为日本曾管控琉球，有能力、有经验，同时现阶段的民众运动中，要求回归日本的呼声也不小，而日本亦渴望取回琉球。于是美方就决计将琉球交付给日本，而且借此可以加强和日本的结盟，并培养日本成为美国的永久追随者。

战略上将琉球交付给日本，但条件之一是美军的基地一定要得到保留，兼可自由使用。这是美国锁定与日本谈判的策略。

日本方面一度担心尼克松总统会否履行前任总统詹森约定"两三年内洽定归还日期"。后来经过接触，得悉美国亦有意展开谈判，不禁大喜。日本也订出谈判的底线，那就是可以保留军事基地，但和日本本土相同，不贮留核武器。

然而美国却坚持核武器的贮留，双方就此问题展开谈判。一九六九年十一月美日两国首脑将举行会谈，并发表联合声明，期望事前的谈判能达成协议。双方外交部人员，包括特使，频繁往来，经过大半年的洽谈磋商，终能各取所需，达成协议。一九六九年十一月二十一日，美日两国在华盛顿发表《联合声明》，表明美国决定于一九七二年将琉球诸岛的施政权交付给日本。翌年两国继续为《协定》条文举行会谈，最终草拟成《关于美国和日本国之间就琉球诸岛和大东诸岛的协定》。一九七一年六月十七日，美国国务卿罗杰士（W.P.Rogers）和日本外相爱知揆一共同签署了《协定》。

这个未经联合国审议、批准、授权的《协定》，影响到后来中日钓鱼岛之争，美国负有不可推卸的责任。既然该《协定》属于纷争之源，有必要检阅一下具争议的条文。

《关于美国和日本国之间就琉球诸岛和大东诸岛[36]的协定》，日本欣喜地将其简称为《冲绳返还协定》。《协定》全文共九条，开首说明订约原因。争议部分主要在《第一条》中提到的权利放弃与转移，其他各条承接《第一条》，订出美军基地、美国之声电台播放的保留，以及对冲绳土地的损毁、复原赔偿等。以下将具争议的《第一条》引录如下：

> 第一条 1　美国以 2 为定义的有关琉球诸岛和大东诸岛于一九五一年九月八日在旧金山与日本国签署的《和平条约》中的《第三条》所规定的一切权利和利益，自此协定生效日起即向日本国放弃。日本国同日开始，对此等诸岛的领域和住民行使一切行政、立法和司法上的权利，并为此承担起全部的权能和责任。
>
> 　　2　此协定在适用上，就"琉球诸岛和大东诸岛"在行使行政、立法和司法上的一切权利，是基于与日本国签订的《和平条约》中的第三条规定给与美国所有之领土及领水，而此等权利之中，在一九五三年十二月二十四日和一九六八年四月五日，日本国和美国签署了有关奄美诸岛和南方诸岛及其他诸岛的协定，从而已归还给日本的这一部分是不计在内的。[37]

《协定》第一条的 1，订明美国放弃《旧金山和约》第三条所给予的一切权利和利益，并自行转让给日本，完全没有提到联合国，当然也没有经过联合国的审议和批准，也许在美国的眼中，联合国也不过是他们的傀儡。

第一条的 2，指出在一九五三年十二月二十四日已将"奄美诸岛"交还给日本。这"奄美诸岛"就是一六〇九年萨摩藩击败琉球后，强令尚宁王签署降书，割让北方的与论岛、冲永良部岛、喜界岛、德之岛和奄美大岛。后来的"三分琉球案"，曾以此北方五岛作为日本所分得的部分。第二次世界大战后，由美国托管，但一九五三年杜鲁门总统扮成圣诞老人，将"奄美诸岛"作为圣诞礼物送给了日本。而一九六八年四月五日送还日本的"南方诸岛"，据协定所指的范围是"孀妇岩之南的南方诸岛（包括小笠原群岛、西之岛及火山列岛），以及冲之鸟礁和南鸟岛"[38]。因"奄美诸岛"和"南方诸岛"早已还给日本，所以一九七一年签的《协定》，再申明前事，避免与前者重复，发生混淆。

上述《协定》所划出的各诸岛名称及范围，从未见有"尖阁诸岛"这一敏感地名，后来何以会包含在内，留待拙著《钓鱼岛主权论考》再作详细分析。

六　日美签秘密协议，冲绳县人被出卖

美国从本国的利益考虑，无视联合国组织的存在，擅将琉球诸岛的施政权交还日本。

一九七二年五月十五日的回归式典中，屋良朝苗知事接受记者访问时说："首先有军事基地问题，实际上还有很多未解决的问题遗留下来，故从县民的角度来看，肯定不是十分满意的。"屋良知事是按实情直说，因为在会场外的与仪公园，逾十万人冒着狂风大雨集会抗议，他们的巨幅横额上用汉字写着："自卫队反对·军用地契约反对·基地撤去·安保废弃·'冲绳处分'抗议·佐藤内阁打倒"。[39]

原来在公开的《冲绳返还协定》之外，还流传说有一份不可告人的秘密协议。究竟有没有秘密协议这回事？日本官方一直否认，直至二十多年后，云雾才渐渐吹开。

日本首相佐藤荣作以取回冲绳留名后世为首要职务，及至如愿以偿更喜冲冲地扬言："冲绳是无偿得到归还的！"

事实是否如此？一九七二年，《每日新闻》记者西山太吉追访"冲绳施

政权的归还"背后可有密约签署？到了三月，他从外务省女事务官莲见喜久子处获得一份高度机密的电文[40]，清楚写着冲绳美军基地复元费用四百万美金由日本代付。但《冲绳返还协定》的《第四条》则订明："（美国）会为土地的恢复原状自发支付费用"。原来桌面上签署的《协定》无偿是假，还有桌面下见不了光的密约，揭露出日本要用美钞买单。西山的报道刊出，轰动朝野，外相爱知揆一等官员在国会接受质询，但坚决否认有秘密协议。政府亦迅速拘捕了莲见喜久子和西山太吉，莲见被控以违反国家公务员法，罪名成立，判刑半年，缓刑一年；西山被控泄露机密，一审无罪，二审有罪，一九七八年六月，最高法院裁定有罪，判刑四个月，但可缓刑一年。事发后，西山辞去记者职务。但二十多年后，随着美国的保密档案解封，证明美日之间确有秘密协议，而且补偿金额大得惊人，那四百万美元还不到百分之一。西山遂于二〇〇七年提请民事诉讼，控告国家，要求赔偿名誉损失，但法庭以追诉期二十年已过，令西山无法取得赔偿。[41]

含冤逾三十年的西山太吉，以古稀之年彻底追查密约原貌，愤而写成《冲绳密约》一书，为自己的名誉平反，广受读者欢迎，不到五年连印九版。西山在书中揭示秘密协议的补偿谈判，结果日本要向美国所支付的金额如下：

一、认购美国资产：一亿七千五百万美元；

二、因送还冲绳导致搬迁基地（包括西山早前揭露的基地复元费四百万元、移除核子装备等）所需费用：二亿美元；

三、基地从业人员的社会保障费：三千万美元；

四、货币交换后的补偿和储备金：一亿一千二百万美元；

五、其他费用：一亿六千八百万美元。

合计共为：六亿八千五百万美元，若以今天的物价换算，相当于三万亿日元。所以西山说："冲绳是买回来的!"，佐藤的"无偿归还"完全是骗人的谎言。为此，当年佐藤还恳请美方帮忙，千万要封口保守秘密。[42]

另外，日本还因应美国对纺织品带来的巨大贸易赤字问题，进行"自主规制出口"，以作让步，换取美国的欢心。

日本在经济上虽已做出天文数字的补偿，但美国并没有答应冲绳成为无核区。因为美国的考虑分为：经济上的补偿是交还冲绳施政权的条件；而军事基地和核武器的配置，则是战略上的部署，而且这绝非条件那么简单，根本就是硬规定。

佐藤首相最初定下的谈判指引是"非核三原则"：不制造、不拥有、不带进。但谈判进展并不理想，佐藤十分焦急，他亟盼能在任内完成此"壮举"扬名后世。但他的首相任期受制于自民党的总裁四连任制，而两年一任他已三连任。一九七〇年，他将竞逐四连任，若一九六九年底能与尼克松总统达成基本协议，发表联合声明，则四连任总裁当可稳操胜券，所以订定归还冲绳施政权于一九七二年，是他任期最后的伟业。佐藤为免好梦成空，他派出密使前往美国，与美方进行秘密谈判。

佐藤的密使，单独行动，连外务省也被架空。二〇〇九年十一月，原驻美国公使兼外务省美国局长的吉野文六，以九十一岁高龄接受日本ＮＨＫ采访组的追访，忆述四十年前旧事："我们在美国的同事，都听到或感觉到有'忍者'[43]在活动。后来，若泉敬的著作出版（一九九四年）后，才意识到这个人就是忍者。"[44]

原来若泉敬跟基辛格进行密谈时，双方约定此为高度机密，只有四人知悉：美方是尼克松总统和基辛格；日方是佐藤首相和若泉敬。结果佐藤和若泉敬恪守承诺，完全没有知会内阁其他成员，但美方却将密谈的情况通报给各部门，使在谈判时（如基地使用，纺织品贸易等）情报共享，故能取得主动权，节节领先。国与国的交往就是如此，尔虞我诈，真是无所不用其极。日本本是这方面的老手，竟亦被暗算。

被称为忍者的密使若泉敬（一九三○至一九九六年），福井县人，曾留学美国，在美国政界有一定的人脉关系。六七十年代，他列名京都产业私立大学教授，却活跃于报纸、杂志和电视的论坛上，更与吉田茂、岸信介、佐藤荣作、福田赳夫等重量级政治人物有交往。一九六九年若泉敬接受佐藤首相的重托，飞赴美国。

要想从别人手中取回土地永远是最艰难的谈判，何况若泉敬遇到的谈判对手是机敏睿智的基辛格（Henry A.Kissinger）。当时他出任美国国家安全顾问，是尼克松总统的亲信，所以会谈至后期，督战的基辛格亲自和若泉敬晤面。

一九六九年七月十八日，若泉敬和基辛格晤谈，反映佐藤对冲绳归还后，公开承认美军仍可自由使用基地是一道难题。若泉跟着提出总统和首相之间可以作出秘密的谅解协议[45]。其后，二人续为基地的存续和核武的配置展开紧密的会谈。

美国方面亦已掌握佐藤首相亟欲于任内能完成冲绳归还的情报，所以他急于在一九六九年十一月二十一日的联合声明中落实基本的条款和交还日期。十一月六日，佐藤将联合声明第八项的三个草案交若泉赴美作最后定案。十日，若泉与基辛格秘密会见，基辛格最后选了《第二案》。十五日，若泉风尘仆仆地赶返东京，回复美国选用《第二案》。[46]

佐藤准备的《第一案》是日本首选的"冲绳的核兵器于归还时全部撤走"。而《第二案》和《第三案》都没有提到"核兵器"三字，只强调"日美安保条约的事前协议制度"。[47]

美国选取《第二案》，所谓"事前协议制度"，日本心里明白，那是"Yes"

的预约，绝对没有"No"这回事。

而更加狠辣的，还有那不能见光的秘密协议，其内容如下：

美国总统：

正如美日两国的共同声明所述，冲绳的施政权实际交还日本前，美国政府有意图将所有核武器从冲绳撤走。至于以后就一如共同声明所说，美日之间的相互协助和安全保障条约以及与此有关的各种决定，均适用于冲绳。

但是，美国负有防卫包括日本在内的远东国家的国际义务，为使之有效地得到施行，当发生重大而紧急事态之际，美国政府和日本国政府便会执行事前协议，有必要承认拥有再运载核武器进入冲绳以及通过冲绳的权利。一切有关事前协议，美国政府是期待得到好意的回答（笔者注：此秘密协议言词也是十分隐晦的，这里说的"好意的回答"，答话就在下面日本总理大臣的第一段话）。而且美国政府在冲绳的现存核武器贮藏地，即嘉手纳、那霸、边野古、和导弹基地，将维持在任何时间都可供使用的状态，以便在发生重大紧急事态时得到活用。

日本国总理大臣：

日本国政府对总统以上所述发生重大紧急事态时，对美国政府的必要行动表示理解，一切有关事前协议须要执行，不得迟延，并作出必要的配合。

总统和总理大臣就此协议制成两份，分存于总统官邸和总理大臣官邸保管。同时，美国总统和日本国总理大臣之间必须作最高警惕，同意这是应该以最机密的文件来珍视之。

一九六九年十一月二十一日[48]

佐藤高叫冲绳无偿回归，确保冲绳无核三原则，结果其实有桌面下的交易，巨资购回，遇有紧急重大事态发生，核武自由进出，佐藤所制定的谈判壁垒全被攻破。美国则慷联合国托管之慨，私卖琉球，以缓和国内对经济的不满之声，更取得冲绳岛这块基地，在有需要时可部署核武，可以说，美国在交付冲绳施政权给日本的谈判中赢尽桌上的筹码。

密使若泉敬，在冲绳回归后却显得快快不乐。一九八〇年才五十岁的若泉决定离开东京，绝迹政坛，回乡（福井县）归隐。晚年，若泉敬每年都会选择六月二十三日冲绳慰灵日（冲绳夺岛战的终战日），飞到冲绳和平祈念公园的慰灵塔前拜祭，往往于烈日下跪坐默祷半小时之久。最后，他开始执笔，将尘封守秘二十多年的机密史料吐露出来，一九九四年五月，以《真想相信再无其他办法》为书名付梓出版[49]。是书六百多页，详述秘密谈判和两国首脑签订密约的经过。著作出版后，若泉将三万多藏书和笔记资料烧毁，行为异常。两年后，若泉去世，逝世前一个月，尽管病重，晕倒入院，他仍强撑病躯，准于六月二十三日至冲绳拜祭。后来，日本ＮＨＫ采访组追查若泉晚年著书的动机，以及他的一些怪异行为的背后原因。采访组经过多年的访查，访问了若泉的挚友，终于明白若泉以自己作为密使、无法完成使命，为冲绳争取到更好的回归环境——军事基地没有缩小，核武器装备未能完全撤离等忧虑，因而深深自责，乃至抱憾终生[50]。一九九四年他到冲绳拜祭后，曾写信给冲绳县大田昌秀知事，诚恳地向冲绳县民致歉，自谓一九六九年的谈判有不可推卸的"结果责任"，应如武士道般在墓苑前自决，但恐怕玷污墓苑，唯有跪拜请罪。[51]

奉若泉为老师的鳄渊信一忆述若泉生前的感叹："冲绳回归真的好吗？冲绳的人会是怎么想的呢？"[52]

作为密使的若泉敬，著书揭露当年的秘密谈判签订了密约，而冲绳的美军基地确据此运营。但日本的内阁由首相到大臣，皆矢口否认有签署密约，硬说没有文件为证，一如否定慰安妇时使用的伎俩，坚称没有军政府签发的文件，就不能说是日本强迫征集。

但皇牌铁证终于出来。二〇〇九年十二月二十二日《读卖新闻》晚报，独家刊出佐藤首相和尼克松总统所签署的密约照片和记事，提供者是佐藤的儿子信二。据他说：一九七五年佐藤病逝后，家人收拾他爱用的书桌时，在其中一个抽屉内发现这高度机密的协议文件，曾通知外务省有关部门，但以属私人文件，不能当作政府文件收藏为由而拒绝了。最后，经不起《读卖新闻》记者的再三追访，而外务省的前高官吉野文六也承认有密约签订，遂决定将此机密文件（即以上收录的秘密协议）公开，也顾不上先父作何想法，因为这总归是历史事实。[53]

铁证一出，不容日本内阁官员再砌词狡辩，但冲绳居民有被出卖的感觉，当然大为愤怒。

七　基地使用问题争议无休止

美国每每从本国的安全考虑来作出战略部署，更在远离美国本土的地区设置军事基地，意在将防线推前，避免本土受袭。日本在第二次世界大战战败后，可以说是得到美国的扶持和提携，瞬即重新屹立起来，因此，奉行亲美政策，一直服从于美国。在《日美安保条约》的协防条文下，美国在日本便建设起军事基地来。

根据统计，美国在海外建设的军事基地中，最庞大的二十幅基地中日本占其八，而且前四位皆位处日本，顺序为：嘉手纳、横须贺、三泽和横田[54]。这些军事基地，对当地的居民无疑构成巨大滋扰，对冲绳岛来说更加是一种威胁，以致近年发出"无法容忍"的愤怒之声！

首先冲绳岛的居民十分不满驻日的美军基地竟有百分之七十四集中在该岛之上，其面积合计约达二百三十平方公里（约占冲绳县面积的百分之十一），是英国美军基地整体的八倍、意大利的十倍[55]。所以不期然会令本来是琉球人的冲绳居民，有被愚弄的不平之感。

虽然军事基地会为冲绳岛带来可观的经济收入，但随之而来的不安、不稳和治安问题，令当地居民始终生活在惊恐之中。

不安，是作为军事基地部署了大量的战机和导弹等武器，同时又不知道什么时候会装配或贮藏核弹[56]。这样的军事部署，反过来也会成为对手国反击的目标，届时冲绳岛的居民就如二次大战那样被殃及。他们意识到如同生活在军火库旁，而越是先进尖锐的武器，杀伤力越加厉害，惊惧不安便由此而起。

不稳，就是基地的军事训练常生事故，造成伤亡和破坏。在美国管治的年代，美国军机坠落的事故时有发生，造成严重伤亡的当数一九五九年宫森小学的惨剧（见上文）。而二〇〇四年八月十三日，美军 CH-53 大型运输直升机在飞回普天间基地时，坠落邻近的冲绳国际大学，幸地面无人受伤。但事后美国军方以机密为由，封锁现场一带，拒绝任何人包括当地政府官员、日本防卫厅、外务省派来的高官进入，一时间被日本传媒指称民用地竟可变为"美军占领地"，暗讽日本政府的软弱无能。此外，美军在冲绳的基地训练时，多使用实弹，失误损毁民居在所难免，也有误伤平民，叫人难以平稳过活。而实弹演习，往往酿成山火，既危险也破坏环境。而军机飞航发出的震耳噪音，特别是夜间演练，令人无法安睡，导致居民失眠、头痛、自律神经失调等，生活大受影响。

治安问题，更令冲绳人大为愤慨。美军派驻各国的基地，其军纪早为人所诉，尤以性犯罪可说无日无之。美国国防部在压力下每年发表调查报告，二〇一〇年美军全球的性犯罪有三千一百五十八宗；二〇一一年则为三千一百九十二宗。

居住冲绳岛的女性，饱受这种性侵犯的威胁。以冲绳县于二〇一一年发表的《冲绳美军基地问题》作参考，每月平均达到二十三宗。其中一九九五年九月女学生遭美兵轮奸一案最为震撼，其后每年都未间断地发生，以致二〇一二年十月十七日的《朝日新闻》在标题上打出："强奸致伤事件，容忍到何时"。该次事件发生于十月十六日清晨，二十余岁的一名女学生在归家途中被两名美军从后袭击，扭伤颈项，复遭强奸。事件又一次震撼全岛，冲绳县民发出"已到容忍极限"的哮声，县议会罕有地全议员投票赞成"基地全面闭锁"以示抗争。[57]

美军之所以能如此无法无天、肆意横行，完全是受到"治外法权"的保护。

当年美国受联合国所托，占领、管治日本，享有"治外法权"。《旧金山和约》签订后，日本重新独立，"治外法权"虽然得到解除，但日美双方又签订了协定，订明美军在执行公务时所引发的事故，其裁判权交由美方审理。据日本防卫省的统计，从一九八五年至二〇〇四年的二十年间，美军在"公务中"引发的事故约有七千宗，死亡人数二十一人，但美方的军法会议裁定成立的仅得一宗，其余都是从轻发落。[58]

至于公务外所引发的事故，据该协定的第十七条所定，日本享有第一次裁判权。但从历来的审理数字来看，日本非常忍让没有行使该项优先裁判权，原因又是《密约》。这《密约》的重要条文是：日本国要考量在重要事件才行使优先裁判权；重要事件以外，则放弃行使。但日本官方一贯的作风，就是否定有《密约》的签订。二〇〇八年，美国国立公文书馆公开该《密约》的影件，日本官方仍然一再否定，直至二〇一一年八月，才不得不承认，

12   13

14

12　NHK 特别采访组著《冲绳返还の代偿》以密使若泉敬为封面。

13　1972 年 5 月 15 日，美国将琉球的施政权交回日本。日本即举行新冲绳县的复归仪式。

14　1995 年 9 月 4 日又发生美军强暴少女的事件。10 月 21 日宜野湾市海滨公园有八万五千人集会，
　　声讨美军罪行，更提出将美军基地撤离冲绳县。

却又诡辩说：会根据日本法律和证据来处理有关事件。[59]

那么轮奸、闯入民居强奸妇女，是重要事件抑或是区区小事？从检控的比率来看，便可得知是否视为重要事件。另一方面，当疑犯、肇事者逃回军营，日本警方想要传讯、逮捕，就像与虎谋皮，白费心机。于是美兵继续横行，冲绳人终于忍无可忍，要求将美军基地撤离冲绳县。

美国从霸主地位出发，十分重视冲绳岛的军事基地，说穿了，就是要赖着不走。而日本政府方面，可以说是不顾一切地亲美，希望以此制衡中俄，不惜签下不平等条约的《协定》和《密约》，让美国随心所欲地使用军事基地。但却令冲绳居民承担了全日本境内军事基地的百分之七十四所带来的种种严重问题，以致难以安稳生活。他们不停地反对，要求将基地关闭、最终完全撤离冲绳。其中最迫切的要求是将设于宜野湾市中心的普天间基地撤走。经过多年的抗争与谈判，美日最终同意迁普天间基地至名护市边野古地区，并在该处填海一百六十公顷，以作为新基地使用。安倍首相不惜使用银弹政策，承诺由二〇一四年起，每年拨三千亿日元支援冲绳县，诱使县知事仲井真同意。但冲绳县居民马上包围了县政府，强烈表示不满。二〇一四年一月，名护市改选，一直坚决反对将普天间基地搬到名护边野古地区的市长稻岭进取得连任，也就令搬迁计划如遇冰山阻挡。但普天间基地一日不关闭、不搬出，抗议之声便不绝，要求所有军事基地撤出冲绳的声浪，只有持续，永无休止。

同时，冲绳县近年大力发展旅游业，复原、重建琉球的古建筑，重新发展琉球的传统文化，开拓海滩的度假活动，吸引游客到访，观光事业带来的收入已超过军事基地的收益。据二〇〇九年的统计，军事基地和派生出来的经济收入为二千五十八亿日元，占冲绳岛总收入百分之五点二；同期的观光业收入总额为三千七百七十八亿日元，占百分之九点六。而基地从业员总数九千人，占劳动人口仅百分之一点五。[60]

随着经济上逐年摆脱对军事基地的依赖，要求关闭或缩小基地之声将会越来越响亮。

八　小　结

本章有一个特点，就是引录了很多宣言、声明、条约、密约，全部都是十分重要的文件，尤其是《开罗宣言》和《波茨坦公告》，绝不能以陈年旧约等闲视之，这两份文件对规范战后国际的新秩序起着纲领性作用[61]。只是后来的超级大国——美国，出于一己之私，带头搁置这两份文件。及至日本，当理屈词穷时，就避而不谈《开罗宣言》和《波茨坦公告》。倘若一切回到这两份文件上，很多争议皆可化解。

《开罗宣言》和《波茨坦公告》都是针对日本发动的侵略战争而发的。《开罗宣言》如同檄文般声言要取回日本非法占有的土地。《波茨坦公告》是对日本的最后通牒，促令早日无条件投降，并重申《开罗宣言》必将实施，更明确指出"日本之主权必将限于本州、北海道、九州、四国、及吾人所决定其他小岛之内。"[62]

一九五一年九月，美国一手主导、包办了《旧金山和约》的签订，将在抗日战争中作出巨大贡献的中国拒诸门外。为此，中国总理兼外交部长周恩来于《合约》签订的前后，均作出了严正《声明》，申明绝不会承认该《合约》。而美国就在《合约》中塞进了他们的"私人条约"，"挟持"联合国要承认美国是琉球的唯一管理当局。

美国一心要将冲绳岛构筑成海外最大的军事基地。（在本章中，"琉球"、

"冲绳"常互用。战后，当美国进驻冲绳，有意恢复其旧国名，成立"琉球政府"，是去日本化的一种表现。他们一度举棋不定，最后才决定将琉球交到日本人手上。"冲绳县"之名又得以复用。）在冷战期间，不顾冲绳人民的反对，派驻 B52 重型轰炸机，更部署核武器。一九七二年又擅将琉球交与日本，但仍坚持冲绳岛上的军事基地可以在非常时期再部署核武，并签下秘密协议，与日本政府一同瞒骗冲绳人民。

冷战已于一九九二年结束，美国在海外构建的军事基地不是关闭就是缩小，但在日本的基地仍然是美国在海外的军事基地最集中、资产值最高的国家。而冲绳岛又是高度集中的最中之最。有日本学者质疑长期任由外国军队驻留，会否造成对主权的侵害？而一般国民认为美军的驻留可以协助日本的防卫工作，但长此下去，岂不是向美国放弃自己的主权，成为美国的属国吗？[63]

最后，再为琉球的归属问题作出整理：

根据《开罗宣言》，琉球（冲绳）被强行吞并，日本应该要交还出来，如果说《开罗宣言》没有点出"琉球"之名，仅指出自从一九一四年开始，则《波茨坦公告》第八条就清楚列出"日本之主权必将限于本州、北海道、九州、四国、及吾人所决定其他小岛之内"，琉球不属于"日本之主权"是至为明确的。

美国在《旧金山和约》中塞入他的"私约"，成为唯一受托于联合国管理琉球的国家。其后于一九七二年，美国擅将琉球交与日本，从无得到联合国的批准或通过，视联合国如无物，如此擅自受授，有违法理，换将商业社会，受托的物业管理公司也万万不能擅自将物业交与他人，更何况是一个琉球国！正因为法理依据不足，琉球国、亦即冲绳县，其归属仍然未明，可以说仍是悬案一宗。

而美国又是何等的聪明！虽然将琉球交回日本管治，但《冲绳返还协定》的《第一条》订明：日本国"对此等诸岛（即琉球诸岛和大东诸岛）的领域和住民行使一切的行政、立法和司法上的权力"。简单地说，也就是日本可以行使施政权，领土主权是欠奉的，如体现主权派驻军队，应该受到质疑，因为《协定》只列出行使"行政、立法和司法上的权力"。根据此《协定》，美国完全可以反口、翻案，辩称只交了"施政权"，没有将琉球的主权交与日本。

琉球冲绳交替考 · 钓鱼岛归属寻源之一

注 释

1　参见沈吕巡、冯明珠主编《百年传承走出生活路：中华民国外交史料特展》，台北故宫博物院，二〇一一年，页一九四〇，介绍文字由外交部撰写，蒋介石出席的名衔作"国民政府主席蒋中正"。

2　参见许倬云、丘宏达主编《抗战胜利的代价——抗战胜利四十周年学术论文集》，台北联合报社，一九八八年，页一五六。笔者同时比较其他文献资料，有三数用词略作调整，但无损《宣言》原意。

3　参见田村幸策著《太平洋战争外交史》，东京鹿岛研究所出版会，一九六六年，页四九八至四九九。

4　奉天省是光绪末年所设。一九二九年改称辽宁省，后来伪满洲国复称为奉天，并将河北的承德称作热河省。

5　同注3引书，页四九九至五〇〇。原文为日文，笔者据意译出。

6　同注1引书，页一九五；又同注2引书，页一五七至一五八。这是《波茨坦公告》的标准中文译文，翻译用词稍为旧式，那是可以理解的。

7　日本向同盟国签署的《降书》，第一条就表示接受《波茨坦公告》的条款。第一条的原文是："余等遵奉日本天皇、日本政府及日本帝国大本营之命令并为其代表，兹接受美、中、英三国政府首领于一九四五年七月二十六日在波茨坦所发表，其后又经苏维埃社会主义共和国联邦所加入之《公告》所列举之条款。中美英苏四国在此文件中将被称为盟邦。"

8　参见《日本向同盟国投降文件》，收入于注2引书，页一六〇至一六一。《波茨坦公告》又名《波茨坦宣言》。

9　一九四六年下半年，日本出现粮食危机，民间恐慌，联结起来抗争。翌年一月，国家和地方公家机构的工会，组成共同斗争委员会，准备在二月一日发动二百万人总罢工，其他产业的工会和民间组织也纷纷声援加入。没有警备的日本政府根本毫无办法。就在罢工的前夕，麦克阿瑟发出禁止罢工的命令，将日本战后第一次总罢工压了下去。

10 参见太平洋战争研究会编，水岛吉隆著《写真で読む昭和史——占领下の日本》，东京日本经济新闻出版社，二〇一一年，页一七四至一七五。

11 参见原彬久著，高詹灿译《吉田茂传》，台湾商务印书馆，二〇〇七年，页一五九。

12 参见北京《人民日报》一九五一年八月十六日刊载：《中华人民共和国中央人民政府外交部长周恩来关于美英对日和约草案及旧金山会议的声明》。

13 同注 12。

14 同注 12。

15 同注 11 引书，页一八七。

16 参见北京《人民日报》一九五一年八月十六日刊载的《美英对日和约草案》。这是中国翻译的中文本，但因属草案，所以再参考了日本正式签订的《旧金山和约》日文本，见于儿玉幸多编《史料による日本の步み·近代编》，东京吉川弘文馆，一九六五年，页二八四。

17 同注 16 所引《人民日报》，又《史料による日本の步み·近代编》，页二八五。

18 一九四八年六月，美国参议院外交委员长旺顿贝尔（A. H. Vandenberg）提出要令援助国增强军事能力，以减少对美国的依赖。该法案获得通过。

19 参见北京《人民日报》一九五一年九月十九日刊载：《中华人民共和国中央人民政府外交部长周恩来关于美国及其仆从国家签订旧金山对日和约的声明》。

20 参见仲里效、高良仓吉合著《冲绳问题とは何か》，日本福冈弦书房出版，二〇〇七年，页二〇〇。

21 同注 20 引书，页一九二至一九三。

22 战前日本的选举法规定男子满二十五岁可享有选举权，但女性并不拥有。战后，日本本土到一九四六年四月十日的总选举，才开放女子投票和参政的权利。

23　参见那霸市历史博物馆编《战后をたどる——"アメリ世"かち"ヤマトの世"へ》，日本琉球新报社，二〇〇七，页一〇五至一〇六。

24　同注23引书，页一〇五至一〇六。

25　同注23引书，页一三三。原文为日文，笔者据意译出。

26　同注23引书，页一三七至一三八。

27　同注23引书，页一二九至一三〇。

28　同注23引书，页一三一至一三二，又页一四〇至一四一。

29　同注23引书，页一四二。

30　一九五五年九月，冲绳石川市六岁女童永山由美子被掳走，事后在美军基地的嘉手纳海边发现由美子的遗体，经验尸，其生前曾遭强暴后被杀害。一九五六年四月八日，越来村的主妇与那岭悦子在基地附近拾荒，被美军射杀。

31　同注23引书《战后をたどる——"アメリ世"かち"ヤマトの世"へ》，页一五三。

32　同注23引书《战后をたどる——"アメリ世"かち"ヤマトの世"へ》，页二一八至二二六。

33　参见西山太吉著《冲绳密约——"情报犯罪"と日米同盟》，东京岩波书店，二〇一二年，页一八；又同注23引书《战后をたどる——"アメリ世"かち"ヤマトの世"へ》，页二三三。

34　同注23引书《战后をたどる——"アメリ世"かち"ヤマトの世"へ》，页二三八至二三九；又同注33引书，页三六。

35　同注33引书，页三一至三二；又同注23引书《战后をたどる——"アメリ世"かち"ヤマトの世"へ》，页二三六。

36　大东诸岛实际上由三岛组成，分别为北大东岛和南大东岛以及向南的冲大东岛，位处冲绳岛东方的北纬二十五度五十分，东经一百三十一度五十一分附近。前二岛于一八八五年、冲大东岛于一九九〇年编入冲绳县。

37　参见池田文雄编《最新条约集（改订·增补版）》，东京邦光书房，一九七二年，页四六六。原文为日文，笔者据意译出。

38　同注37引书，页四二三的《南方诸岛及びその他の诸岛に关する日本国とアメリカ合众国との间の协定》。

39　同注23引书《战后をたどる——"アメリ世"かち"ヤマトの世"へ》，页二四二至二四三。

40　同注33引书，西山太吉著《冲绳密约——"情报犯罪"と日米同盟》，编辑部前言及页一。纵观西山全书，均没有写出提供机密电文的女事务官的姓名。笔者在杨仲揆的著书《琉球古今谈》页二四一看到有关记事，并说到泄露机密事件的是女秘书莲见喜久子。

41　同注33引书，西山太吉著《冲绳密约——"情报犯罪"と日米同盟》，编辑部前言及页一。

42　同注33引书页九〇至九三、九八。

43　日本江户时代称执行秘密任务、常在夜间行动的人为"忍者"。

44　参见"ＮＨＫスペシャル"取材班著《冲绳返还の代偿》，东京光文社，二〇一二年，页四三。

45　同注44引书，页五二至五四，ＮＨＫ采访组访问《文艺春秋》杂志的编辑东真史，看到若泉敬托东氏保管的文稿，里面有他和基辛格会谈的英文备忘，而这些备忘都是两人正式确认的。

46　同注44引书，页八六至八七。

47　同注44引书，页八二至八三。

48　同注33引书，页四九至五〇，原文为日文，笔者据意译出。

49　若泉敬著书的原名为《他策ナカリシヲ信ゼムト欲ス》，笔者译为《真想相信再无其他办法》。

50　同注44引书，页一六六至一七二，二一八。

51　同注44引书，页二三。

52　同注44引书，页二二〇。

53　同注44引书，页四五至四八，原文为日文，笔者据意译出。

54　参见前田哲男、林博史、我部政明编《冲绳基地问题を知る事典》，东京吉川弘文馆，二〇一三年，页三（前言）。

55　同注54引书，页三；又仲里效、高良仓吉合著《对论"冲绳问题"とは何か》，福冈弦书房，二〇〇七年，页三九。

56　据同注54引书，页三四至三五所引的解密文书说，一九五三至一九五四年和一九五八年，台湾海峡情势紧张之际，在冲绳的嘉手纳空军基地已部署了核武器，攻击目标设定为厦门或上海。一九五九年的冷战时期，针对苏联、中国、朝鲜而部署的核弹，嘉手纳就恒常有两架装备好的军机，可在十五分钟内配上核弹出发。

57　同注54引书，页六七刊出的《朝日新闻》图照；又同书页八四。

58　同注54引书，页八八。

59　同注54引书，页八四至八五。

60　同注54引书，页七四。

61　《波茨坦公告》（或称《波茨坦宣言》）的第六条言明："盖吾人坚持，非将负责之穷兵黩武主义驱出世界，则和平安全及正义新秩序，势不可能。"

62　参见《波茨坦公告》第八条。

63　同注54引书，页三至四林博史的论述；页九我部政明的评论。

总论

以上十二章阐述了琉球王国的兴替衰亡，各章之后虽然作了小结论析，但上下六百年，更兼历史长河又是何等的波澜壮阔，所涉及的国家、人物、史事多如繁星，同时又有着连锁的关系，因果的归结，绝不能孤立对待，单独视之。因此有必要纵览横观，细心分析，作出总结，特别是以本书主题出发，道出中琉、日琉、美琉的关系；钓鱼岛并不归属琉球和冲绳，琉球的交替源于战略地位，扼要地撰成总论如下。

一 中琉关系：五百年来仁与义

若论中国与琉球正式订交，当从洪武五年（一三七二）遣使杨载往琉球招谕始，历明、清二朝，至一八七九年日本强吞琉球止，长逾五百年。但琉球在灭国边缘挣扎求存，展开救国请愿运动，派陈情使到中国乞师，极其悲壮，尽显两国之仁与义，是中琉关系史休止符前的一大乐章。只可惜中国于甲午战争战败，被迫割断与琉球王国的关系。

除杨载使琉球是由中国主动派遣之外，往后明至清共派出二十三次册封使，皆琉球世子遣使请封，以守藩国臣服天朝之礼[1]。万历年间，福建巡抚许孚远曾建议将册封圣旨送至福州，由琉球派官来取，或改由武官偕同琉球的陪臣同至琉球[2]。但为琉球世子尚宁所拒。后来礼官余继登提出封舟制造需时，且风涛凶险，而琉球又可免去接待之烦，何不依从前议。而当时的万历帝亦表赞同。但尚宁覆禀，请如祖制遣使，"仍请遣文臣"[3]。其忠诚恭顺如此，远盖其他朝贡国，故屡受历代皇帝嘉许为"守礼之邦"。

琉球恪遵声教，世修职贡，并非中国有何严令、威吓而曲为从之，乃是心悦诚服地称臣事上。能使琉球归心，是因为明、清二朝怀远施仁，善待琉球。在朝贡献方物上，中国的天子厚往薄来，大加恩赐，以数倍十倍计；对琉球的朝贡贸易，不但以高于市价来收购，其价更优于其他外藩。尤为重要者，就是赐闽人三十六姓，内中包括与郑和同时代的优秀造船技工和航海舟师，助琉球发展海上远航贸易事业，使能成为贸易的中继港、转口地，令琉球摆脱了贫困，所以他们能自豪地说："以舟楫为万国之津梁，异产至宝充满十方刹。[4]"后来，更发展为海商小王国。其情况如同教之以捕鱼，非送鱼以济之；可令其独立，自找谋生路。

在赐闽人三十六姓中，另有部分是儒学之士，对琉球的传译和文教的推广，均作出了贡献。他们和他们的子孙，多被派到中国留学，入读国子监，受到中国明、清两朝的厚待，悉心栽培，入微照顾，费用全免，让他们安心于学业，学成归国，或任塾师，或在朝廷供职。其中杰出者，更成为一代大儒。

琉球人横渡大洋，千波万浪，时有台风吹袭，每每造成海难，侥幸没有葬身海腹的，随波漂流他方。中国海岸线长，所以琉球启航的贡船或商船遇到海难，大多漂流至中国东南沿海地方。明、清二朝，均定出救助的制度，首先是将琉球的船民送到福州的柔远驿（琉球馆），妥为安置，候接贡船送回琉球。而台湾自从郑克塽受招抚之后，清廷陆续开放海禁，琉球商船频繁往来，海难事故也多发，漂流船大幅增加，其中有的是渔船，有的则是往来琉球各岛的船只。但清廷对他们的抚恤，并没有因此而收紧，反而更加优渥。倘是一般的琉球船只，遭难的船民自安住馆驿之日起，每人每天给米一升、盐菜银六厘，回国之日各人另给一个月行粮[5]。如遇难的是贡船，更会拨银一千两，由琉球使在福州雇员重造新船。如此优厚的救难抚恤措施，绝不逊于今天的国际救援标准。

中国五百年来柔远施仁，不以大欺小，多方面扶助琉球王国，不惜强制移民——赐三十六姓闽人，远赴琉球进行指导教化，没有掠夺琉球资源，抽取赋税，更从不干预内政，如此泱泱大度，与西方殖民主义者相比，可说是云泥之别！毋怪琉球王国永怀覆载之恩，坚守节义之心。

中琉的宗藩关系，虽有上下之分，但不以武力胁之，而是恪守儒家的仁与义。两国和睦共处五百多年。但打破这一和谐局面的是日本——野心吞灭琉球。尽管面对亡国巨变，琉球仍苦苦哀求不要断绝他们与清廷的朝贡往来，痛陈："其恩德情义，昊天罔极，何可背负，竟绝朝贡？"宁可国亡犹愿当贡臣！以一国忠义之心坚贞如此，纵不绝后，亦属空前矣！

至后来，向德宏等人跪门乞师、林世功死谏，清廷虽极表同情，奈何本身亦已残弱不堪，无力出兵远征施援，唯有从外交途径来挽救，更不惜开放内地市场让利给日本，以换取琉球独立。但日本终归不放过琉球，协议未能达成。最后当清廷争取到南岛的宫古、八重山供琉球复国，只是琉球尚泰王没有应允，才会告吹。但从谈判桌上的角力，已可看出清廷是尽了一切的努力，而且分得的宫古、八重山，清廷一再明言定会归还给琉球，绝无领土野心（"中国之争琉球，原为兴灭继绝，护持弱小起见，毫无利人土地之心……分南岛与中国，中国必不敢受"[6]）。球案还未谈结，日本趁甲午战争得胜，不用再闪缩，公然吞球。势弱的清廷无法力挽狂澜，眼巴巴就看着日本吞并了琉球。

日本一直承认琉球在历史上两属于中国和日本，一八七九年日本单方面废琉球为冲绳县，琉球国反对，中国不承认。两属之一的中国，对日本"处理琉球"并为冲绳县是绝对拥有过问权、甚至交涉权的。一九四三年十一月二十三日晚上八时，汇聚开罗的盟国三巨头——美国罗斯福、中国蒋介石、英国丘吉尔。在举行会议前，罗斯福跟蒋介石单独会谈，罗斯福一再询问，中国想不想要回琉球？蒋介石的回答是：中美共同占领，最终是由国际机构信托管治下由中美施政。[7]

若干年后，有评论指蒋介石当年没有大胆明言取球，是失之交臂、痛失良机的元戎。但平心而论，蒋介石代表中国申明没有扩张领土的野心，当日清廷也如此，足以昭示世人，鉴古而知今。中国与琉球，堪称仁高义盛，并没有什么错失良机这回事。反而有些国家背信弃义，才使琉球问题悬而未决。

日本的中琉关系史学家赤岭守教授亦十分重视蒋介石在开罗会议的表态，赤岭守教授在其著书上说：琉球归属问题在外交上还没有得到妥善解决，所以至今仍然是悬案。并谓：琉球王国的历史残影依然未消。[8]

二、日琉关系：侵略吞并强凌弱

日本在明治年间，曾大力鼓吹"日琉同文同种"，借此掩饰吞并琉球王国的野心。地理上琉球是靠近日本的九州南部，远在石器时代，琉球陶器的纹饰和日本绳文时代的纹饰近似，故被说成同一绳文文化圈。但石器时代的日本和琉球还没有建立起国家，而后来琉球不再受日本文化影响，走上自己的文化历史旅程。

公元七八世纪完成的史书《日本书纪》[9] 和《续日本纪》[10]，记述了九州以南岛屿（日本称南岛）的住民来日献上贡物，又述及日本为寻找遣唐使船从九州南部出发往明州（宁波）的航道，派出了"觅国使"。他们在南岛记下一些岛名和停泊地，以作为航路标识。凭着这些记述，日本方面就说成对南岛包括琉球在内拥有统治的史据。这样夸大的胡扯，今天日本很多史学家也不附和。

至十二世纪，琉球开始进入农耕社会，称为按司的部落首长纷纷建造城寨，以巩卫自己的家园和土地。后来，按司相互攻伐兼并，到十四世纪剩下三山鼎立。再经较量，最终出现第一和第二尚王朝一统琉球。

日本自从船舶的远航能力增强之后，即觊觎琉球，萨摩岛津家族更早已垂涎三尺，但独夫丰臣秀吉有理无理一张军令就将琉球国收为麾下，命令琉球出兵一同攻打朝鲜。琉球深知自己处在强邻滨海旁，不能不小心应对，满以为丰臣秀吉急病归天便可脱难，孰料大祸接踵而来。原来处心积虑的萨藩岛津家久已觑准时机，于一六〇九年挥军南下，攻破首里，掳了琉球王并擒回一众大臣而归。最终尚宁王签下降书，答应愿受监管，子孙永守。唯独三司官郑迥宁死不屈，惨遭斩杀，为琉球国在抗争史上留下最悲壮的一页。而郑迥正是赐三十六姓闽人的后裔。

萨摩藩征服琉球后，控制了琉球对明、清的朝贡贸易，卷走了大部分利益，同时，丈地抽税，就连远至宫古和八重山也不放过，开征了人头税[11]。琉球土地贫瘠，且是台风横扫的通道，以当时的农耕技术而言，生产无法提升，实在难以承担萨藩的苛捐重税。本来有过经济黄金期的海上中转口贸易，一方面受到德川幕府锁国政策的影响，再不能航往南洋通市；另一方面对中国的朝贡贸易，亦为萨藩所操控，经济便如江河日下，国库空虚，不独民不聊生，连王公大臣日子也是难捱！

一八七九年日本吞并琉球后，有"冲绳学之父"之称的伊波普猷在很多场合撰文，欢庆琉球成为日本的冲绳县，是把琉球人从奴隶的苦难中解放出来。但琉球人沦为奴隶，孰令致之？伊波应该明白这是江户幕府、萨摩藩加诸琉球身上的。要说从奴隶的深渊中解放出来，伊波的喜悦，无疑是对萨摩藩掴了一记耳光！

日本废灭琉球国，并为日本最南的一个县。明治政府要把琉球人从萨摩的枷锁中解救出来，先是减免租税，继而进行土地改革，使冲绳县走向近代化。但他们的基础教育不断灌输皇国国民思想和对军国的服从；经济上工商企业被来自日本本土的大财团所垄断。当他们踏足日本各府县，又饱受歧视，不少耻为亡国奴的琉球人，纷纷出国远走，移民海外。倘若一切安好，何以冲绳会是全日本移民比例最多的一个县？据一九三九年的统计，冲绳县的海外移民主要分布在：东南亚有三万二千人；夏威夷有一万九千八百人；美国一千二百人；秘鲁一万二千人；巴西二万一千一百人[12]。单以上述的数字合算起来，已有八万五千人，再不是鸟越皓之计算的五万七千人，而推算出十人中就有一人移民[13]。数字以何者为准，仍有待探讨。

日本发动侵华和太平洋战争，已成为日本国民的琉球人也被征集上战场，成为这场不义战争的牺牲者。当盟军反攻，大军压境之际，日本为争取本岛作战的准备时间，先将冲绳部署为"前缘阵地"，坚守至"一草一木"，哪怕全境被摧毁，因为冲绳不过是他们的"舍石"（弃子）。经过三个月的激战，一千二百平方公里的冲绳岛，毁坏殆尽，想要找一座完好的房舍诚非易事，同时落在地上未爆的炮弹就有一百一十七万八千多枚[14]，其惨烈情况可知。冲绳结果成为日本唯一本土作战的战场（其实是将冲绳视为并合后的次要土地），原是琉球人的冲绳县人四死其一。他们之中有并非死在敌（美）军枪炮下的，而是被诬指为间谍遭到杀害，或是被驱赶出战壕被炸死，甚或被强制集体自杀。这样惨绝人寰的悲剧，又是谁带给琉球人的呢？

日本战败，无条件接受《波茨坦公告》。按照《波茨坦公告》和《开罗宣言》，日本的领土仅被认定为本州、北海道、四国和九州四岛，其他侵夺得来的土地全部要归还，或让其独立，因而琉球再也不是冲绳县。一九四七年九月，裕仁天皇就美国的咨询发回的口信说：担心苏联带来的威胁，为了日本和美国着想，还是请美军占领冲绳[15]。联合国军队（实际是美国军队）进驻日本，主要工作是解除日本的武装和监督重建日本文官政府。美国另外军管琉球，是受联合国的托管，有别于进驻日本的责务。这样的差异，代表着琉球已脱离日本，没有从属的关系。

新败的日本显得较为恭顺，他们为力保四岛不可分，尤其忧虑多国派军来分管，所以在此非常时期，不想有所僭越，遂将琉球交出。"琉球人已非日本人"，一九四六年七月十三日的《朝日新闻》社论就已道出：

> 前于三月十八日登记完毕的非日本人居留人数，经外务省统计，有达八十七万八千多人。这里所指的非日本人，是指朝鲜人、琉球人和中国人（包括台湾省居民）。[16]

日本再将琉球视为"舍石"，正是琉球脱离日本独立的大好时机。只是美国无意让琉球独立，后来还要将"球"再传回日本。

随着远东局势的变化发展，美国在琉球陆续拓建了大大小小的军事基地，已是无心施政。他们从战略部署出发，于一九七二年没有取得联合国首肯，便擅将琉球的施政权交了给日本。

琉球二十七年后复为日本的冲绳县。日本除了向美国支付巨款外，又与美国签下秘密协议，承诺在非常时期，美国可以在冲绳岛部署核武器。

曾被无辜卷入战灾的冲绳住民（原琉球人），他们抗拒岛内贮藏核武，又质疑美国在日本构建的军事基地，何以有百分之七十四是在冲绳，是否他们是次等日本人？故将大部分基地安插进来。而基地还带来安全和美军的性犯罪问题，令冲绳居民再无法忍受。这种种矛盾，表面上是美军基地所带来的，但日本中央政府的默许和袒护，更形成地方与中央的深层次矛盾。而这地方，是有着琉球王国的残影的。

三　琉球王国版图不领有钓鱼岛

现存的《使琉球录》，以明陈侃撰写的最早。其后，各册封使步其后尘，或撰为《使录》，或著成《琉球国志略》等，其中不乏文采斐然。这些《使录》将筹备出航的过程，登舟后海途的险易，抵琉球后的册封、外交，以及该国的山川风俗人物，都尽收书内。其目的是使以后的奉使者可以得到"摘埴索涂之助。[17]"

但是这些钦差使臣却万万料不到他们的《使录》在几百年后，竟成为钓鱼岛主权争议的重要文献。这里笔者集中利用这些《使录》来说明琉球王国的版图并不领有钓鱼岛，同时会加上其他史料来验证。另外钓鱼岛的划归和争议，则在拙著《钓鱼岛主权论考》详作辨析。首先陈侃的《使录》已清楚说出古米山（今久米岛）是属琉球的："见古米山，乃属琉球者，夷人鼓舞于舟，喜达于家。"其后出使的郭汝霖和李际春，在《使录》中指出："赤屿者，界琉球地方山也。"陈侃说古米山是琉球的；郭汝霖则言明赤屿是划分琉球的界山。赤屿和古米山便隔沟相望。（参见本书第一章）

当"过沟"，就是中外之界。汪楫的《使琉球杂录》说："薄暮过沟，风

涛大作……曰中外之界也。"（参见本书第一章）

徐葆光著成的《中山传信录》及《琉球三十六岛图》，更加清晰地描绘出琉球王国的版图。《琉球三十六岛图》的绘制，是琉球国王尚敬令紫金大夫程顺则，协助徐葆光一同审定然后绘成的划界图，具有国际法效力。该图详列三十六岛的分布和岛名，但没有钓鱼岛列屿（包括黄尾屿、赤尾屿的岛名），是要避免与三十六岛混淆，用意明显。在最接近台湾的"八重山"（今八重山诸岛），更标明"此琉球极西南属界"。"极"是最、尽之意，因为再往西去，便是中国的台湾岛，所以八重山是"琉球极西南属界"。徐葆光在《中山传信录》中谈到程顺则的针路著书《指南广义》时，在"取姑米山用单卯针"句下，作了双行夹注："琉球西南方界上镇山"。亦说明"姑米山"（今久米岛）是琉球的西南边界山（岛），因为再向西南方走，便是钓鱼岛列屿的赤尾屿，并不隶属琉球王国，否则不会说姑米山是"琉球西南方界上镇山"。（参见本书第一章）

《中山传信录》刊出三十年后（一七五一年），便被译为法文，在巴黎出版。同时，《传信录》传到日本后，再翻刻成书，在日本广为流传。日本天明五年（乾隆五十年，公元一七八五年），仙台学者林子平作《三国通览图说》，内附《琉球三省并三十六岛之图》，是参据徐葆光的《琉球三十六岛图》绘成彩色的舆图。

林子平主要参考徐葆光的三十六岛的地理分布位置，在绘制上却有很大的分别。他的图有标出纬度和回归线，显然是已经对西方的地图绘制有了一定的认识。他将琉球三省[18]并三十六岛全部着了黄色，配合了此舆图的主题。同时，在海疆边缘处，刻意附上文字说明。如在大岛下的解说是："自奇界至渡名喜十一岛，皆大岛管治。十一岛的村落数二百六十。土人以小琉球自称，但与台湾南面的小琉球山不同。"[19]又在太平山下作："以上七岛宫古支配（管治），琉球持有。"[20]再着八重山，其说明是："以上八岛八重山支配，琉球持有。[21]"这样的着色描绘，很容易令人明白琉球的版图、领属。林子平又标示出琉球和福建间的两条海道，这也是徐葆光的《三十六岛图》中所没有的。两海道分南线与北线。南线就是册封使由福州出发常用的海道，林子平绘出的顺序是："花瓶屿、彭佳山、钓鱼台、黄尾山（屿）、赤尾山（屿），以虚线穿连，并都着了红色。北线由那霸出发，经"南杞山、凤尾山、鱼山、台山里麻山"，亦用虚线穿连着了红色。林子平同时将广东省、福建省、浙江省、南京省（江南）、山东省绘上红色。这样用不同颜色（琉球诸岛用黄色，中国各省和钓鱼台等用红色）作领属的区别，"钓鱼台、黄尾山、赤尾山"属于中国是非常明确的。日本的历史学家井上清教授，早在上世纪七十年代亲阅林子平的《琉球三省并三十六岛之图》，经过考证，认为图中所标示的"花瓶屿、彭佳山、钓鱼台、黄尾山、赤尾山"都属中国无疑。

但日本的奥原敏雄却撰文反驳井上之说，质疑若以颜色作领属区别，为何台湾和朝鲜所着的颜色都是黄色？对奥原的反驳，中国的学者吴天颖和鞠德源的著书均予以还击。其中鞠先生就着林子平的舆图分析说："台湾岛与澎湖三十六岛、小琉球、鸡笼山等岛屿，虽然涂用黄颜色，亦属于中国所有，因为图上明确标示了《台湾三县之图》字样。"又谓："当年林子平绘图的中心主题是表现《琉球三省并三十六岛》，所以图上要特别标示出琉球所有的岛屿和琉球管领的字样……道理很简单，林子平主要是绘画《琉球三省并三十六岛》，只要点明哪些岛屿是属于琉球所有就够了。"[22]

笔者十分赞同鞠先生的论点。既然林子平在"太平山"和"八重山"处均作了说明，强调是"琉球持有"，那么比琉球还要大得多的台湾（琉球本岛加上三十六岛的总面积也仅是台湾的十六分之一），又在八重山之西，如果是由"琉球持有",一定会加脚注说明。而事实却非如此。

林子平的《琉球三省并三十六岛图》,是用较近代的西洋绘图法描绘出琉球王国的版图,而它是不包括钓鱼岛、黄尾屿和赤尾屿的。此图影响甚大,江户时代日本已有多种摹本,一八三二年法国也有摹本出版,更将说明译为法文。

琉球王国一直视三十六岛是自己的版图。当琉球被废灭,陈情使向德宏乞师时,应李鸿章之请,作成十驶寺岛外务卿的《节略》,其中提到:"敝国所辖三十六岛之内,七、八岛在其中(这七、八岛绵亘距萨摩三千里),万历三十七年(一六〇九)被日本占去五岛。"李鸿章在其《妥筹球案折》时,也述及琉球的版图:"琉球原部三十六岛,北部九岛,中部十一岛,南部虽有十六岛,而周回不及三百里,北部中有八岛,早被日本占去,仅存一岛。"这样的信息,李鸿章是得自代表琉球王国的国戚兼特使向德宏,具有官方权威性。另一方面,驻日公使何如璋奉李鸿章之命,访查琉球王后嗣,获法司官马兼才复函,其内谈到在宫古、八重复国之事,并详述宫古和八重所辖的岛屿(详见本书第九章),亦没有片言只字提及钓鱼岛,当然亦无"尖阁"之名。

这里再加插琉球官员对台湾主权的说明。同是向德宏,他向左宗棠乞师时分析航道的情况:"敝国虽然孤悬海外,自闽、台湾经敝国属八重山、太平、姑米、马齿等山,直达琉球。"[23]

"自闽,台湾经敝国属岛八重山、太平……"句,指明从福建和台湾前往琉球,经过敝国(琉球)八重山、太平……直达琉球,都没有"钓鱼岛"的地名。

从上述史事可知,琉球王国从来没有管领过钓鱼岛列屿,也从来没有提出过钓鱼岛的主权问题。他们一直以三十六岛作为自己的版图,而三十六岛

琉球冲绳交替考 钓鱼岛归属寻源之一

的地理位置和名称，就以徐葆光和程顺则共同审定的《琉球三十六岛图》为据。后来，仙台林子平再据徐葆光图，参以西洋绘图法，制成《琉球三省并三十六岛之图》，使琉球版图更加清晰明确，亦相对说明钓鱼岛列屿并非琉球国所辖领。只是一八七九年日本吞并琉球后，野心无餍足，将手伸到钓鱼岛列屿去了。

琉球王国不领有钓鱼岛列屿此一史实，是不容否定的。日本专研琉球史的赤岭守教授，在其著书中亦认同此论。[24]

☁ 四　美琉关系：义始利终军为先

当年琉球成为海商小王国，远航东南亚贩商贸易，有机会接触到由海路东航到亚洲的第一个欧洲国家——葡萄牙，其后又与荷兰、英国等往来。因此，"琉球"之名早已远播欧洲。新兴的美国与琉球之交进展甚速，更于一八五四年互签友好条约。

一直以来，美国若要到亚洲活动，都是从东岸的波士顿港解缆，横渡大西洋绕过好望角东来，遥遥费时，大大增加贸易成本，削弱了竞争力。美国正为其地理位置发愁之际，一八四八年美国战胜墨西哥，夺得西部加州的领有权，从而由加州的旧金山等港口横渡太平洋，直指中国上海等商港，比欧洲国家东航来得更便捷。但以当时蒸汽轮船的远航能力，没有把握可以一口气直达中国东岸，中途如能补给食水、煤炭等物资会较为稳妥，同时可以加做中转贸易。而横渡太平洋后，首先迎来的是日本本州等岛屿。但日本的江户幕府正厉行锁国政策，对欧美国家抱有戒心，仅开放长崎港供荷兰泊碇贸易。而要日本开放门户，并非一蹴而就之事。于是美国便作了后备方案——

迫令琉球王国就范。

一八五二年，美国委任培理准将（M. C. Perry，一七九四至一八五八年）为远东舰队司令。翌年五月二十六日，培理率领四艘军舰进入那霸港登陆交涉，直趋首里城，跟摄政的尚宏勋（其时尚泰才十一岁，并称病不能出见）谈开国事，更提交了外交文书，附呈汉文译本，上款是给"琉球国总理大臣尚宏勋"，所用的年号为大清的"咸丰三年"（一八五三）[25]。此一外交文书，可以说是美琉官方交往之始，其内容主要是要求开港，又声言再来访时，便要签订《修好条约》。

一八五四年三月，培理跟日本签订了《日美和亲条约》后再到琉球，于七月十一日跟琉球签署了《美琉修好条约》。《条约》用上了英文和汉文两个文本，其中汉文用的年号是中国"咸丰四年六月十七日"[26]，足见琉球国一直奉中国明、清正朔。其后一八五五和一八五九年。琉球先后又和法国、荷兰签约，使用的年号仍然是"清咸丰"。

后因美国亦令日本开国，航船使用日本的港口更有效益，所以与琉球虽有《条约》，但实效性不大。然而美国知有琉球国，并做出邦交，是不容否认的事实。而美国更查悉琉球同时臣事中国和日本。

一八七九年，日本吞并琉球，清廷向日提出抗议、照会，并邀请美国卸任总统格兰特斡旋，冀使琉球复旧。格兰特联同美国驻日公使平安展开的斡旋活动，可以称得上是美国对琉球的义助，并促成中日谈判，虽然最终因"二分"和"三分"的方案相持不下而宣告谈判破裂，但责不在美方。

琉球被吞灭，美琉关系也因此而告落幕。但琉球本来是一个独立国，世人是知悉的，美国更曾与其有国事交往，否则一九四五年十一月的开罗会议期间，罗斯福总统就不会向蒋介石询及琉球的处理问题。罗斯福的关注，也是义之所在。

一九四五年的冲绳岛浴血战，令琉球人卷入战灾，伤亡甚巨。但为什么会有这场惨烈的战争？是谁首先挑起战事？才有以美国为首的盟军抢登冲绳，所以哪些人须负上战争责任是一清二楚的。

第二次世界大战之后，美国代表联合国占驻日本，并受托管理冲绳，恢复琉球之名。初期，美国有意带领琉球实行民主政治，妇女的选举权比日本来得还要早。但自从中国共产党取得中国大陆政权并出兵援朝抗美之后，美国担心共产红旗在远东到处飘起，急忙调整策略，重新部署。首先一手包办、主导了旧金山会议，在中国缺席、苏联反对的情况下，签订了《对日和约》，既令日本加入到他们的阵营，又挟使联合国将琉球交与自己（美）管理，将琉球部署为远东的最大军事基地。

美军在琉球成立民政府，虽然让琉球民选议员和市长，但当选出不是他们可信任的人物，就不顾什么民主选举，粗暴地出手打压，硬要将"非同道人"拉下台来，被认为是"红色市长"的濑长龟次郎便是显例。但这么一来，美国伪善的脸纱也被拉了下来。

美国为稳固自己的霸权地位，将琉球（冲绳）构筑为美国在亚洲的前沿基地，在支援朝鲜半岛战争之后，又成为越战的出征平台，更于岛上秘密部署核武器。他们已无心管治琉球，但又不想让琉球独立，因为他们极不愿意看到琉球赤化。但基地问题丛生，当地反美情绪高涨，其中有一股要求回归到日本的力量出现。同时，日本亦千方百计想着收回琉球，频频恳请美国谈判。

犹记日本将冲绳当作"舍石"以阻挡美军进攻日本本岛。但美国自从占取冲绳，反视之为"要石"，大有爱不释手之势。为缓和反美情绪，以及洗去长期霸占的污名，美国便从本国的利益来考虑，把琉球交回日本。

若以《旧金山和约》的第三条来看，美国是受联合国委托来管治琉球的，他们如要辞任，应将琉球的管治权交回联合国，而不是擅将琉球的施政权交给日本。美国虽然能够一言以闭天下口，但实际上，日本再将琉球编为冲绳县，在国际法理上仍然是悬而未决的。

美国将琉球连同中国的钓鱼岛列屿当作礼物送给了日本，表面上没有收取什么利益，但在秘密协议中，日本既让步，更付出了庞大的补偿金额。根据秘密协议，美国得到他们所坚持的核弹部署——虽说是非常时期才装置，但对此日本是无法抗拒的。冲绳（琉球）人民因为美国的战略部署而成为潜在被攻击的对象，难以过上和平的日子。

美国曾助琉球，但为了巩固自己的利益，硬将冲绳变成永久的美军基地，真可谓利始义终。

五 百年前"明月弯"战略兴风作浪

法裔美国人李仙得（Charles W. Le Gendre，一八三〇至一八九九），受过军事教育，后毕业于巴黎大学。婚后入籍美国，参加了南北战争，退役后，被委派到中国出任美国驻厦门领事，遇台湾"罗发号事件"，李仙得与清朝闽、台官员交涉，数度深入山区踏查，绘出详细的台湾地图。后来，他被调任回国途经横滨之际，获日本力邀，成为日本的"御雇顾问"。

称得上亦文亦武的李仙得，既为日本献上出兵台湾之策，又出任外交顾问随副岛种臣到北京谈判，在幕后授计日本，试探清朝对台湾番社的态度[27]。因此，很多史学家评李仙得为"西方涉台事务史上最具争议的人物。"[28]

但另一方面，李仙得向日本政府提出的六件《备忘录》（《觉书》）中，除上述出兵台湾的建议外，第四号《备忘录》的"东亚明月弯"战略，其影响更加深远。[29]

"东亚明月弯"战略，是李仙得向日本献计，提出将朝鲜半岛、琉球、台湾拿下，加上日本本岛，连成一个半月形的区域，既可拱卫，又能封锁中国从东海进出西太平洋。日本心中早已想侵占这些岛屿，只是李仙得的战略构思更加具体，突出了太平洋的出入口要道和对中国的封锁。

当时能有这样宏观视野，绝非活动范围主要集中在亚洲的东方国家所能思考得到的，反而是亟欲开发此航线的美国最为着紧。当格兰特前总统斡旋琉球案时，常假李鸿章之言，向日本要价说："琉球是各国与中国通商要路，为台湾前面门户……谓非设法另立章程，保住中国要路门户，恐此事不能了结。[30]"但其后，何如璋上函李鸿章转述杨越翰的说话时，就可知道真正要令此门户畅通的是美国——"又言琉球中南两部之间为太平洋商船出入要道，自未便听日本专据，有碍美国通商之局云云。"[31]

不过日本很快就实现了"明月弯"战略。首先他们吞灭琉球，继于甲午战争后夺取台湾，一九一〇年再强并朝鲜。其后，日本的扩张更远超"明月弯"战略。但物极必反，日本不义之师终告败亡。

第二次世界大战后，美国为围堵红色中国，扶持了韩国，偏帮了日本，为使琉球不染红，便不让其独立，交回给日本，更附带将钓鱼岛列屿一并赠送给日本，别有用心地制造中日不和。至于台湾，长期以来为美国马首是瞻，联为一气。

今天，在美国主导下展开的半月形区域围堵中国，似有意无意间重拾李仙得的"明月弯"战略。当年针对船舶的补给需要靠岸寄港，今日的船舰续航能力强，可以灵活地取得补给。但现在轮到空军需要中途站来补给、停驻，所以冲绳岛的军事基地仍是如此重要。

半月形的围堵，监视着中国进出西太平洋的船舰，这无疑是美国来到东亚，反客为主，联同日本，以百多年前的"明月弯"战略，在西太平洋的出入要道兴风作浪。

六　琉球冲绳交替又交替

琉球经历按司时代，继而相互兼并而有三山鼎立，最后由尚巴志于一四二九年统一三山，建立了琉球王国。其间，虽有第一尚王朝和第二尚王朝之分，但四百五十年始终是单一政权。直至一八七九年，为日本所废灭，化琉球国为冲绳县。

日本这种帝国主义的侵吞，备受争议，也遇到受压迫民族的抗争。迨第二次世界大战后期，中美英发表了《开罗宣言》，其中指出："其他日本以武力或贪欲所攫取之土地，亦务将日本驱逐出境"，这是包括所攫取的琉球在内。较此更为清晰的是一九四五年七月二十六日发出的《波茨坦公告》。其中第八条指明："开罗宣言之条件，必将实施，而日本之主权必将限于本州、北海道、九州、四国及吾人所决定其他小岛之内。"

据上述的《宣言》、《公告》，琉球于二次大战后不再隶于日本，由以美国为首的联合国军进占管理。这个时期，琉球是有望挣脱日本重再独立的。但时局急变，美国调整策略，赶忙召开旧金山和约会议，主导各国签订《旧金山对日和约》，并炮制了《第三条》，硬要联合国指定美国是琉球群岛、媚妇岩岛以南之南方诸岛及冲之鸟礁与南鸟岛的唯一管理者。这样的订立，是不打算让琉球像朝鲜那样独立，又没有落实《波茨坦公告》第八条款；更没有实施《开罗宣言》，使琉球脱离与日本的关系。而对日抗战作出巨大贡献的中国，又是接受日本降书上的签字国，却未被邀请参加是次和约会议，所以当年（一九五一年）的总理兼外交部长周恩来于九月十八日发表声明，拒绝承认《旧金山对日和约》。

美国硬将琉球从联合国手里取回来单独管治，但不管他们怎么硬来，也没有打出"冲绳县"或"冲绳政府"的日本政区名来，却用上"琉球政府"名，似潜藏着一种主权独立的考虑。

可是美国最终没有培植这独立的芽苗，更没有先将琉球交回联合国，再由联合国开会决定其去向，反而视联合国如无物，一言以闭天下口，狡称将琉球的治权交与日本。但美国和日本却签订了协议，放"琉球"给日本，条件是在冲绳岛上保留美军基地，甚至在非常时期可以部署核武。冲绳沦为美国永久的"军事殖民地"，日本的学者认为这完全是由"美日共犯"所造成的。[32]

美国擅将琉球的治权交给日本，日本高兴地说：冲绳（琉球）的主权本来就是日本的，现在将治权交回来，顺理成章冲绳就真的回归了。但美国那种单独行动的霸权主义，说到底琉球仍然是悬案一宗，其理有四：

一是从旧金山和约召开开始，即拒中国于门外，已有违战时同盟国间的协定；二是《旧金山对日和约》没有落实执行《开罗宣言》和《波茨坦公告》；三是没有签约的中国据此否定《旧金山和约》的成效；四是美国擅将琉球交与日本而未获联合国会议通过或授权。

另一方面，根据中国和琉球的宗藩关系，以及多次受琉球恳托向日本交涉，促日释放尚泰王让琉球复国等的史事来看，中国对琉球的去留，仍是拥有一定的发言权的。

日本史学家赤岭守也认同琉球的归属问题是一宗悬案[33]。近年，又掀起一场冲绳是否要独立的争论。著名的琉球史学家高良仓吉就说："应否独立？并非由历史学家来论定，是由现今生活在冲绳的人来决定。"[34]

事实上，要求独立之声亦此起彼落。如一九九七年就有过"冲绳独立可能性关注激论会"的举行；同年，前冲绳市长大山朝常出版了《冲绳独立宣言——大和（Yamato）并非应该回归的祖国》，瞬即成为冲绳县内的畅销书。二〇〇六年三月五日，在宜野湾市海滨公园举行的县民大会上，就飘扬着"琉球独立"和"琉球共和连邦"的旗帜。[35]

二〇一三年五月十五日，一批有着琉球人血统的社会活动家和学者，组织成立了"琉球民族独立综合研究学会"。发起人之一是日本龙谷大学教授松岛泰胜。松岛表示：创会之初，首先研究和探讨冲绳的路向，希望早日实现撤除冲绳的美军基地，至于琉球的独立，应交由琉球民族来自决，这也是学会的长远目标。琉球冲绳的交替，似还未完结，这里试以图表来示之：

| 琉球 | 废球置县 → | 冲绳 | 联合国托美代管 → | 琉球 | 美擅将治权交日 → | 冲绳 | 缺乏国际法理认定
是否由民族自决 → | 琉球
冲绳 |

美国擅将琉球交给日本，令日本重将琉球收编为冲绳县是欠缺国际法依据的；同样，美国将并非他所属的岛屿——钓鱼岛列屿，当作礼物般也一并送给了日本，亦是缺乏法理依据的。现在冲绳县的主权是否归属于日本尚是疑问？那么对钓鱼岛列屿的主权，日本的手岂非伸得更远了吗？本书姊妹篇《钓鱼岛主权论考》，就会详细解读钓鱼岛列屿的主权归属。

最后要重申一句，就是说钓鱼岛之争不得不谈琉球。因为钓鱼岛是册封使船往琉球的航标地，从而被历任册封使记录在《使录》中，成为中国争取钓鱼岛主权的重要文献。

笔者近日启悟到日本挑起钓鱼岛之争，与冲绳县民众强烈反对美军基地有着莫大关系。原因是近年日本和美国几乎无法控制冲绳的民众和县政府反基地之声——普天间基地尽快搬迁，最终目标是所有美军基地迁离冲绳县。这样令坚持以冲绳为永久军事基地的美国十分为难，虽然他们多次与日本抛出《日美安保条约》中日本有义务提供基地为由，但长期受压的冲绳民众，已忍受不了美兵的性犯罪、战机的爆音（比噪音更难受）、军事训练失误带来的灾难等，确令日本中央政府无法一次又一次地抚顺民情。于是便制造中国威胁论，又挑起钓鱼岛之争，最后再请美国奥巴马总统说出两国的《安保条约》是适用于钓鱼岛的。为保"国土"，军事基地不可撤，所以冲绳的基地有存在的必要。如此迂回曲折地保住冲绳基地，其用心可谓苦矣！

笔者之推断，也许是快了一点，但期待将来美日两国的档案和文献公开，可以验证。

二〇一四年清明后于愧书剑斋

注释

1 礼，是礼制、规范之意，并包括严格规定的仪式。

2 参见张廷玉等撰《明史》三百二十三卷《外国四》，北京中华书局，一九八四年，页八三六八。

3 同注2。

4 公元一四五八年，尚泰久王铸造"万国津梁之钟"，以示航船与各国贸易的交往，并悬于首里城正殿。此钟重六百公斤，是战火中幸存之物，今藏于冲绳县立博物馆。所引文句，见于钟上铭文。

5 参见陈龙贵著《院藏清代琉球档案与中琉封贡关系》，收录于何传馨主编《故宫文物》第三六二期，台北国立故宫博物院，二〇一三年，页七七。

6 参见《李鸿章全集》第六册《译署函稿》卷十《与日本委员竹添进一笔谈节略》，页三一六三。

7 参见田村幸策著《太平洋战争外交史》，东京鹿岛研究所出版会，一九六六年，页四九九至五〇〇，引美国外交文书。

8 参见赤岭守著《琉球王国》，东京讲谈社，二〇一一年，页二一六。

9 《日本书纪》，由舍人亲王等于公元七二〇年撰成的史书，共三十卷，编年体以汉文记述，是日本最古的官修史书。

10 《续日本纪》，桓武天皇命藤原继绳和菅野真道继《日本书纪》之后，续修由文武天皇（公元六九七年）至桓武天皇（公元七九一年）止的编年史，共四十卷。

11 萨摩藩大约在一六三七年开始征收宫古和八重山的人头税。按年龄来征收，男交米、女缴布。有传说在平良市的海边，有天然的直立石柱，高约一百四十厘米，于是以此石来定纳税准则，也就是高过此石便要交税，再不计算年龄。所以此石又名"人头石"。

12 参见又吉真三编著《琉球历史总合年表》，冲绳那霸出版社，一九八八年，页一六七，引《日本南方发展史》。

13　参见鸟越皓之著《琉球国の灭亡とハワイ移民》，东京吉川弘文馆，二〇一三年，页一五。鸟越所引的资料是《日本移民の地理学的研究》。其数字是按一九四〇年统计结果，以广岛县最多，有七万二千人，次为熊本县，冲绳县五万七千人排第三。若以又吉真三引的资料，冲绳县的移民数高逾九万，应超过广岛而位居榜首。

14　战后在冲绳县内处理未爆炮弹的实数。笔者抄录自冲绳"旧海军司令部壕"展示的数字。

15　参见伊佐真一著《伊波普猷批判序说》，东京影书房，二〇〇七年，页一八二。

16　同注15引书，页二〇六至二〇七。

17　参见陈侃著《使琉球录》的《序文》。

18　三省是指本岛（即冲绳岛）的三个区域，仍按以前"三山时代"来划分，即山北、山中、山南。

19　参见吴天颖著《甲午战前钓鱼列屿归属考——兼质日本奥田敏雄诸教授》，社会科学文献出版社，一九九四年，图版二。笔者以放大镜参看原文再作翻译。其中"渡名喜"的"喜"字较模糊，稍为存疑。

20　同注19引书的图版二。笔者按日文直译。

21　同注19引书的图版二。笔者按日文直译。

22　参见鞠德源著《钓鱼岛正名》，昆仑出版社，二〇〇六年，页三二九至三三〇。

23　参见西里喜行编《琉球救国请愿书集成》，东京法政大学冲绳文化研究所，一九九二年，页一一三。

24　同注8引书，页六。

25　参见山口荣铁编著《外国人来琉记》，那霸琉球新报社，二〇〇〇年，页一五八至一五九刊录的汉文外交文书图照；又ペルリ提督编著、土屋乔雄、玉城肇译《日本远征记》（二），东京岩波书店，一九八二年，页一七、二七。

26 此条约正本现收藏于日本外务省外交史料馆，其图照见于又吉真三编著的《琉球历史总合年表》，那霸出版社，页一一九；高良仓吉、田名真之编《图说琉球王国》，东京河出书房新社，页一一八；冲绳县博物馆、美术馆出版《博物馆展示ガイド》，页五七。

27 李仙得在闽台跟进"罗发号事件"时，清朝的地方官员曾表示事发于"深山生番"之区，官军也难以缉办。李仙得便藉词指清朝未能有效管治该区，其他国家便可插手云云。李仙得持此态度，与日使同到北京，授计向清廷的毛昶熙和董恂查询，以套取有利于他们的言词。

28 参见爱德华·豪士著、陈政三译《征台台纪事——牡丹社事件始末》，台北台湾书房，二〇一一年，页三一；又 Charles W. Le Gendre 著，黄怡译《南台湾踏查手记》，台北前卫出版社，二〇一二年，页二二。

29 同注 28 引书，页三一。

30 参见《李鸿章全集》第六册《译署函稿》，海南出版社，一九九七年，页三一三七，《译美国副将杨越翰来函》(光绪五年六月三十日。)

31 同注 30 引书《李鸿章全集》，页三一三八，《何子峨来函》(光绪五年七月初四)。

32 参见仲里效、高良仓吉对论《冲绳问题とは何か》，福冈原书房，二〇〇七年，页一九七。

33 参见赤岭守著《琉球王国》，东京讲谈社，二〇一一年，页二一六。

34 同注 32 引书，页二三四，高良仓吉的对话。

35 同注 32 引书，页一二三至一二四、一二七至一二八。

附

篇

从琉球国向明清请封、奉正朔比较中日的管治权威

引 言

二〇一三年一月二十日，安倍内阁官房参与（外交事务）谷内正太郎在香港一个名为"中美对话"的研讨会上，提交了发言稿，指责中国在钓鱼岛问题上用武力提出要求，"是对规则导向的国际秩序的侵犯"，还神气地问："我想知道中国领导人会回答是还是否？"笔者阅读后，颇感不快，于是执笔写成《就钓岛问题答谷内正太郎》，于二月一日交《澳门日报》发表。拙文扼要地举出史实，然后回答谷内："就算日本强行吞并了琉球国改编为冲绳县，也不能因此就将钓鱼岛拨入冲绳县下。更何况中国从来没有承认过日本吞并琉球之事……严格来说，琉球也可算是一宗悬案。试问琉球妾身未明，又何来'尖阁'女儿的归属呢？"文章反应颇佳。后来，笔者获邀于三月二十六日在香港城市大学做专题演讲[1]，集中谈到：钓鱼岛之争还看琉球。本文初稿就是当日演讲的讲稿，后来再加增订，并将论文名改如上。

其实，在这方面的研究，台湾有不少出色的学者，发表了很多鸿文巨篇。其中张启雄先生的《"中华世界帝国"与琉球王国的地位——中西国际秩序原理的冲突》[2]，通过分析比较，批判了日本对琉球的"实力管辖领有论"。笔者承接他的研究成果，再检出一些有力的史料，加以补充、阐释，用以反驳日本所谓的"实力占有琉球"。在这里，笔者也是要感谢张启雄先生的。

在撰写次序上，先有本论文，然后才执笔续写本书稿——《琉球冲绳交替考》。在内容上，本文有部分会跟本书出现重复，但为求完整，所以就不作删削，还请察谅。

 中琉关系：明清柔远，琉球恭顺

十九世纪中叶以前，中华帝国在亚洲可以顾盼自雄，俨然东亚诸国盟主。数千年来，灿烂的中华文化在东方闪现，逐渐形成大中华思想，傲视四邻，以蛮夷来称邻邦异国，自视为天朝上国，构建成一套华夷体制。这样的体制，其思想根源来自儒家的王道与霸道。中国历朝的君王，特别是汉族的皇帝，在取得天下以后，建立起中央政府，对待周边邻国，多舍霸道而取王道，也就是不以武力攻占征服，而是以怀柔通好，以德服"夷"。只要愿意来朝接受中华帝国册封，便成为华夷体制中之一员。而中华帝国的天子，对待前来朝贡的藩属，赏赐倍于贡物，甚至多达数倍、十倍，既优且渥，更免征来往货物税收，令每次来朝均能得益。因此各藩属皆乐于来朝，既能受天朝庇护，亦可以从封贡贸易中获取巨利，而最令诸王国放心的是"华夷分治"。换句话说，就是天朝除了册封之外，不会干预内政，任由藩属王国自治。

下面就举一些事例来说明明清两朝的怀柔和琉球的恭顺。

明太祖朱元璋，以琉球国贫苦落后，渡海来贡，所用舟船，简陋单薄，不堪风浪，致损坏极甚。太祖体恤其苦，或赠船回归，或赏银在福建购造。最后，考虑到他们的落后，决心助琉球解困，诏令福建三十六姓闽人[3]，合二百多人，分批移民到琉球，助琉球发展，改变他们落后的情况。这三十六姓闽人，包括熟练的舟师和木工，更有儒学者和技师等[4]，使琉球的经济、文教、吏治等都取得飞跃的发展，特别是那些造船的木工，可说是当时世界上最优秀的造船工人，因为与他们同代而留在福建的同工，其后就参加了建造郑和的庞大船队。移民琉球国的三十六姓，世代聚居在"久米村"（琉人称作"唐荣"或"唐营"）。他们的后裔，很多被送来中国，入读太学。学成回琉球，出仕任官，主持封贡、文教，守礼尽忠，成为琉球国历年的中流砥柱，也为中琉的友好作出巨大贡献。万历朝的册封使萧崇业，感佩地说："赐闽人三十六姓，令与俱矣，其意远矣，岂将所谓用夏变夷者耶！"[5]

特别要提的是，这三十六姓移民琉球，是明朝毫无私心地协助琉球的一种怀远柔人睦邻政策，完全有别于西方的殖民掠夺策略。而这样的输出能人技工援助贫穷小国，在明、清再难找到第二例，足见明朝对琉球国的怀远深仁有别于其他朝贡国。

明初，琉球国来贡方物，有马匹和琉磺。及后，明朝局势渐趋平稳，不再渴求马匹，琉球无物可进，竟然贡来几名阉人，令朝廷啼笑皆非。永乐帝拒绝收下，告诫说："彼亦人子，无罪刑之，何忍？"[6]着令送还，但恩赐不减。对于慕华来学的留学生，除如唐代食宿外，更"赐中服靴条、衾褥帷帐"，令礼部尚书吕震亦慨叹唐太宗之赐也"未若今日赐予之周也。[7]"至于来华琉人触犯法纪，亦多获宽赦。如："通事私携乳香十斤、胡椒三百斤入都，为门者所获，当入官。诏还之，仍赐以钞。[8]"又"山南使臣私赍白金诣处州市瓷器，事发，当论罪。帝曰：'远方之人，知求利而已，安知禁令。'悉赍之。"[9]再如贡使"擅夺海舶，杀官军，且殴伤中官，掠其衣物"[10]，明朝官军将违纪者捉拿，仅将为首者处死，"余六十七人付其主自治。明年遣使谢罪，帝待之如初，其修贡益谨。"[11]

一六四四年，天朝易主，大清灭明取而代之。琉球国遣使进贡请封。康熙二年（一六六三），派张学礼为册封使，赍诏赴球。同时，又赐印信一颗，使用清制，左满文、右汉篆，印文为："琉球国王之印"[12]。康熙七年（一六六八），命福建督抚重建柔远馆驿，以接待琉球使臣[13]。至于对待来华的琉球官生，较之明朝更为优渥：官生三人，"日给一鸡、肉二斤、茶五钱、（豆腐）一斤、椒、酱、盐菜等俱备。"而且春秋赐袍褂裤帽，每月还给与纸笔墨文具费[14]。而贡船货物，礼部曾奏请"一体纳税"。康熙帝不同意："若进贡者亦概税之，殊乖大体，且非朕柔远之意。[15]"此后，贡船所带货物，一概免除关税。清代中期以后，海上交通频繁，琉球船只遇海难漂流至中国东海岸的事故，几乎每年都有发生，清朝已有既定制度来抚恤处理。首先按例护送海难人员至福州琉球馆驿安顿，每人给米一升、盐菜银六厘，回国之日，各人另给一月行粮[16]。如果毁坏的是贡船，还会特别在公银内拨支一千两，以便购料造船[17]。清代对出入口的商品有严格的管制。乾隆二十四年，再明令禁止丝斤出洋，更不准琉球国收购绸缎。后来，琉球王恳请购买绸缎等二千斤，以便织纴。乾隆体恤其情，朱批："此何不可之有。"[18]

天子有怀柔深仁之心，臣下亦不忘行义施恩。嘉庆十三年（一八〇八），齐鲲和费锡章出任册封琉球的正副使。他们宣旨册封完毕，不作久留，俟好风之便，即登船回朝复旨。他们在奏报中述说早日还朝的因由："臣等仰体皇上怀柔至意，恪遵圣训，一切概从减损。因思随行员弁、兵丁、匠役人数较多，少住一日，即该国省一日供应。[19]"其体恤关爱之情，教人感佩！

琉球国深受明清两朝怀远仁爱隆恩，铭感拜谢，按期入贡贺朝，两国情同父子，非一般宗藩关系可比。所以当日本藉废藩吞并琉球，禁止他们再向清请封和断绝朝贡时，琉球即作出哀恳，以极其真挚的笔触，写出令人动容的陈情书，真是如泣如诉：

> 自前明以来，抚我甚为优渥。每当国王缵统，不惮波涛险阻，遣钦差，赐王爵，隔年进贡，则又赏赐彩币物品，不胜枚举。逮及清朝，更为优厚，其恩德情义，昊天罔极，何可背负，竟绝朝贡？……若离清国，则必失自由权利而召掣肘之累，国家岂可永保？父子之道既绝，累世之恩既忘，何以为人？何以为国？[20]

中琉两国相交，情深义厚至如此，诚世之所罕！

二 日琉关系：萨摩侵琉，明治吞球

琉球国孤悬东海，与日本萨摩（今鹿儿岛县）为海邻，早有通交，也有贸易往来。

其时，琉球受到明帝的优待，准与来华朝贡贸易。日本也争相进入宁波互市，争取丰厚的利润。但至嘉靖二年（一五二三），细川高国和大内义兴在宁波发生"争贡事件"，双方厮杀起来，趁机抢掠附近的村镇，杀害当地的官民。明廷大为震怒，遂中断与日贸易。后来，倭寇大举作乱，明朝颁令海禁，跟日本绝市。

迨一五九二年，日本丰臣秀吉挥军渡海，攻打朝鲜，派使向琉球征兵一万五千，复饬令缴付粮饷。琉球以国小力薄无法征集来拖延。秀吉和萨摩藩当然不悦。但延至一五九八年，秀吉身故而撤兵，琉球得以逃过拉夫上阵之劫。

琉球此番只是避得小劫，反而巨劫难逃。萨摩藩主岛津家久早因多次要求琉球向中国说项，请开禁通商而屡遭拒绝，怀有宿怨。当德川家康一统东瀛之后，岛津征得德川允准，即于一六〇九年发兵三千，南下杀登那霸。武备不修的琉球，瞬被攻破。萨摩军在王城搜掠多日，尚宁王伏降，连同王子、郑迥等三司官和数十官员，被押解至鹿儿岛。[21]

被俘的尚宁王，翌年由萨摩藩主岛津家久亲自押解北上，觐见德川。德川家康以岛津家久破琉球有功，遂将管控琉球之权赐予家久。

明万历三十九年（一六一一）九月，萨藩将掳回两年的尚宁王、王子、郑迥和一众官员等押至大兴寺，着令各人在降书上签押，方可获释回国。然而位居宰相又是闽三十六姓的郑迥不屈，惨被处死[22]。尚宁王等签署降书后，获释归国[23]。但这一刻，山河已经变色。首先是北面的与论岛、冲永良部岛、德之岛、奄美大岛、喜界岛共五岛，已全部归萨摩藩夺去。同时，琉球须送王子或王族的人员至鹿儿岛做人质，致使琉球王不敢轻举妄动。而萨摩藩更仿效中国，令琉球王向萨摩藩提交效忠书，并直接控制三司官，一面代替国王执政；一面又监视琉球王。但他们依然放心不下，径派"在番奉行"，长驻那霸。至天启初年，更派藩士分驻琉球各地，称为"大和横目"，以监视庶民大众。[24]

经济方面，萨摩向琉球收取赋税，横征暴敛，由抽取产量的八分之一，到后来常以"国用不足"增加赋税，抽取高达琉球总产量三分之一。令本来就贫瘠的琉球，经此压榨剥削，全国库房空虚民生凋敝。而本来琉球与朝鲜、暹罗、爪哇与及日本的几个小岛一直保持通交互市，可补国用。但萨摩除容许与日本小岛继续贸易外，其他一律禁止互市，令琉球国更加困厄，其惨可知![25]

然则日本何以不干脆把琉球并吞呢？原因是萨摩藩要利用琉球跟中国的朝贡贸易来套取更大的利益。一口气将琉球并吞不可能再有琉球与中国的朝贡贸易，而这样的特许贸易，利润非常丰厚，能长期利用，较一口吞下上算得多。于是萨摩藩就让琉球的尚王朝继续向中国请封。当明清的册封使来到首里，萨摩藩派在首里的监官便会撤到近郊，连王廷内能看到的日本文书也要收藏起来，以瞒过中国来的天使[26]。日本这样苦心的隐瞒，完全着眼在巨大的利益上；琉球国忍辱同瞒，正合"皇帝在远、拳头在近"这句谚语，是身不由己的偷生之法。琉球这样臣事二国，由明入清，直至一八七九年为止，日本史学界称之为"两属时代"。

在萨摩藩的监控下，琉球国出航往福建的朝贡船须要得到萨摩藩的批准。琉球这时的贡品和商品，日本可以做出调度，萨摩藩更会拨出"渡唐银"（往中国购货的资金），以便在中国大量购买日本所需商品，扩大利益。当然，朝贡贸易所带来的巨额利益，绝大部分落到萨摩藩手中。由此可见萨摩藩藉琉球为摇钱树，从朝贡贸易中榨取庞大的财富，使萨摩藩逐渐强大起来，成为江户时代的"强藩"。反过来，曾经依靠朝贡贸易致富，成为海商小王国的琉球，其财路被萨摩藩所劫夺，还被日本讥为"奈良的鹭鹚"。[27]

琉球从一六〇九年尚宁王被俘虏至一八七九年正式被吞并止，凡二百七十年，虽为"两属时代"，但琉球国仍然沾溉到明清的册封和眷顾，这不能不说是儒家的仁爱之心，因而令琉球对中国始终是怀恩抱忠。但日本对他们的压榨盘剥，使其经济陷于崩溃，不但人民生活苦困，就连王朝的财政也异常拮据，全国过着贫困悲苦的生活。

随着十九世纪西方列强东侵，日本的江户幕府因内外交困而倒台。

一八六八年，明治天皇在倒幕志士的拥护下，迁都江户，改名东京，开展了明治维新的西化革新运动。

明治四年（一八七一），日本继"版籍奉还"后，再推出"废藩置县"的政策来削掉各藩的地方力量。是年十一月，将全国改编为一使（北海道开拓使）三府七十二县。九州的萨摩藩亦被改编为鹿儿岛县。一直由萨摩藩控制的琉球国，其从属去向又当如何处理？琉球仍然是一个国家，日本的"废藩置县"完全是内政，本不应有所牵涉。可是日本包藏数百年的野心，当然不作如是想。但为免操之过急引来反弹，先施计着琉球王尚泰派王子捧表至东京，庆贺明治维新。一八七二年，明治天皇接贺表后，即下诏："……世世为萨藩之附庸，而尔尚泰，能致勤诚，宜与显爵，着升为琉球藩王，叙列华族。[28]"也就是说，全国废藩，趁势硬将琉球国"封"为日本的藩属，用意是使琉球失去独立国的地位。

就在废藩置县的一八七一年底，琉球宫古岛的船民遇上海难，漂流至台湾东南端的八瑶湾，被当地牡丹社等土著抢掠，五十四人遇害。翌年五月，日本才获悉此事。但当时还未废琉球王为藩王。只不过日本很快就于一八七二年十月把琉球王废去，"转封"为藩主，强行纳入日本体制内，并有计划地于一八七四年五月二日，点兵出征台湾，声言要讨伐杀害琉球藩船民的台湾土著。这明显是藉词出兵之举，用意是表示琉球国已是日本的藩属，所以有义务保护琉球民。但这宗海难后来酿成琉球船民被牡丹社山地土著杀害的事件（有称作"牡丹社事件"），是在"废王封藩"之前一年发生的，日本还谈不上宗主国，出师无名。然而侵略者并非法学家，不必论因由。是年五月初，他们派遣以旧萨摩藩为主力的三千六百多兵员，分乘船舰，开抵台湾。五月二十二日，由西乡从道指挥，攻打牡丹社等高山土著，一度展开激战，日军焚村扫荡，最终获胜。清政府和日本展开谈判。其间，驻中国的英国公使也曾做出调停，并向清政府施压。十月三十一日卒达成和议，其结果是懦弱的清政府以屈辱来换取和约，竟承认日本的侵台是保民的义举，颟顸地称琉球船民为"日本臣民"，并需赔偿五十万两，日本才于十二月三日撤兵。[29]

日本此次侵台，有预谋地施展了一石二鸟之计：一是向清朝显示日本已是琉球的宗主国；二是试探清朝新败于西方列强之后的作战能力。

既然进军台湾获认同为保民义举，日本遂于翌年（一八七五）派出内务大丞松田正之到琉球去威吓，促其早日归顺。此时，清朝接到琉球的通报，提出抗议，并否认日本对琉球拥有宗主权。琉球亦派出王子到东京，图向西方列强陈情，请求援助，制止日本的野蛮侵略。而在一八七七年底，中国首任驻日公使何如璋抵日履新，即联同琉球的官员，展开外交的争辩。就在这时，日本寺岛外务卿就亮出万国公法的"先占原则"，而引伸到"实力管辖领有论"来。[30]

一八七九年三月，日本无视清朝和琉球的抗议，派出熊本镇台的两个中队前往琉球，强横地执行废藩置县令。四月，将琉球国改编为"日本冲绳县"。日本新增了冲绳县，也就是正式吞并琉球王国。而对日本吞并琉球，清朝是坚决不予承认。

三 侯服有度、不敢僭称：琉球再三请封

封贡制度上，册封之前，先有请封。请封的原因，往往是老王逝去，请求天子册封继位的世子。琉球国对天朝的册封，尊崇而且谨遵，琉球王薨逝后，世子不能马上即位，须派使请封，天使一天还未抵琉举行册封典礼前，

世子不能称王，只能以监国身份来摄政。

前述尚宁王曾被萨摩藩掳去，两年后释还，此事明朝亦有所闻，并怜恤"其国残破已甚"，乃改为"十年一贡"[31]。至泰昌元年（一六二〇），尚宁王薨，本即遣使请封，但明光宗即位不到一年便驾崩，复由熹宗即位。所以琉球待到天启三年（一六二三），才差蔡坚等在朝贡时请封。有关琉球在此期间一再请封之事，《明史》和《明实录》均有简单记述[32]。而琉球幸存下来的《历代宝案》抄本，则有详细记录。《历代宝案》保存了很多明清的原始资料，特别是礼部，福建布政使司等知照琉球国的咨文，清廷颁给琉球国的诏书、敕谕等，都可补现藏档案的不足[33]。下面就引用《历代宝案》来分析再三请封的因由。

天启三年上表请封："琉球国中山王世子尚丰为请封王爵以效愚忠，以昭盛典事。照得泰昌元年九月十九，痛我先君辞世薨逝，念予小子，嫡嗣承祧，然侯服有度，不敢僭称，基业求存，合先请袭，瞻彼海国波区，不膺册封重命，撮土安能砥柱于中流？荒服藩臣，不奉天子褒纶，惴躬奚得安澜于绝域？况祖封昭烈，宜当亟循，题袭旧章，较着例无违越稽迟，经差奏请，去后未蒙涣汗。天启三年三月。"[34]

天启五年（一六二五），琉球国以册封使尚未至，尚丰仍以"中山王世子"自称，遣正议大夫郑俊等入贡具奏，恳请福建巡抚乞请朝廷早日册封锡爵。但纶音仍杳。天启六年（一六二六），情急的尚丰，又遣正议大夫蔡廷等赍咨捧表请封，除了复述前曾请封外，更再度叩请："伏望皇上俯照臣祖事例，畚赐皮弁冠服恩荣，庶一弹波区，延绵万载，而亿代藩疆累历重光矣。臣尚丰无任激切，翘首待命之至。"但熹宗仍没有降旨。翌年，尚丰第四次遣使请封，并致送咨文给礼部，大胆地催促："伏望皇上，俯照臣祖事例，畚赐皮弁冠服……"但结果仍然未见颁旨。[35]

从《历代宝案》的上表、行咨文来看，尚丰再三请封，希望早日获得册封，否则名不正、言不顺，不敢僭称为王，足见册封之重要。而此时，不正是萨摩藩已开始管辖琉球王国吗？但尚宁王的世子尚丰，还是认为明朝的册封高于一切，才有再三再四的请封。然则何以明廷不按旧例，接了请封即颁旨册封呢？原来明廷担心尚宁王曾被掳，他薨逝后，继位人是否确为尚宁王世子，导致册封迟疑未决。为解决此问题，乃敕谕福建等处承宣布政司，着琉球交来全国人民的具结，始作考虑。咨文载："……嫡长承袭，应否有无诈冒，取具合国人员无碍耳结回复前来，以凭定夺等因"[36]。尚丰不敢不从，马上遵办，并送福建巡抚会同巡按御史查勘，确实无碍："又况取有琉球国中山王府三法司等官吴鹤龄、孟贵仁、毛泰运等印结，为请封事，宣诚实执结……朝野臣属参名画号确实具结，事于国体国法，罔敢妄冒等因"[37]。据此，朝议才"相应准封"。

只是好事多磨。尚丰第五次请封，已是崇祯二年（一六二九）。思宗准封，颁下敕谕："皇帝敕谕琉球国王世子尚丰，得奏尔父尚宁于泰昌元年九月十九日薨逝，尔为世子，理宜承袭，特遣户科右给事中杜三策、行人司司正杨抡，封尔为琉球国中山王，嗣理国政"[38]。但结果册封使杜三策和副使杨抡因种种原因，至崇祯六年（一六三三）始抵琉球，为尚丰册封。

尚宁王薨逝，尚丰由一六二二年开始向明廷请封，不下五次，还要打破旧例，宣诚具结，历经十二载，至一六三四年始获袭封王位。其间，尚丰一直不敢僭称，俟册封后，才以琉球国中山王身份号令全国。由此可知，中国的册封是何等重要，在宗藩、从属的关系上，无疑起着一种巨大的政治力量。而历代的琉球王，对天朝都是极其恭顺尊崇，所以他们在受封后，一定恳求天使留赠圣旨，以作为国宝般珍藏。如尚丰的谢表所言："丰同百官拜舞，北向叩头谢恩外，随请于天使恳晋诏敕为镇国宝，蒙天使鉴其诚切，依听许晋。[39]"可惜，这些镇国之宝——圣旨，很多都毁于第二次世界大战的战火中。

四 谨奉正朔、遵用大清年号

中国的封建王朝，改朝换代，天子即位，颁新历法，是为正朔。在中华帝国的册封体制下，受封诸国，向中华帝国称臣，尊为天朝，成为中国帝国宗藩体制之一员，谨奉天朝正朔，遵用中华皇帝的年号。

如明太祖洪武五年（一三七二），遣使杨载，赍诏往琉球，告以改元即位，嘱来朝入贡："朕为臣民推戴，即皇帝位，定有天下之号曰大明，建元洪武。是用遣使外邦，播告朕意，使者所至，称臣入贡。惟尔琉球在中国东南，远处海外，未及报知，兹特遣使往谕，尔其知之"[40]。琉球中山王察度即遣弟随杨载入朝，贡方物，太祖大喜，"赐大统历及文绮、纱罗有差"[41]。这就是琉球奉明朝正朔之始。其后的天子世袭登极，例颁即位诏以告天下。如光宗登位颁泰昌即位诏："其以明年为泰昌元年，大赦天下，与民更始，所有合于事直，开列于后……四方称臣奉朔，进贡来宾者……"[42]。又崇祯帝即位后，册封尚丰为琉球王。尚丰感恩呈谢表："丰同百官拜舞，北向叩头谢恩外……窃惟丰远处海东，托居荒岛，奉一统正朔，荷累朝之深恩。"[43]

洎清代，琉球国仍来朝请封、奉正朔。清朝新帝即位，亦颁正朔，广告天下。如世宗雍正元年（一七二三），有福建等处承宣布政司向琉球国颁正朔事：

钦惟我皇上奄有四海，统御万方……案准钦天监颁历贰前来，随委照磨官督造去后，兹工告竣，合于颁发。钦遵所有贵国拟合备文颁告，为此备咨贵王府，希将颁到大清雍正元年分正朔历书，钦遵查照，颁布臣民，庶海国山川共凛一王之正朔……须至咨者，计咨送绫书历二十本。右咨琉球国中山王尚。雍正元年二月初四日。[44]

迨十六世纪，西方进入大航海时代，频频东航寻找殖民机会，琉球国也在他们的注视中，很多航海地图均已标示出琉球的地理位置。一八四四至一八四七年，英国和法国相继向琉球叩门，要求通商、传教和给予船只补给。琉球国一面好言婉拒；一面向清廷禀报，言词笃恳，极尽忠诚。兹摘录如下：

琉球国中山王尚为咨明事，照得道光二十四年三月十一日，有海船一只，来到敝国那霸洋面停泊，随请委员访来历。言语不通，内有通事一名，系中国人。据（称）系佛朗西国第一号战船，其总兵尔口路璞朗，船上共有二百三十人，自广东起程，来买粮食，并买木材修补……本总兵为与贵国和好，奉令而来。余不能久住于此，数月之后，必有大总兵都督大船，或各战船到来，宣示……本爵意谓敝国蕞尔蕞疆，土瘦地薄，物产不多，金银无出，不能广与他国交通，若结好佛国，往来贸易，洵恐烦累频繁，遂招颠覆之忧，且使他国人上陆淹留，素系国家严禁，即饬具文固辞，但该总兵不肯听从，于十九日强留执事一名，通事一名，开船回去。[45]

接着，留下来的英法通事以言词来恐吓琉球，力劝早日通交：

佛国战船自西东来，花费无限，若深知其意，得万全之计，则有吉无凶，否则祸福难料。近闻西土各国有议曰：凡天下不与吾西土通好者，伐之！[46]

琉球王经过议商后，仍然固辞。咨文续报：

本爵意谓：敝国僻处海隅，叨蒙皇上覆载之恩，世膺王爵，代供职贡，国泰民安，永享太平，若乃交通佛国，为其保护，不但失臣子忠顺之忱，更负天朝存恤之恩。且察两人之言，虽云阻（助？）人谋，实在图己之利，不可苟焉（焉？）从之，坠其阴谋，即令固辞。[47]

最后，琉球王再输诚表忠，感谢教化，但仍担心西国的滋扰：

本爵意谓：敝国在明洪武年间，荷赐闽人三十六姓，教以孔孟之道，至圣朝定鼎，文教覃敷，斯文丕振，沐化益厚，慕学渐深，设建文庙，崇儒重道，均向邹鲁之风。凡国中所行政务，亦遵中朝定制，不敢异轨。若今学天主教，则上负天朝黜异端，以崇正学之至意；下开海国惑邪说而昧良心之弊窦，即令固辞……窃查该佛国人等，无故入境，初欲结好贸易，以求格外保护，后要传天主教，所称言辞反复靡常，不可测度。至于日后若有大总兵到国，不知如何骚扰哉？……兹值进贡之便，合先咨明……右咨福建等处承宣布政使司，道光二十四年八月初四日。[48]

录引此文的目的，是可以考察到作为清朝藩属的琉球国，在遇到外来国家的威吓时，马上向其宗主国告禀，而这宗主国就是大清，并引述他们的政制是：“凡国中所行政务，亦遵中朝定制，不敢异轨”，而使用的年号，亦是大清正朔的“道光”。

向清朝告禀使用大清年号，可能会被说成是理所当然之事，但接着下来是美国远东舰队叩关通商，连日本也惊惧起来，开放门户，签订了《日美和亲条约》[49]。与此同时，美国也成功令琉球国共同签订《琉美修好条约》。跟着下来的一八五五和一八五九年，也先后和法国、荷兰签了类似的条约。而琉球与这些国家签订的条约，其年号都是谨奉大清正朔，再次以事实表明他们是归附于清朝，否则他们何以不使用日本的安正年号。以下就抄录《琉美修好条约》的引首部分，以供参考：

合众国全权钦差大臣兼水师提督被理以洋书汉书立字

琉球国中山府总理大臣尚宏勋

布　政　大　夫　马　良　才　　　　应遵执据

纪年一千八百五十四年七月十一日

咸丰四年六月十七日在那霸公馆立[50]

五　结　论

以上简要地叙述了中琉和日琉的关系，现在就来分析、考察日本在吞并琉球前，搬出西洋国际法的所谓“实力管辖领有论”是否成理？

张启雄先生根据大久保利通的自述做了翻译：“公法云：虽有荒野之地，其国若非实地领之，且未于其地设立政党，现又未于其地获利，则不得认其为有领有权及主权者。”张氏再概括大久保的说话，指“实力管辖领有论”

表现在"领有地、理其政、征其税者，才有其主权"[51]。既然有此说法，尽管中华帝国的封贡关系中，其"华夷分治"有其独特的一面，仍就其"领有地、理其政、征其税"来作辨析。

（一）领其地

中国虽然有："普天之下，莫非王土"之语，但怀柔遐方，讲文修德，仅受其职贡，并无出兵领有琉球国土。

日本虽由萨摩出兵征服琉球，但对外并没有公开宣称已征服琉球，而且行政权和外交权还在琉球王及其官僚手中，所以不能称得上"领其地"。日本真正领其地的，只能说琉球北面被割占的五岛——与论岛、冲永良部岛、德之岛、奄美大岛和喜界岛。

（二）理其政

中国奉行"华夷分治"，并没有插手琉球的政务，但比任何都更为重要的政制——确立一国之君，是由中国来册封。上文提到天启至崇祯年间，尚丰五次请求册封，还要提交三司具结、朝野臣属参名画号，才遣使册封，其权威性之高，盖过任何管治体制。确立一国之君之后，才能号令百官治理国家，其重要性可知。而且经过中国的教化，琉球"崇儒重道"，"凡国中所行政务，亦遵中朝定制，不敢异轨"。这就是无为而治的毋须理其政而又能治之。

萨摩征服琉球后，虽然颁行十五条裁制令，主要是行为、操守法规，其中第一条影响至大，就是："非奉萨藩令，不得与中国往来"[52]。但原来萨摩和琉球都非常渴望发展朝贡贸易，所以这条裁制令，根本没有约束力。至于派到琉球驻守的"在番奉行"和监察员"大和横目"，在平日也许可以发一些官威，但当中国的天使——册封使来驾，就会出现很多异常的迁动，简直就是政治笑话。

上文提到萨摩藩征服琉球，其中最大的目的，就是从中琉的朝贡贸易中攫取巨大利益。但萨摩藩对中国也如琉球般一样的敬畏，为免被中国识破他们在琉球的欺压行为，便做出一系列指引来隐瞒。如不推行日本制度；不令穿倭服；一切典籍、纪录、报告，均讳言萨藩侵琉后的日琉新关系。每当天使驾临册封，就更紧张地安排：所有日本官员如"在番奉行"、"大和横目"及其部属，非妥善伪装混入者，一律迁居琉球东海岸偏僻之地，以远离中国人活动之西海岸；取缔一切日文招贴、招牌。[53]

须知这样的伪装、逃避、隐瞒往往长达半年以上。因为册封使等待季候风的吹送，至少也需六个月。美国人乔治克尔（George H. Kerr）也说："一旦中国使节及商人来琉，首里、那霸等区所有日本人及足以引起注意之事物，一律撤至僻远地区。至于琉人，亦不得讲日语……此类伪装，竟延续二百五十年之久。[54]"这样偷偷摸摸地见了天使便要躲藏，还能大声说："理其政"吗？中国派出的钦差册封使，册封新君，堂而皇之地彰显管治的权威！这样一比较，高下立见，"理其政"的实力，就在中国。

（三）征其税

中国没有从琉球收取赋税，更谈不上压榨，但有规定朝贡，琉球亦会贡上方物，这可视为贡税之一种。当然，以天朝自居的中国，会以倍数来回赠，但重要的不是收了多少税，而是一种宗藩的从属关系。何况中国是以让利之心来扶助弱国，从来没有希冀琉球的一分一毫。正因如此，便能令琉球乃至四邻皆诚心归顺来朝。

萨藩对琉球，确是横征暴敛，收取了大量赋税，令琉球全国一贫如洗，民不聊生，因此惟有苦忍，毫无归顺之意。

总结以上三点：一、领其地。中国没有，也不会做琉球的侵占者。日本虽然说有派员监管琉球，但始终领而不有，是空谈。所以领其地，中日都互交了白卷。二、理其政。从确立、指名一国之君，到册封使到琉球，光明正大地行使至高无上的册封大权，所谓驻琉的"在番奉行"等要觅地躲藏，日本若还坚持说有效理其政，就真是有点失礼人前了。三、征其税。日本确是狂暴征税，这里不再辩说。综合三点，中日两方似是扯平，但中国掌握了最高的册立国君权，更兼取得人心，再加上琉球奉明、清正朔，在外交上，仍向中国告禀，在签订国际合约上，使用的是大清咸丰年号，在在显示出中国对琉球的管治权威，尽管日本拿出"实力管辖领有论"来，也不能改变中国对琉球的管治地位。

历史上中国对待藩属国家，怀远施仁，不掠夺土地资源，册封之后，施以"华夷分治"，不干涉关与国内政，这种讲求王道的仁义精神，不用兴师动兵，即令属国俯首称臣，套用现代的用词来比喻，就是"软实力"之功。正是有着这种怀远深仁、崇儒重道的传统，今天新兴的中国，大可跟世界各国一起去重温、回顾这段历史。

注释

1 该专题演讲会由香港的中国国情研习促进会主办。

2 张启雄:《"中华世界帝国"与琉球王国的地位——中西国际秩序原理的冲突》,《第三届中琉历史关系国际学术会议论文集》,台北中琉文化经济协会,一九九一年,页四一九至四六九。

3 参见张廷玉著《明史》,卷二二三《列传外国四》,页八三六二。北京中华书局,一九八二年。《明史》作三十六户,但更多记述作三十六姓。如《明神宗实录》、《久米村系家谱》、周煌《琉球国志》等。

4 参见谢必震著《关于明赐琉球闽人三十六姓的若干问题》,《第三届中琉历史关系国际学术会议论文集》,台北中琉文化经济协会,一九九一年,页一〇〇〇,引《明实录》:"赐闽人三十六姓,知书者授大夫长史,以为贡谢之司。"

5 同注4引书,页一〇〇一。

6 同注3引书,页八三六三。

7 同注6。

8 同注3引书,页八三六二。

9 同注3引书,页八三六三。

10 同注3引书,页八三六四。

11 同注3引书,页八三六四。

12 参见清徐葆光著《中山传信录》。

13 参见庄吉发著《故宫档案与清初中琉关系史研究》,收入在《第二届中琉历史关系国际学术会议论文集》,台北中琉文化经济协会,一九九〇年,页二〇,引《清圣祖仁皇帝实录》。

14 参见陈奇禄著《明清中琉关系的历史意义》,收入在《第一届中琉历史关系国际学术会议论文集》,台北中琉文化经济协会,一九八八年,页一七至一八。

15　参见陈龙贵、周维强主编《顺风相送——院藏清代海洋史料特展》，页一五三，台北国立故宫博物院，二〇一三年，引《大清圣祖仁皇帝圣训》卷五十八《柔远人二》。

16　同注 15 引书，页一六五，《福建巡抚张师诚奏》。

17　同注 15 引书，页一五二，《暂护福建巡抚伊辙布奏》。

18　同注 15 引书，页一五一，《闽浙总督苏昌、福建巡抚定长奏》。

19　同注 15 引书，页一四六，《册封琉球正使齐鲲、副使费锡章奏》。

20　参见杨仲揆著《琉球古今谈》，台北商务印书馆，一九九〇年，页七八；又详见本书第六章。

附
篇

21　同注 20 引书，页四六至四八；又同注 3 引书，页八三六九。

22　同注 20 引书，页四五；又详见本书第三章。

23　同注 3 引书，页八三六九。

24　参见杨仲揆著《中国·琉球·钓鱼台》，香港友联研究所，一九七二年，页四七。

25　同注 20 引书，页五二；又同注 24 引书，页四九。

26　从天朝钦派来的使节被尊称为"天使"。

27　日本史学界称之为"奈良的鹭鹚"，笔者则认为称作"鹿儿岛鹭鹚"似更为贴切。

28　参见喜舍场朝贤著《琉球见闻录》，东京东汀遗著刊行会，一九五二，页六。

29　这五十万两美其名有十万两是抚恤琉球民遇害者；另四十万两是承让日本在台湾修桥筑路、建设房舍之费，参见《日本历史（十五）近代（二）》，东京岩波书店，一九六二年，页二三六。

30　参见张启雄著《何如璋的琉案外交》，收入在《第一届中琉历史关系国际学术会议论文集》，台北中琉文化经济协会，一九八八年，页五七六。

31　同注 3 引书，页八三六九。

32　同注 3 引书，页八三六九至八三七〇，又《明实录·熹宗实录》。

33　参见庄吉发著《从故宫博物院现藏档案看〈历代宝案〉的史料价值》，收入在《第三届中琉历史关系国际学术会议论文集》，台北中琉文化经济协会，一九九一年，页一七九至二二八。

34　参见冲绳县立图书馆史料编集室编《历代宝校订本》第一册，冲绳县教育委员会，一九九二年，页五九二。

35　同注34引书，页六〇八。

36　参见徐玉虎著《明代琉球王国对外关系之研究》，台湾学生书局，一九八二年，页三九。

37　同注36引书，页四〇。

38　同注37。

39　同注36引书，页四一。

40　同注36引书，页九。

41　同注3引书《明史》，页八三六一。

42　同注36引书，页三六，引《历代宝案》第一集卷一《泰昌即位诏》。

43　同注36引书，页四一。

44　同注36引书，页二九五，引《历代宝案》第二集卷二十二。

45　同注36引书，页三〇四，引《历代宝案》之《别集·唏嘘情状》。

46　同注45。

47　同注36引书，页三〇四，引《历代宝案》之《别集·唏嘘情状》。

48　同注36引书，页三〇五，引《历代宝案》之《别集·唏嘘情状》。

49　参见黄天著《〈满清纪事〉、〈日本日记〉的逆输入和增田涉的有关研究》，收入在《历史上的中国出版与东亚文化交流》，百家出版社，二〇一〇年，页一五九。

50　参见《条约》照片，该条约现藏日本外务省外交史料馆。

51　同注2引文《"中华世界帝国"与琉球王国的地位——中西国际秩序原理的冲突》，页四五二。

52　同注20引《琉球古今谈》，页四七。

53　同注20引书《琉球古今谈》，页六四。又喜舍场贤著《琉球见闻录》，东京东汀遗著刊行会，一九五二年，页八九。

54　同注 20 引书《琉球古今谈》，页六四。

后　记

　　钓鱼岛主权之争，肇于二十世纪七十年代。当时我虽是一名中学生，但亦十分留意时事，关心全球华人的保钓运动。及长，以钻研中日关系史为己业，对钓鱼岛主权问题，虽非主攻，也断断续续地研究了多年，然一直没有发表过文章，迨近年日本改变了对钓鱼岛的策略——不再暂时搁置，还要用买卖的形式将钓鱼岛变成所谓的日本国有化，挑起了事端。这时，我才首度开腔，在大学授课加讲钓鱼岛问题，又撰文反驳谷内正太郎（刊于二〇一三年二月一日《澳门日报》）。去年（二〇一三年）六月二十六日，中国国情研习促进会邀请我在香港城市大学演讲，题为"钓鱼岛之争从何说起"。因反应尚佳，颇获好评，更有鼓励将资料整理，撰写成书出版。于是便不揣下愚，翻出藏书，打开笔记，挑灯疾书（我依然一笔一画地手写书稿），每至黎明，连战三百日，数易其稿，终成是编——钓鱼岛归属寻源之一《琉球冲绳交替考》。作为姊妹编的《钓鱼岛主权论考》，现正接续赶写中。

　　一书得成，当非易事，而一众好友的支持，教我铭心！国情会会长伍翠瑶博士和何京文大律师、林振敏、彭询元、李树辉、曹孟泰等先生的多番鼓动，让我有机会做了连场演讲，促使我下决心写成此书，谨致深谢。与此同时，也衷心感谢侯明常务副总编辑对我书稿的肯定，爽然答应出版。而赵江和陈德峰二君，为本书的编辑、设计做了很多工作，谨此致谢。

　　在撰写期间，荷蒙萧滋、高孝湛二公关注，时将搜集得来的资料见示，其扶掖后辈之心令人感幸！

　　此外，有幸得到陈爱伦、罗逸豪分担我白天的工作，让我多了时间撰著，谨表谢忱。

家兄黄灿光博士和小女清扬，为我追查外文资料，并做了翻译；小儿与飞在后期加入白天的工作团队，减轻了我在这方面的压力，令我既感念又欣慰！

最后，当然要感谢内子宝珍。三十年来她照顾好我的起居饮食，让我得以精神奕奕地工作，专心钻研学问。在撰著本书时，她又是协助誊抄，又是陪同出外考察，也够疲累的！平素疏于言谢，今天在此谨鞠躬礼谢。

甲午重阳于灯下

再版追记

　　本书于二〇一四年十一月中旬面世，瞬受各方垂注，销途不俗，仅两个月，就传来再版之声。与此同时，更被《亚洲周刊》甄录为二〇一四年度十大好书之一，喜讯频传，令人鼓舞，以一本厚甸甸的学术著作，能有此殊荣，亦可谓"吾道不孤"，在此也要感谢读者的爱戴。

　　稍有遗憾者，就是前辈蓝真先生未及看到拙著梓行。他生前对此书的出版十分关心，常来电鼓励，今愧恨之余，遥向蓝天挥手，报上佳音，以博一粲！

琉球国、冲绳县大事年表

纪　年	琉球国	大事记
一三一四(元延祐元年)	三山鼎立	琉球的按司相互兼并,这个时期出现北山王、中山王和南山王鼎立。
一三六八(明洪武元年)	三山鼎立	朱元璋灭元,平定群雄,建立大明。
一三七二(明洪武五年)	三山鼎立	明太祖遣使杨载往琉球招谕,中山王察度向明进贡。
一三八〇(明洪武十三年)	三山鼎立	南山王承察度遣使向明进贡。
一三八三(明洪武十六年)	三山鼎立	年初,中山王、南山王并遣使入贡,诏赐二王镀金银印。年底,北山王怕尼芝遣使向明进贡。
一八九二(明洪武廿五年)	三山鼎立	中山、南山二王遣官生入明留学。
一三九六(明洪武廿九年)	三山鼎立	在这一年或稍前,明太祖诏赐闽人三十六姓往助琉球。
一四〇四(明永乐二年)	三山鼎立	派册封使时中至琉球,册封中山王武宁、南山王汪应祖。
一四〇六(明永乐四年)	尚思绍	尚巴志灭中山武宁王,拥其父思绍登位,建立第一尚氏王朝。
一四一五(明永乐十三年)	尚思绍	派册封使陈季芳至琉球,册封南山王他鲁每。
一四一六(明永乐十四年)	尚思绍	尚巴志灭北山国。
一四二〇(明永乐十八年)	尚思绍	派船往暹罗国通交。
一四二二(明永乐二十年)	尚巴志	尚巴志继父位。
一四二五(明洪熙元年)	尚巴志	派册封使柴山至琉球,册封尚巴志。

纪　年	琉球国	大事记
一四二九(明宣德四年)	尚巴志	尚巴志灭南山国,琉球三山归一。
一四三二(明宣德七年)	尚巴志	遣使向明进贡,获赐海舟。又派船至暹罗、朝鲜通交。
一四三八(明正统三年)	尚巴志	琉球派船至暹罗及爪哇。
一四三九(明正统四年)	尚巴志	福建设琉球馆。尚巴志逝,在位十八年。
一四四三(明正统八年)	尚忠	册封使俞忭至琉球,册封尚忠。
一四四七(明正统十二年)	尚思达	册封使陈傅至琉球,册封尚思达。
一四五二(明景泰三年)	尚金福	册封使陈谟至琉球,册封尚金福。
一四五三(明景泰四年)	尚金福	尚金福死,其弟布里与世子志鲁争位,首里城焚毁。
一四五六(明景泰七年)	尚泰久	一四五四年尚巴志第七子被拥立为王。是年册封使李秉彝至琉球,册封尚泰久。琉球船至满刺加通交。
一四五八(明天顺二年)	尚泰久	铸造万国津梁钟悬于首里城正殿。
一四六三(明天顺七年)	尚德	一四六〇年尚泰久死,传子尚德。是年册封使潘荣至琉球,册封尚德。
一四六六(明成化二年)	尚德	远征鬼界岛凯旋归。
一四六九(明成化五年)	尚德	明将柔远驿(琉球馆)移置福州。尚德死。
一四七〇(明成化六年)	尚圆	尚圆登位,开创第二尚氏王朝。
一四七二(明年化八年)	尚圆	册封使官荣至琉球,册封尚圆。续派船至暹罗、满刺加通交。
一四七七(明成化十三年)	尚真	一四七六年尚圆逝,尚真在其叔父宣威继位六个月后,将位回让给他。首里城建欢会门、久庆门。

纪　　年	琉球国	大事记
一四七九(明成化十五年)	尚真	册封使董旻至琉球,册封尚真。
一五〇〇(明弘治十三年)	尚真	八重山生乱,派中山大将率军平定。
一五〇七(明正德二年)	尚真	明准琉球由二年一贡改为一年一贡。
一五一三(明正德八年)	尚真	派船远航至爪哇、苏门答腊,并首航至巽他。
一五二二(明嘉靖一年)	尚真	明颁令二年一贡。
一五二六(明嘉靖五年)	尚真	尚真逝,在位五十年。
一五三四(明嘉靖十三年)	尚清	册封使陈侃至琉球,册封尚清。其后,陈侃著《使琉球录》。
一五三七(明嘉靖十六年)	尚清	北征奄美大岛。
一五六二(明嘉靖四十一年)	尚元	尚清于一五五五年逝去。是年,册封使郭汝霖至琉球,册封尚元。其后,郭汝霖著《使琉球录》。
一五七一(明隆庆五年)	尚元	挥军征服奄美大岛。
一五七九(明万历七年)	尚永	尚元于一五七二年逝去,是年,萧崇业册封使至琉球,册封尚永,后著有《使琉球录》。首里门初悬"守礼之邦"匾额。
一五八八(明万历十六年)	尚永	尚永逝去。丰臣秀吉命萨摩藩岛津氏招谕琉球。
一五九一(明万历十九年)	尚宁	丰臣秀吉出兵朝鲜,命萨摩藩岛津氏令琉球一同出兵,为世子尚宁所婉拒。
一五九三(明万历二十一年)	尚宁	提交食粮与萨藩,岛津义久续令缴付。
一五九八(明万历二十六年)	尚宁	尚宁虽曾遣使奉表请封,明以倭氛未息而推延。是年八月,丰臣秀吉病死。

纪　年	琉球国	大事记
一六〇六(明万历三十四年)	尚宁	册封使夏子阳至琉球,册封尚宁,其后著有《使琉球录》。萨藩岛津家久请示征伐琉球,德川家康允准。
一六〇九(明万历三十七年)	尚宁	萨藩岛津派三千军乘船南下,攻陷琉球,掳尚宁王并郑迵等大臣回萨摩。
一六一〇(明万历三十八年)	尚宁	岛津氏迫尚宁及其重臣签下降书并接受十五条制裁令,然后释还,独三司官郑迵,拒签降书被杀。萨藩并强占琉球北五岛。
一六一二(明万历四十年)	尚宁	萨摩藩禁止琉球人日本化。
一六二三(明天启三年)	尚丰	尚宁于一六二〇年逝去。尚丰即位,并于是年进贡请封。
一六三一(明崇祯四年)	尚丰	萨摩在琉球设"在番奉行"。
一六三三(明崇祯六年)	尚丰	册封使杜三策至琉球,册封尚丰。明允二年一贡,每贡可由两艘贡船组成。其后杜三策从客胡靖撰《杜天使册封琉球真记奇观》。
一六四〇(明崇祯十三年)	尚丰	入明进贡。尚丰王逝去,世子尚贤继位。
一六四四(清顺治元年)	尚贤	明为清所灭,仍遣使奉贡。琉球开始在沿海设烽火台。
一六五〇(清顺治七年)	尚质	尚贤于一六四七年逝去,由尚丰四子尚质继位。羽地朝秀著《中山世鉴》。
一六六三(清康熙二年)	尚质	册封使张学礼至琉球,册封尚质,其后成《使琉球记》和《中山纪略》。
一六八三(清康熙二十二年)	尚贞	尚质于一六六八年逝去,长子尚贞继位。册封使汪楫至琉球,册封尚贞,其后著《中山沿革志》和《使琉球杂录》。

纪　年	琉球国	大事记
一六九七(清康熙三十六年)	尚贞	蔡铎等着手编《历代宝案》;蔡铎编著《中山世谱》。
一七〇九(清康熙四十八年)	尚贞	己丑年大饥馑,三千一百九十九人死,首里城失火。十一月,尚贞王逝,在位四十一年。
一七一八(清康熙五十七年)	尚敬	明伦堂在久米村创建。
一七一九(明康熙五十八年)	尚敬	册封使海宝、副使徐葆光至琉球,册封尚敬。徐葆光周谐博采,与程顺则等琉球人反复审定《琉球三十六岛图》。
一七二一(清康熙六十年)	尚敬	徐葆光著《中山传信录》并梓行。
一七二四(清雍正二年)	尚敬	蔡温修订《中山世谱》。
一七二七(清雍正五年)	尚敬	全琉球耕地产量九万四千石,需向萨藩纳贡一万一千九百石。
一七五一(清乾隆十六年)	尚敬	尚敬王逝,在位三十九年。
一七五六(清乾隆二十一年)	尚穆	册封使全魁、副使周煌使琉球,途至久米岛遇险,经修理后始抵那霸,册封尚穆。
一七五七(清乾隆二十二年)	尚穆	周煌归而著《琉球国志略》。
一七七二(清乾隆三十七年)	尚穆	疫病流行,死亡人数四千五百六十余人。
一七八五(清乾隆五十年)	尚穆	江户学者林子平绘制成《琉球三省并三十六岛之图》。
一七九四(清乾隆五十九年)	尚穆	尚穆王逝,在位四十三年。
一八〇〇(清嘉庆五年)	尚温	册封使赵文楷、副使李鼎元至琉球,册封尚温,其后,李鼎元著《使琉球记》。

纪　年	琉球国	大事记
一八〇八(清嘉庆十三年)	尚灏	尚温于一八〇二年逝去,其子尚成四岁即位,于翌年死去,由尚温弟尚灏登位,向清请封。是年,册封使齐鲲至琉球,册封尚灏,其后著《续琉球国志略》。
一八一六(清嘉庆二十一年)	尚灏	英国舰长巴士路·荷露(Basil Hall)率军舰亚赛斯号(Alceste)与莱拉号(Lyra)访琉球,其后著成《高丽、琉球航行记》,详述琉球人的和善。该书在欧美畅销三十年。
一八三八(清道光十八年)	尚育	尚灏于一八三四年逝,长子尚育继位。册封使林鸿年至琉球,册封尚育。
一八四二(清道光五十年)	尚育	维持两年一贡,续派船向中国进贡。鸦片战争中国战败,清与英国签订《南京条约》。
一八四五(清道光二十五年)	尚育	英国船和法国船先后至琉球。
一八五三(清咸丰三年)	尚泰	美国培理率美国远东舰队至琉球,直访首里城,提出缔约修好。
一八五四(清咸丰四年)	尚泰	培理再率美国远东舰队至那霸,七月缔结《琉球美国修好条约》(琉球使用咸丰年号)。
一八五五(清咸丰五年)	尚泰	法国舰队至琉球,并签订《琉球法国修好条约》(琉球使用咸丰年号)。
一八五九(清咸丰九年)	尚泰	荷兰船至琉球,签订《琉球荷兰修好条约》(琉球使用咸丰年号)。
一八六六(清同治五年)	尚泰	尚育王于一八四七年逝去,时尚泰年仅四岁,未能亲政。一八六四年才向清请封。是年册封使赵新至琉球,册封尚泰,后著有《续琉球国志略》。
一八六八(清同治七年)	尚泰	日本江户幕府倒台,明治维新。

纪　　年	琉球国	大事记
一八七一(清同治十年)	尚泰	琉球宫古岛纳贡船漂流至台湾,有五十四人遭牡丹社原住民杀害,生还者辗转送到福州。
一八七二(清同治十一年)	尚泰	日本强令琉球派庆贺使到东京,明治政府单方面废尚泰王为琉球藩,并归外务省管辖。
一八七四(清同治十三年)	尚泰	日本藉词保护琉球岛民,出兵台湾,向番社问罪,其后,日本大久保利通到北京谈判,清承认日本"保民义举",日本从台撤兵。琉球续向中国朝贡。日本改由内务省管辖琉球。
一八七五(清光绪元年)	尚泰	日派内务大丞松田道之琉球处分官到那霸,传令禁止向中国请封和朝贡,改奉明治年号等。琉球恳请保留向中国朝贡、请封旧制。
一八七六(清光绪二年)	尚泰	琉球陈情使在东京呈书恳请批准继续向清朝请封、进贡被拒。松田在那霸禁进贡船出航。琉球派幸地亲方(向德宏)为密使,率蔡大鼎、林世功等前赴福州。
一八七七(清光绪三年)	尚泰	向德宏在福州控诉日本阻贡,强令琉球断绝交往。总理衙门命即将出发的驻日公使何如璋办理球案。何如璋在神户接见琉球特使,听其泣诉琉球被日本制压之情。
一八七八(清光绪四年)	尚泰	何如璋就日本对琉球的阻贡和压制向日本提出照会抗议。
一八八五(清光绪十一年)	—	向德宏等续向左宗棠、李鸿章上禀乞师。
一八九一(清光绪十七年)	—	向德宏在中国赍志而终。

琉球国、冲绳县大事年表

纪　　年	琉球国	大事记
一八九四(清光绪二十年)	—	中日爆发甲午战争。清廷初则主和避战,后则匆忙上阵,欠缺部署,将领又多贪生怕死,遂节节败退。
一八九五(清光绪二十一年)	—	日本以战事胜券在握,时机成熟,即于一月非法将附属于中国台湾的钓鱼岛列屿划入冲绳县管辖,(翌年编入八重山郡)。四月,清廷求和,与日签订《马关条约》,清赔偿二万万两,并割让台湾、澎湖与日本。
一八九八(清光绪二十四年)	—	日本征兵令在冲绳县施行。
一八九九(清光绪二十五年)	—	首批冲绳人移民到夏威夷。
一九〇一(清光绪二十七年)	—	八月十九日,末代琉球王尚泰在东京病逝,终年五十九岁,归葬首里玉陵,琉球国第二尚王朝告终。
一九一一(清宣统三年)	—	是年冲绳县人口五十三万九百五十七人。中国辛亥革命成功,推翻清朝,结束帝制。

琉球冲绳交替考 钓鱼岛归属寻源之一

纪　年	大事记
一九二〇年	尚泰王长子尚典逝,终年五十六岁。是年冲绳人口五十七万一千五百七十二人。
一九三二年	日本政府将非法占有的钓鱼岛列屿(日称尖阁诸岛)中的钓鱼岛(日称鱼钓岛)、黄尾屿(日称久场岛),南小岛、北小岛共四岛,卖了给古贺善次。
一九三七年	七月,日本制造了卢沟桥事变,全面侵华。
一九四一年	日偷袭珍珠港,向英美宣战。冲绳县人亦被征召入伍。
一九四三年	中、美、英三国首脑在开罗举行会谈,并发布《开罗宣言》,声明要使日本将窃取于中国领土归还中国;而日本以武力或贪欲所攫取之土地,亦务将日本驱逐出境。就琉球问题,蒋介石回答罗斯福,是希望中美接受国联委托合管。
一九四四年	美军部署抢夺冲绳岛,冲绳疏散学童,"对马丸"被美军鱼雷击沉,一千四百多人死亡。十月十日,美空军狂轰那霸,全市九成房舍被毁,遇难市民三百三十人。
一九四五年	美军发动抢滩战,先取座间味岛、庆良间岛和渡嘉敷岛,日守军在败阵时,强令村民集体自杀,造成惨剧。冲绳守军和县政府令青年学生参加防卫队,女学员入陆军医院当看护。四月,美军发动总攻,狂轰猛炸,喷火焚杀。六月底,夺取了冲绳岛。是役冲绳军民死亡人数高达十八万,若以冲绳县人计(包括参加防卫队的青年),有约十二万人遇害,占当时人口的四分之一。美军进而轰炸日本本岛。七月,发出《波茨坦宣言》,促日本无条件投降,除重申执行《开罗宣言》外,还定出日本主权限于本州、北海道、九州、四国。其后向广岛和长崎投放原子弹,日本终宣告投降。美国军管冲绳,收容救济县民,并举行选举,让妇女亦享有选举权。
一九四六年	联合国军司令部(GHQ)宣布北纬三十度以南的南西诸岛跟日本分离。美军成立了民政府,而冲绳基地司令部则改称为琉球司令部。已移民南美、北美、夏威夷的冲绳县人,发起救助运动,筹款募集物资送回冲绳县。
一九四七年	美军计划长期以冲绳岛为基地,冲绳人参与基地的建设和服务工作。冲绳的民主同盟、人民党、社会党等政党相继成立。十月十八日,中国国民政府行政院长张群表明:"在对日讲和之际,会提出要将琉球诸岛归还中国。"

纪　年	大事记
一九四九年	美国军政府解散冲绳议会,改设任命制的民政议会。中华人民共和国成立。
一九五〇年	冲绳群岛政府成立,美国的琉球军政府易名为"琉球列岛美国民政府"。朝鲜半岛战事勃发,中国支援朝鲜参战。美国利用冲绳作为支援朝鲜战争的后援基地。美国开始筹备对日讲和会议和条约的起草。
一九五一年	在美国民政府授意下,成立"琉球临时中央政府"。九月,美国主导的"旧金山对日讲和会议"召开,并签署了《对日讲和条约》,美国在《条约》的第三条订明他们是"联合国唯一委托管理琉球的国家"。中华人民共和国未被邀请参加会议,周恩来总理兼外交部长就此发出声明,严正指出不承认该《旧金山和约》。美国和日本又签订了《安保条约》。
一九五二年	美国民政府管控下的"琉球政府"成立,并任命比嘉秀平为首任行政主席。
一九五四年	美民政府指"人民党就是共产党"。人民党总书记濑长龟次郎被控窝藏逃犯,由军事法庭判刑两年。
一九五五年	民众争取解决军用地问题。女童由美子被美军奸杀,事件引起全琉球关注。
一九五六年	濑长龟次郎出狱,万人欢迎。濑长即参加那霸市长选举并胜出。濑长被称为"红色市长",美国不表信任,即冻结市政府的银行户口,又策动商界拒与濑长合作。
一九五七年	在美民政府鼓动下,市议会通过对市长的不信任议案,濑长即宣布解散议会。议席重选后,反市长的议席反而减少不到三分二,不信任案难以通过。美民政府更改法规,使简单多数即可通过不信任案,又增加曾犯重罪者不可出任市长。最终濑长不得不下台。
一九五九年	军用地问题美民政府拿出"土地二法"来缓和局势。二法是提高租用价,每年付租和五年检讨一次租值。美战斗机坠落宫森小学,酿成十七学童死亡、二百多人受伤的大惨剧。
一九六〇年	"冲绳县祖国复归协议会"宣告成立,美国总统艾森豪威尔访琉,遇到青年学生请愿示威。日美签订新《安保条约》。

纪　年	大事记
一九六一年	伊江岛美军射击练习场少年被射杀。六万人参加祖国复归县民大会,美军机坠落具志川民家,二死四重伤。
一九六五年	美 B52 型轰炸机开始使用冲绳基地作升降地轰炸越共,冲绳人民强烈反对,并要求冲绳从军事基地的重压中解放出来。战后首位日本首相——佐藤荣作访问琉球,誓言定要冲绳复归。
一九六七年	美民政府为钳制琉球教师为首的民众运动,授意立法院制定"教公二法"。二万民众包围立法院,既令会议流会,亦使议员无法离去。行政主席松冈政保电民政府,请派直升机解困,被答以"那是内政问题,你们自己解决。"由此暴露出美民政府的管治力量。最终"教公二法"成为废案。佐藤首相访美,《美日共同声明》谈到:会继续为冲绳的归还举行会谈。
一九六八年	美不顾民众反对,将 B52 型轰炸机常驻嘉手纳基地。其后发生 B52 机坠落事故,居民发起"县民保命共斗会",要求撤去 B52 型机的常驻,并阻止核动力潜艇泊港。而基地劳工亦发起集体请假的变相罢工,造成压力。美民政府让步,首次举行民选琉球政府行政主席,由屋良朝苗当选。日美两国同意组成"日美琉谘问委员会"。
一九六九年	"县民保命共斗会"发动总罢工,令美国管治更为困难。美日开始谈判归还冲绳的问题。美国的要价是冲绳军事基地的持久使用,并可部署核武。佐藤荣作设下的底线是冲绳无核武。双方会谈展开。十一月,佐藤访美,与尼克松总统达成协议,发表《美日联合声明》,美国同意于一九七二年把冲绳的施政权交与日本。佐藤回国,声称谈判取得冲绳无偿归还。但实情是有秘密交易,事后查悉当年使用各种补偿的名目,日本向美国支付了六亿八千多万美元的庞大金额。另外还另订《密约》,由佐藤派出密使若泉敬和美方基辛格谈判,日本同意在非常时期容许美国在冲绳部署核武。
一九七〇年	佐藤内阁继续否认与美国有秘密协议。冲绳的罢工未完全解决。四月,琉球政府在"尖阁诸岛"(日方的称谓,即钓鱼岛列屿)立领土标石。其后,日本政府表示"尖阁诸岛"是冲绳的领域,与琉球行政府见解相同。中国《人民日报》先后于五月十八日、十二月四日、十二月二十九日发表评论文章,强调钓鱼岛列屿是中国的领土,不容分割。台湾的《中国时报》、《中央日报》、《自立晚报》等亦发表了捍卫钓鱼岛的文章。留美的台湾学生和香港学生在美国七大城市举行保卫钓鱼台大游行。十二月,胡差市发生反美暴动。

纪　年	大事记
一九七一年	日、美筹备冲绳的交接事宜。对冲绳岛行将复归,有集会庆祝,但罢工、集会抗议之声更大,所提出的诉求是:撤基地、弃安保的完全复归;更激进的是:将美国侵略亚洲的政策粉碎。因即将交接,冲绳经济混乱,尤其美元急跌,令手持美元的冲绳人大为恐慌,最后由日本政府担保,固定冲绳美金的兑率,并做出补偿。中国大陆、台湾、香港的报章继续评论钓鱼岛的主权。中国外交部更于十二月三十日发出关于钓鱼岛主权的声明。留美的台湾学生继续进行"保钓运动"。
一九七二年	五月四日,日本发出包括"尖阁诸岛"的防空识别圈。五月十五日,美国在未经联合国授权,将琉球的施政权交与日本,更连同中国的钓鱼岛列屿,也私下交付了日本。日本在东京和冲绳同时举行冲绳的移交和回归仪式。逾万民众在市中心与仪公园举行"复归抗议县民大会"。琉球在战后由美国管治二十七年,重回日本手上,再编为冲绳县。六月,屋良朝苗当选为县知事。中国续对钓鱼岛发出主权的声明,并由常驻联合国代表黄华致函联合国秘书长,重申反对美国把钓鱼岛列屿交付日本。
一九七三年	冲绳回归后物价高涨。美军基地问题丛生,续有性犯罪、杀人、军车撞人等严重事故,矛盾加深。
一九七五年	金武村滨田海岸续有两名中学女生被美兵施暴。冲绳国际海洋博览会开幕,皇太子夫妇到冲绳,在姬百合塔前被投掷燃烧瓶,未有受伤。是年物价指数与回归前一年比涨近倍。
一九八一年	美前高官承认在日军事基地部署有核武。冲绳临时县议会提出"坚持非核三原则及解消疑虑"的意见书。
一九九三年	琉球国尚王朝的遗族尚裕(尚泰王的曾孙)将尚家所继承的文化遗产送赠那霸市。
一九九五年	尚家又将古文书赠与那霸市。九月四日又发生美兵强暴少女事件。十月二十一日,冲绳岛八万五千人齐集宜野湾市海滨公园举行声讨大会,并提出缩小军事基地。大田昌秀知事在大会上作了强硬的发言。由于美军用地强制手续须由大田知事代表签署,但大田愤怒之下拒签。村山首相指令不了地方,便提交法庭讼裁。据调查,支持大田拒签的县民有百分之七十五。

纪　年	大事记
一九九六年	三月高等法院以《日美安保条约》规定日本需提供军用基地为由，"公益"大于"财产权"判国家胜诉。冲绳县向最高法院上诉，大田亲至法庭辩论。最高法院同意基地需要强化，维持原状。桥本首相为缓和局势，亲到冲绳与大田会谈，提出对冲绳做出补偿，是为"基地和振兴之策"，并答应考虑搬迁普天间基地。十二月，日美特别行动委员会的报告是搬迁普天间至名护市边野古冲。
一九九七年	为履行提供基地给美军的义务，国会参众两院大比数通过"特措法改正案"，即基地优先。但对普天间搬迁往名护市建海上基地，该市公投过半数反对，市长比嘉铁也辞职。国家与地方(冲绳)仍呈对立。
二○○○年	二次大战的冲绳岛争夺战令全岛几乎无一建筑物是完整。战后，似为冲绳(琉球)人民抚平伤痛，一个个地将琉球王国的古建筑复元。冲绳归还日本后，复原建造更加快且多。至一九九○年代才刚刚落成，便马上申遗，二○○○年即成功获批，其被登录为世界文化遗产的包括了"琉球王国的王城遗址及相关遗迹"。七月，G8峰会在冲绳举行，晚宴设在首里城。克林顿总统发言感谢冲绳的美军基地对远东的安全作出了贡献，因而强调其重要性。但这些说话，令冲绳人大失所望，造成二万七千人拉着手包围了嘉手纳基地。
二○○五年	战时座间味岛队长梅泽裕、和渡嘉敷岛队长赤松嘉次的亲弟，兴讼控告诺贝尔文学奖作家大江健三郎和岩波书店的出版物，诬指他们强制村民集体自杀，要求赔偿名誉损失。案件在大阪开审。
二○○六年	因为有"冲绳集体自决冤案诉讼"，文部科学省在审定二○○六年度教科书时，对一直成为通说的"强制集体自尽"，提出删除"军令"的用语，引来法庭外的另一场论争，认为案件尚待裁决，不能就此推翻成说。
二○○七年	九月二十九日，冲绳县十一万民众在那霸集会，要求文部科学省撤回"审定意见"。成为冲绳回归后最大的一场群众运动。
二○○八年	三月，大阪地方法院判梅泽、赤松败诉。十月大阪高等法院维持一审判决。大江健三郎对诉讼发表感言。
二○○九年	普天间基地仍未落实搬迁，此时鸠山首相表示可以考虑搬离冲绳县，但不久鸠山就告倒台。十二月，当年佐藤首相和尼克松在归还冲绳时签有《密约》，但为日本历代内阁一直否认，三十年后，佐藤二子信二将《密约》公开。

纪　年	大事记
二〇一二年	冲绳回归四十年,但美军基地仍然占有二百三十二平方公里,是全日本美军基地的百分之七十四。为此,在五月十五日的回归日,十万三千人集会,反基地,特别要求将有"最危险基地"之称的普天间基地撤离冲绳县,这亦得到县知事、县的议会、四十一市町村长和议会全部通过支持,明显是与国策对立。
二〇一三年	五月十五日是琉球再回归日本而成冲绳县的纪念日,龙谷大学教授松岛泰胜和冲绳国际大学副教授友知政树等约一百人,组成"琉球民族独立综合研究学会",声言先从学术研究,举行研讨会,发表论文,进而寻求民族自决是否可行。

琉球冲绳交替考 钓鱼岛归属寻源之一

索　引

人名索引

琉球冲绳交替考 · 钓鱼岛归属寻源之一

八画 ....

九画

十画

琉球冲绳交替考 钓鱼岛归属寻源之一

十一画

十二画

琉球冲绳交替考 · 钓鱼岛归属寻源之一

史事索引

责任编辑：林　敏

装帧设计：肖　辉　孙文君

图书在版编目（CIP）数据

琉球冲绳交替考：钓鱼岛归属寻源之一 / 黄天 著 . — 北京：人民出版社，2016.8

ISBN 978－7－01－016154－9

I.①琉…　II.①黄…　III.①钓鱼岛问题－研究　IV.① D823

中国版本图书馆 CIP 数据核字（2016）第 091508 号

　　本书原由三联书店（香港）有限公司以书名《琉球冲绳交替考——钓鱼岛归属寻源之一》出版，现经由原出版公司授权人民出版社在中国内地出版发行。

琉球冲绳交替考

LIUQIU CHONGSHENG JIAOTI KAO

——钓鱼岛归属寻源之一

黄　天　著

人民出版社 出版发行

（100706　北京市东城区隆福寺街 99 号）

北京新华印刷有限公司印刷　新华书店经销

2016 年 8 月第 1 版　2016 年 8 月北京第 1 次印刷

开本：710 毫米 ×1000 毫米 1/16　印张：31.75　插页：4

字数：400 千字　印数：0,001-3,000 册

ISBN 978－7－01－016154－9　定价：98.00 元

邮购地址 100706　北京市东城区隆福寺街 99 号

人民东方图书销售中心　电话：（010）65250042　65289539